크리스천 피아노 예술음악의
신학적 의미와 유형별 작품 소개

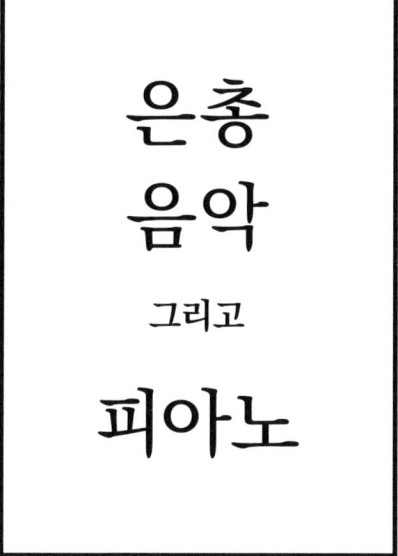

은총
음악
그리고
피아노

최미야

새찬양후원회

CHRISTIAN PIANO ART MUSIC:
ITS THEOLOGICAL SIGNIFICANCE AND
CATEGORIZED REPERTOIRE

_____

A Dissertation
Presented to
the Faculty of
The Southern Baptist Theological Seminary

_____

In Partial Fulfillment
of the Requirements for the Degree
Doctor of Musical Art

_____

by
Miya Choi
May 2012

Copyright © 2012 Miya Choi

온 맘으로 하나님을 찬양하기 원하는
피아니스트들에게

추천사 1

모리스 힌슨 박사

나는 최미야 박사의 논문에 대해 글을 쓸 수 있게 된 것을 영광으로 생각합니다. 최박사는 크리스천 피아니스트들을 위해 이제껏 거의 관심 밖이었던 새로운 영역을 열고 있습니다.

최박사는 사실적이고 모든 것을 아우르는 방식으로 크리스천 피아노 예술음악의 분야를 논하면서 시작합니다. 그녀는 찬송가 선율을 사용한 피아노 음악, 성경과 관련된 피아노 음악, 기독교 신앙을 상징적으로 표현한 피아노 음악, 그리고 하나님께 헌정된 피아노를 위한 절대음악으로 분류된 많은 수의 피아노 작품들을 분석하고 설명합니다. 최박사는 크리스천 피아니스트들이 이러한 곡목들을 찾고, 설명하고, 그것들로 우리의 관심을 끄는 데에 들여야 하는 많은 시간들을 절약할 수 있도록 해주었습니다.

나는 이 뛰어난 연구를 도울 수 있게 된 것이 영광스럽습니다. 또한 이 논문에는 크리스천 피아니스트들이 더 좋은 크리스천이 되고 우리 주 예수 그리스도의 더 좋은 종이 되는 것을 돕는 것에 대한 아주 많은 것들이 적혀 있습니다. 나는 이 최고의 연구 논문을 한국의 독자들에게 적극적으로 추천합니다.

Dr. Maurice Hinson
Senior Professor of Piano
School of Church Ministries
The Southern Baptist Theological Seminary
Louisville, Kentucky
USA

추천사 2

에릭 존슨 박사

　서양 음악사를 공부해보면, 기독교가 서양예술음악의 초기에 가장 강력한 촉매 중 하나였다는 것을 알 수 있다. 초기 작곡가들 중 다수는 기독교인이었으며 많은 초기 작품들은 교회를 위해 써졌고, 그러므로 꽤 많은 수의 작품들은 분명히 종교적인 내용을 담고 있다. 그러나 지나간 200여 년 동안 서양예술음악의 대부분은 비기독교인에 의해 작곡되었다. 그렇지만 그들 중 몇몇은 여전히 교회를 위해 곡을 썼다. 만일 교회를 위한 음악, 오페라 음악, 그리고 노래들에서 쓰이는 가사들의 사용의 변수를 더한다면, 기독교가 서양음악과 극단적으로 복잡한 방식으로 얽혀있다는 것을 알게 될 것이다.
　이 복잡성을 공정하게 다루기 위해 우리는 음악학과 기독교 신학을 공부한 숙련된 기독교인을 필요로 한다. 최미야는 바로 이러한 점에서 전문가이며, 기독교와 서양예술음악의 교차점을 매우 조심스럽고 정교하게 분석하는 것을, 내가 알기론, 최초로 시도했다. 기독교인들은 이 논문이 다른 영역의 문화적 분석에 적용할 수 있는 크리스천 문화적 통찰의 보물이라고 알아차리게 될 것이며, 비기독교인들은 이러한 주제에 대한 깊이 있는 기독교적 지향의 결과를 발견하게 될 것이다. 나는 이 논문이 가능한 한 넓은 독자층을 갖게 되기를 바랄 뿐이다.

Eric L. Johnson, Ph.D.
Lawrence and Charlotte Hoover
Professor of Pastoral Care
Southern Baptist Theological Seminary
Louisville, Kentucky
USA

논문 감사의 글

2009년, 65년의 전통을 가진 남침례신학교(The Southern Baptist Theological Seminary)의 교회음악학교는 오늘날 예배음악의 변화에 따라 문을 닫게 되었다. 그 와중에 하나님께선 나에게 이 학교의 음악박사(D.M.A.) 과정의 마지막 학생이 되도록 입학을 허락하셨다. 그것은 마치 크리스천 피아노 예술음악 영역에 어떤 빛을 비추라고 나에게 주신 특별한 기회처럼 느껴졌다. 나의 주제를 연구하기에 가장 적합한 장소인 남침례신학교로 인도하신 하나님의 길고 크신 계획과 이 부족한 자에게 작업하는 데에 필요한 모든 것을 공급해주신 구체적이고 섬세하신 도우심에 감사드린다. *Soli Deo Gloria*!

비록 이 논문이 나의 이름으로 되어있지만, 많은 사람들의 도움과 지지 없이 이 작업을 끝낼 수 없었다. 무엇보다도 나의 지도교수 세 분께 감사를 드린다. 피아노 문헌의 저자이자 수많은 피아노 악보의 편집자로 국제적으로 알려진 모리스 힌슨(Maurice Hinson) 박사의 도움 없이 나는 그렇게 많은 피아노 작품들을 발견하지 못했을 것이다. 그는 내가 낙담할 적마다 이 일에 대한 나의 소명을 일깨워 주었다. 토마스 볼튼(Thomas Bolton) 박사는 나의 생각들을 자세하게 이해하며 폭넓게 조언해 주었을 뿐 아니라 나의 서툰 영어 표현을 고쳐 주었다. 에릭 존슨(Eric Johnson) 박사는 사실상 이 논문을 시작 할 수 있게 영감을 준 분이다. 그의 값진 통찰력과 계속적인 따뜻한 격려가 큰 힘이 되었다.

또한 특별한 도움을 준 귀한 분들이 있다. 정일권 박사는 이 논문의 중요한 신학적 토대가 되는 아브라함 카이퍼(Abraham Kuyper)의 네덜란드 서적을 찾는 데에 도움을 주었고, 네덜란드인 리디아 킴-반 달렌(Lydia Kim-van Daalen) 박사는 그 책의 필요한 부분을 영어로 번역해 주었다. 리챠드 콜 쉐딘저(Richard Cole Shadinger) 박사는 그의 1974년 논문을 통해 필요한 피아노 문헌의 많은 정보를 제공했다. 또한 바쁜 시간 중에도 크리스 페너(Chris Fenner)는 나의 초안을 읽고 교정해 주었다. 끝으로 많은 악보를 소장하고 있는 남침례신학교 음악 도서관과 도서관 상호대출제도(Inter-Library Loan)는 원하는 거의 모든 곡들을 접하게 해줌으로써 큰 도움을 주었다. 남침례신학교의 친절한 도서관 직원들에게도 감사드린다.

무엇보다 피아노를 공부할 수 있도록 후원해주시고 부족한 자를 위해 쉬지 않고 진정으로 기도해준 나의 엄마와 누구보다 이 논문을 가장 기뻐하셨을 주님 품에 안기신 아버지께 감사드린다. 시부모님, 미국인 부모님, 나의 자매들, 친구들, 그리고 Vine Street Baptist Church의 여러 교인들의 격려와 기도에 감사드린다. 특별히 볼티모어에서 공부하고 있는 딸 한나에게 고마움을 전한다. 한나의 믿음의 진보에 대한 소식은 기쁘고 감사한 마음으로 이 일에 전념할 수 있게 해 주었다.

끝으로 나의 남편, 김명환 박사에게 무슨 말로 고마움을 전할지 모르겠다. 그는 컴맹에 가까운 나에게 늘 해결사가 되어주었을 뿐 아니라, 히브리어와 헬라어 원어에 관한 도움을 주었고, 내가 좌절할 때마다 위로와 용기를 주었다. 또 나의 생각들을 늘 경청하며 조언과 격려를 아끼지 않았다. 그리고 그가 매일 식탁에서 나를 위해 한 기도를 잊을 수 없을 것 같다. "주여, 미야에게 칠 배의 지혜를 주시옵소서!"

2012년 5월, 켄터키 루이빌에서
최미야

목차

추천사 6
논문 감사의 글 8
머리말 13

제1부 크리스천 예술음악의 신학적 의미

1장. 크리스천 예술음악의 배경: 성경적 역사를 통한 고찰 25
    천지창조 26
    인간타락 32
    인간구속 38
    영원한 완성 51

2장. 크리스천 예술음악의 신학적 의미 57
    크리스천 음악 58
    예술음악 61
    크리스천 예술음악 65

3장. 일반은총과 특별은총의 관점에서 본 음악의 의도와 수용 73
    음악을 만드는 자의 의도 75
    수용 84
    음악의 수용의 예들 87

4장. 기악 찬양의 중요성 97
    성경의 기악 찬양 97
    기악 찬양의 억압의 역사 103
    기악 찬양의 장점들 109
    크리스천 피아노 예술음악 작품이 적은 이유와
    크리스천 피아노 예술음악의 중요성 113

제2부 크리스천 피아노 예술음악의 유형별 작품 소개

5장. 찬송가 선율을 사용한 피아노 작품들 125
    음악적 차용 125
6장. 성경과 관련된 피아노 작품들 185
    음악적 주해 185
7장. 기독교 신앙을 상징적으로 표현한 피아노 작품들 251
    음악적 상징주의 252
8장. 하나님께 헌정된 절대음악 피아노 작품들 331
    Soli Deo Gloria 333

맺음말: 크리스천 문화 만드는 자들 347

에피소드 354
에필로그 360
도표목록 362
도해목록 363
악보 예 목록 364
참고문헌 371

머리말

나의 반석이시요 나의 구속자이신 여호와여
내 입의 말과 마음의 묵상이 주의 앞에 열납되기를 원하나이다
(시편 19:14)

세상 모든 존재의 의미를 수직적 그리고 수평적인 면에서 바라볼 수 있다면, 어느 정도 만족할 만한 결론에 도달할 것 같다.[1] 여기서 수직적이라 함은 하나님의 진리 아래서 설명되어지는 것들을, 그리고 수평적이라 함은 인간의 관찰에 의해 설명되어지는 것들을 의미한다. 다시 말해 모든 주제들의 균형 잡힌 이해는 오직 그것들이 '하나님을 아는 믿음, 즉 성경'과 '해당 분야의 연구되어진 지식과 경험,' 두 측면을 통해 생각되어질 때에 비로소 가능하다 할 수 있겠다.

그러므로 이 책의 주제인 "크리스천 피아노 예술음악"은 이러한 이중적 관점을 통해 연구되었다. 즉, 수직적 접근 부분은 주로 크리스천 예술음악의 신학적 의미를 다루며, 수평적 접근 부분은 크리스천 피아노 예술음악 곡목들을 음악 분석적 입장에서 관찰한다. 다시 말해, 제1부(1-4장)는 주로 "하나님의 특별은총과 일반은총"의 관점에서 음악을 삶의 한 부분으로 연구하면서, 천지창조에서부터 영원한 완성까지 인류 역사에 나타난 음악, 특별히 크리스천 예술음악의 의미와 중요성을 다룬다. 그리고 구체적으로 기악 찬양(크리스천 피아노 예술음악)의 의미에 집중한다. 제2부(5-8장)는 크리스천 예술음악의 한 부분인 크리스천 피아노 예술음악을 네 가지 범주로 나누어 각각의 곡목들을 소개한다. 또한 이 부분도 독자들이 작품들을 두 가지 측면에서 이해할 수 있도록 각 작품의 음악적 정보와 분석(수평적인 면)뿐만 아니라 자료들을 통해 알 수 있는 작곡가들의 종교적 배경, 즉 기독교적 믿음(수직적인 면)이나 다른 가치관 등을 담았다.

---

1) 이 생각은 헨드릭 스토커 (Hendrick Stoker)의 글로부터 나온 것이다: "전체 창조와 그 안의 모든 것, 또한 그것들 사이의 모든 관계는 분석적(우주 내부의) 의미의 순간들뿐 아니라 계시적 의미의 순간들을 가지고 있다." Hendrik G. Stoker, "Reconnoitering the Theory of Knowledge of Prof. Dr. Cornelius Van Til," in *Jerusalem and Athens: Critical Discussions on the Theology and Apologetics of Cornelius Van Til*, ed. E. R. Geehan (Nutley, NJ: Presbyterian and Reformed Publishing Co., 1971), 45.

용어의 정의

"크리스천 예술음악"이란 장르를 정의하기 위하여 우선 "크리스천 음악"과 "예술음악"이란 용어가 정의되어야 한다. 크리스천 예술음악은 이 두 음악이 만나는 곳에서 나타나기 때문이다.

크리스천 음악

비록 오늘날 "크리스천 음악"이라는 용어가 종종 교회의 예배음악이나 더 구체적으로는 대중음악과 유사한 현대적 예배음악과 동일시되지만, 실제로 크리스천 음악은 크리스천 믿음을 표현하기 위하여 쓰인 모든 종류의 음악을 포함한다. 윌슨-딕슨(Andre Wilson-Dickson)은 그의 저서, 『크리스천 음악 이야기』(*The Story of Christian Music*[2]))에서 크리스천 음악이란 용어를 광범위하게 쓰고 있다. 그에 따르면, 크리스천 음악은 구약성경의 음악에서 태어났고, 중세로부터 예술(전통)음악과 대중(민속, 개혁)음악으로 나뉜 19세기에 걸쳐 예술 문화의 한 부분이었다. 또한 윌슨-딕슨이 묘사한 17세기와 18세기 초반의 교회 기악음악의 발전과 개화(flowering)는 크리스천 기악 예술음악(특별히 J. S. Bach의 작품들)을 일컬음이다. 윌슨-딕슨의 책에서와 같이, 이 글에서는 "크리스천 예술음악"과 "크리스천 예배음악"을 넓은 의미로서의 크리스천 음악에 포함한다.

또한 이 연구에서 "찬양음악"이나 "음악적 찬양"이라는 용어는 "찬양과 경배"라는 CCM (Contemporary Christian Music) 용어의 쓰임에 한정하지 않고, "크리스천 음악"과 같은 뜻으로 쓰인다. 왜냐하면 기도와 애가(lamentation) 등을 포함한 모든 내용의 크리스천 음악은 궁극적으로 하나님을 향한 찬양이 될 수 있기 때문이다. 사실상 "시편"의 히브리 원어(테힐림, *t'hillîm*)는 "찬양들"을 뜻하는데, 이것은 찬양음악이라는 용어가 넓은 의미의 크리스천 음악으로 쓰일 수 있음을 확실하게 뒷받침해 준다.[3]

---

2) Andrew Wilson-Dickson, *The Story of Christian Music* (Oxford: Lion Publishing, 1992).

3) 한편, 불로크(C. Hassell Bullock)는 "이 책[시편]의 히브리 이름이 테힐림

예술음악

"예술음악"이란 용어의 사용은 음악적인 환경뿐만 아니라 신학적인 환경과의 관계에서도 이해되어져야 한다. 우선 인류의 역사(창조-인간 타락-인간 구속-영원한 완성)를 통하여 하나님의 영광과 인간의 영광이란 면에서 예술음악은 관찰되어질 것이다. 음악적인 면에서 예술음악이란 용어는 좁은 의미와 넓은 의미로 정의되어질 수 있다. 이 용어의 전통적인 사용—기능적인 음악, 대중음악, 민속음악 등과 대조되는 진지한(serious)음악, 클래식 음악, 혹은 교양 있는("cultivated"[4])) 음악—은 좁은 의미의 예술음악을 묘사한다. 다시 말해, 예술음악은 서양 클래식 전통으로부터 온 예술성을 추구하는 음악을 일컫는다. 분명한 경계선을 그을 수는 없지만, 예술성을 갖춘 크리스천 예술음악은 이러한 좁은 의미로서의 예술음악 중 기독교와 관련된 음악으로 다시 한 번 분류된다. 반면 넓은 의미로서의 예술음악은 예술성을 갖춘 민속음악, 대중음악 등까지 포함한다.[5]) 이 책에서는 예술음악이란 용어가 좁은 의미로 쓰인다.

다음의 <도해 1>는 크리스천 예술음악의 위치와 이 책의 음악의 분류를, <도표 1>은 그 예들을 보여준다. 즉, 크리스천 예술음악은 크리스천 음악에도 예술음악에도 포함된다. 대중음악, 민속음악, 그리고 하나님 외의 다른 신들을 위한 음악 등, 다른 유형의 음악들은 크리

("찬양들")이란 것은 적당하다. 왜냐하면 찬양이 이 모음을 이루고 있는 시들의 중심적인 모습이기 때문이다."라고 말한다. C. Hassell Bullock, *Encountering the Book of Psalms: A Literary and Theological Introduction* (Grand Rapids: Baker Academic, 2001), 22.

4) 히치콕(Wiley Hitchcock)은 미국의 음악을 cultivated (classic) 음악과 vernacular (popular) 음악으로 분류했다. H. Wiley Hitchcock (with a final chapter by Kyle Gann), *Music in the United States: A Historical Introduction*, 4th ed. (Upper Saddle River, NJ: Prentice-Hall, 2000), 55.

5) 하지만, 포괄적 용어로서 "예술음악"은 보다 넓은 의미를 가진다. 스미트-존스(Catherine Schmidt-Johns)에 따르면, 예술음악은 "전형적인 대중음악보다 듣는 사람들이 감상할 때에 상당히 더 많은 일을 요구하는 음악이다." 그녀의 입장에서 예술음악은 민속음악과 현대 음악뿐만 아니라 보다 기교적인 형태의 재즈와 같은 대중음악을 포함한다. 그러므로 오늘날 "예술음악"이라는 용어는 다소 혼란스럽게 사용된다. Catherine Schmidt-Johns, "What Kind of Music Is That?" Connexions [on-line]; accessed 11 July 2011; available from http://cnx.org/content/m11421/latest/; Internet.

스천 예술음악에 집중하기 위하여 이 분류에서 제외된다. 때로는 분류선이 불분명하지만, 다음의 도해와 도표는 이 연구에 사용된 분류를 이해하는 데에 도움이 될 것이다.

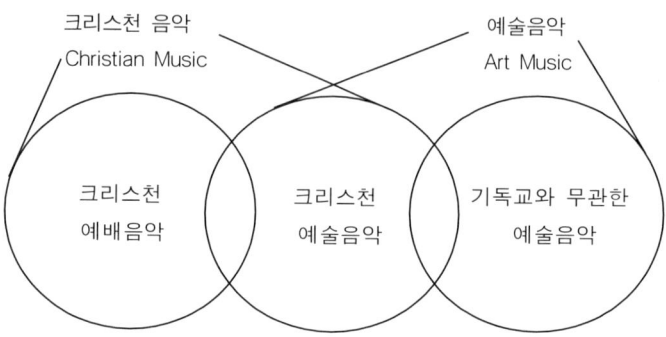

도해 1. 이 책에 사용된 음악의 분류

도표 1. 음악의 분류와 그 예들

크리스천 음악		예술음악
크리스천 예배음악 (교회 예배의)	크리스천 예술음악 (주로 연주회장의)	기독교와 무관한 예술음악
독창 혹은 합창을 위한 "성악 찬양곡" 과 독주나 합주를 위한 "이해하기 쉬운 기악 찬양곡" 등 (예: 회중 찬송가, 성가대 찬양곡, 기악 서주나 후주, 헌금송 등으로 연주되는 피아노 찬송가 변주곡)	무반주 혹은 반주가 있는 "크리스천 성악 예술음악" (예: 마태수난곡 by J. S. Bach) "크리스천 피아노 예술음악"을 포함하는 "크리스천 기악 예술음악" (예: 종교개혁 심포니 by F. Mendelssohn, 아기 예수를 향한 스무 개의 시선 by O. Messiaen)	"성악 예술음악"과 "기악 예술음악" (예: 영웅 심포니 by L. v. Beethoven, 연가곡 겨울 나그네 by F. Schubert, 오페라 마적 by W. A. Mozart, 피아노 소나타 by L. v. Beethoven)

작품의 분류와 선곡의 기준들

이 연구의 두 번째 부분(5-8장)은 작곡기법이나 소재에 따라 네 개의 범주로 분류된 크리스천 피아노 예술음악의 곡목들을 소개할 것이다. 그런데 여기에 사용된 분류는 결과적으로 신약성경에서 사도 바울이 두 차례 언급한 세 종류의 찬양음악, 즉 "시와 찬미와 신령한 노래들"(에베소서 5:19, 골로새서 3:16)6)의 각각의 개념과 유사성을 지닌다. 다음은 애플비(David P. Appleby)가 해석한 이들 용어의 구체적 내용7)인데, 이 책의 분류와 다음과 같이 비교하거나, 연관 지을 수 있겠다.

(1) "음악에 맞춰진 성경적 찬양"으로서의 시(psalms)
  → "성경과 관련된 작품들" (6장)
(2) "성경 본문을 사용하지 않은 자발적 찬송가"로서의 찬미(hymns)
  → "찬송가 선율을 사용한 작품들" (5장)
(3) "기쁨의 황홀한 표현"으로서의 신령한 노래들(spiritual songs)
  → "크리스천 믿음을 상징적으로 표현한 작품들" (7장)
  그리고 "하나님께 헌정된 절대음악 작품들" (8장)

작품 분류의 기준들

크리스천 피아노 예술음악 작품들을 다음 네 가지 유형으로 분류했다.

(1) 찬송가 선율을 사용한 작품들
(2) 성경과 관련된 작품들
(3) 기독교 신앙을 상징적으로 표현한 작품들
(4) 하나님께 헌정된 절대음악 작품들(abstract works)

또한 하나 이상의 유형에 속하는 특징을 보여주는 작품일 경우에는 더 두드러진 특징을 그 분류의 기준으로 삼았다.

---

6) 이 글에서는 모든 성경의 인용은 개역 성경을 사용한다.

7) David P. Appleby, *History of Church Music* (Chicago: Moody Press, 1965), 20. 인용이 발췌된 논문: Thomas Allen Seel, "Toward a Theology of Music for Worship Derived from the Book of Revelation" (D.M.A. diss., The Southern Baptist Theological Seminary, 1990), 31.

첫 번째 범주는 가장 잘 알려진 기악 찬양음악의 형태로서, 바로크 시대 이래 예배에서 연주되어진 오르간 코랄 전주곡으로부터 유래한다. 찬송가 가사를 연상시키는 선율들을 사용하고 있는 작품들이기에 대부분 그 제목들은 차용된 선율의 제목과 관련이 있고, 주로 "코랄 전주곡"이나 "찬송가 변주곡"으로 분류된다. 또한 차용된 선율에는 회중 찬송가뿐만 아니라 그레고리안 성가, 칸타타 등, 모든 스타일의 성악 찬양 선율들도 포함된다. 이 범주의 곡들에서는 주로 선율을 차용하는 기법(musical borrowing technique), 즉, 이미 존재하는 선율의 전체나 부분을 주제나 중요 동기로서 사용하는 작곡 기법이 사용된다.

두 번째와 세 번째 범주는 그 작품의 소재에 따라 구분된다. 두 번째 범주의 제목들이 보통 성경 이야기의 장면이나 선택된 성경구절 등과 관련 있는 반면, 세 번째 범주의 제목들은 보다 자유롭게 크리스천 믿음을 표현한다. 다시 말해, 두 번째 범주는 성경의 기악 음악적 해석(musical exegesis)이라고 부를 수 있고, 세 번째 범주는 믿음의 고백적 혹은 시적 표현이라고 할 수 있다. 그러므로 세 번째 범주의 선곡은 보다 필자의 주관이 섞이게 되었다. 두 번째와 세 번째 범주의 작품들에는 주로 음악적 상징주의(musical symbolism) 기법이 사용되며, 표현하고자 하는 주제에 따라 때로 선율을 차용(borrowing) 혹은 인용하는(quotation) 기법도 동시에 사용된다.

네 번째 범주는 단지 작곡자의 명기된 작곡 의도로 인해 크리스천 피아노 예술음악의 장르에 포함되었다. 작품의 제목들이 기독교와 관련된 어떠한 것도 나타내지 않기 때문에, 작품 그 자체로는 사실상 기독교와 관련된 표제음악(program music)이라기보다는 절대음악(abstract music)에 속한다. 많은 절대음악에 속하는 곡들이 크리스천 작곡가들에 의해 하나님께 헌정되었겠지만, 이 범주에 속하기 위해서는 악보에 "오직 하나님께 영광을"(Soli Deo Gloria)과 같이 작곡자가 하나님께 드리는 찬양으로 작곡했음을 객관적으로 보여주는 구체적인 믿음의 고백적 언급이 있어야 한다.

선곡의 기준들

종교적인 요소를 지닌 피아노 작품들 중 이 연구의 작품목록으로 선택할 때에, 네 가지 기준들을 적용했다. 첫째, 크리스천 피아노 예술음악으로 채택되어지기 위해서 그 작품은 명백하게 기독교와 관련이 있어야 한다. 명백한 기독교와의 관련은 작품 그 자체나 그 곡에 명기된 작곡가의 의도에서 보여야 한다. 그러므로 첫 번째와 세 번째 범주에서 성경이나 믿음과 모호한 연상이 되는 작품들은 제외되었다. 예를 들면, 비성경적인 성탄 캐럴 선율을 차용한 작품들과(예를 들어, 바르토크의 *Rumanian Christmas Carols*[8])) 교회 종소리나 어떤 교회의 풍경, 성경과 직접 관련이 없는 Christmas tree나 Knecht Ruprict(일종의 산타클로스의 시종) 등과 같은 성탄절 장면들과 관련된 작품들은 제외되었다.

둘째, 작품들은 오늘날의 일반적 크리스천 연주자들과 청중들이 이해할 수 있는 것이어야 한다. 이 기준은 음악 메시지 전달이나 이해와 관련되어 있다. 예를 들어, 첫 번째 범주에서는 비록 작품의 다양성을 위해 선택된 몇 가지 예외들이 있긴 하지만, 대체적으로 잘 알려진 찬송 선율을 사용하는 작품들이 채택되었다. 그러므로 오늘날 (한국에서) 자주 불리지 않는 찬송가들을 주제로 한 하프시코드를 위한 많은 오래된 코랄 전주곡들이 제외되었다. 또한 세 번째 범주에서 제목이 "코랄" 등으로 붙여졌지만 코랄의 분위기를 연상하기 어려운 복잡하고 난해한 현대 작품들도 듣는 사람들의 이해를 고려해서 제외되었다.

셋째, 작품들은 연주회용으로 적당한 예술적 가치와 난이도를 지녀야 한다. 예배음악과 예술음악 사이에 어떤 구분이 있긴 하지만, 예술적인 예배음악도 있으므로, 그 경계는 때로 분명치 않다. 존슨(Earl Lee Johnson)은 그의 논문[9])에 "미국 피아노 찬송가 편곡"의 장르에 적은 수의 예술음악을 포함시키고 있다. 그러나 오늘날 너무나 많은 피아노

---

8) "본문들은 … 그리스도의 탄생에 대한 전례용의 주제에 기초한다. 하지만 그중 많은 것은 기원이 완전히 이교도적인 대체 가능한 가사를 가지고 있다." David Yeomans, *Bartók for Piano* (Bloomington: Indiana University Press, 1988), 78.

9) Johnson says, "Since 1940, more than two hundred arrangers have contributed to this genre." Earl Lee Johnson, "Style Characteristics of Selected American Hymn Arrangements for Piano, Published 1963-2003" (D.M.A. diss., The Southern Baptist Theological Seminary, 2007), 1.

찬송가 편곡 중 예술음악을 선별하는 일이 쉽지 않아서, 이 연구에서는 예배에서 연주되는 오늘날의 피아노 찬송가 편곡들이 거의 모두 제외되었다. 또한 예술적 기교적 수준의 폭을 고려하며 단지 소수의 쉬운 작품들을 교육의 목적으로 선택하였다.

넷째, 오르간 페달 보드(pedal board)가 없는 건반악기인 '피아노, 하프시코드, 클라비코드, 하모니움 등을 위해 써진 독주곡' 작품들만이 선택되었다. 그러나 여기에 작곡가 자신이 쓴 개작 곡으로서의 피아노 독주곡들은 포함되었다. 예를 들면, 하이든의 현악 사중주 Op. 76, No. 3 ("Emperor Quartet")의 느린 악장을 하이든이 피아노곡으로 개작한 것은(혹은 개작을 허락한 것은) 포함되었다. 하지만 부조니(Ferruccio Busoni)의 바흐나 브람스의 오르간 코랄 전주곡을 피아노를 위한 곡으로 만든 것과 같은, 다른 작곡가의 개작 곡은 제외되었다. 또한 예외적으로 흔치 않은 작곡 방식을 보여주기 위하여 오르간 건반을 위한 북스테후데의 "코랄 조곡" 작품이 채택되었다.

연구의 한계

이 연구에는 다음과 같은 몇 가지 한계가 있다. 이 연구는 주로 "특별은총과 일반은총"이란 신학적 개념을 기초로 음악을 바라본 것이다. 그러나 일반은총의 결과로서의 음악 작품이 얼마만큼 특별은총을 품고 있는지 혹은 관련된 것인지 때로 정확히 판단하기 어렵다. 마치 한 가지 사물이나 사건이 보는 각도에 따라 혹은 보는 사람의 심리상태에 따라 다양하게 이해되어질 수 있듯이, 어떤 작품과 관련된 특별은총의 유무를 정한다는 것이 완전히 객관적일 수 없음이 명백하다.

"크리스천 예술음악"이란 장르는 이미 존재해 온 것이고 그 개념도 분명하다. 그러나 어떤 다른 문헌에서나 인터넷에서도 이 용어는 찾기 힘들다. 사실상 "크리스천 예술음악"은 교회의 "예배음악"이나 연주회장의 "예술음악" 둘 중에 속해져 있었던 것인데, 그 독특한 의미와 기능을 근거로 하여 필자가 정하고 이름 붙여 새로운 장르로 탄생한 것이다. 그러나 여전히 이 새로운 장르는 용도와 연주되어지는 장소에 따라 예배음악도 예술음악도 될 수 있을 것이다. 비록 이 연구에서 작품들이 선택되고 분류되어지긴 했지만, 경계가 불분명한 곡들을 분류하는 과정에서 필자의 주관성을 완전히 배제할 수 없었다.

"크리스천 피아노 예술음악"이라는 새 장르에 속한 작품들은 원칙적으로 예배음악과 예술음악 두 부분에서 검토되어야 하는데, 이 연구에서는 주로 예술음악 관련 문헌과 악보를 바탕으로 하여 선택되었다. 선곡은 힌슨(Maurice Hinson)의 피아노 문헌(*Guide to the Pianist's Repertoire*, 3rd edition10))과 쉐딘저(Richard Shadinger)의 논문11)의 목록, 그리고 몇몇 중요한 악보 출판사의 목록들을 바탕으로 이루어졌으며, 남침례신학교의 도서관과 도서관 상호대출(Inter-Library Loan)을 통하여 악보들이 검토되었다. 미국과 한국의 작품들은 비교적 수월하게 발견된 반면, 유럽의 현대 작품들을 조사하는 데에는 한계가 있었다. 이러한 선곡 작업은 계속되어져야 한다. 또한 예배를 위한 피아노 작품들 중 연주회장에서도 연주되어질 수 있는 예술적인 곡들에 대한 선곡 작업도 이루어져야 한다.

이 연구에서 가장 어려운 영역은 작곡가들의 믿음이나 작품들에 연관된 그들의 의도를 조사하는 것이었다. 구할 수 있는 문헌에서 이러한 주제에 대한 언급이 매우 적어서, 많은 작품들은 단지 작품 자체에 대해서만 논해졌다. 또한 네 번째 범주를 만들었지만, 책에 실린 이 범주에 해당하는 작품들은 소수에 불과하다. 하나님께 헌정되었으나 그 사실을 알 수 없는 많은 곡들이 있을 것이다. 사실상 하나님께서 받으신 곡들은 오직 그분만이 아실 것이다. 단지 "하나님을 위해 쓰여진 절대 음악"이 존재한다는 것을 알리기 위하여 하나의 독립된 범주를 만들었다.

마지막으로, 제1부에서 크리스천 예술음악, 특히 기악 찬양의 중요성이 논해지지만, 제2부에서는 기악 찬양 중 오직 피아노 독주를 위해 쓰여진 예술음악 작품만이 소개되었다. 하나님께서 다양한 음악적 찬양을 통해 영광 받으시기 위하여, 여러 악기들을 위한 독주 및 합주 크리스천 예술음악 작품목록을 조사하는 일을 다른 연구자들에게 부탁드린다.

---

10) Maurice Hinson, *Guide to the Pianist's Repertoire*, 3rd ed. (Blooming-ton: Indiana University Press, 2000).

11) Richard Cole Shadinger, "The Sacred Element in Piano Literature: A Historical Background and an Annotated Listing" (D.M.A. diss., The Southern Baptist Theological Seminary, 1974).

제1부

크리스천 예술음악의 신학적 의미

"크리스천 예술음악"의 가치를 이해하기 위하여
그것의 시작, 과정, 그리고 미래를
성경과 신학자들의 연구와 교회 음악사 등을 통하여
역사적으로 살펴보았다.

교회에서도 연주회장에서도 제자리를 찾지 못하고 있는
"크리스천 피아노 예술음악"의 가치를
기악 찬양의 역사와 그 특성을 통해
집중적으로 조명하였다.

1

크리스천 예술음악의 배경: 성경적 역사를 통한 고찰

각양 좋은 은사와 온전한 선물이
다 위로부터 빛들의 아버지께로서 내려오나니
그는 변함도 없으시고 회전하는 그림자도 없으시니라
(야고보서 1:17)

창조성은 하나님의 성품 중 하나이며, 그 창조성의 한 면이 음악을 통해 나타난다. 그러므로 하나님의 창조성의 증거로서의 음악은 그와 언제나 함께 해왔고 또 함께 할 것이다. 스바냐 3:17에서 노래하시는 하나님, 스가랴 9:14에서 트럼펫을 부시는 하나님은 어제나 오늘이나 영원토록 동일하신 분이시다. 그리고 그는 그 음악을 창조물들과 여러 가지 방법으로 공유하신다. 사실상 성경은 천사와 인간을 포함한 모든 창조물들의 음악과 음악적 찬양으로 가득 차 있으며, 성경에서 인류 역사의 가장 중요한 순간들은 천상의 음악들로 장식된다. 즉, 이 세상 창조의 시작을 축하하는 새벽별들의 노래(욥기 38:7a), 예수 그리스도의 탄생을 알리는 허다한 천군 천사의 찬양(누가복음 2:13), 그리고 종말에 이르러 하늘과 땅 위와 땅 아래와 바다의 모든 생물의 하나님의 영광을 찬양하는 영원히 계속되는 노래(계시록 5:9-14) 등이 그 예이다.

크리스천 피아노 예술음악의 신학적인 의미를 찾기 위해 본 장에서는 크리스천 예술음악의 성경적 배경이 조사된다. 세 가지 유형의 음악—크리스천 음악, 예술음악, 그리고 크리스천 예술음악—이 세상의 창조, 인간의 타락과 구속, 그리고 영원한 완성의 국면에서 논하여 진다. 음악의 본질이 영원하다는 점을 생각하며, 이 세상의 시작과 끝을 포함하는 큰 그림 안에서, 영원한 음악이 어떠한 것인지 추측해본다. 본 장에서는 필자의 상상력이 성경의 틀 안에서 동원되었다.

1. 천지창조(Creation)

> 하나님이 자기 형상 곧 하나님의 형상대로 사람을 창조하시되
> 남자와 여자를 창조하시고
> (창세기 1:27)

여섯째 날, 창조된 세상은 다양한 소리들로 채워졌는데, 그것은 모든 하나님의 창조물들이 참여한 거대한 오케스트라의 소리였을 것이다. 오툴(Christopher J. O'Tool)은 어거스틴(Aurelius Augustine)이 묘사한 창조물들의 하나님 찬양을 다음과 같이 전달한다.

> 이러한 하나님의 창조적 활동의 보편성은 창조물들 자신에 의해 증명되어진다. 마음이 돌아보는 곳마다 창조물들은 소리친다. "하나님께서 날 만드셨다." 눈이 마주치는 풍경이든 각종 식물이든 동물이든, 그 무엇이든, 이 모든 것은 창조주 하나님을 찬양하는 목소리의 역할을 하고 있다.[1]

모든 피조물들이 신기한 소리로 하나님을 찬양하고 있을 때에, 첫 번째 인간인 아담의 반응은 어떠했을까? 그도 기쁨으로 소리치며 찬양하고 노래하지 않았을까? 하나님이 인간을 그의 형상에 따라 만드셨기에 아담과 하와가 음악가이신 하나님으로부터 어느 정도의 음악성을 부여받았으리라는 상상은 그리 어렵지 않다. 아마도 에덴동산에는 죄 없는 인간의 맑은 노래 소리가 들리곤 했으리라. 또한 하나님이 인간에게 그의 형상을 따라 음악적 능력을 주셨다는 것은 단지 자연적인 소리를 내는 것을 위해서라기보다, 다른 창조물과 구별되는 음악적 창조성을 위해서일 것이란 점은 의심의 여지가 없다.

하나님은 창조된 세상에 소리의 질서를 주셨는데, 인간들이 그것을 발견하여 음악이라는 그들의 창조물을 만드는 데에 사용했다. 예를 들어, 피타고라스는 소리의 질서, 즉, 현(strings)이나 관(pipes)의 배음(overtone)을 발견하였는데, 이것은 서양음악의 기초가 되었다. 또한 자연에는 돌이나 쇠 등의 물질에도 여러 다른 배음이 존재한다. 그러므로 루터(Martin Luther)는 음악을 이 창조된 질서의 가장 좋은 예라고

---

[1] Christopher J. O'Toole, *The Philosophy of Creation in the Writings of St. Augustine* (Washington, D. C.: The Catholic University of America Press, 1944), 2.

생각했다.2) 아무도 확실히 알 수는 없지만, 인간 타락 후에도 인간의 육체적 모습이 바뀌지 않았다고 가정해 볼 때에, 서양음악이 사용하는 배음은 천지창조 당시 존재했을 배음과 같을 것 같다. 그러므로 하나님의 천지창조 단계에서 음악은 인간의 안과 밖에 존재한 "천국과 낙원의 완벽한 조화"3)라고 표현될 수 있을 것이다.

1) 하나님의 속성과 일반은총으로서의 음악

하나님은 "우리를 빚으신 최상의 예술가이시다."4) 마치 우리가 어떤 사람의 성품을 그의 여러 가지 일이나 작품을 통해 알 수 있듯이, 우리는 하나님의 속성들을 그의 창조물, 특별히 그의 형상을 따라 지음 받은 인간을 통해 발견할 수 있다. 그러므로 인간 안에 있는 음악적 창조성이 관찰되어질 때에 이 능력이 하나님의 아름다움과 창조성의 능력으로부터 왔다는 것을 확실히 알 수 있다. 그는 먼저 자신을 섬기도록 그의 천사들에게 음악적 능력을 부여했고, 다음으로 이 세상을 창조할 때에 그의 지혜로 말미암아 음악은 구체적으로 그의 창조된 세계에 존재하게 되었고, 인간들에게는 재능으로서 주어졌다.5) 다시 말해, 우리가 하나님을 닮은 것이 몇몇 인간의 창조 영역에서 보이는데, 그중 하나의 영역이 음악이다.6)

한편, 음악은 창조 영역에서의 하나님의 일반은총(common grace)의 한 예로서 존재한다.7) 그루뎀(Wayne Grudem)은 일반은총의 개념을 "구원(salvation)의 부분이 아닌, 사람에게 주어지는 하나님의 수많은 은총들"이라고 설명한다. 그리고 여기에서 그는 "일반"이라는 단어의 의미를 "신자에 국한되지 않는 모든 사람에게 일반적인"으로 정의한다.8)

---

2) Mark S. Sooy, *Essay on Martin Luther's Theology of Music* (La Vergne, TN: Blue Maroon, 2006), 30.

3) Henry R. Van Til, *The Calvinistic Concept of Culture* (Grand Rapid: Baker Academic, 2001), 108.

4) Aurelius Augustine, *City of God* (New York: Image Book, 1958), 537.

5) Wayne Grudem, *Systematic Theology* (Grand Rapids: Zondervan, 2000), 193.

6) Ibid., 447.

7) Ibid., 661.

그런데 일반은총이라는 용어에 대하여, 존슨(Eric Johnson)은 "일반"이라는 단어가 중립적인 것의 표현으로 오해될 소지를 우려하여, 하나님의 섭리적 은총을 강조하는 "창조은총"(creation grace)이라는 용어가 더 적당하다고 주장한다.9) 이 용어는 죄인들이 존재하지 않았던 천지창조 단계에서 특별히 적당하다고 보인다. 하지만 이 글에서는 음악을 설명하는 데에 보통 일반은총이란 용어가 쓰이기 때문에, 모두에게 익숙한 일반은총이란 용어를 쓰도록 하겠다. **그러므로 인간의 음악은 "인간이 하나님의 형상에 따라 지음 받았다"는 사실과 "하나님의 일반은총"이라는 두 가지 관점에서 설명되어질 수 있다.**

한편, 하나님의 선물로서의 음악이 모든 사람들에 의해 공유될 수 있는 반면, 음악적 재능의 분배는 하나님의 섭리에 따라 각 사람에게 구별되게 이루어진다. 이것은 하나님이 그의 무한한 창조성을 나타내시며, 셀 수 없는 종류의 꽃을 만드시거나(창세기 1:12) 우리 몸에 각기 다른 기관을 배열하시는 것(고린도전서 12:18)과 흡사하다. 따라서 특별한 음악적 재능은 또한 '하나님의 특별한 선물'로 불리워질 수 있겠다. 다양한 믿음, 재능, 목적, 배경 등을 가진 각기 다른 사람들에 의해 만들어지는 음악은 결과적으로 다양한 특성이나 목적 등을 갖게 된다.

2) 음악의 종류

성경을 전체적으로 숙고해 볼 때, 천지창조 단계에서부터 음악은 그 목적에 따라 찬양음악(후에, 크리스천 음악), 예술음악(후에, 진지한 음악 혹은 클래식 음악), 그리고 오락음악(후에, 춤곡, 대중음악, 민속음악, 경음악 등) 등으로 분류할 수 있을 것이다. 인간 창조의 목적이 하나님께 영광을 돌리고 그를 찬양하는 것이었기에, 죄 없는 인간에게 음악의 우선적인 목적은 찬양이 되었을 것이다. 동시에, 인간은 하나님의 형상에 따라 지음 받았기에, 그들도 음악의 아름다움을 즐기거나 창조함으로써(예술음악), 또 그들의 기쁨을 음악을 통해 표현함으로써(오락

---

8) Ibid., 657.

9) Eric Johnson, "Overview of Course" (classroom lecture, *87520—Biblical Counseling/Pastoral Theology Colloquium: Creation Grace, Pt. 1*, 1 February 2011).

음악) 하나님을 모방할 수 있었으리라. 또한 예술적 찬양음악(후에, 크리스천 예술음악)의 존재 가능성도 찬양음악과 예술음악의 만남으로 상상해 볼 수 있겠다.

(1) 찬양음악

이 세상의 시작에 기독교인이 존재하지 않았던 것처럼, 창조 당시에 크리스천 음악은 존재하지 않았다. 크리스천 음악은 예수님의 부활과 더불어 시작되었다고 말함이 문자적으로 타당할 것이다. 그러나 기독교인들이 구약성경과 신약성경 모두를 정경(biblical canon)으로 간주하는 것과 같이, 크리스천 음악이 구약성경의 모든 찬양음악을 끌어안는다고 말할 수 있겠다. 그러므로 크리스천 음악의 기원은 인간 창조의 시점까지 거슬러 올라간다. "이 백성은 내가 나를 위하여 지었나니 나의 찬송을 부르게 하려 함이니라"(이사야 43:21). 대부분의 영어 성경 번역에는 "나의 찬송을 부르게 하려 함"이라는 음악적 행위보다 "나의 찬양을 선포하게 하려 함"(proclaim my praise)이란 광범위한 찬양 행위가 그 목적으로 나타나는데,10) 원어적으로 테힐라($t^ehillâ$, תְּהִלָּה)라는 단어는 주로 음악적 찬양을 의미하므로11) 한국어 개역 성경 번역이 보다 타당하다 생각된다. 그러므로 크리스천 음악의 원초적인 기원과 음악의 본래의 목적은 하나님의 인간 창조에서 발견된다. 결국 죄 없는 아담과 하와의 음악적 찬양이 크리스천 음악의 시작이라고 생각될 수 있겠다.

(2) 예술음악

모든 예술의 기원은 아름다움과 창조성의 근원이신 하나님 안에 있다. 하나님의 이 세상 창조는 예술의 가장 좋은 예이고, 음악은 그 예술의 특별한 형태이다. 다시 말해, "모든 존재는 자신이 최상의 존재(*summe est*)이신 하나님으로부터 나오기"12) 때문에, 음악은 "하나님

---

10) Good News Translation과 New International Reader's Version등 소수의 영어 성경에 "sing my praise"로 번역되어있다.

11) "이 단어의 반 이상은 시편(시편은 히브리어로 이 단어의 복수형인 $t^ehillîm$, 즉 "Praises, Hymns")에 나타난다." William D. Mounce, ed., *Mounce's Complete Expository Dictionary of Old & New Testament Words* (Grand Rapids: Zondervan, 2006), 529.

의 아름다움의 거울"13)이다. 인간의 창조적이고 예술적인 소리의 추구
는 예술음악의 정신인데, 이것은 나아가 하나님이 인간을 그의 형상대
로 만드신 증거가 된다. 그러므로 크리스천 음악의 목적이 하나님을 찬
양하는 데에 있는 반면, 예술음악의 목적은 음악적 아름다움을 추구하
는 데에 있다. 과연 창조 당시 최초의 인간들에게 두 가지 음악이 존재
했는지 알 수는 없지만, 두 가지 형태 모두 하나님의 영광을 드러냄은
틀림없다. 한편 크리스천 음악이 오직 인간들의 음악인 반면, 예술음악
은 사실상 그 기원을 예술가이신 하나님의 음악에서 찾을 수 있으리라.
천지창조 후 완벽하게 아름다운 예술음악이 그 지으신 결과에 흡족하
신 하나님에 의해 온 우주에 울려 퍼지지 않았을까?

로마의 학자인 보에티우스(Boethius, 524년경 사망)는 하나님의 창
조 안에서 음악을 상상하고 다음과 같은 세 범주로 분류했다.

(a) *musica mundana* (harmony of macrocosmos)
: 세상, 우주, 계절 등의 조화, 즉, 대우주의 조화
(b) *musica humana* (harmony of microcosmos)
: 인간 안에 있는 조화, 즉, 소우주의 조화
(c) *musica instrumentalis* (instrumental music)
: 실제로 울리는 인간의 목소리와 악기 소리14)

이들 중 처음 두 범주의 음악은 인간의 귀에 들리지 않는 조화로서의
음악에 속한다. 이런 점에서 시편 19:1-4는 이 세상 창조 이래 하나님
이 계속하여 만들고 계신 우주의 음악으로 여겨질 수 있겠다.

한편 첫 번째 죄 없는 인간이 만든 정교한 예술음악은 상상하기 어
렵다. 또한 죄 없음이 높은 예술성과 일치하는 것 같지는 않다. 왜냐하
면 성경에는 아담이 아닌 유발이 악기 연주자의 아버지로 묘사되었기
(창세기 4:21) 때문이다. 그래도 여전히 아담과 하와가 하나님의 예술
음악을 어떤 식으로든 모방하려 하지 않았을까 상상한다. 하지만 성경
은 그들의 음악적 활동에 대해서 언급하고 있지 않다.

---

12) O'Toole, *The Philosophy of Creation in the Writings of St. Augustine*, 1.

13) Richard Viladesau, *Theology and the Arts: Encountering God through Music, Art and Rhetoric* (Mahwah, NJ: Paulist Press, 2000), 34.

14) Ulrich Michels, *dtv-Atlas zur Musik* (Munich: Bärenreiter, 1985), 2:303.

(3) 예술적 찬양음악

비록 아무도 첫 번째 인간들이 음악적으로 재능이 있었는지 알지 못하지만, 찬양음악과 예술음악의 교차 지점으로서의 예술적 찬양음악의 자리를 상상할 수 있다. 예를 들어, 만약에 아담과 하와가 창조주께 드리는 선물로 어떤 노래를 함께 열심히 연습했다고 가정하면, 그것은 교회의 성가대 합창 음악과 같은 크리스천 예술음악의 시작으로 여겨질 수 있겠다. 이런 방식으로 어떤 구분선이 "단순한 예배음악"과 "예술적 찬양음악" 사이에 그어질 수 있다.

(4) 오락음악

하나님은 그의 백성을 노래하며 기뻐하는 분이시다(스바냐 3:17). 따라서 하나님을 닮은 죄 없는 인간들이 늘 즐거운 마음으로 춤추며 노래하는 것을 상상하기란 어렵지 않다. 그들은 또한 다른 피조물들의 음악을 즐겼을 것 같다. 하나님은 하나님을 찬양하기 위해서 뿐만 아니라 인간들 사이의 사랑의 마음과 즐거움 등을 표현할 수 있도록 최초의 인간들에게 노래를 주셨으리라.

예술음악이 주로 음악적으로 재능 있는 사람들에 의해 작곡되고 연주되는 반면, 오락음악은 일반적으로 보다 쉽고 보편적인 표현을 위해 존재하는 경향이 있다. 그러한 음악은 단순하고 반복적이며 특별히 율동적인 경우가 많다. 오락음악은 후에 춤곡, 대중음악, 경음악, 민속음악 등으로 분화된다. 이 음악적 장르는 하나님이 거의 모든 인간에게 주신 그야말로 일반적인 은총인데, 이 글의 주제에서 벗어나 있기에 앞으로 구체적으로 논하여지지 않을 것이다.

2. 인간 타락(The Fall)

여자가 그 나무를 본즉 먹음직도 하고 보암직도 하고...
여자가 그 실과를 따먹고...
그도 먹은지라
(창세기 3:6)

여호와 하나님이 아담과 그 아내를 위하여
가죽 옷을 지어 입히시니라
(창세기 3:21)

아담과 하와가 죄를 지었을 때, 온 세상은 그들과 함께 타락했다. 하지만 저주의 가시덤불과 엉경퀴(창세기 3:18) 사이에 타락한 인간을 위하여 여전히 온갖 종류의 풀과 채소와 열매 맺는 나무들(창세기 1:11)이 있었다. 하나님이 여전히 그들을 사랑하셨기 때문이었다. 이와 같이 하나님이 이 세상에 대한 확실한 전망을 가지고 계셨기에, 비록 타락했지만 인간에겐 여전히 하나님의 형상의 잔재가 남겨졌고 그들은 하나님의 지시를 받았다. 반틸(Henry R. Van Til)은 인간의 타락한 상태와 하나님의 변치 않는 의지를 이와 같이 묘사한다. "죄는 문화적 명령을 무효화하지도 인간이 그의 문화적 임무를 성취하는 것을 면제하지도 않았다."[15] 이리하여 타락한 인간들에게 여전히 음악적 창조성은 남아있었다. 이제 인간 타락의 단계에서 그리스도의 구속이 이루어지기 전까지 이 죄 있는 인간들에 의한 찬양음악, 예술음악, 그리고 오락음악이 논하여질 것이다.

1) 구약성경의 찬양음악: 예배음악과 예술적 찬양음악

비록 타락한 상태였지만, 하나님의 선택을 받은 소수의 사람들은 계속하여 그를 찬양했다. 성경의 초기 음악적 찬양의 예들은 모세와 이스라엘 민족의 노래(출애굽기 15:1-18), 미리암의 노래(출애굽기 15:21), 하나님이 가르쳐준 모세의 노래(신명기 32:1-43) 등에서 발견된다. 아마도 그 노래들은 음악적으로 단순하여서 모든 사람들이 함께 부를 수

---

15) Van Til, *The Calvinistic Concept of Culture*, 57.

있었으리라 추측된다.

또한 성경엔 다윗 왕 시대부터 예술적 찬양음악의 예들이 나타난다. 물론 단순한 예배음악과 예술적 찬양음악 사이에 확실한 경계선이 있다고 말할 순 없지만, 성경은 상근직(full time job)으로서의 전문 찬양인― "또 찬송하는 자가 있으니 곧 레위 족장이라 저희가 골방에 거하여 주야로 자기 직분에 골몰하므로 다른 일은 하지 아니하였더라"(역대상 9:33)―과 숙련된 이백팔십팔 인의 음악가(역대상 25:7)와 다윗 왕이 찬양을 드리기 위해 제작한 악기들로 하나님을 찬양하는 사천 명의 레위인(역대상 23:5)이 있었음을 보고하는데, 이것은 크리스천 예술음악의 전문성을 보여준다. 이 음악가들은 오직 하나님을 찬양하기 위해서 살았으니, 그들의 음악은 높은 수준의 예술에 접근할 정도로 매우 기교적이었을 것임이 틀림없다. 또한 이런 경우는 크리스천 예배음악과 크리스천 예술음악이 공존하는 형태의 것으로 해석되어질 수 있겠다. 역대상 15:19-24에 적혀있는 악기를 다룰 줄 아는 전문 성악가들의 이름들과 사역들을 주목해 보라. 다윗 왕에 의한 찬양 사역의 변화는 매우 근본적이고 빠르게 일어났기에 김명환은 이것을 "다윗의 찬양 혁명"이라고 명명한다.16)

구약성경의 찬양음악은 성악과 기악으로 이루어져 있다. 시편 150편은 사람들에게 다양한 악기들로 하나님을 찬양할 것을 명령한다. 한편 사울 왕을 위한 다윗의 연주(사무엘상 16:23)는 종종 사울의 치료가 다윗의 수금 연주로 야기된 완화 현상으로 해석되어 음악 치료와 같은 심리 생리적 현상(psycho-physiological phenomenon)으로 이해되거나, 또는 하나님의 사람인 다윗의 수금 연주로 인해 하나님의 임재가 사울에게 재정립되었다고 해석되기도 한다.17) 그런데 실제로 어떤 심리적 혹은 영적 현상이 일어났든 상관없이, 다윗의 수금 연주는 기악 찬양이나 크리스천 기악 예술음악의 예로 볼 수 있다. 왜냐하면 다윗은 믿음의 사람으로 뿐만 아니라 숙련된 음악가로 알려져 있었기 때문이다(사무엘상 16:18).

---

16) 김명환, *찬양의 성전* (서울: 새찬양후원회, 1999), 160-66.

17) Jon Michael Spencer, *Theological Music: Introduction to Theomusicology* (Westport, CT: Greenwood Press, 1991), 3-4.

2) 예술음악과 오락음악

창세기 4:21에는 가인의 후손인, 아마도 인간 역사상 최초의 음악가로 보이는 유발의 이야기가 적혀있다. "그 아우의 이름은 유발이니 그는 수금과 퉁소를 잡는 모든 자의 조상이 되었으며." 그러나 애석하게도 성경은 그의 음악의 내용에 대해서는 이야기하지 않는다. 휴스테드(Donald P. Hustad)가 유발을 "아담의 칠대 손"으로 또 그의 기악음악을 "찬양 제물"을 위한 반주로 여기는 반면,[18] 일반적으로 유발의 음악은 찬양이라기보다는 단지 문화적 행위로 여겨진다. 에드가(William Edgar)는 "인간의 문화적 활동은 인간 타락 후에도 합법적이다"라고 말하면서, 셋의 자손의 음악과 가인의 자손의 음악의 차이를 "예배"와 "문화"라고 본다.[19] 에드가는 여기서 문화란 단어를 믿음이 제외된 일반은총으로서의 음악의 뜻으로 사용한 것 같다. 한편 필립스(John Phillips)는 유발의 음악의 역할을 하나님의 자리를 대신하는 것으로 생각했다.

> 그의 형제 유발은 음악이라는 다른 전공을 가졌다. 그의 이름은 "물결을 일으키는 사람(the undulator)" 혹은 "즐거운 소리"를 뜻한다. "하프와 오르간과 같은 것들을 다루는 모든 사람의 아버지였다." 현악기와 관악기는 그의 발상이었다. 새로운 세상 질서는 그 나름의 오락 매체를 가졌다. 그것이 시간을 구성하는 즐거운 방법들, 즉 하나님의 생각을 떠내려 보내는 방법을 필요로 함에 따라, undulator[유발]는 오직 하나님만이 진정 채울 수 있는 공허함을 채우는 것을 돕기 위해 사람에게 박자와 리듬, 그리고 생기 넘치는 선율을 주게 되었다.[20]

필립스는 또한 라멕의 "칼의 노래"(창세기 4:23-24)가 성경의 첫 번째 노래이고 그것은 "인간의 독립과 힘과 복수심에 불탐을 미화한다"고 주장한다.[21] 성경은 이런 식으로 음악이 인간의 초기 역사부터 음악을 주신 분과 상관없이 존재하고 번영하게 되었음을 추측하게 한다.

---

18) Donald P. Hustad, *Jubilate II: Church Music in Worship and Renewal* (Carol Stream, IL: Hope Publishing Company, 1993), 131.

19) William Edgar, *Taking Notes of Music* (London: SPCK, 1986), 24-27.

20) John Phillips, *Exploring Genesis: An Expository Commentary* (Grand Rapids: Kregel Publications, 2001), 74. 참고: "undulator"는 "물결(wave)을 일게 하는 것이나 사람"으로 번역되는데, 유발의 히브리 원어인 "stream"을 고려해 볼 때, 또 다른 번역은 "시내 혹은 흐름"이 될 수 있다.

그럼에도 불구하고, 비록 하나님과 상관없이 만들어진 음악이라도, 그것은 사람들에게 초월적인 기쁨을 제공하며 매우 잘 만들어져 아름다울 수 있고, 그것을 통해 분별력 있는 소수의 사람들은 아마도 그 아름다움의 근원을, 즉, 음악적 능력의 창조자를 느낄 수도 있다. 아마도 어거스틴은 음악 자체를 하나님과 관련시킨 최초의 사람일 것이다. 해리슨(Carol Harrison)은 어거스틴의 논문, 『음악에 대하여』(*On Music*)의 마지막 부분에 기술한 그의 생각을 다음과 같이 잘 요약하고 있다.

> 일시적이고 잘 변하고 물질적인 실체, 즉 음악은 타락한 영혼을 재정향하는(reorienting) 데에 그리고 영혼의 개혁과 하나님께 돌아옴에 영향을 주는 데에 중심적인 역할을 한다. 창조된 실체로서의 음악 그 자체와 그 형식과 아름다움은 그것의 창조자를 증명한다. 그리고 그것의 일시성은 하나님의 영원성을 가리킨다. … 또한 영혼에 의해 올바로 사랑받고 판단되고 사용된다면, 음악은 그 영혼의 그것을 향한 타락한 애착을 재정리하고 개혁해서 하나님을 향한 애착이 되도록 한다.22)

여기에 일반은총의 개념이 인식되어진다. 인간의 반항에도 불구하고 하나님은 음악을 포함한 모든 가능한 선물들을 주시며 그의 사랑을 계속하여 보여주시는데, 이것은 그들로 하나님의 영광의 반사(reflection)를 볼 수 있게 하기 위함이다.

3) 음악 안의 죄 있는 마음

하나님의 일반은총에도 불구하고 대부분의 타락한 사람들은 그들의 상태를 깨닫지 못한다. "사람들은 낙원에서의 성스런 원래 모습을 계속하여 잊고 실낙원의 조건을 규범적인(normative) 것으로 당연히 받아들인다"23)라는 반틸의 주장으로부터, 하나님을 떠난 음악 역시 당연히 규범적으로 여기게 되었다는 것을 추론할 수 있다. 플랜팅가(Cornelius Plantinga Jr.)는 문화의 영향에 대하여 다음과 같이 주장한다. "인간의

---

21) Ibid.

22) Carol Harrison, "Augustine and the Art of Music," in *Resonant Witness*, ed. Jeremy S. Begbie and Steven R. Guthrie (Grand Rapids: William B. Eerdmans Publishing Company, 2011), 39.

23) Van Til, *The Calvinistic Concept of Culture*, 34.

기질은 문화를 형성하지만, 문화 역시 인간의 기질을 형성한다."24) 그리하여 결국 타락한 상황에서 죄 있는 인간과 죄 있는 문화(음악) 사이의 상호관계는 악순환을 돌게 된 것이다.

그러면, 무엇이 죄 있는 음악인가? 비록 음악 그 자체는 죄를 짓지 못하지만, 죄 있는 마음으로 생산되는 음악은 하나님의 심판의 대상이 될 수 있다. 이사야 14:11은 바빌론 왕의 멸망을 묘사하고 있는데, 하나님은 그의 죄 있는 마음의 음악을 그의 심판받은 영화에 포함시키셨다. "네 영화가 음부에 떨어졌음이여 너의 비파 소리까지로다." 아마도 여기에 심판받은 음악은 하나님을 잊은 채 자신의 영광과 즐거움만을 위한 것이었을 것이다.

문제의 시작은 타락한 인간이 음악을 주신 분을 잊고 음악을 단지 문화로서 자연스럽게 끌어안았다는 것이다. 음악은 보이지 않기에 파괴되어지지 않고 모두 영원할 것 같다. 하지만 보이지 않는 영혼을 심판하시는 하나님은 비파 소리 같은 음악도 심판하신다. 아무리 듣기에 아름다운 음악일지라도 또한 그 아름다움에 하나님이 비쳐질지라도 그것이 죄 있는 마음으로 물들었다면, 하나님이 직접 지으신 아름다운 세상도 죄가 관영하였을 때에 멸망시키셨듯이, 이 세상 마지막 날에 그것은 쓰레기처럼 버려질 것이다.

아마도 바빌론 왕은 음악의 아름다움으로 인해 행복을 느꼈을 것 같다. 그러므로 음악으로부터 오는 행복이나 아름다움이 하나님 앞에서 음악 활동을 정당화 할 수는 없다. 물론 하나님은 인간이 행복하기를 원하시고 그것을 위해 음악을 선물하셨다 할 수 있겠지만, 주신 분을 잊어버린 아름다움이나 행복은 오히려 인간을 하나님 앞에서 교만하게 만들고 또한 하나님으로부터 멀어지게까지 할 수 있다.

그러므로 솔로몬의 잠언 4:23—"무릇 지킬 만한 것보다 더욱 네 마음을 지키라 생명의 근원이 이에서 남이니라"—이 말하는 것처럼 마음의 문제는 우리의 생명과 관련된다. 또한 인간의 모든 활동은 마음의 주제들과 관계가 있다. 죄 있는 마음으로부터의 예술음악이나 오락음악—어쩌면 순전치 못한 찬양음악까지도—은 주로 교만과 상관이 있으며,

---

24) Cornelius Plantinga, *Engaging God's World: A Christian Vision of Faith, Learning, and Living* (Grand Rapids: William B Eerdmans Publishing, 2002), 57.

교만의 뿌리는 자신의 창조자와 피조물로서의 의무를 잊어버리는 데에 있다. 인간이 예배자로 창조되었기에—"우리는 유한하기 때문에 피할 수 없이 어떤 것이나 누구를 예배하게 될 것이다"라고 칼슨(D. A. Carson)은 말한다25)—그들이 하나님을 잊을 때에 창조주 대신 피조물을 예배하게 되는 것이다. 음악에 있는 극단적인 이러한 교만은 "음악을 위한 음악"과 부도덕한 음악에서 발견될 수 있다. 신학자 슐라이마허(Friedlich Schleimacher, 1768-1834)가 묘사한 "종교로서의 예술"(Kunstreligion)은 음악 안의 극단적인 교만을 보여준다. "이제 그녀(예술)는 아무 것에도 봉사하지 않고 모든 것이 다르게 되었고 더 나쁘게 되었다."26) 사람들이 그들의 음악을 받으시는 하나님, 또 모든 음악의 시작인 하나님을 잊어버릴 때, 음악 자체나 음악으로부터의 즐거움이 그들의 신(god)이 되고 만다는 뜻이다.

비록 역사적으로 예수 그리스도의 죽음과 부활 이래로 모든 사람들은 구원의 시대 단계에서 살고 있지만, 구원받지 못한 사람들은 여전히 타락의 단계에서 살고 있다고 말할 수 있다. 게다가 구원받은 사람들도 여전히 죄에서 자유롭지 못하기에, 그들도 하나님 아닌 다른 어떤 것을 예배할 수 있다. 죄 있는 인간은 쉽게 음악 자체를 죄 있는 문화의 분위기 안에서 우상화 할 수 있고, 그들은 무신론적인 음악에 의해 지배받을 수 있다. 실제로 어떤 사람들은 다른 신들을 위해 음악을 만든다. 결국, 하나님의 일반은총이 남용되는 것이다.

"하나님의 인간을 향한 깊은 사랑은 죄의 결과에도 불구하고 일반은총을 통해 계속되는데"27) 음악의 아름다움과 음악적 재능은 그 대표적인 예이다. 반면, 음악을 통한 하나님의 사랑과 음악의 아름다움은 죄 있는 인간에 의해 배은망덕하게도 무시되고 남용된다. 음악은 피조물과 같이 구속받은 하나님의 아들들의 나타남을 기다린다.

---

25) D. A. Carson, "Worship under the Word," in *Worship by the Book*, ed. D. A. Carson (Grand Rapids: Zondervan, 2002), 34.

26) 홍정수/오희숙, *음악미학* (서울: 음악세계, 1999), 159.

27) Richard J. Mouw, *He Shines in All That's Fair: Culture and Common Grace* (Grand Rapids: William B Eerdmans Publishing, 2001), 101.

3. 인간 구속(Redemption)

>하나님이 세상을 이처럼 사랑하사 독생자를 주셨으니
>이는 저를 믿는 자마다 멸망치 않고 영생을 얻게 하려 하심이니라
>하나님이 그 아들을 세상에 보내신 것은 세상을 심판하려 하심이 아니요
>저로 말미암아 세상이 구원을 받게 하려 하심이라
>(요한복음 3:16-17)

어떻게 피조물의 죄로 인한 창조자의 죽음을 상상할 수 있을까? 피조물로 나타나신 창조자의 체화(embodiment, 요한복음 1:14)를 충분히 이해한다는 것은 제한된 육신 안에 사는 피조물로서는 불가능하다. 단지 기독교인들이 알고 믿는 것은, 모든 인간은 죄인이고, 하나님의 아들이신 예수 그리스도가 그의 죽음과 부활로 인해 죄인들을 그들의 죄와 지옥의 심판으로부터 자유케 하셨다는 것, 그리고 이 사실을 믿고 자신의 죄인 됨을 고백하며 예수 그리스도를 그의 구세주로 받아들이는 자는 구원을 얻는다는 것이다.

그런데 더욱 놀라운 것은 하나님이 그들의 믿음의 고백 후에 그들을 즉시 이 타락한 세상으로부터 데려가시지 않는다는 것이다. 하나님은 그의 다양한 섭리적인 방법에 따라 그의 영광을 위해 그들로 이 땅에서의 삶을 계속하도록 하신다. **마치 '인간 타락' 후에도 하나님의 일반은총과 더불어 인간의 문화적 활동이 계속되었던 것처럼, 이제 '인간 구속' 후에도 일반은총과 특별은총이 연합하면서 기독교인들에 의한 문화적 활동은 계속되고 있다.** 다음의 사도 바울의 고백은 구원받은 죄인이 어떻게 삶(문화적 활동)을 계속해야 할지를 묘사하고 있다.

>내가 그리스도와 함께 십자가에 못 박혔나니
>그런즉 이제는 내가 산 것이 아니요
>오직 내 안에 그리스도께서 사신 것이라
>이제 내가 육체 가운데 사는 것은
>나를 사랑하사 나를 위하여 자기 몸을 버리신
>하나님의 아들을 믿는 믿음 안에서 사는 것이라
>(갈라디아서 2:20)

1) "구속"(redemption)의 의미[28]

(1) 구약성경에서 쓰인 "구속"

구약성경에 "구속하다"란 단어로 번역된 두 개의 히브리어, "가알"(לאַג)과 "파다"(הדפ)가 있다. 가알의 주된 사용은 "재산이나 사람을 되사거나 되찾는 법적인 의미"로, 이것은 기업을 무르는(redeem) 과정을 보여주는 룻기에서, 또한 하나님이 애굽의 노예로 있던 이스라엘 백성을 구속하는 출애굽기에서 볼 수 있다. "파다"는 돈으로 무엇을 되사는 데에 자주 쓰이며, 그 중요한 예는 의식적인(cultic) 맥락에서 하나님께 속한 동물이나 사람의 장자를 돈으로 되찾는 데서 볼 수 있다(출애굽기 13:13-15, 민수기 18:15-17). 이것은 결국 하나님의 독생자이자 장자인 예수님이 우리의 구속을 위해서 희생으로 값을 지불하심을 암시한다.

(2) 신약성경에서 쓰인 "구속"

신약성경에도 "구속하다"의 뜻으로 쓰이는 "엑사고라조"(ἐξαγοράζω), "뤼트로오"(λυτρόω), "아폴뤼트로시스"(ἀπολύτρωσις) 등의 단어들이 있다. 이런 단어들은 주로 예수님이 십자가에서 우리를 위하여 죽으심으로 이루신 "영적인 구속"을 의미하거나 실제로 "지불"이라는 뜻으로 사용되었는데, 바울은 "엑사고라조"를 에베소서 5:16과 골로새서 4:5에서 "시간을 구속하는" 혹은 "시간을 최대한으로 활용하는" 의미로도 사용했다. 이것은 킹제임스 번역에는 "Redeeming the time"으로, NIV에는 "making the most of every opportunity"로, 한국어 성경에는 "세월을 아끼라"로 번역되었다.

그러므로 기독교에서 "구속"은 "예수님의 죽으심과 부활로 인해 성취된 영혼의 구원"이라는 의미로 주로 쓰이지만, 이 단어의 본래의 뜻과 사용을 알 때에 문화 영역에서 쓰이는 구속의 의미를 보다 쉽게 이해할 수 있을 것이다.

---

[28] Summarized from William D. Mounce, ed., *Mounce's Complete Expository Dictionary of Old & New Testament Words* (Grand Rapids: Zondervan, 2006), 566-7.

2) 문화적 활동의 구속(redemption)에 대한 세 가지 관점

(1) 모든 문화적 활동의 구속

플랜팅가(Cornelius Plantinga Jr.)는 창조된 전체 세상뿐만 아니라 타락한 모든 것들을 위해 구속이 필요하다고 논한다.

> 창조된 전체 세상은 그것의 영광과 고통 중에 평강(shalom)을 가져다 줄 구속을 필요로 한다. 구속적인 활동이 성스런 구역에 국한되어 있는 듯하나, 세상은 성스런 영역과 세속적인 영역으로 나뉘어져 있지 않다. … 죄가 흔적을 남긴 모든 장소와 구조에서 구속의 필요에 대해 참으로 열정을 태웠던 사람들은 청교도들이었다.[29]

플랜팅가가 말하는 바는 기독교인들이 현재 문화에 대해 분별력을 가져야 하며, 그것에 바로 흡수되지 말아야 한다는 것이다.[30] 결과적으로 그리스도의 지상 명령을 지키고 왕국을 총명하게 섬기면서, 구속의 범위는 개인의 구원을 훨씬 넘어선다고 한다.[31]

글랜저(Perry L. Glanzer) 또한 '크리스천 학생과 학자를 위한 성스런 임무의 한 부분으로서의 음악의 창조와 구속'을 예로 들면서, 배우는 데에 있어서 창조와 구속에 참여하는 것을 강조한다.

> 작곡가와 연주자는 그들의 직업을 신학적 맥락에서 이해하고 다음과 같은 질문을 해도 된다. 하나님의 형상을 가진 자로서 최상의 음악을 만든다는 것은 무엇을 의미하는가? 언제 음악이 타락했나? 음악을 구속한다는 것은 무엇일까? 정확하게 무엇이 타락한 연주 혹은 구속된 연주인가?[32]

(2) 문화적 활동의 구속 없음

모든 학자들이 음악을 구속받아야 할 무엇이라고 동의하는 것은 아니다. 예를 들어, 밴드러넨(David VanDrunen)은 그의 "두 왕국" 교리

---

29) Plantinga, *Engaging God's World*, 96.

30) Ibid., 100.

31) Ibid., 103-07.

32) Perry L. Glanzer and Todd C. Ream, *Christianity and Moral Identity in Higher Education* (New York: Palgrave Macmillan, 2009), 213-14.

를 논하면서, 구속은 오직 인간에게만 적용되어야 한다고 주장하며, 문화적 활동을 구속하려고 시도하는 사람들의 주장을 아래와 같이 냉소적으로 묘사한다.

> 많은 현대의 목소리들은 하나님이 모든 합법적인 문화적 활동과 단체를 구속하고 계시다고, 또 그러므로 기독교인들은 그것들을 변화하기 위하여, 따라서 이러한 일을 통해 하나님의 왕국을 건설하기 위하여 부름 받았다고 주장한다. … 이러한 현재 인간 문화의 구속적 변화는 새로운 창조—새 하늘과 새 땅—에서 정점을 이루게 될 진행을 시작하고 있다. 이 크리스천 문화적 참여의 비전에 따라 우리 문화적 산물들은 영원한 도시를 꾸미게 될 것이다.33)

"일반 왕국"을 일시적이고 섭리적인 목적을 위한 왕국으로, "구속적 왕국"을 구원받은 사람들을 위한 영원한 왕국으로 간주하면서, 반드루넨은 "하나님 자신이 이 일반 왕국을 통치하신다. … 그러나 기독교인은 문화의 구속적인 비전을 받아들여서는 안 된다"라고 주장한다.34) 다시 말해, 그는 소위 "신 칼빈주의"와 일반은총과 특별은총(구속적 은총)의 계속성에 대해 동의하지 않는다.

(3) 성화의 과정에 나타나는 문화적 활동의 구속

오늘날 "문화의 구속"이란 주제는 위에서 보듯이 신학자들 사이에 매우 논쟁적이다. 문화를 구속한다 할 때에, "구속"이란 단어의 의미가 어떤 뜻으로 쓰였건 신학적 논쟁을 떠나, 이 책에서 필자는 문화의 구속의 개념을 다음과 같이 단순하게 정의한다. '문화의 구속이라 함은 원래 하나님께 속했던 문화가 인간의 타락으로 남용되고 있던 것을 구원받은 인간이 하나님의 영광을 위해 쓰게 되는 과정을 구속의 과정에 비유한 표현이다.'

결국 문화를 구속함과 더불어 논하는 것은 거듭난 기독교인의 성화 과정에 나타나는 자연스런 "결과"에 대한 비유적 표현이며, 문화를 구속하는 것이 기독교인의 목적은 아니라고 생각한다. 실제적으로 거듭난 기독교인이 그리스도를 닮아가는 과정에서 나타나는 삶의 열매란 하나

---

33) David VanDrunen, *Living in God's Two Kingdoms: A Biblical Vision for Christianity and Culture* (Wheaton, IL: Crossway Books, 2010), 13.

34) Ibid., 15

님과 상관없었던 문화적 활동을 벗어버리고 이제 하나님과 관련된 새로운 문화적 활동을 입는 것(에베소서 4:22-24)과 무관하지 않기 때문이다. 예를 들어, 거듭난 기독교인은 시편 기자의 고백인 "나의 혀가 주의 의를 말하며 종일토록 주를 찬송하리로다"(시편 35:28)를 실행하기를 시도할 터인데, 그가 음악인이라면, 특별히 음악적 활동과 주를 찬송함을 연결하려 할 것이다. 결과적으로 한 사람의 성화에 따른 새로운 삶은 문화적 활동에도 소위 "구속"의 결실을 가져오게 된다고 비유적으로 말할 수 있다.

3) 음악을 구속함(The Redemption of Music)

그러므로 하나님 밖에서 써진 모든 음악은 구속의 대상이 될 수 있다. 그것은 음악의 아름다움 자체가 타락했기 때문이 아니라 음악을 만든 인간의 의도가 타락했기 때문이다. 비록 하나님의 일반은총에 의해 어떤 음악은 완벽한 하나님의 아름다움을 보여주는 것 같지만, 그러한 음악 또한 인간 자신의 영광을 위해 창작되어 질 수 있다. 결과적으로 "하나님의 영광을 위한 음악"과 "사람의 영광을 위한 음악"이 존재하게 되는데, 이 두 종류의 "음악" 사이에가 아니라, 두 가지 인간의 "의도" 사이에 대립(antithesis)이 발견된다. 이 두 가지 의도는 어거스틴의 『하나님의 도성』(*City of God*)에 나오는 두 가지 사랑, 즉, 인간의 도성의 "이기적인 사랑"과 하나님의 도성의 "하나님을 향한 사랑"으로 대치될 수 있다.

> 이제 두 사회가 두 가지 사랑으로부터 유래되어진 것을 보았다. 세상의 사회는 하나님까지도 감히 경멸하는 이기적인 사랑으로부터 꽃피웠고, 반면 성도의 성찬식은 자신을 무시하기로 준비된 하나님을 향한 사랑에 뿌리를 둔다. … 한 사람은 그 자신의 자랑에 그의 머리를 들고, 다른 한 사람은 하나님께 이와 같이 말한다. '당신은 나의 영광이십니다, 당신은 나의 머리를 높이십니다.' (Book XIV, 28)[35]

비록 헤겔(Hegel)과 폰 하르트만(Von Hartmann)은 모두 음악(예술)과 믿음(종교)은 "각각 그것들 자신의 삶의 영역을 가지고 있다"고

---

35) Augustine, *City of God*, 307.

주장하지만,36) 구원받은 기독교인들은 복음과 음악 사이에서 자연스럽게 연합이나 연속성을 찾게 되어 있다. 이것을 비유적으로 말하자면, 그들은 어떻게 음악이 구속될 수 있는가를 연구하게 된다. 음악은 마음과 얽혀있으니, 거듭난 마음에 의해 구속될 수 있으리라. 이것은 죄 있는 마음 때문에 음악이 남용되고 타락한다고 생각하는 것의 반대 이치이다. 그러므로 크리스천 작곡자뿐만 아니라 거듭난 연주자와 감상자 모두는 함께 음악을 구속하는 데에 참여할 수 있게 된다. 아래의 도표는 구속받은 음악의 커다란 그림을 보여주는데(도표 2), 그것은 앞으로 설명되어질 작곡가에 의해 구속받은 콘트라팍툼을 포함한 "크리스천 음악"과 크리스천 연주자나 감상자에 의해 구속받은 "예술음악"을 포함한 모든 종류의 음악이 포함된다.

도표 2. 여러 종류의 구속받은 음악

넓은 의미의 구속받은 음악		
크리스천 음악: 작곡자에 의해 구속받은 음악		연주자나 감상자에 의해 한정적 구속받은 모든 종류의 음악
오리지널 크리스천 음악	콘트라팍툼(Contrafactum): 좁은 의미의 구속받은 음악	

(1) 크리스천 음악: 작곡자의 믿음으로 구속

음악적 재능과 더불어 인간을 창조하신 하나님의 목적(이사야 43:21)에 따라 인간에 의한 찬양음악은 이 세상 창조 이래로 계속되어왔다. 그러나 찬양의 궁극적인 의미와 인간을 향한 하나님의 의도는 예수 그리스도의 죽음과 부활을 통해 나타나게 되었다. "그 기쁘신 뜻대로 우리를 예정하사 예수 그리스도로 말미암아 자기의 아들들이 되게 하셨으니 이는 그의 사랑하시는 자 안에서 우리에게 거저 주시는 바 그의 은혜의 영광을 찬미하게 하려는 것이라"(에베소서 1:5-6). 여기에서 "찬미(에파이네오, ἐπαινέω)"라는 단어는 역시 음악적 찬양의 의미를 포함한다.37) 결과적으로 그리스도의 구속 이후에 합법적인 찬양이 오

---

36) Abraham Kuyper, *Lectures on Calvinism* (Peabody, MA: Hendrickson Publishers, 2008), 133.

37) "바인(W. E. Vine)은 이것이 '아이네오'의 강조된 형태라고 말한다." 아이네오는

직 예수를 통하여 행해질 수 있게 되었고, 이러한 찬양의 중심적인 내용은 하나님의 구속적인 은총(특별은총)의 영광이다.

그러므로 예술을 위한 음악의 상대적 가치에도 불구하고, 하나님의 영광을 위해 신자들에 의해 써진 음악은 구속적 은총의 맥락에서 가장 중요한 종류의 음악으로 간주되어야 한다. 반틸이 쓴 "칼빈의 미학적 원칙들" 중 한 가지 역시 신자에 의해 써진 음악의 중요성을 다음과 같이 지지하고 있다. "하나님의 영광을 구하며 … 오직 신자만이 세상 드라마(역사) 안에서 그의 역할을 올바로 성취할 수 있다."38) 다시 말해, 오직 그들의 죄악 됨을 깨닫고 그리스도의 고난과 부활을 감사하며 받아들이는 자들만이 그리스도의 영적인 아름다움을 이해하기 시작하며 하나님의 영광을 위해 작곡하는 것을 추구할 수 있는 것이다.

이런 점에서 볼 때, 예술음악이 하나님의 일반은총의 음악인 반면, 크리스천 음악은 일반은총 뿐 아니라 특별은총의 음악이다. 다시 말해, 크리스천 음악에는 일반은총과 복음(특별은총)의 연합이 보인다. 그러므로 연주자나 감상자에 의해 크리스천 음악으로 여겨지는 구속된 음악들이 있겠지만, 원칙적으로 크리스천 음악은 크리스천 작곡가가 쓴 "구속적 은총의 음악"이며, 이것은 "작곡가들에 의해 구속받은 음악"으로 비유되어질 수 있다.

세속 선율의 구속―콘트라팍툼(contrafactum). "작곡가들에 의해 구속받은 음악"에는 원래 크리스천 음악으로 써진 작품이 있는가 하면, 실제로 음악 세계에서 "구속하다"란 단어가 빈번하게 비유적으로 쓰여 온 특별한 크리스천 음악의 장르가 있다. 이는 "콘트라팍툼"인데, 이것의 정의는 다음과 같다. "성악 음악에서 음악은 많이 바꾸지 않고 본 가사를 다른 가사로 바꾸어 대신 쓰는 것이다."39) 예를 들어, 그것은 본래 찬양을 위해 써지지 않은 선율을 차용하는 과정을 포함한다. 카바

―――――
누가복음 2:13의 천군천사의 찬양(아이네오)에 쓰인다. 김명환, *찬양의 성전*, 30.

38) Van Til, *The Calvinistic Concept of Culture*, 109.

39) Grove Online, s.v. "Contrafactum" [on-line]; accessed 6 March 2012; available from http://www.oxfordmusiconline.com.ezproxy.sbts.edu/subscriber/article/grove/music/06361?q=contrafactum&search=quick&pos=1&_start=1#firsthit; Internet. Grove Online is a subscriber-only service.

노(Patrick Kavanaugh)는 콘트라팍툼의 의미를 음악을 "구속하는" 맥락에서 다음과 같이 표현한다.

> 참으로 몇 세기를 거쳐 수백 명의 작곡자들은 교회 안에서의 사용을 위해 세속 음악을 "구속하는" 기술을 연습해 왔다. … 우리가 구속받은 것처럼, 우리의 행동도 주님이 우리에게 주신 변화된 삶을 반영하기 위하여 그렇게 구속받아야 한다. … 당신이 아직 세속적으로 남아 있는 삶의 영역들을 구속하는 것을 도와주십사고 하나님께 청하라.40)

이런 식으로 "구속하다"라는 단어는 콘트라팍툼의 경우에서뿐만 아니라 삶의 모든 영역에서 "인간 중심적인 것에서 그리스도 중심적인 것으로 바꾸는 것"의 의미로 표현되어지곤 한다. 다음의 글은 소위 구속받은 음악, 콘트라팍툼의 몇 가지 예들을 보여준다.

> 15세기와 16세기에 콘트라팍툼은 종종 세속적인 가사를 거룩한 가사로 대체하는 것을 끌어들였다. 그리고 그 반대의 경우는 거의 일어나지 않았다.
> 개신교 개혁자들은 그들의 헌신을 위해 알맞은 음악을 제공하는 것에 열심을 냈고, 필요한 본문을 바꾸면서 대중적이면서도 품위 있는 세속적 음악과 오래 된 거룩한 음악을 끌어냈다. 많은 루터교의 코랄들은 그의 음악을 전통적 거룩한 선율들과 세속적 노래로부터 끌어내고 있는 반면, 제네바 시편가는 대중적인 샹송 선율로부터 아주 많이 빌리고 있다. 예를 들자면, 아이작(Isaac)의 "인스브루크"(*Innsbruck*)는 "오 세상이여 나는 너를 떠나야 한다"(*O Welt ich muss dich lassen*)가 된다.41)

아우그스부르크(Augsburg)에서의 개혁 음악을 설명하며, 롸이트(Craig Wright)와 심즈(Bryan Simms)는 콘트라팍툼에 관련된 또 하나의 예를 제공한다.

> 세속적인 것으로부터 성스런 것으로 본문을 전환하면서, 대중적인 선율들도 코랄 곡들로 되었다. ("왜 마귀가 모든 좋은 선율들을 가져야 하는가?"가 그 당시에 질문되었다.) … 아마도 가장 유명한 독일 콘트라팍툼의 예는 사랑의 노래인 "내 마음 나도 몰라"(*Mein Gmütt ist mir verwirret*)가 "오 거룩하신

---

40) Patrick Kavanaugh and Barbara Kavanaugh, *Devotions from the World of Music* (Colorado Springs, CO: Cook Communications, 2000), n.p. (January 28).

41) Grove Online, s.v. "Contrafactum." 원래 아이작(Heinrich Isaac)의 가사는 "Innsbruck, ich muss dich lassen (verlassen)"으로 시작한다.

주님 그 상하신 머리"(O Haupt voll Blut und Wunden)로 바뀐 것이다. 그것은 후에 바흐의 마태 수난곡의 중심 코랄이 되었다.42)

카이퍼(Abraham Kuyper, 1837-1920) 또한 칼빈의 제네바 시편가(Genevan Psalter)의 콘트라팍툼에 대해 그의 "칼빈주의와 예술"이란 강의에서 다음과 같이 묘사한다.

> 칼빈 식의 노래 부르는 것을 위해 최초로 시편의 음악을 작곡한 사람들은 정선율(cantus firmus)에 매여 있었던 줄을 끊고 그들의 선율들을 음악의 자유로운 세계에서 가져온 용감한 영웅들이었다. 확실히 이렇게 함으로써 그들은 백성의 선율들을 입양했지만, 두엔(Douen)이 바르게 진술하듯이, 오직 그들이 이러한 선율들을 기독교의 진지함 안에서 정화하고 침례를 주어서 백성에게 돌려줄 수 있도록 하기 위함이었다.43)

(2) 예술음악: 연주자와 감상자의 믿음으로 구속

크리스천 음악의 작곡가들이 주로 기독교인인 반면, 예술음악의 작곡가들의 종교는 다양하다. 그리고 오직 하나님만이 어떤 작품을 쓴 작곡가들의 마음을 아시기에, 하나님 외에 아무도 그 작품들을 인간의 믿음의 잣대로 평가할 수 없다. 그런데 기독교인들은 모든 형태의 예술음악 작품들을 하나님 안에서 즐길 자유가 있다. 음악에 관련된 기독교인의 자유는 '만일 내가 감사함으로 참예하면'(고린도전서 10:30)이라는 맥락에서 이해되어질 수 있겠다. 한편 각각의 음악 작품은 "작곡가의 의도의 결과"일뿐 아니라, "비록 비신자는 이것에 대해 알지 못하겠지만, 이 모든 것은 궁극적으로 하나님으로부터 나온다"는 사실에 따라,44) 작곡가의 의도와 상관없이 "하나님이 주신 재능의 결과"이다. 이어지는

---

42) Craig Wright and Bryan Simms, *Music in Western Civilization* (Boston: Schirmer, 2006), 196. 게하르트(Paul Gerhardt)는 버나드(Bernard of Clairvaux)가 썼다고 여겨지는 긴 라틴어 시의 일곱 번째 부분인 "Salve caput cruentatum"을 번역했다. 이 시는 십자가에 못 박히신 그리스도의 일곱 가지 다른 부분(발, 무릎, 손, 옆구리, 가슴, 심장, 그리고 머리)을 포함한다. Erik Routley, *An English- Speaking Hymnal Guide* (Chicago: GIA Publications, 2005), 135. 참조: 5장의 각주 19와 6장의 각주 29.

43) Kuyper, *Lectures on Calvinism*, 152.

44) Grudem, *Systematic Theology*, 665.

글은 객관적인 관점에서 "기독교와 상관없는 예술음악"의 구속에 관해서이다.

예술음악의 구속. 하나님 없는 마음으로 만들어진 예술음악이 하나님의 심판의 대상인 반면, 바로 그 예술음악이 구원받은 경건한 마음에 의해 한정적으로, 즉, 일시적이거나 개인적으로 구속되어질 수 있다. 예술음악의 이러한 한정적 구속을 인정하기 위해 <도표 2>에서 보듯이 "구속받은 음악"이란 용어가 다소 넓은 뜻으로 정의되었다. 이렇게 예술음악을 구속한다는 생각은 결국 수용이론(reception theory)과 중복되는데, 이것은 3장에서 논하여진다.

즉, 어떤 음악이라도 연주자나 감상자에 의해 구속적 은총 안에서 믿음으로 행해지거나 이해될 때에 그 음악은 기독교인에 의해 구속받은 음악이 된다는 비유이다. 비록 교회 예배 시간에 기독교와 관련 없는 클래식 기악곡들을 연주하는 것에 대해 보편적인 동의는 없지만, 그러한 경우들은 예술음악이 연주자와 감상자에 의해 하나님께 드려짐으로 구속되어지는 과정이란 맥락에서 이해되고 허용될 수 있겠다. 이렇듯 다양한 창의적인 방식으로 예술음악을 소비하는 믿음의 활동을 통하여 기독교인들은 하나님께 더 가까이 나아가기를 힘쓴다.

그런데 예술음악을 구속하는 과정은 주관적이고 비밀스럽기 때문에, 콘트라팍툼을 포함한 크리스천 음악이 객관적으로 구속의 음악으로서 관찰되고 간주되는 것과 달리, 예술음악의 구속은 보통 객관적으로 과연 행해졌는지 알 수 없다. 그러나 때로 예술음악을 구속하는 과정이 보다 드러나게 실행되어질 수 있는데, 그 좋은 예가 버살리아(Scott Bersaglia)가 1997년에 창단한 "거룩한 관악 합주단"(The Sacred Winds Ensemble)의 경우이다. 이 합주단은 2011년 6월 6일에 미국 켄터키 남침례신학교에서 "말씀이 육신이 되어"(요한복음 1:14)라는 제목의 연주회를 공연했는데, 하나님의 진리를 예술음악의 표제적 해석을 통해 전달하려고 시도했다고 말할 수 있다. 어떤 점에서 이것은 성악에서 쓰이는 콘트라팍툼의 개념을 기악적으로 적용했다 할 수 있겠다. 프로그램에는 몇몇 클래식 작품들에 다음과 같은 성경적인 제목이 붙여져 있었다.

맥키(John Mackey)의 *Aurora Awakes*
→ "그로부터: 그의 능력의 말씀/요한복음 1:1-13"
매스랜카(David Maslanka)의 심포니 7번 등
→ "그를 통하여: 십자가의 영광/요한복음 1:14-15"
바흐의 C단조 파사칼리아와 푸가(BWV 587)
→ "그에게: 정복하는 왕/요한복음 1:16-18"

버살리아는 이 합주단의 사명을 다음의 믿음의 확신으로 표현한다.

"거룩한 관악 합주단"은 다음과 같은 중심 신념 위에 창단되었다. 우리의 완전하신 하나님을 존경하고 사모하는 상징으로서, 음악을 연주함에 최고의 탁월함이 크리스천 지역사회 안에서 발견되어져야 한다. 그리고 예술 형식으로서의 음악과 예배의 행위로서의 음악은 성서의 진리에 기초할 때에 강력하고 변화를 가져오는 영향력을 지닐 수 있다.45)

거룩한 관악 합주단의 활동에 대해서 볼튼(Thomas W. Bolton)은 다음과 같이 논평했다. "당신들은 창조성이 우리가 창조주 그분의 형상을 반사할 때에 기독교인들로서 가져야 할 정체성과 임무의 중요한 한 부분이라는 것을 인식하고 있는 듯합니다."

4) 음악의 구속적 역할(The Redemptive Role of Music)

예술의 아름다움이 인간을 구원할 수 있는 미덕을 가졌다는 몇몇 주장들이 있어오긴 했지만, 그것은 일반적으로 받아들여지지 않는다. 예를 들어, 웨일(Simone Weil)은 "비록 훼손되고, 왜곡되고, 때 묻긴 했지만, 아름다움의 감각은 인간의 마음에 강력한 자극(incentive)으로서 뿌리내려 남아있다. … 만일 그것이 진실하고 순수하게 만들어진다면, … 그것은 믿음의 완전한 현현을 가능케 할 수 있을 것이다"라고 말한다.46) 이런 식으로 예술의 아름다움이 믿음의 완전한 표현이 된다면, 이것이 인간을 구원하는 데에 얼마만큼 기여하리라는 가능성을 생각하게 된다. 일찍이 어거스틴 또한 『음악에 대하여』(*On Music*)에서 비신자들이 아

---

45) Sacredwinds, "mission-statement" [on-line]; accessed 19 December 2011; available from http:// www.sacredwinds.org/mission-statement/; Internet.

46) Simone Weil, *Waiting for God* (New York: G. P. Putnam's Son, 1951), 162-63.

름다움을 통하여 하나님을 받아들일 수 있다는 것을 제안하면서 아름다움의 힘에 대해 말하였다.47) 그런데 이러한 가능성에 대하여 그루덤은 비록 "일반은총과 특별은총은 서로에게 영향을 주지만,"48) "일반은총은 인간을 구원하지 못한다"고 다음과 같이 말한다.

　일반은총은 인간의 마음을 바꾸거나 인간에게 진정한 회개를 가져다주지 않는다 그것은 사람을 구원하지도 구원할 수도 없다(비록 지적이고 윤리적인 영역에서 그것은 복음을 받아들이는 쪽의 경향을 갖게 만드는 어떤 준비작업을 하긴 하지만). 일반은총은 죄를 규제하는 역할을 하지만, 어떤 사람의 죄에 대한 기본적인 성향을 바꾸지도 타락한 인간 본성을 주목할 만한 정도로 순화하지도 못한다.49)

보편적으로 일반은총으로서의 음악의 아름다움은 사람을 복음으로 인도하는 지적 영역의 한 부분이 될 수 있다. 비신자가 음악의 아름다움을 통하여 구속적인 은혜를 알게 되기 위해서는, 하나님의 특별한 은혜가 개입되어야 한다. 블랙웰(Albert L. Blackwell) 역시 아름다움, 특별히 음악의 아름다움은 타락한 세상을 직접적으로 구원하는 것이 아니라 구원하는 것을 도울 수 있을 뿐이라고 말한다.50)

그러면 음악의 아름다움이 어떻게 사람들로 구원에 이르도록 도울 수 있는가? 위의 어거스틴의 생각과 같이, 소수의 지혜로운 혹은 선택받은 사람들은 음악의 아름다움이나 질서를 통하여 하나님의 존재를 실감하고 하나님을 찾기 시작할 수 있고, 하나님은 그들을 예수를 통해서 만날 수 있다. 그렇지만 실제로 구원의 매체가 될 수 있는 음악은 구체적으로 크리스천 음악, 특별히 예배음악이다. 크리스천 음악은 하나님을 기쁘시게 할뿐 아니라 사람들을 하나님께로 이끌 수 있다. 크리스천 음악이 사람들에게 주는 특별한 유익은 신자들의 교화(edification)

---

47) P. K. Ellsmere, "Augustine on Beauty, Art, and God," in *Augustine on Music: An Interdisciplinary Collection of Essays,* ed. Richard R. La Croix (Lewiston, NY: The Edwin Mellen Press, 1988), 105-06.

48) Grudem, *Systematic Theology,* 662.

49) Ibid., 663.

50) Albert L. Blackwell, *The Sacred in Music* (Louisville: Westminster John Knox Press, 1999), 159.

와 비신자들의 기독교로의 귀의이다. 다음의 두 가지 예는 각각 기악과 성악 찬양음악의 구속적인 역할을 보여준다.

진웅희 목사의 간증에 따르면, 그가 처음으로 교회에 들어섰을 때에 오르간 찬양음악이 울려 퍼졌는데(그 당시 그는 그 음악이 어떤 종류의 음악인지 몰랐다), 그것은 그의 마음을 강하게 흔들었고 그는 울 수밖에, 또 회개할 수밖에 없었다고 한다. 이 일 후에 그는 기독교인이 되었다.51) 피어씨(Nancy Pearcey)는 바흐의 칸타타 때문에 기독교인이 된 일본인 음악학자 케이수케 마루야마(Keisuke Maruyama)의 간증을 보고한다.52) 그의 개종의 과정은 이런 식으로 설명되고 있다.

(1) 처음 하나님의 아름다움의 거울로서의 음악의 힘에 의해 감동을 받음
(2) 그 후 그 아름다움의 근원을 가사를 포함해서 연구함
(3) 결과적으로 가사에서 진리를 발견함

여기에 음악의 역할은 일반은총으로서의 하나님의 아름다움의 거울일 뿐만 아니라, 구속적인 은총을 담는 그릇이 된다. 이러한 점에서 바흐의 칸타타는 "다섯째 복음"53)으로 간주된다.

모든 것은 하나님께로부터 오고, 하나님은 모든 것을 그의 영광을 위해 사용하실 수 있기에, 그는 "인간의 영광을 위한 음악"도 "하나님의 영광을 위한 음악"으로 창의적으로 바꾸실 수 있다. 또 "음악의 목적은 하나님[하나님의 영광]이고 또한 그의 창조물[인간의 고양]"54)이기에, 모든 음악은 하나님의 주권 아래서 다양한 방법으로 복음전도와 보다 풍성한 삶과 믿음을 위하여 쓰임을 받음으로 하나님께 영광을 돌릴 수 있다. 결국 **예수님의 구속함으로 죄 사함 받은 인간은 찬양의 의미를 '구속적 은총에까지' 더 깊게 깨닫게 되었을 뿐만 아니라, 찬양의 지경을 '일반은총으로서의 예술음악에까지' 더 넓히게 되었다.**

---

51) 진웅희, 저자와의 인터뷰에서, Atlanta, GA, December 25, 2010.

52) Nancy Pearcey, *Saving Leonardo* (Nashville: B&H Publishing Group, 2010), 268.

53) Ibid. "예를 들어, 스웨덴 루터교 신학자인 쇠더블롬(Nathan Söderblom)은 바흐를 '다섯째 복음'의 저자로 가리켰다." Richard J. Plantinga, "The Integration of Music and Theology in J. S. Bach," in *Resonant Witness*, ed. Jeremy Begbie and Steven R. Guthrie (Grand Rapids: William B. Eerdmans Publishing Company, 2011), 217.

54) Van Til, *The Calvinistic Concept of Culture*, 110.

4. 영원한 완성(Consummation)

또 내가 보니 불이 섞인 유리 바다 같은 것이 있고
짐승과 그의 우상과 그의 이름의 수를 이기고 벗어난 자들이
유리바다 가에 서서 하나님의 거문고를 가지고
하나님의 종 모세의 노래, 어린 양의 노래를 불러 가로되
(계시록 15:2-3a)

또 거문고 타는 자와 풍류하는 자와 퉁소 부는 자와 나팔 부는 자들의 소리가
결코 다시 네 가운데서 들리지 아니하고
(계시록 18:22a)

계시록은 음악의 미래를 두 가지로 보여준다. 한편으론 구원받은 사람들로부터 나오는 영원한 하늘의 찬양 연주가 있고, 또 다른 한편으론 인간 중심의 음악에 대한 심판이 있다. 하나님은 모든 행위와 모든 은밀한 일, 또한 무슨 무익한 말까지도 선악 간에 심판하실 것(전도서 12:14, 마태복음 12:36)이기 때문에, 음악 또한 심판을 피할 수 없다.

계시록 4장의 천상의 예배의 장면은 찬양음악이 영원히 하늘나라에서 계속된다는 것을 시사한다 ㅡ"밤낮으로 쉬지 않고 이르기를 거룩하다 거룩하다 주 하나님 곧 전능하신 이여"(계시록 4:8). 기악 찬양에 대해 계시록은 "많은 물소리"와 "큰 뇌성"으로 묘사되는 셀 수 없는 하프의 소리(계시록 14:2)를 언급하는데, 그것은 하늘나라에도 기악 찬양이 존재함을 확인해 준다.

카이퍼는 "문화는 영원한 미래가 있다"라고 주장한다.55) 달란트의 비유를 설명하면서, 카이퍼는 "일반은총과 특별은총(particular grace) 모두"를 통한 우리의 일 또는 작품들이 영원할 것임을 말한다.56) 그러므로 문화의 한 부분으로서의 음악활동은 하늘나라에서도 영원히 계속될 것이다. 그런데 하늘나라에서 만들어지는 구원받은 자들의 음악은 모두 크리스챤 음악일 것이다. 왜냐하면 하늘나라의 모든 활동들은 하나님의 영광을 위해 행해질 것이기 때문이다.

---

55) Ibid., 121.

56) Ibid.

1) 크리스천 음악

어거스틴은 시편 84:4—"주의 집에 거하는 자는 복이 있나이다 저희가 항상 주를 찬송하리이다"—을 인용하면서, 하늘나라를 "찬양 이외의 다른 에너지에는 합당치 않은 곳"으로 묘사했다.57) 어거스틴은 또한 하늘나라에서의 찬양의 완벽함에 대해 다음과 같이 상상했다. "천국에선 모든 영광이 참 영광일 것이다. 왜냐하면 아무도 너무 부족하거나 과하게 찬양하는 실수를 결코 범할 수 없기 때문이다."58) 여러 가지 보석으로 장식된 하늘나라의 아름다움을 묵상해 볼 때, 하늘의 찬양은 인간의 죄 없음과 그것의 완벽한 예술성으로 인해 하나님의 영광에 합당한 찬양의 아름다움을 그대로 보여주리라. 이러한 영원히 계속되는 "지치지 않는 찬양"59)은 음악적 찬양, 즉 하늘나라의 크리스천 음악을 포함할 것이다. 네 개의 생물과 이십사 장로와 셀 수 없는 천사들(계시록 5:8-14)과 십사만 사천(계시록 14:1 -5)에 의해 불리는 새 노래의 웅장함을 상상해보라.

더욱 놀라운 것은 이 땅에서 만들어진 찬양음악과 하늘나라에서 불리는 찬양음악 사이에 일종의 연속성이 있을 것이란 사실이다. 예를 들어, 짐승과 그의 우상과 그 이름의 수를 이기고 벗어난 자들이 "모세의 노래"를 부른다(계시록 15:2-3). 씨일(Thomas Allen Seel)은 계시록의 새 노래와 모세의 노래 사이의 관계에 대해 다음과 같이 논한다.

"새 노래"는 그리스도의 완성된 일을 상징한다. … 이 노래의 "새로움"은 "예전에 알려지지 않았고, 전례 없고, 놀라운, 어떤 것의 질적 감각"과 흡사하다.60) 새 노래는 흠 없는 아름다움을 만들어내는 "흠 없는 영혼들"61)에 의해 성

---

57) Augustine, *City of God*, 537.

58) Ibid., 538.

59) Ibid.

60) Robert E. Coleman, *Songs of Heaven* (Old Tappen, NJ: Fleming H. Revell Company, 1975), 45, quoted in Thomas Allen Seel, "Toward a Theology of Music for Worship Derived from the Book of Revelation" (D.M.A. diss., The Southern Baptist Theological Seminary, 1990), 103. Brackets are Seel's.

61) George Arthur Buttrick, ed., *The Interpreter's Bible* (Nashville: Abingdon Press, 1957), 469, quoted in Seel, "Toward a Theology of Music," 103.

격이 정해진다. … 모세의 노래는 어린 양의 노래로 전환된다. 하나님의 새로운 행동들은 새 노래에 기념되어진다.62) … 마치 모세가 그의 백성을 바로의 손아귀에서 구해낸 것처럼, 부활하신 양은 그의 백성을 영원한 저주의 손아귀에서 구해낸다.63)

즉, 성경의 모세의 노래는 '지상에서' 만들어진 '하나님의 유월절 구속에 관련된' 노래로서, 계시록에 기록된 '하늘에서' 만들어진 '그리스도의 구속에 관련된' 새 노래의 그림자이다. 이런 식으로 묘사하자면, 지상의 크리스천 음악은 그 내용 면에선 하늘나라의 새 노래처럼 '그리스도의 구속에 관련'이 있지만, 그것은 모세의 노래처럼 '지상에서' 만들어졌다. 그러므로 아마도 이 땅에서 하나님을 기쁘시게 한 크리스천 예술음악을 포함한 크리스천 음악은 하늘나라에서 모세의 노래처럼 계속 연주될 것 같다. 그런데 그것은 전혀 상상할 수 없는 부활한 신자들의 새로운 육신―"육의 몸이 있은즉 또 신령한 몸이 있느니라"(고린도전서 15:44b)―처럼 상상할 수 없는 신령한 음악으로 변화할 수도 있겠다.

그러면 하늘나라에서도 이 땅에서처럼 단순한 크리스천 예배음악과 전문인에 의한 크리스천 예술음악의 구분이 있을까? 다시 말해, 하늘나라에 상대적으로 더 높은 기교를 요구하는 음악이 있을까? 하나님의 무한하신 창조성과 하나님의 상 주심을 생각할 때에 모든 찬양음악이 다 완벽하게 아름답겠지만, 다양한 종류와 수준의 찬양음악이 여전히 존재할 것 같다. 하나님으로부터 상으로 부여받은 최고의 음악적 재능을 가진 구속받은 자들이 사랑하는 하나님을 위하여 극진하게 만들고 연주하는 천상의 아름다운 크리스천 예술음악을 상상해본다.

2) 예술음악

하늘나라에는 아름다움과 독창성의 근원이신, 음악가이신 하나님으로부터 직접 흘러나오는 하늘의 예술음악이 들려질 것 같다. 또한 하늘나라 백성에 의한 하늘의 예술음악은 찬양음악의 한 형태로서, 즉 위에서

---

62) Ferrell Jenkins, *The Old Testament in the Book of Revelation* (Marion, IN: Cogdill Foundation Publications, 1972), 71, quoted in Seel, "Toward a Theology of Music," 104.

63) Seel, "Toward a Theology of Music," 104.

언급한 크리스천 예술음악으로서 존재할 것 같다.

그러면 이 땅의 하나님과 상관없는, 그러나 너무나 아름다운 예술음악 작품들은 과연 마지막 날에 다 파괴될 것인가(베드로후서 3:10-12)? 바르트(Karl Barth)는 하늘나라에 존재할 찬양음악과 예술음악에 대해 다음과 같이 상상했다.

> 아마도 천사들이 하나님을 찬양하는 그들의 의무를 계속 할 때에는 그들은 오직 바흐의 음악을 연주할 것이다. 하지만 장담하건대, 그들이 가족으로서 함께 연주할 때에는, 그들은 모차르트의 음악을 연주할 것이고, 그러면 우리의 사랑하는 주님은 특별히 즐거워하시며 그것을 들으실 것이다.64)

바르트는 바흐의 음악을 가장 잘 써진 대표적 찬양음악―하나님께 드리는―으로, 모차르트의 음악을 하나님의 아름다움을 가장 잘 보여주는 대표적 예술음악으로―피조물들 사이의―간주한 것 같다. 과연 이 땅의 아름다운 예술음악이 하늘나라에서도 계속 존재할까? 이 글의 논리를 따르자면, 모차르트의 찬양음악이 아닌 예술음악이 하늘에서 연주되려면, 모차르트가 그것도 믿음으로 작곡했어야 한다. 왜냐하면 오직 예수님을 영접한 자만이 구원받듯이, 믿음으로 작곡된 예술음악만이 영원히 가치 있는 크리스천 예술음악이 될 수 있기 때문이다. 다시 말해, 하나님의 일반은총을 통해 이 땅에서 만들어진 어떤 것이 하나님의 아름다움을 매우 잘 드러낸다 할지라도, 그것이 특별은총과 상관없을 때에, 그것은 하나님의 심판의 마지막 날에 아름다운 꽃들이 떨어지는 것처럼(베드로전서 1:24) 파괴되어질 것 같다. 단지 이 세상에서 작곡된 하나님께 인정받은 크리스천 예술음악을 포함한 크리스천 음악만이 하늘나라에서 어떤 형태로든 계속하여 존재할 것이라고 믿는 것이 합당하지 않을까? 그러나 필자의 부족한 논리와 하나님의 생각이 전혀 다를 수 있으므로, 하나님과 상관없지만 하나님의 아름다움을 온전하게 품고 있는 예술음악이 '보이지 않는 음악의 영원성'을 힘입어 하늘나라에 존재할지 여부에 대해서는 '알 수 없음'이라고 하는 것이 타당하겠다.

---

64) Karl Barth, *Wolfgang Amadeus Mozart*, trans. Clarence K. Pott (Eugene, OR: Wipf & Stock Publishers, 1986), 23.

3) 하나님의 연합된 은총

하늘나라에는 구속적 은총과의 연합을 통한 일반은총의 완성이 존재할 것 같다. 두 가지 은총은 더는 구별되지 않고 하나의 은총으로 인식되어 질 것이다. 왜냐하면 그곳에는 오직 구원받은 사람들만 있을 것이기 때문이다. 사실상 하나님의 은총은 하나였지만, 이 세상에서 인간 타락 이후에 두 가지 다른 방식으로 이해되어진 것이다.65) <도표 3>은 인간의 역사에 따른 두 가지 양상의 하나님의 은총을 나타낸다. 비록 하나님의 일반은총이 인간 타락 후에 더 나빠지는 것으로 나타나지만, 마지막에 그것은 하나님의 주권적 계획의 한 부분이 된다. 하나님은 영원한 완성의 단계에서 "완성된 일반은총"과 특별은총의 찬양음악과 더불어 더욱 영광 받으실 것이다. 그리고 그것은 그가 세상을 창조하신 궁극적인 의도와 관련이 있으리라. 다시 말해, 하나님은 그의 구속된 백성이 그의 완성된 하나의 은총으로 만든 찬양음악을 통해 최고로 영광을 받으실 것이다. 이러한 점에서 **현재의 크리스천 예술음악은 연합된 은총으로 작곡된 하늘나라 찬양음악의 그림자라 할 수 있겠다.** 왜냐하면 그것은 높은 예술성(즉, 완성된 일반은총의 그림자)과 하나님의 구속적 진리, 두 가지 은총 모두를 추구하기 때문이다.

도표 3. 인류 역사에 따른 은총의 이해

	천지창조	인간 타락	인간 구속	영원한 완성
구속적 은총 (특별은총)	불필요	불가용	예수 그리스도로 인해 나타남	마침내 하나로 연합되고 완성된 하나님의 은총
창조 은총 (일반은총)	모든 곳에 존재	인간의 죄로 인해 손상되고 남용됨	여전히 죄 있는 자들로 인해 남용되지만, 크리스천 믿음으로 부분적으로 회복됨	

---

65) Grudem, *Systematic Theology*, 657.

결론

이제까지 성경적 인간 역사의 단계와 더불어 음악이 창조되고, 타락하고, 구속받고, 영원히 완성되는 과정을 실제적으로 혹은 비유적으로 묘사하며, 크리스천 음악, 예술음악, 그리고 크리스천 예술음악의 존재와 변화과정에 대해 논하였다. 이는 찬양음악과 예술음악의 교집합인 크리스천 예술음악의 가치를 추적하기 위함이었다.

그런데 아무리 하나님의 인간을 향한 사랑의 마음을 헤아려본다 해도 크신 하나님의 계획은 무지한 인간에게 감추어져 있다. 그러므로 상상력을 동원하여 쓴 내용들은 성경을 토대로 한 필자의 상상에 따른 논리의 정리일 뿐 진리가 아님을 밝혀둔다. 이러한 상상까지도 하나님을 더욱 아름다운 음악으로 찬양하는 데에 도움이 되길 바란다.

2

크리스천 예술음악의 신학적 의미

> 우리가 이 보배를 질그릇에 가졌으니
> 이는 능력의 심히 큰 것이 하나님께 있고
> 우리에게 있지 아니함을 알게 하려 함이라
> (고린도후서 4:7)

기독교인의 근본적인 가치는 그들의 믿음에 따른 선행이나 업적이 아니라 그들 안에 있는 구세주 예수이다. 이와 같이, 크리스천 예술음악의 구별되는 가치는 그것의 음악적 아름다움에 있는 것이 아니라 그것에 내재하는 기독교적 진리에 있다. 이 장르에는 금그릇이나 은그릇뿐만 아니라 나무그릇과 질그릇도 있는데(디모데후서 2:20), 이 모든 그릇들은 영원한 보물을 간직하고 있다. 그러므로 이 음악적 장르는 일반은총—음악 그 자체나 음악적 아름다움—과 특별은총—하나님의 말씀으로 전달되는 음악적 찬양—의 동시적인 형태로서 이해되어야 한다.

따라서 "크리스천 예술음악"의 중요성은 두 가지 영역, 즉, "크리스천 음악"과 "예술음악"의 관계 안에서 조사되어야 한다. 또한 크리스천 예술음악은 그것 자체만의 독특한 특성을 지닌다. 그러므로 본 장에서는 크리스천 예술음악의 중요성을 다음의 세 가지 관점에서 논하게 된다.

1. 크리스천 음악
2. 예술음악
3. 크리스천 예술음악

1. 크리스천 음악

크리스천 음악은 "찬양음악" 혹은 "음악적 찬양"이다. 크리스천 예술음악의 가치를 크리스천 음악의 주된 세 가지 특성인 영원성, 하나님의 거처, 그리고 음악적 성경 해석에서 발견한다.

1) 영원한 찬양음악

크리스천 예술음악을 포함한 크리스천 음악의 주된 목적은 하나님을 찬양하고 영화롭게 하는 것인데, 그것은 하나님이 인간을 창조하신 바로 그 목적이며(이사야 43:7, 43:21), 또한 하나님이 죄 있는 인간을 구속하신 목적이자 결과이다(에베소서 1:6, 1:12, 1:14). 1장의 "영원한 완성" 부분에서 이 땅에서 만들어진 크리스천 음악의 영원한 특성을 이미 논하였다. 가치 있는 어떤 일을 하기 원하는 지혜로운 사람은 영원히 가치 있는 일을 찾을 것인데, 그 영원히 가치 있는 일 중의 하나가 하나님을 찬양하는 것이다. 영원히 계속되어지는 찬양음악은 하나님께 사랑과 감사를 영원히 고백하는 것에 비교될 수 있겠다. 한편 크리스천 음악가들에게는 이 특별한 장르의 음악, 즉, 크리스천 예술음악이 감사하고 기쁘게 그들 자신을 헌신할 수 있는 영원히 가치 있는 활동이 될 수 있다.

2) 하나님의 거처

"이스라엘의 찬송 중에 거하시는 주여 주는 거룩하시니이다"(시편 22:3). 시편 기자는 하나님을 우리의 찬송 중에 거하시는 분으로 묘사한다. 이 시편을 인용하면서 김명환은 그의 저서 『찬양의 성전』에서 성전이 하나님이 거주하시는 곳으로 정의될 때에 찬송 혹은 찬양($t^e hill\hat{a}$, תְּהִלָּה)은 하나님의 영원한 성전이 될 수 있다고 주장한다. 여기에 찬송으로 번역된 "테힐라"라는 단어는 '찬양의 노래'라는 뜻이므로, 김명환은 하나님이 우리의 음악적 찬양을 기뻐하셔서 그것을 거처 삼으신다고 해석한다.[1]

---

1) 김명환, *찬양의 성전* (서울: 새찬양후원회, 1999), 104-16.

에드워즈(Jonathan Edwards, 1703-1758)의 서술 또한 이것을 지지한다. 그는 "'영광' 그리고 '찬양'이라는 단어들은 종종 성경에서 동일한 표현으로 쓰이며," 그 예로는 시편 50:23, 22:23, 이사야 42:8 등이 있고,2) "'이름'이라는 단어 또한 가끔은 '찬양'과 같은 뜻으로 이사야 48:9, 예레미야 13:11, 신명기 26:19 등에서 쓰인다"3)라고 주장한다. 그리고 그는 "성전은 이사야 60:7에서 하나님의 영광의 '집'으로 불렸고," 그리고 "성전은 종종 *하나님의 이름을 위하여* 지어진 것으로"—"하나님의 '이름'이 '거주하는 장소'로"(시편 74:7) 말해진다고 설명한다.4) 다시 말해, 하나님의 성전은 그의 영광과 찬양과 그의 이름을 위하여 존재한다. 이것은 또한 솔로몬 왕의 성전 봉헌식에서 보이는 여호와의 영광에서 관찰될 수 있다. 제사장들과 모든 음악가들이 트럼펫과 심벌즈와 여러 악기들에 맞춰 목소리로 하나님을 찬양했을 때, 하나님의 영광이 성전에 가득 찼었다(역대하 5:11-14).

하나님은 어디에나 존재하시고 그의 구원받은 백성들과 늘 함께 하시지만, 그는 또한 우리가 마음과 정성을 다하여 준비한 음악적 찬양에 관심을 가지시고 그것을 매우 기뻐하신다(시편 69:30-31). 우리의 몸이 성령의 전(고린도전서 3:16; 6:19)인 동시에, 우리의 찬양 또한 그의 성전이다. 음악적 찬양으로서의 크리스천 음악으로 더불어 우리는 하나님을 초청하고 그를 특별한 방법으로 기쁘시게 할 수 있다. 결국 예배의 결과처럼 크리스천 음악으로 인하여 다음과 같은 일련의 사건들이 발생할 수 있다. "우리는 하나님께 가까이 나아가고," "하나님은 우리에게 가까이 오시고," 그리고 "주님의 적들은 도망간다."5)

3) 음악적 성경 해석(Musical Exegesis)

크리스천 음악이 하나님께 드리는 음악적 찬양인 동시에, 그것은 사

---

2) Jonathan Edwards, "Concerning the End for which God Created the World," in *Jonathan Edwards: Ethical Writings*, ed. Paul Ramsey, vol. 8 of *The Work of Jonathan Edwards* (New Haven and London: Yale University Press, 1989), 522.

3) Ibid., 524.

4) Ibid.

5) Wayne Grudem, *Systematic Theology* (Grand Rapids: Zondervan, 2000), 1006-09.

람들에게 말씀을 전하는 통로가 될 수 있다. 다음은 하나님의 말씀(특별은총)과 음악(일반은총)이 합쳐지는 두 가지 주된 경우이다.

첫째, 음악은 하나님의 말씀을 가르치는 도구로써 쓰일 수 있다. 모세의 두 번째 노래(신명기 32:1-43)는 음악이 교육적 기능으로 쓰이는 성경적인 예이다. 하나님은 이스라엘 백성이 그의 말씀을 잊어버리지 않도록 하기 위해서 음악을 사용하셨다. 그리고 이런 종류의 크리스천 음악(예, 몇몇 찬송가와 주일학교 노래 등)은 오늘날에도 여전히 존재한다.

하나님의 말씀과 음악의 조합의 또 다른 예는 음악의 발전에 따라 "음악적 성경 해석"의 형태로 나타나게 된다. 음악적 언어로서의 음악은 하나님의 말씀을 해석하는 도구로서 쓰이게 되었다. 예를 들어, 슈틸러(Günther Stiller)는 루터교 예배에서 발견되는 음악적 성경 해석(설교 음악, sermon music)의 본보기를 논한다.

> 설교 음악(바흐의 칸타타가 대표적인 예)은 루터교 예배에서 지배적인 두 번째 합법적인 형태의 설교로 나타날 수 있었다. 왜냐하면 그것은 설교단으로부터 말해지는 설교의 목적, 즉, 하나님의 말씀의 해석을 실행함과 같은 목적을 가지고 있었기 때문이었다.[6]

이 음악적 성경 해석은 가사를 가지고 있는 성악 음악을 통해, 또 제목을 가지고 있는 기악 음악을 통해 실현될 수 있다. 이러한 음악의 해석적 특성은 하나님의 말씀, 즉, 하나님의 특별은총을 담을 수 있는 일종의 언어로서의 음악의 기능과 관련이 있다. 때로 이 음악적 설교는 말로 하는 설교보다 더 강력하다. 어거스틴의 고백 역시 이러한 상황을 그리고 있다. "나는 성스런 말씀이 음악적으로 잘 노래될(chanted well) 때에 그 말씀이 노래되지 않을 때보다 더 우리의 영혼은 감동받고 더 종교적이 되며, 더 따뜻한 헌신으로 경건에 불붙여진다고 느낀다."[7] 크리스천 예술음악의 이러한 성경 해석적 특징은 6장(성경과 관련된 작품들)에서 더 논하여질 것이다.

---

6) Günther Stiller, *Johann Sebstian Bach and Liturgical Life in Leipzig* (St. Louis: Concordia Publishing House, 1984), 151.

7) Aurelius Augustine, *Confessions*, trans. Henry Chadwick (New York: Oxford University Press, 1992), 207.

2. 예술음악

크리스천 예술음악의 가치는 또한 예술음악의 여러 특성 중 특별히 하나님의 소명, 연습의 필요, 그리고 그것의 예술성에서 발견된다.

1) 음악가로서의 하나님의 부르심(Calling)

일반적으로 크리스천 예술음악은 전문 음악인들에 의해 만들어지는데, 그들은 하나님에 의해 음악가로 인도하심 받았다고 할 수 있다. 플랜팅가(Cornelius Plantinga Jr.)는 직업을 하나님의 왕국을 위한 겨자씨, 즉, 다른 겨자씨와 연합하여 왕국을 위하여 훌륭하게 자라나는 겨자씨로 비유하며, 다음과 같이 적고 있다. "하나님은 우리에게 특별한 재주들과 관심들을 주셔서, 우리가 그것들로 다른 분야에서보다 어떤 분야에서 왕국을 더욱 잘 섬길 수 있도록 하신다."8) 그러므로 모든 직업의 소명은 그것이 종교적이든 문화적이든 하나님의 주권적인 뜻 안에서 소중하다.

마찬가지로 에드가(William Edgar)는 "음악은 인간의 활동이지만, 그것은 또한 거룩한 부르심이다"9)라고 주장한다. 모든 종류의 예술을 거룩한 부르심으로 간주하며, 콜슨(Charles Colson)과 피어씨(Nancy Pearcy)는 솜씨 좋은 장인, 브살렐의 이야기를 살펴본다.

> 성경은 예술을 거룩한 부르심으로 다룬다. … 하나님은 브살렐을 선택하시고 "그에게 하나님의 신과 지혜와 총명과 지식과 여러 가지 재주로 충만하게 하셨다"(출애굽기 31:3). 전형적으로 우리가 하나님에 의해 선택되고 성령으로 충만함을 입은 사람들에 대해 생각할 때, 우리는 사역이나 선교 현장으로 보내진 사람들을 생각한다. 하지만 브살렐은 예술가로 부르심을 받았고 성령으로 충만함을 입었다.10)

---

8) Cornelius Plantinga Jr., *Engaging God's World: Christian Vision of Faith, Learning, and Living* (Grand Rapids: William B. Eerdmans Publishing Company, 2002), 114-15.

9) William Edgar, *Taking Note of Music* (London: SPCK, 1986), 37.

10) Charles Colson and Nancy Pearcey, *Developing a Christian Worldview of the Christian in Today's Culture* (Wheaton, IL: Tyndale House Publishers, 1999), 259.

그러면 크리스천 음악인들은 어떻게 하나님의 영광을 위하여 이 거룩한 부르심에 최대한 반응할까? 그 대답은 하나님의 창의적이고 주권적 계획 가운데 매우 다양하겠지만, 크리스천 예술음악의 작곡과 연주는 분명히 그중 한 예가 될 것이다.

2) 연습(Practice)

크리스천 예배음악과 크리스천 예술음악 사이의 주된 차이점은 무엇인가? 이 차이점을 이루는 세 가지 확실한 요소는 (1)음악적 재능, (2)가르침(혹은 공부), (3)음악 연습이다. 다시 말해, 음악적인 재능은 하나님께로부터 부여받는데, 그것은 가르침과 연습을 통해 개발된다. 반대로 말하자면, 하나님께로부터 받은 재능에도 불구하고 크리스천 예술음악은 가르침과 연습이 없을 때 성취되기가 힘들다.

특별히 연습의 과정은 하나님께 대한 사랑과 거룩한 삶을 사는 것의 표현으로서 매우 소중하다. 왜냐하면 연습은 인내를 요구하기 때문이다. 성경에서 "연습"이라는 단어는 보통 반복되는 부정적인 행동을 표현하는 데에 쓰인다. 그러나 반복되는 긍정적인 행동이 무언가를 온전케 할 수 있다는 내용에도 쓰인다. "너희는 내게 배우고 받고 듣고 본 바를 행하라(put it into practice) 그리하면 평강의 하나님이 너희와 함께 계시리라"(빌립보서 4:9). 그러므로 예술적 찬양음악을 위한 연습의 과정은 음악인들의 경건한 삶에 속할 수 있다.

우리를 만드시고, 우리 죄 때문에 돌아가시기까지 우리를 영원히 사랑하시는 하나님께 드릴 값진 선물을 상상해 보라. 그러한 선물은 우리 삶 전체를 통하여 만들어져야 할 것이다. 각 사람은 각각 다르게 부여받은 재능으로 다른 선물을 하나님께 드리겠지만, 각각의 선물은 전심으로뿐만 아니라 매일의 반복되는 연습을 통하여 참을성을 가지고 만들어졌다는 공통점이 있을 것이다. 예를 들어, 매일 반복되는 피아노 연습의 중요성을 아는 사람이라면 쉽게 그것을 지속되는 성화의 과정에 비유할 수 있을 것이다. 즉, 옛 사람을 벗고 새 사람을 입는(에베소서 4:22-24, 골로새서 3:9-10) 성화의 과정은 하나님께 드리는 우리의 궁극적인 선물이 된다. 그러므로 예술음악의 한 요소인 연습은 우리의 모든 의도와 행위를 보시는 하나님께 매우 가치가 있다.

"예술의 순수한 아름다움"과 "그것을 향한 우리의 감탄"에 대하여 하이필드(Ron Highfield)는 예술가의 시간과 노동을 이야기하는데, 그것은 본질적으로 연습을 일컫는다.

> 예술을 감탄하는 데에 있어, 우리는 인간 창조자가 우리와 같이 인간임을, 또 비록 예술가가 위대한 재능을 부여받았지만, 그가 인간의 가능성을 초월하지 않는다는 것을 안다. 예술가는 그것을 쉽게 보이게 한다. 하지만 만일에 우리가 그 작품이 정말로 쉽다는 것을 안다면, 우리는 더는 감탄하지 않을 것이다. 어떤 예술가가 주어진 재능을 발전시키기 위해 많은 시간과 엄청난 노력을 투자했다는 가정이 우리를 더욱 감탄하게 만든다. 아름다움이 값을 주고 얻어졌다는 것이 중요하다. 즉, 우리의 예술에 대한 감탄은 윤리적인 차원을 가진다.[11]

덧붙여, 이러한 점에서 교회 성가대의 존재의 중요성이 논하여질 수 있다. 성가대를 위한 크리스천 예술음악은 비전문 음악인이 함께 참여할 수 있는 특별한 형태이다. 일반 기독교인들은 참을성을 요구하는 연습 없이 회중찬송을 부를 수 있다. 그들이 노래하는 데에 근본적으로 필요한 것은 오직 그들의 진실한 마음뿐이다. 반면 성가대가 합창곡을 연주하기 위해서는 정도의 차이는 있겠지만 연습이 필요하다. 그러므로 성가대에 의해 연주되는 찬양음악은 결과적으로 나타나는 음악의 아름다움과 그 뒤에 숨은 헌신된 노력 모두가 값진 것이 된다. 하나님은 대예배의 회중찬송뿐만 아니라 예술적인 성가대의 찬양도 기뻐하신다.

이런 점에서, 크리스천 예술음악은 공부와 연습을 통해 연주되는 음악적 찬양이라고 정의될 수 있겠다. 왜냐하면 기교의 차이는 있겠지만, 크리스천 예술음악은 반드시 음악적인 훈련과정을 통해서만 나타날 수 있기 때문이다. 탁월한 기교는 공부와 연습과정을 통해서만 얻어질 수 있는데, 하나님은 이것을 우리의 음악적 찬양 가운데 요구하신다.

> 새 노래로 그를 노래하며
> 즐거운 소리로 **공교히 (skillfully)** 연주할지어다
> (시편 33:3)

---

11) Ron Highfield, *Great Is the Lord: Theology for the Praise of God* (Grand Rapids: William B. Eerdmans Publishing Company, 2008), 422.

3) 예술음악의 예술성(아름다움)

모든 음악의 아름다움은 하나님의 아름다움을 비춰주는 거울이다. 예술음악을 연습하고 기교를 연마하는 것이 성화의 한 면으로서 하나님께 아름다운 것이 될 수 있는 반면, 작곡과 기교 등으로부터 오는 음악의 예술성(아름다움)은 특별히 하나님의 아름다움을 반사한다. 왜냐하면 예술음악의 목적은 미적인 즐김(aesthetic enjoyment)이라 할 수 있기 때문이다. "예술에 대한 기본적인 정당성은 천지창조의 교리 안에 있다"12)고 말하면서, 콜슨과 피어씨는 예배에서의 미적인 즐김과 예술적 기교의 사용에 대해 다음과 같이 논한다.

> 하나님께서 인간을 그의 형상에 따라 만드셨기에, 우리의 미적인 즐김의 능력은 그가 우리를 창조하신 방법의 한 부분이다 —우리에게 주신 그의 좋은 선물들 중 하나이다. 매력적인 이야기, 웅장한 심포니, 아름다운 풍경화 —이러한 예술의 작품들은 우리에게 미적인 즐거움을 주며 우리로 하나님이 창조하신 세상의 아름다움뿐만 아니라 하나님 그분의 영원한 아름다움을 묵상하게 한다. … 성경에서 성전을 아름답게 만들고 그곳을 음악으로 울려 퍼지게 하라는 명령을 우리는 발견한다. 하나님은 우리가 우리의 최고의 예술적 기교를 그를 예배하는 데에 쓰길 원하신다.13)

그들은 또한 이러한 분명한 예술의 특성이 하나님의 영광을 위해 그리고 아름다움의 창조를 위해 일하는 것으로 간주한다. "이와 유사하게 주님은 모세에게 제사장들의 의복을 '영광과 아름다움을 위하여'(출애굽기 28:2, 40) 만들라고 말씀하신다. 이것은 모든 크리스천 미술가, 음악가, 혹은 작가의 슬로건이 되어야 한다. 하나님의 영광과 아름다움의 창조를 위하여 일하라."14) 크리스천 예술음악은 예술의 이러한 특성을 공유하며, 그것을 통하여 하나님께는 영광을 돌리고, 사람들에게는 유익을 준다. 유익의 원천, 즉, 아름다움의 힘은 사람들을 고양시키고 복음전도를 가능케 하는 것으로 요약될 수 있는데, 후자는 1장의 "음악의 구속적 역할" 부분에서 이미 논하여졌다.

---

12) Colson and Pearcey, *The Christian in Today's Culture*, 248.

13) Ibid., 248-49.

14) Ibid., 260.

3. 크리스천 예술음악

크리스천 예술음악은 크리스천 음악과 예술음악의 특성 모두를 공유하는 반면, 또한 그것 자체의 독특한 특징을 지니고 있다. 찬양의 의미에 따라 크리스천 예술음악의 위치를 살펴본 후에, 크리스천 예술음악의 중요성과 그것의 힘과 기능들을 논하겠다.

1) 찬양의 의미와 크리스천 예술음악의 위치

크리스천 예배음악과 크리스천 예술음악이 얼마만큼 교차함에도 불구하고, 그것들은 예배자의 삶 안에서 다른 위치를 차지한다. 이제 크리스천 예술음악의 구체적인 위치를 보여주기 위하여, 하나님의 재능의 분배와 관련된 두 가지 의미의 찬양에 대해 설명하겠다.

"예배"15)라는 단어와 마찬가지로 "찬양"이라는 단어는 두 가지 뜻을 지닌다. 좁은 의미로 찬양은 "시와 찬미와 신령한 노래들로 서로 화답하며 너희의 마음으로 주께 노래하며 찬송하며"(에베소서 5:19)에서 묘사되었듯이 말과 음악을 통해 하나님께 드려지는 찬양을 의미한다. (참고로, 한국 교회에서 찬양이란 단어를 음악적 찬양의 의미로만 국한하여 사용할 때가 많은데, 말이나 시로 이루어지는 찬양도 찬양의 뜻에 포함시켜야 한다.) 반면 넓은 의미로 찬양은 "예수 그리스도로 말미암아 의의 열매가 가득하며 하나님의 영광과 찬송이 되게 하시기를 구하노라"(빌립보서 1:11)에서 표현되었듯이 한 사람의 삶 자체를 통해 하나님께 드려지는 찬양을 의미한다.

또한 시편 148:1 강해에서 어거스틴은 이러한 두 종류의 찬양을 비교하면서 넓은 의미의 찬양의 중요성을 강조했다. "당신의 혀와 목소리뿐만 아니라 당신의 양심, 그리고 당신의 삶과 행위 또한 하나님을 찬양해야 한다. … 우리의 귀가 우리의 목소리에 예민한 것처럼 하나님의 귀는 우리의 생각에 예민하시다."16) 어거스틴은 아모스(5:23)에서 하

---

15) "예배라는 용어가 때로 넓은 의미로서 기독교인의 삶의 모든 것에 적용되어질 수 있는 반면, 보다 구체적인 의미로는 그것은 찬양 안에서(특별히, 기독교인들이 함께 모였을 때) 기독교인이 하나님께로 향하는 음악과 말들을 지칭한다." Grudem, *Systematic Theology*, 1003.

나님이 그의 백성의 찬양을 거절한 것에 대한 이유를 이러한 찬양의 관점에서 설명한다. 다시 말해, 음악가를 포함한 기독교인들이 그들의 음악적 찬양을 통해 고백한 내용과 그들의 삶이 일치하지 않을 때, 하나님은 그들의 찬양을 거절하실 것이다.

찬양의 음악적인 면을 고려해볼 때, 두 가지 음악적 찬양의 유형이 발견된다. 예를 들어, 모든 기독교인들이 찬송가나 다른 회중 예배음악으로 하나님을 찬양할 수 있는 반면, 몇몇 크리스천 작곡가들은 그들 자신의 예술 작품들을 통해 하나님을 찬양할 수 있다. 다시 말해, 몇몇 크리스천 음악가들은 그들의 직업과 삶을 통하여 하나님을 찬양할 수 있는데, 그들의 일의 열매가 일반 사람들보다 예술적이고 기교적일 수 있다는 것이다. 이러한 작품들은 교회에서 뿐 아니라 연주회장에서 사람들에게 찬양의 영향을 끼칠 수 있다. 결과적으로 어떤 크리스천 음악가들에겐 크리스천 예술음악—좁은 의미의 찬양—이 직업과 삶의 의로운 열매—넓은 의미의 찬양—가 될 수 있다. <도해 2>는 이러한 두 가지 의미의 찬양이 일반 기독교인과 어떤 크리스천 음악인에게 어떠한 관계를 갖는지 그 차이를 보여주며, 이를 통해 크리스천 예술음악의 위치를 보여준다.

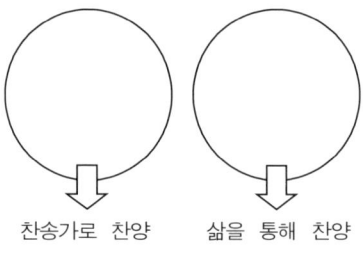 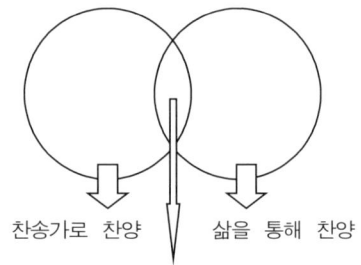

도해 2. 일반 기독교인들과 크리스천 음악가들의 삶에서 보이는 좁은 의미의 찬양과 넓은 의미의 찬양의 관계의 상이성

---

16) Aurelius Augustine, *Expositions of the Psalms*, vol. III/20 of *The Works of Saint Augustine: A Translation for the 21st Century*, trans. Maria Boulding (Hyde Park, NY: New City Press, 2000), 477.

그러므로 모든 사람이 그들의 음악적 재능과 상관없이 크리스천 예술음악의 소비자가 될 수 있는 반면, 크리스천 예술음악의 생산자는 (주목할 만한 예외들이 있긴 하지만) 원칙적으로 크리스천 음악인들이다. 누가 크리스천 예술음악으로 찬양할 수 있는가? 크리스천 음악가들은 재능과 환경을 부여받은 자로서 소명감을 가지고 더욱 힘써 아름답게 크리스천 예술음악으로 하나님을 찬양하여야 할 것이다.

2) 믿음의 열매

위에서 논한 바와 같이, 크리스천 작곡가와 연주자에게 크리스천 예술음악은 그들의 삶의 열매, 즉, 그들의 시간과 노동을 통한 하나님과 이웃을 향한 그들의 사랑의 분명한 고백이나 표현이다. 어떤 예술음악도 크리스천 음악가들을 통해 구속될 수 있는데, 이것 역시 그들 삶의 열매가 될 수 있다. 하지만 오직 크리스천 예술음악만이 기독교 신앙을 객관적으로 분명하게 표현할 수 있다. 왜냐하면 연주자들이 그들의 숙련된 솜씨로 하나님의 아름다움을 나타내면서 동시에 작곡가의 의도나 그 작품들의 내용에 따라 하나님의 진리를 청중들에게 전달할 수 있기 때문이다. 이러한 기능은 또한 다음의 "크리스천 예술음악의 힘"으로서 설명되어질 수 있다.

3) 크리스천 예술음악의 힘: 어거스틴의 음악에 대한 고찰

두 가지 장르에서 대표적으로 보이는 두 가지 음악의 힘—크리스천 음악의 "음악적 성경 해석의 힘"과 예술음악의 "아름다움(예술성)으로부터 오는 힘"—을 관찰할 때, 크리스천 예술음악은 이 두 가지 음악의 힘을 다 가지고 있다고 말할 수 있다.

그런데 이러한 두 가지 차원의 음악의 힘은 어거스틴의 음악에 대한 고찰에 또한 표현되어 있다. 어거스틴은 세상 모든 것을 진리와 하나님의 창조된 세상, 그리고 그리스도의 구속의 관점에서 이해하기를 원했다. 그리고 그에겐 크리스천 음악과 음악 그 자체(예술음악) 역시 이러한 진리와의 관계에서 설명되어져야 했다. 『음악에 관하여』(*De musica*), 『질서에 관하여』(*De ordine*), 『고백록』(*Confessions*), 『하나님의 도성』(*City of God*) 등 그의 여러 저술들에서 어거스틴의 음악에 대한 생각들이 검토될 수 있다.

『음악에 관하여』에서 그는 음악 그 자체를 수직적 그리고 수평적으로 접근하였는데, 거기에서 하나님의 창조된 질서를 통한 음악의 힘, 즉, 음악의 아름다움을 발견한다. 그는 또한 『고백록』에서 앞서 언급한 것처럼 음악의 성경적 해석의 힘을 논한다. 다시 말해, 비록 어거스틴은 음악의 힘에 대해 직접 정의하지는 않았지만, 그의 흩어져있는 음악에 관련된 생각들은 적어도 "음악 안의 두 가지 차원의 힘"(도해 3)을 시사한다. 그런데 크리스천 예술음악은 이 두 가지 힘 모두를 가지고 있다.

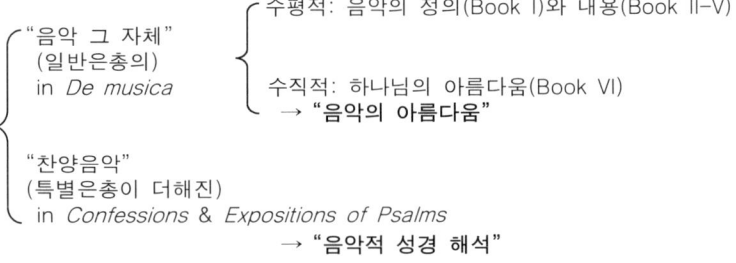

도해 3. 어거스틴의 음악에 대한 생각으로부터 보이는
두 가지 종류의 음악의 힘

크리스천 예술음악의 이러한 두 가지 힘은 기능적 음악으로서의 음악적 성경 해석의 부정적인 면의 문제점을 해결할 수 있다. 음악적 성경 해석이 확실한 힘을 가지고 있긴 하지만, 이런 유형의 음악은 하나님의 말씀을 강조하느라 예술성이 부족한 음악으로 종종 간주된다. 베스트(Harold Best)는 기능적 음악의 두 가지 실수를 지적한다. "기능주의자에겐 결과를 얻기 위해 예술적 질과 가치를 간과하는 것은 문제가 되지 않는 것처럼 보인다." 그리고 "기능주의자는 예술의 예언적이고 독창적인 질을 종종 부인한다."[17] 베스트에 따르자면, "교회 음악에는 예술적 비전이나 변화의 여지가 없어서," "많은 정직한 교회 음악인들은 타협하도록 압력을 받거나 업무 자체에서 강제로 떠나게 된다."[18]

---

17) Harold M. Best, *Music through the Eyes of Faith* (San Francisco: Harper San Francisco, 1993), 28-29.

이것은 하나님의 말씀과 음악의 예술성(아름다움) 사이의 우선순위나 균형의 문제인 것 같다. 크리스천 음악인들은 음악의 두 가지 종류의 힘을 인정하고 상황에 따라 그것들을 지혜롭게 이용해야 한다. 그들이 또한 인식해야 하는 것은 크리스천 예술음악의 존재와 중요성이다. 크리스천 예술음악은 주로 연주회장 환경에서 하나님의 진리를 전달하기 위해 예술적 아름다움을 추구하기 때문에, 이 장르와 더불어 크리스천 음악인들은 대예배의 어떤 규칙으로부터 자유로울 수 있고, 아무 제한 없이 하나님으로부터 받은 음악적 재능을 표현할 수 있다.

4) 복음 전도의 도구

그러므로 크리스천 예술음악의 독특한 적용 중 하나는 교회 밖에서, 즉 연주회장이나 교육의 장에서 복음을 전할 수 있다는 것이다. 비교적 간단한 크리스천 예술음악은 예배 시에도 연주되어질 수 있지만, 대부분의 크리스천 예술음악은 연주회장에서 더 빛을 발한다. 따라서 복음 전도의 특별한 기회를 제공하면서, 크리스천 예술음악의 청중의 범위는 크리스천 예배음악보다 넓다고 말할 수 있다.

(1) 연주회장에서

크리스천 예술음악의 이러한 독특한 복음전도의 기능은 연주회장에서 보다 효과적이다. 왜냐하면 하나님의 말씀이 거부당하는 곳에서까지 구속적 은총의 음악이 그것의 아름다움 때문에 음악으로서 받아들여질 수 있기 때문이다. 에드가는 "구속적 은총의 음악" 안에 있는 예술성, 즉, 미학적 언어의 역할의 중요성에 대해 주장한다.

> 말로(Andre Malraux)는 우리 세기에 예술은 하나님에 대한 크리스천 믿음을 바꾸었다고 믿는다. 왜냐하면 우리는 더 이상 신학적 언어는 받아들일 수 없지만, 우리는 미학적 언어는 받아들일 수 있기 때문이다. … 그전에 의미하였던 것보다 더 커다란 짐이 예술에 지워졌다. … 만일 우상으로부터 나온 음악 안에 있는 영적인 힘이 존재한다면, 주님을 지혜롭게 섬기는 데로부터 나온 선을 위한 힘 또한 [음악 안에] 존재한다.19)

---

18) Ibid., 29.

19) Edgar, *Taking Notes of Music*, 98-100.

(2) 교육의 장에서

크리스천 음악 선생님들은 어떤 음악작품을 가르치든 상관없이 그들의 인간관계를 통하여서 학생들에게 복음을 전할 수 있다. 그러나 크리스천 예술음악을 깊이 있게 가르치려면, 그러한 음악을 혹은 음악적 표현을 이해시키기 위해, 찬송가 가사나 기독교적 진리, 복음, 혹은 성경의 이야기 등을 학생에게 설명해야 한다. 다시 말해, 크리스천 예술음악의 다양한 표제적 특징들 덕분에 선생님들은 크리스천 학생들뿐만 아니라 비기독교인 학생들에게도 자연스럽게 하나님의 말씀을 전할 수 있게 된다.

5) 일반은총의 궁극적 목적의 완성

이제 에드워즈(Jonathan Edwards)가 정의한 "두 가지의 미덕"의 개념을 크리스천 예술음악에 적용시켜 본다. 그의 논문, 『진정한 미덕의 특성』(The Nature of True Virtue)에서 에드워즈는 미덕을 도덕성의 면에서 "진정한 미덕"과 "부차적인 미덕"으로 나눈다. 그리고 그는 또한 미덕을 아름다움에 관련시킨다. 다시 말해, 그는 진실로 고결한 어떤 것들과 단지 그렇게 보이는 다른 것들을 구별하고 있다.[20] 에드워즈가 진정한 미덕(진정한 아름다움)을 "하나님을 향한 사랑" 혹은 "하나님의 사랑 안에 있는 다른 이들을 향한 사랑"으로 간주하고 있는 반면, 그는 외부 세계(영적 세계에 대한 비유로서)에서의 아름다움을 부차적인 혹은 열등한 미덕으로 보고 있는데, 거기에는 아름다움의 질서와 진실 되고 영적인 본래의 아름다움의 어떤 심상들(images)이 존재한다. 음악은 다양성의 한가운데에 있는 균일성(uniformity)과 비례(proportion)로서 이러한 부차적인 미덕의 본보기이다. 좋은 음악의 화음을 찬성하는 성향은 진정한 거룩함이나 마음의 진실로 덕스런 성향과 같지 않다는 것을 주장하면서, 에드워즈는 부차적인 미덕은 진정한 미덕의 특성과 아무런 관계가 없다고 말한다.[21]

그의 미덕의 분류는 중요하다. 왜냐하면 그것은 사실상 구속적 은총(특별은총)과 일반은총을 다루고 있기 때문이다. 에드워즈가 말하는 진

---

20) Jonathan Edwards, *The Nature of True Virtue* (Ann Arbor: The University of Michigan Press, 1960), 2.

21) Ibid., 27-40.

정한 미덕은 하나님의 특별은총을 통해서만 가능한 하나님을 향하거나 인간을 향한 인간의 사랑이다. 부차적인 아름다움은 하나님의 존재나 아름다움을 심상이나 유사함을 통해 반영하는데, 그것은 하나님의 일반계시를 통한 일반은총의 개념과 같다.

에드워즈는 음악을 그의 진정한 미덕에 포함시키지 않았지만, 필자는 음악 안에 있는 도덕적이고 영적인 아름다움을 생각할 때에 어떤 음악은 진정한 미덕에 속할 수 있다고 생각한다. 즉, 하나님의 사랑을 가지고 다른 사람의 유익을 위하여 써진 작품의 의도, 더 나아가 모든 존재의 존재(the Being of all beings)가 되시는 하나님의 영광을 위하여 써진 작품들은 진정한 미덕에 속할 수 있다. 또한 그러한 작품을 연주하는 사람들의 연습의 과정 역시 진정한 미덕에 속할 수 있다. 다시 말해, 음악의 아름다움은 부차적인 아름다움으로 여겨질 수 있지만, 크리스천 예술음악의 음악적 활동은 진정한 아름다움에 속할 수 있다. 어떤 이가 하나님을 위해 찬양음악을 작곡할 때, 음악 자체의 아름다움은 오직 부차적인 아름다움만을 보여준다. 하지만 어떻게 음악을 찬양과 분리할 수 있는가? 혹은 어떻게 성경의 본문이나 제목 안에 있는 특별은총이 일반은총인 그것의 음악과 분리되어질 수 있는가? 간단히 말하자면, 비록 에드워즈는 부차적인 아름다움에 존재하는 영적인 아름다움의 측면에 대해 언급하지 않았지만, 진정한 아름다움과 부차적인 아름다움 사이에 존재하는 세 번째 영역이 만들어져야 한다.

감사하게도 카이퍼(Abraham Kuyper)는 일반은총의 궁극적인 목적을 논하면서, 세 번째 영역이 존재함을 보여준다. 반틸(Henry R. Van Til)의 글에 따르자면, 카이퍼는 일반은총이 그것의 독립적인 역할 뿐만 아니라 특별은총과의 연속성도 가지고 있다고 생각한다. "특별은총이 없다면 일반은총은 아무런 목적이 없다."[22] 즉, 그 둘 사이의 관계는 분리된 이원적인 것이 아니라 부분적으로 서로 중복되는 것이다. 카이퍼는 일반은총은 특별은총에게 "작동할 수 있는 기초"를 준다고 주장한다.[23]

---

22) Henry R. Van Til, *The Calvinistic Concept of Culture* (Grand Rapids: Baker Academic, 2001), 119.

23) Ibid., 121.

카이퍼의 관점은 크리스천 음악, 특별히 크리스천 예술음악을 통해 성공적으로 음악의 세계에 적용된다. 실제로 예술음악은 오직 하나님의 일반은총만을 표현하기 때문에 하나님의 음악적인 아름다움이 우선적으로 강조가 되고, 그 결과, 어떤 예술음악이 크리스천 연주자들의 믿음에 의해 구속받을 수 있다 하더라도, 감상자들은 하나님의 구속적인 은혜에 대해서 거의 알아챌 수가 없다. **오직 크리스천 음악, 특별히 크리스천 예술음악을 통해서만 감상자들이 하나님의 아름다움과 그의 진리를 공유할 수 있다. 결과적으로 크리스천 예술음악은 일반은총의 궁극적인 목적—특별은총으로 인도함—을 성취하는 아주 좋은 예가 된다.** 그런데 이러한 일반은총의 궁극적 목적의 달성은 작곡자, 연주자, 그리고 감상자의 의도와 수용의 면과 관련이 있다. 이것에 대해 다음 장에서 논하도록 한다.

3

일반은총과 특별은총의 관점에서 본 음악의 의도와 수용

전 장에서 논하였듯이 일반은총의 궁극적인 목적은 특별은총의 나타남이다. 이런 점에서 음악의 궁극적 목적 혹은 음악을 만드는 자들의 최상의 의도는 하나님을 영화롭게 하는 것, 즉, 그를 찬양하고 그의 진리를 선포하는 것이 되어야 한다. 그러나 진리를 전달할 수 있는 가사가 없는 기악음악이 음악을 만드는 자들의 의도(intention of music makers)나 음악을 소비하는 자들의 수용 혹은 받아들임(reception of music consumers)에 있어 하나님의 특별은총을 품을 수 있는지에 대해서 자주 논쟁이 되곤 한다. 여기에서 연주자는 음악을 만드는 자도 될 수 있고 음악을 소비하는 자도 될 수 있다.

말이 없는 음악을 논하면서, 빌라데소(Richard Viladesau)는 음악이 아름다움을 나타낸다는 것 때문에 "위대한 음악은, 비록 그것이 [성경적] 메시지와 분명한 연결이 되지 않는다 할지라도, 성스러우며 크리스천 예배에 한 자리를 차지한다"1)고 주장한다. 참으로 위대한 음악은 단지 그 안에 내재된 아름다움 때문에 성스러울 수 있는가? 베스트(Harold Best) 역시 음악의 중립성을 주장한다. 그의 저서, 『믿음의 눈으로 본 음악』(*Music through the Eyes of Faith*)에서 그는 "음악적 다원주의를 방어하면서,"2) 모든 좋은 음악은 하나님께 제물(offering)이 될 수 있다고 주장한다.

---

1) Richard Viladesau, *Theology and the Art: Encountering God through Music, Art and Rhetoric* (New York: Paulist Press, 2000), 47.

2) Harold M. Best, *Music through the Eyes of Faith* (San Francisco: Harper San Francisco, 1993), 8.

어떤 음악의 종류에도 비기독교적 혹은 반기독교적인 것은 없다. 같은 이유로, 크리스천 음악이라는 것은 존재하지 않는다. … 이러한 질문들에 대답할 어떤 성경적 방법은 없다. 바로 원점에서 오직 다음과 같이 말할 수 있다. 오직 일반은총의 교리는 수천의 문화와 하부 문화, 또 생활방식과 신앙체계의 창의성으로부터 흘러나오는 모든 음악이 왜 좋은지를 이해하도록 돕는다. 그리고 이러한 것 안에서부터 모든 좋은 음악은 천개의 입이 있어도 찬양하기에 부족한 창조주께 바쳐져야 한다.3)

그러면 정말로 하나님께도 크리스천 음악과 다른 음악 사이에 아무런 차이가 없을까? 아무도 음악으로 하나님을 영화롭게 하는 가장 좋은 방법을 확실히 알지 못하겠지만, 이번 장에서는 몇 가지 부류로 음악을 분류하는 일을 하게 될 것이다. 이 과정은 작곡가가 구체적으로 언급한 의도를 가지고 있는 음악 작품의 분류와 그러한 음악 작품이 연주자들과 감상자들로 어떻게 받아들여지는지에 대한 분류를 포함하며, 이 모든 것을 각각 일반은총과 특별은총의 개념의 관점에서 관찰하게 될 것이다. 오늘날, 즉, 소비자에 의해 움직여지는 사회에서, 우리는 모든 것이 우리의 즉각적인 만족감을 위해 존재한다고 믿게 되어있다. 이러한 자기중심적인 관점은 예술을 포함한 삶의 모든 영역에 적용이 된다. 하지만 음악을 소비하는 자들—먼저는 연주자들, 그리고 감상자들—은 하나님의 관점을 가지고 음악을 만드는 자들—먼저는 작곡가들, 그리고 연주자들—의 의도들을 고려해야 한다.

---

3) Ibid., 52.

1. 음악 만드는 자들의 의도(Intention)

나의 하나님이여
주께서 마음을 감찰하시고 정직을 기뻐하시는 줄 내가 아나이다
내가 정직한 마음으로 이 모든 것을 즐거이 드렸사오며
(역대상 29:17a)

1) 성경에 있는 음악의 두 가지 의도

성경에는 두 종류의 음악이 있다. 시편과 같은 찬양음악이 있는 반면, 믿음과 상관없는 음악이 있다. 다음의 인용은 어거스틴이 묘사한 다윗의 찬양음악에 관한 것인데, 찬양음악의 본질을 보여준다. 이것은 찬양음악 안에 있는 작곡자와 연주자의 의도, 다시 말해, 하나님께의 헌정을 뜻한다.

> 그는 노래를 만드는 데에 매우 솜씨가 좋은 사람이었지만, 일반 감정적인 만족으로서의 음악의 하모니가 아니라, 참 하나님이신 그의 하나님께 경건하게 헌정되는 것으로서의 음악의 하모니를 더 귀하게 여기는 사람이었다. 그리고 다윗이 엄청난 진리를 신비로운 상징(symbols)으로 표현하기 위해 음악을 이용한 것은 하나님을 섬기기 위함이었다.[4]

한편, 이사야 5:12는 다른 종류의 음악을 묘사하고 있다. "그들이 연회에는 수금과 비파와 소고와 저와 포도주를 갖추었어도 여호와의 행하심을 관심치 아니하며 그의 손으로 하신 일을 생각지 아니하는도다." 이러한 음악 활동은 이 세상에 널리 퍼져 있는, 믿음과 상관없는 인간의 문화적 활동으로서의, 즉, 오직 일반은총으로서의 음악이라 하겠다. 예술을 위한 음악 또한 이 범주에 속할 수 있다. 일반은총으로 하나님께서 주신 음악이 하나님께 감사함 없이 하나님과 상관없는 문화적 활동이 되는 경우이다.

그러므로 성경에 나타난 두 종류의 음악의 차이점은 일차적으로 음악을 만드는 사람들의 의도에서 보인다. 즉, 하나님의 영광을 위한 것과 하나님과 상관없는 인간의 즐거움을 위한 것인데, 이것은 어거스틴

---

[4] Aurelius Augustine, *City of God*, ed. and abridged Vernon J. Bourke (New York: Image Books, 1958), 372.

이 『하나님의 도성』에서 언급한 두 도시의 두 가지 다른 사랑으로 대체될 수 있다. 한편 인간의 즐거움을 위한 음악일지라도 하나님의 사랑 안에서 다른 이들의 고양을 위한 음악은 하나님의 사랑에 기인한 이웃 사랑의 결과로 해석되므로 궁극적으로 하나님의 영광을 위한 것으로 분류될 수 있겠다.

그런데 죄인들의 마음에는 하나님의 영광을 위한 완벽하게 순전한 의도가 있을 수 없기에, 또 그 의도는 오직 하나님만 정확하게 아시기에, 이 두 가지 범주로 나누는 작업은 인간으로선 사실상 불가능하다. 그렇지만 어떤 음악 안에 있는 하나님의 특별은총의 존재 유무로 인해 어느 정도의 분류는 가능하다. 다시 말해, 만일에 어떤 작품 안에 기독교의 진리, 예를 들어, 찬양, 하나님의 말씀, 혹은 하나님께의 헌정 등이 분명하게 나타난다면, 사람들은 대체적으로 작곡자가 그 음악을 하나님의 영광을 위해 창작했을 거라고 추측한다. 그러나 비기독교인 작곡자가 기독교의 진리에 관련된 것을 소재로 삼아 작품을 만들 수도 있기에, 이 두 가지 범주 외에 새로운 범주가 나타나게 된다. 다음에 소개되는 음악을 포함한 문화나 삶의 분류는 이러한 특별은총의 유무에 따라 만들어진 것이다.

2) 카이퍼(Abraham Kuyper)의 분류

카이퍼(1837-1920)는 "특별은총이 일반은총에 끼친 이중적인 영향" 즉, 간접 영향과 직접 영향을 묘사하고 있다. 특별은총의 간접적인 영향은 문화에 끼친 기독교의 가치와 유용성을 증명하는 세계사 안에서 보이는 반면, 직접적인 영향은 "비정상인(Abnormalist)," 즉, 정상인이 한 번 태어나는 것에 비해 두 번 태어난 사람들[5](기독교인) 안에서 보인다. 카이퍼는 특별은총이 한 사람의 전 삶에 스며들 때, 하늘의 왕국이 여기저기에 나타난다고 설명한다. 이것은 "일반은총의 영역 안의 유기체로서의 교회가 맡은 일이다." 즉, 설교와 복음 전도와 구별된 "왕을 위한 일반 문화적 명령을 성취하는 것"이다.[6]

---

5) Henry R. Van Til, *The Calvinistic Concept of Culture* (Grand Rapids: Baker Academic, 2001), 123.

6) Ibid., 124.

카이퍼는 그의 저서, 『일반은총』(Gemmene Gratie)에서 네 가지 유형의 삶을 일반은총과 특별은총의 개념에 따라 다음과 같이 묘사한다.

(1) 특별은총에 의해 영향 받지 않은 일반은총 영역
(2) 오직 특별은총 안에서 발생하는 기관으로서의 교회의 영역
(3) 특별은총의 불빛으로 비취어지는 일반은총의 영역
(4) 교회를 섬기기 위해 일반은총의 사실들을 사용하는 특별은총의 영역7)

카이퍼가 주창한 문화 혹은 삶의 분류는 기독교인들이 어떻게 비기독교적인 세상의 환경에서 직접 특별은총을 고취시킬 수 있는가 하는 것을 보여준다. 사실상 카이퍼의 이러한 분류가 필자에게 "크리스천 피아노 예술음악"이라는 논문의 주제를 제공하였다. 아래 <도해 4>는 카이퍼의 분류를 간략하게 도형화한 것인데, 일반 세상에 존재하는 특별은총의 영향을 보여준다. 그러나 필자의 견해로는 실제적으로 일반은총은 세상 어디에나 존재하기에 특별은총으로만 이루어진 삶의 영역은 있을 것 같지 않다. 단지 카이퍼는 특별은총이 일반 세상에 주는 영향을 보여주기 위하여 그러한 분류를 한 것 같다.

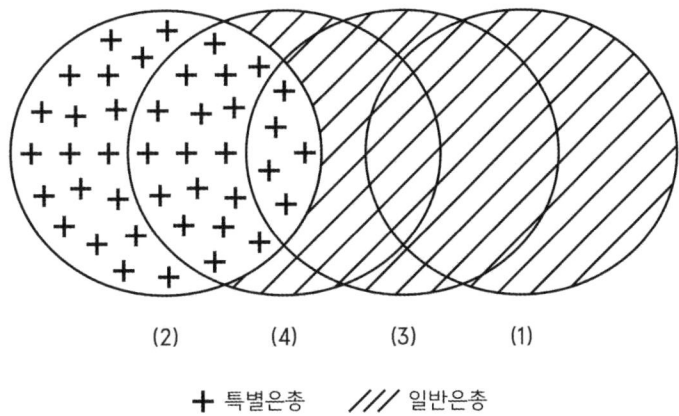

도해 4. 일반은총과 특별은총에 비추어 본 카이퍼의 문화의 분류

---

7) Abraham Kuyper, *Gemeene Gratie* II (Kampen, The Netherlands: J. H. Kok, 1907), 680. Lydia Kim-van Daalen에 의해 부분적으로 영어로 번역됨.

이 분류는 또한 작곡가의 의도를 특별은총과 일반은총으로 비추어 볼 때, 음악에 적용될 수 있다. 복음이 전혀 전해지지 않는 카이퍼의 제(1)영역은 "크리스천 믿음과 상관없는 음악"과 동일하게 생각되어질 수 있다. 제(2)영역은 교회의 영역으로서 "예배 때에 불리고 연주되는 찬양음악"에 적용된다. 비록 이것은 특별은총의 영역이지만, 하나님의 구속과 상관없는 일반은총으로서의 음악이 특별은총을 담아 사용된다. 제(3)영역은 신자에 의해 밝혀지는(illuminated by the light of believers) 비신자의 삶의 영역으로서 크리스천 예술음악의 한 부분인 "기독교의 영향으로 써진 믿지 않는 작곡가들의 음악"으로 간주할 수 있다. 제(4)영역을 카이퍼는 "교회 밖에서의 그리스도의 증인들의 삶"으로 강조했는데, 이것은 크리스천 작곡가에 의한 "연주회장에서의 크리스천 예술음악"으로 볼 수 있겠다.

비록 하나님은 이 모든 네 가지 영역의 음악을 통해 영광을 받으실 수 있지만, 두 번째와 네 번째 영역이 보다 중요하다. 왜냐하면 그것들은 직접 분명하게 기독교의 진리를 포함하고 또한 하나님께 헌정된 것이기 때문이다. 두 번째 영역의 교회의 찬양음악이 기독교인들 가운데서 하나님께 영광을 올려드릴 수 있는 반면, 네 번째 영역의 연주회장에서의 크리스천 예술음악은 하나님의 아름다움과 그리스도의 복음을 전하면서, 기독교인들뿐만 아니라 비기독교인들 가운데에서도 하나님께 영광을 돌릴 수 있다.

카이퍼의 분류는 그가 일반은총을 특별은총과 관련시켰다는 점에서 매우 의미가 있다. 비록 칼빈(John Calvin)이 '이 세상 문화와 특별은총의 대립(antithesis)'과 '문화 안의 일반은총'—이러한 용어를 쓰진 않았지만—에 대해 언급했지만, 그는 그것들의 관계에 대해서는 (필자가 아는 한) 논하지 않았다. 하지만 특별은총과 일반은총 모두를 취급하면서, 카이퍼는 어떻게 기독교인들이 그것들을 그들의 삶에서 연관해야 하는지, 즉, 두 은총 사이의 얽혀있는 관계 안에서의 문제를 푸는 것, 또 그 두 은총 사이의 균형을 이루는 것에 대해 설명했다.

3) 쉐퍼(Francis Schaeffer)의 분류

계시록 15:2-3의 천상의 장면과 찬양을 인용하면서 쉐퍼(1912-1984)는 다음과 같이 말한다. "예술은 하늘나라의 문에서 멈추지 않는다. 예술의 형태들은 바로 하늘나라로 운반된다. 여기에 어떤 플라톤 식의 분리가 있을까? 전혀 아니다."[8] 카이퍼 역시 "문화가 영원한 미래를 지닌다. 죄와 얽힌 모든 것은 멸망할 것이란 제한이 있지만, 기원과 본질과 기본적인 의미는 새 땅에서도 계속될 것이다"[9]라고 비슷하게 주장한다.

쉐퍼는 예술을 "예술가의 작품"과 "그들의 의도"라는 두 가지 측면에서 분류한다. 첫째, "예술가의 작품"의 측면에서, 그는 이 세상에 있는 "예술 작품의 특성에 관한 세 가지 기본적 가능성"[10]을 논하는데, 이것은 음악, 특히 예술음악의 영역에 적용되어질 수 있다.

첫 번째 견해는 "예술을 위한 예술"인데, 그는 이러한 용어가 잘못 인식되어질 수 있다고 생각한다. 왜냐하면 "어떤 위대한 예술가도 예술을 위한 예술의 수준만으로는 활동하지 않기 때문이다." 그것은 예술음악이 항상 어떤 세계관이나 종교에 기초하고 있다는 의미이다. 이러한 생각은 예배자로서의 인간의 본성과 연관될 수 있겠다.

두 번째 견해는 예술을 "메시지의 체화"로서 보는 것인데, 이것은 "예술을 지적인 서술로 감소시킬 수 있다." 덜 예술적인 크리스천 예술음악이 이 영역에 속한다. 많은 크리스천 예술음악은 음악 세계에서 예술성의 결핍으로 인해 무시당할 수 있다. 위대한 작곡가들조차 때로는 기독교적 진리를 강조하기 위해 예술적 요소를 감소시킬 수 있다. 그렇지만 하나님은 작곡가의 의도를 보시면서 이러한 종류의 음악을 귀하게 여기시리라 생각된다.

세 번째 견해는 쉐퍼가 가장 바람직하다고 여기는 것인데, "예술가가 그의 가치관을 보여주는 예술 작품을 만드는 것"이다. 이것은 매우 잘 만들어진 크리스천 예술음악에 적용되어질 수 있다. 이러한 쉐퍼의 태

---

[8] Francis A. Schaeffer, "Art and the Bible," in *A Christian View of the Bible as Truth*, vol. 2 of *The Complete Works of Francis A. Schaeffer: A Christian Worldview* (Westchester, IL: Crossway Books, 1982), 390.

[9] Van Til, *The Calvinistic Concept of Culture*, 121.

[10] Schaeffer, "Art and the Bible," 395-96.

도는 메시앙(Olivier Messiaen)이 생각하는 이상적인 음악과 매우 흡사하다. 즉, 메시앙에 따르면, 이상적인 음악은 고도의 예술성과 크리스천(Catholic) 믿음 모두를 포함해야 한다는 것이다.11) 덧붙여 쉐퍼는 다음의 일반적인 실수를 지적한다. "많은 사람들은 예술이 위대해질수록 사람들이 그것의 가치관에 대해 덜 비판적이어야 한다고 느끼는 것 같다. 이것은 거꾸로 생각되어야 한다."12) 즉, 위대한 음악을 만날 때, 사람들은 작곡가의 가치관이나 의도에 대해 더 비판적이 되어야 한다는 것이다. 이러한 점에서 이미 언급한 위대한 음악에 대한 빌라데소의 발언—"위대한 음악은 성스러울 수 있다"—은 세심하게 검토되어야 한다.

두 번째로 "그들의 의도"의 측면에서 쉐퍼는 예술가의 믿음을 고려해서 예술가를 네 범주로 분류13)했는데, 이것은 카이퍼의 일반은총과 특별은총에 따른 분류와 유사성을 지닌다. 쉐퍼의 분류는 직접 음악의 분야에 적용될 수 있다. 첫 번째 범주는 거듭난 기독교인인데, 하나님의 영광을 위해 음악을 만드는 자들이다. 이 범주는 카이퍼의 두 번째와 네 번째 영역에 해당이 된다. 두 번째 범주는 기독교와 관련되지 않은 그 자신의 가치관이나 자신의 영광을 표현하는 비기독교인이다. 이것은 카이퍼의 일반은총의 영역인 첫 번째 영역과 동일시 할 수 있다. 세 번째 범주는 기독교에 영향을 받아서 기독교와 관련된 음악을 만드는 비기독교인이다. 이것은 카이퍼의 세 번째 영역과 같다. 네 번째 범주는 그의 믿음과 전혀 관련이 없는 음악을 만드는 거듭난 기독교인이다.

네 번째 범주는 카이퍼가 언급하지 않은 믿음과 작품 활동을 별개로 생각하는 크리스천 작곡가의 경우이다. 이들은 예술음악, 대중음악 등 어떤 종류의 음악이라도 만들 수 있다.14) 그런데 그들이 음악이란 미명 하에 기독교와 대립되는 가치관이나 종교까지 허락하는 경우에 과연 그들이 거듭난 크리스천인지 혼란이 온다. 오직 하나님께서만 모든 진실을 알고 계시겠지만, 작곡가 나운영(1922-1993)의 작품과 그의

---

11) 참조: 7장 메시앙의 글 인용문. p. 308-309.

12) Ibid., 401.

13) Ibid., 402.

14) 참조: 개신교의 직업의 교리. p. 332.

진술은 그 일례가 될 수 있다. 비록 그는 많은 찬송가를 작곡한 사람으로 알려져 있지만, 그는 또한 한국의 역사와 한국의 전통적인 종교인 불교와 연관된 이야기를 바탕으로 한 오페라를 작곡했으며, 그가 찬불가를 작곡한 것은 종종 논란거리가 되곤 한다. 나운영은 "나는 음악인으로 찬불가를 지은 것이지 신앙인으로 찬불가를 지은 것이 아니다"15) 라고 범종교적 차원을 강조하며, 자신을 변호했다. 이러한 방법으로 몇몇 크리스천 작곡가들—스스로 혹은 남들이 기독교인이라고 하는—은 예술의 이름으로 그들의 작품을 통해 다른 가치관이나 종교를 받아들이는 우를 범하는 데에까지 가게 된다. 결국 이 경우는 위에서 말한 세 번째 범주의 정반대 경우라고 할 수 있는데, 이 두 경우 모두 범종교적 차원이나 다원주의의 결과라 하겠다.

4) 통합(Synthesis)

위에 언급된 분류들은 두 가지 기본 개념으로 축소될 수 있다. 우선 특별은총 영역에서 대립(antithesis)의 개념이다. 이것은 하나님의 도성과 세상의 관심 사이, 즉, "특별은총의 유무에 따른 대립"이다. 둘째로, 믿음과 상관없이 모든 사람들에게 주어지는 "일반은총"의 개념이 있다. 이 두 개념을 하나의 도해(diagram)로 나타낼 수 있는데, 그것을 통해서 크리스천 예술음악의 정확한 위치, 특징, 그리고 기능 등이 설명될 수 있다.

이 두 개념을 종합하기 위해서 작곡가들의 의도들과 그들 작품의 성격들이 먼저 다음의 세 개의 원으로 분류되어야 한다. (도해 5)

(1) 크리스천 예배음악
(2) 크리스천 예술음악(동시에 크리스천 음악도 예술음악도 됨)
(3) 예술음악

아래 도해는 서론의 <도해 1>에서 원들이 겹쳐지는 부분을 더 자세히 설명한다. 크리스천 예술음악에 집중하기 위해 이 도해는 대중음악, 민속음악, 다른 신들을 위한 음악 등을 제외한다. 또한 작곡가의 의도는 여러 가지일 수 있기 때문에, 이러한 분류는 환원주의(reductionism)에

---

15) 김진영, "나운영, 범종교적 차원에서 찬불가 작곡," *Christian Today* [on-line]; accessed 3 April 2012; available from http://www.christiantoday.co.kr/view.htm?id=134320; Internet.

서 자유롭지 못하다. 그럼에도 불구하고 이것은 독자들이 크리스천 예술음악의 특징을 이해할 수 있도록 도울 것이다.

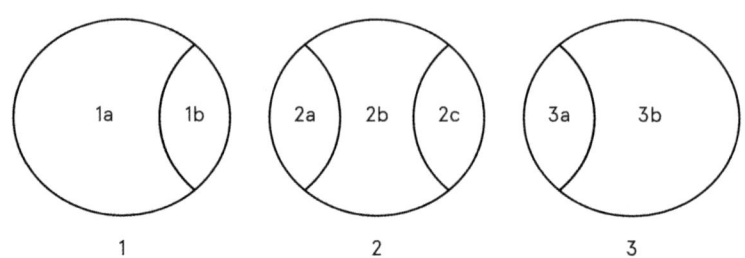

도해 5. 작곡가의 의도에 따른 음악 작품의 분류

1b와 2a는 원1과 원2의 겹쳐지는 부분이고, 2c와 3a는 원2와 원3의 겹쳐지는 부분이다. 각각의 원(1, 2, 3)과 그것의 부분들(1a, 1b, 2a, 2b, 2c, 3a, 3b)은 다음과 같이 설명될 수 있다.

원 1: "크리스천 예배음악" (주로 크리스천 작곡가의 작품)
   1a: 일반적인 크리스천 예배음악 (성악곡과 기악곡)
   1b: 비교적 예술적인, 다소간의 연습을 필요로 하는 예배음악
      (교회 성가대 음악이나 헌금송으로 연주되는 성악곡과 기악곡)

원 2: "크리스천 예술음악"
      (주로 크리스천 작곡가의 연주회를 위한 작품. 예술적 예배음악을 포함)
   2a: 비교적 쉬운 크리스천 예술음악 (예배 시에도 연주 가능)
   2b: 주로 연주회장에서 연주되는 크리스천 예술음악
   2c: 하나님께 헌정된 절대음악 (음악자체로는 찬양과 상관없는 예술음악)

원 3: "기독교와 상관없는 예술음악" (비기독교인 작곡가의 크리스천 예술음악 포함)
   3a: 비기독교인 작곡가의 크리스천 예술음악
   3b: 기독교와 상관없는 예술음악

여기서 원2는 1b와 3a를 포함하는데, 이것이 크리스천 예술음악의 영역을 구체적으로 보여준다. 이것은 제2부(5-8장)에서 크리스천 피아노 예술음악의 레퍼토리를 소개하면서 더 자세히 논하여질 것이다.

가장 중요한 사실은 모든 음악이 본질적으로 하나님께로부터 왔다는 것이다. 즉, 모든 음악은 하나님의 일반은총의 산물이다. 아래 <도해 6>은 작곡가의 의도에 따른 음악 작품 분류(도해 5)에 일반은총과 특별은총의 관점을 더한 것이다.

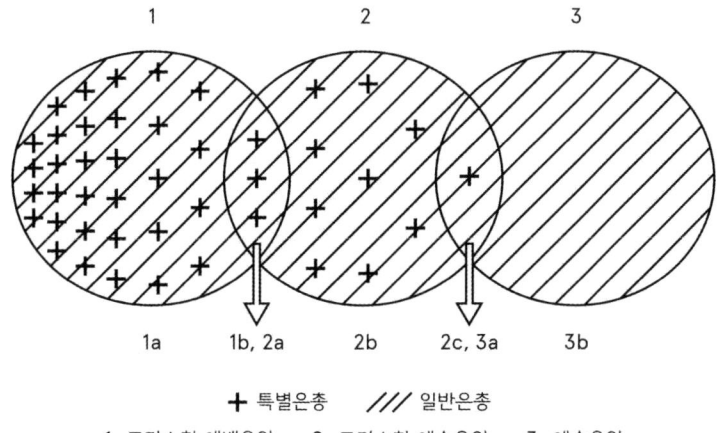

도해 6. 일반은총과 특별은총의 관점에서 본 음악작품의 분류

3a 비기독교인 작곡가에 의한 크리스천 예술음악. 때로 기독교의 진리는 비기독교인 작곡가들에 의해 단지 작품 활동의 소재로서 취급당할 수 있다. 다시 말해, 그들은 기독교의 진리를 그들의 예술음악을 위해 사용할 수 있다. 카이퍼와 쉐퍼 모두 이러한 영역(도해 5의 3a)에 대해 이야기했다. 따라서 5-7장에 이러한 음악 작품도 몇몇 곡 소개될 것이다. 아마도 어떤 사람은 이것이 과연 크리스천 예술음악에 속하는 것이 타당한 것인지 의아해할 수 있다. 그러나 이것은 그 곡 자체가 기독교의 진리를 포함하고 있기 때문에, 크리스천 예술음악이 될 수 있다. 다시 말해, 이러한 곡들엔 작곡가의 찬양의 의도는 결여되어 있지만, 이러한 곡들 자체를 통해 기독교의 진리가 선포될 수 있고, 이것들이 하나님의 영광을 위해 쓰일 수 있다.

그러면 무엇이뇨
외모로 하나 참으로 하나 무슨 방도로 하든지
전파되는 것은 그리스도니
이로써 내가 기뻐하고 또한 기뻐하리라
(빌립보서 1:18)

2. 수용(Reception)

그때에 이스라엘에 왕이 없으므로
사람이 각각 그 소견에 옳은 대로 행하였더라
(사사기 21:25)

깨끗한 자에게는 모든 것이 깨끗하나
더럽고 믿지 아니하는 자들에게는 아무 것도 깨끗한 것이 없고
(디도서 1:16)

받아들이는 활동(reception)은 믿음생활과 연관해서 두 가지 면이 생각될 수 있다. 첫째, 어떤 기독교인들은 성경 구절들을 그것의 맥락과 하나님의 의도를 구하면서 읽으며 이해하는 반면, 다른 기독교인들은 때로 그들만의 방법대로 성경 구절들을 읽고 해석하고 적용한다. 비록 하나님의 주권 안에서 그 두 가지 방법 모두 허용될 수 있겠지만, 전자가 후자보다 더 안전할 것이다. 왜냐하면 후자의 경우에는 많은 개인적인 요인들이 그들의 생각에 영향을 줄 수 있기 때문이다. 둘째로 기독교인들은 비록 그들이 하나님께 영광을 돌리고 이웃들을 사랑하는 것을 고려해야(고린도전서 10:14-15) 하긴 하지만, 믿음으로부터 온 자유와 더불어 "우상에게 바쳐진 제물"을 포함한 모든 것을 자유롭게 먹을 수 있다. 다시 말해, 기독교인들은 다른 사람들의 유익을 위해서 때로 선택을 하기도 하고, 때로 거절을 하기도 하지만, 그들은 믿음 가운데서 모든 것을 받아들일 수 있다.

음악 작품을 받아들이거나 해석하는 과정은 위의 예들과 어느 정도 유사성이 있다. 어떤 연주자들은 어떤 음악 작품을 연주할 때에 그 작곡가의 의도를 생각하는 반면, 다른 연주자들은 단지 음악적 느낌에 따라서 혹은 믿음의 표현으로서 그 곡들을 연주할 수 있다. 감상자들에겐 더 많은 자유가 있다. 특히 어떤 기악곡에 대해 특별한 배경지식 없이 감상하게 되는 경우, 감상자들은 그 곡을 그들의 경험이나 교육 정도에 따라 받아들이게 된다. 그러므로 작곡가의 의도와 상관없이 연주자들이나 감상자들은 그들 나름대로 음악의 범주를 바꿀 수 있게 된다. 예를 들어, 그들은 어떤 곡을 찬양음악에서 예술음악으로, 혹은 예술음악에서 찬양음악으로 그 범주를 바꾸어가면서 작품을 이해하고 해석할 수

있다. 여기서 연주자들은 음악을 만드는 자도 될 수 있고 음악을 받아들이는 자도 될 수 있다.

음악을 수용하는 활동의 차이는 음악을 받아들이는 자들이 음악을 만드는 자들의 의도를 어떻게 다루는가 하는 데에서 발생한다. 어떤 점에서 이것은 "형식 미학"—음악 분석이나 작곡가의 의도를 탐구하는 것에 중점을 둔 미학—과 "수용 미학"—보다 음악을 소비하는 자들의 관점에 관심이 있는 미학—의 차이점과 비교되어질 수 있다. 오스트리아의 음악 비평가이자 미학자인 한슬릭(Eduard Hanslick, 1825-1904)은 그의 글, 『음악적 아름다움에 관하여』(*Vom Musikalisch-Schönen*)에서 감상자의 견해보다는 작곡가의 견해를 더 강조했다. 그럼에도 불구하고 그는 "음악에 대한 주관적 반응"에 대해 언급한다.

> 음악의 '주관적 인상'에 대한 논의(4장)는 미학적 대상으로서의 음악적 작품의 성격과 감상자의 활동을 구별하는 현대적 수용 이론을 예상한다. 한슬릭은 '미학적 명상은 예술 작품 그 자체의 외부에 존재하는 어떤 환경에도 기초될 수 없다'고 주장하며, 미학적 자율성이라는 명제를 지지한다. 3장과 4장에 나타나는 형식주의적 미학의 기초들은 5장에서 연장되는데, 그것은 '작곡'으로서의 음악의 적극적인 미학적 명상을 감정의 미학이 연상되어지는 단지 소리의 자극으로서의 수동적이고 경솔한, 혹은 '병적인' 음악의 수용과 구별한다. (한슬릭은 음악의 기초적인 음향과 소리 질에 대한 주관적인 반응은 엄밀한 의미에서 미학적 분석의 테두리 밖에 있다고 주장한다.)16)

한편, 분석가들의 음악이 대부분 실제 감상자들이 듣는 음악과 같지 않다고 주장하며, 오벨케비치(James Ovelkevich)는 "우리는 음악의 생산자들에 대해 많이 배워왔는데, 감상자들에 대해선 아는 바가 없다"17)라고 지적했다. 그는 감상자들에게 영향을 끼치는 두 가지 영역을 묘사했는데, 그것은 "음악 외적인 요소들"과 "느낌의 내면세계, 자아, 그리고 자신의 정체성"이며, 후자는 감상자들의 음악에 있어서의 취향의 이야기는 그들의 삶의 이야기라는 것을 의미한다.18)

---

16) Grove Online s.v. "Hanslick, Edward" [on-line]; accessed 8 April 2011; available from http://www.oxfordmusiconline.com.ezproxy.sbts.edu/subscriber/article/grove/music/12341?q=hanslick&search=quick&pos=1&_start=1#firsthit; Internet. Grove Online is a subscriber-only service.

17) James Obelkevich, "In Search of the Listener," *Journal of the Royal Musical Association* 114 (1989): 102.

예를 들어, 어떤 음악에 찬송가 선율이 있다면, 연주자나 감상자는 그것을 크리스천 음악으로 이해할 수 있을 것이다. 왜냐하면 찬송가의 가사가 음악 외적 요소로서 그 음악에 작용하고 있기 때문이다. 그런데 각각의 음악적 수용은 개인의 가치관이나 사회적 배경에 의존하기 때문에 그렇지 않은 경우도 있게 된다. 다시 말해 기독교인들이 일반적으로 친근한 찬송가 선율을 바탕으로 한 클래식한 피아노 찬송가 변주곡을 찬양음악으로 여기는 반면, 비기독교인들에게 그러한 찬송가 변주곡은 일종의 클래식 변주곡으로, 찬송가 선율은 단지 변주곡의 주제 정도로 들려질 수 있다. 또한 '모든 음악은 찬송이다'라는 신학을 가지고 있는 몇몇 기독교인들에게 찬송가 선율은 찬양음악을 이루는 특별한 의미를 가지지 않는다.

음악학자 발란틴(Christopher Ballantine)은 더 구체적으로 음악 외적 요소의 수용에 대해 논한다. 작품에 인용된 잘 알려진 내용의 의미를 세 단계의 감상자, "A," "B," 그리고 "C"에 의해 나누었다.

> A는 오직 작품 안에 있는 '음악적' 관계에 대해서만 유의한다. 그에게는 그 작품이 추상적(절대음악)이다. B는 음악적 관계를 듣지만, 그는 또한 인용된 내용의 관련된 함축적 의미를 확립하려고 애쓰면서 인용된 것으로 연상한다. … 그는 그 작품의 '서술적' 내용을 구한다. C는 음악적 관계를 듣고, 표제적인 것을 파악하지만, 그 작품의 의미가 그것의 표제적인 것으로 환원되어질 수 없다는 것을 안다. … 그는 그 작품을 '음악 철학적으로' 듣는다.19)

예를 들어, 인용된 친근한 내용이 찬송가 선율일 경우, A에게 찬송가 변주곡은 추상적인 의미 안에서 예술음악으로 이해되어질 수 있다. B에게 찬송가 변주곡은 관련된 찬송가 가사의 의미보다 더 깊이 있게 표현된 찬송가로서 들려질 수 있다. 그리고 C에게 찬송가 변주곡은 찬송가 선율을 포함한 새로운 음악이 된다. 결과적으로 같은 작품(찬송가 변주곡)이 절대음악, 표제음악(찬양음악), 혹은 표제음악의 양상을 띤 새로운 음악으로 해석된다. 마지막 새로운 음악은 다시 감상자에 의해

---

18) Ibid., 107.

19) Christopher Ballantine, "Charles Ives and the Meaning of Quotation in Music," in *Music and Its Social Meanings* (New York: Gordon and Bleach Science Publisher, 1984), 86.

찬양음악이나 예술음악으로 받아들여질 수 있다.

이와 같이 음악 작품들은 감상자의 배경에 따라 다양하게 받아들여질 수 있는데, 이 배경에는 교육, 감정, 경험, 음악적 능력, 신학, 신앙 등이 포함된다. 다음 부분은 음악 수용의 다양한 예들을 보여준다.

3. 음악 수용의 예들

다음의 음악 수용의 예들은 기독교인들과 가상의 비기독교인들의 대표적인 의견들이 될 것이다. 성악음악의 수용은 여기서 제외된다. 왜냐하면 성악음악의 가사는 매우 구체적이고 언어적 연상 작용을 작품에 가져오며, 이 연구의 전반적인 목적은 크리스천 피아노 예술음악의 수용에 집중하는 것이기 때문이다. 비록 작곡가의 의도와 흡사한 수용의 유형이 있긴 하지만, 작곡가의 의도는 사실상 완벽하게 감상자에게 전달되기 힘들다. 많은 연주자들이 작곡자의 의도를 전달하려고 추구하고 시도하지만, 크리스천 연주자들과 감상자들은 종종 음악을 그들 개인적인 하나님을 향한 찬양으로 내면화할 것이다.

1) 신학에 근거한 수용

음악 작품의 수용은 감상자의 음악에 대한 신학에 따라 다양해진다. 다음 세 가지 도형으로 설명되어지는 예들(도해 7-9)은 세 가지 범주의 음악에서의 일반은총과 특별은총의 다른 관계들을 보여준다. 세 개의 원들과 상징들(////; +)의 의미는 <도해 6>과 동일하다.

(1) 힌슨의 신학과 수용

힌슨(Maurice Hinson) 박사는 남침례신학교(SBTS) 교회사역 학교(구, 교회음악 학교)의 피아노과 석좌교수이다. 그의 견해는 "모든 음악은 찬양음악이 될 수 있다"[20]로 정리될 수 있다. 그러므로 그에게는 크리스천 예배음악, 크리스천 예술음악, 그리고 예술음악 사이에 아무런 차이가 없다(도해 7). 그의 견해에 따르면, 우리는 모든 음악의 장르로 하나님을 찬양할 수 있다. 이러한 견해는 적지 않은 크리스천 연

---

20) Maurice Hinson, 필자와의 인터뷰 내용에서, Louisville, KY, April 14, 2011.

주자들에게 수용의 대표적인 예가 될 수 있다. 그의 생각은 1장에서 언급한 음악을 구속하는 것과 연관되어 있다. 그는 그가 피아노를 연주하는 동안이나 음악을 듣는 동안이나 동일하게 찬양을 느낀다고 말한다. 힌슨의 주된 관심은 하나님의 영광을 위한 '음악적 탁월성'이다. 다시 말해, 그는 하나님은 작곡자의 의도와 상관없이 음악의 아름다움과 숙련됨으로 영광 받으신다고 믿는다.

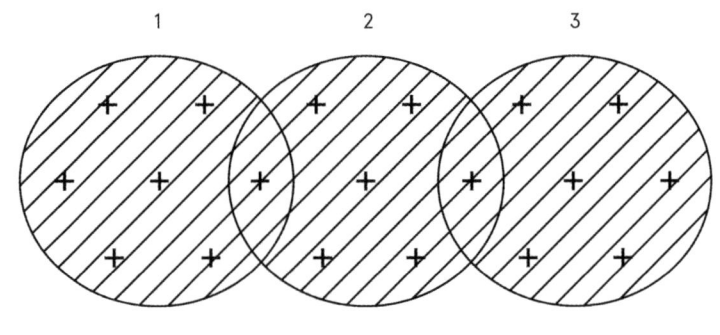

도해 7. 힌슨의 수용

(2) 죤슨의 신학과 수용

죤슨(Eric L. Johnson) 박사는 남침례신학교의 크리스천 심리학(Christian psychology)과 목회적 돌봄학과(pastoral care)의 교수이다. 그는 또한 클래식 음악 애호가이며 아마추어 음악인이다. 그에게 일반은총(창조은총, Creation grace)은 크리스천 심리학을 연구하는 데뿐 아니라 음악을 감상하는 데에도 매우 중요한 사안이다. 그의 음악의 수용은 힌슨의 견해와 비슷하지만, 약간 차이가 있다. "모든 음악이 하나님께로부터 왔기 때문에 그것은 찬양음악이 될 수 있다. 그러나 음악적 스타일이나 표제적 요소의 포함 정도에 따라 찬양음악으로서 받아들이는 데에 다소간의 차이가 있다."[21] 다시 말해, 그는 크리스천 예술음악

---

21) Eric Johnson, 필자와의 인터뷰 내용에서, Louisville, KY, May 3, 2011.

을 포함하는 크리스천 음악이 좀 더 하나님의 특별은총을 드러낸다는 것을 인정한다(도해 8).

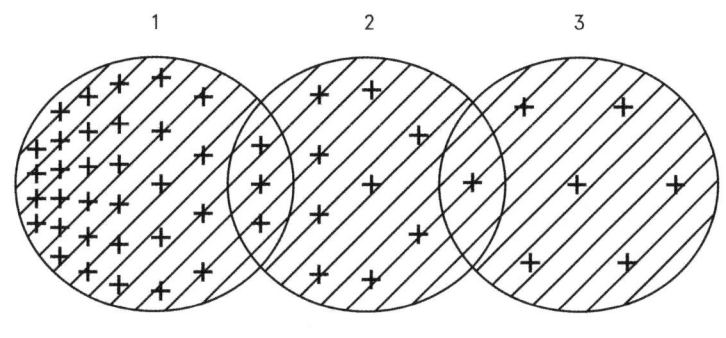

도해 8. 죤슨의 수용

(3) 베스트의 신학과 수용

베스트(Herold Best)는 "음악을 만드는 것은 수단이나 목표가 되어서는 안 되고 봉헌, 즉 예배의 행위가 되어야 한다."22)고 주장하는데, 여기에서 그는 "예배"라는 용어를 넓은 의미(로마서 12:1)로 사용하고 있다. 따라서 하나님의 일반은총으로부터 나온 모든 음악은 하나님께 봉헌이 될 수 있고, 그것은 '어떤 음악이라도 구속하는 행위'와 어떤 의미로는 비슷하다. 하지만 봉헌이라는 그의 생각과 음악을 구속하는 것과는 차이가 있는데, 예배 행위로서의 봉헌은 하나님의 진리를 표현할 필요가 없는 반면, 음악을 구속하는 것은 하나님을 찬양하거나 그의 진리를 선포하는 것을 그 목표로 한다. 베스트는 크리스천 음악의 존재를 받아들이지 않으며 음악에 존재하는 특별은총의 역할을 인정하지 않는다. 음악의 중립성에 대한 그의 의견은 다음과 같다.

여기서부터 나는 다음과 같은 입장을 취한다. 어떤 예외들이 있긴 하지만,

---

22) Best, *Music through the Eyes of Faith*, 15.

예술, 특별히 음악은 도덕적으로 상대적이고, 보다 나은 용어의 결핍으로 진리의 말을 본질적으로 표현할 수 없다. 그것들은 믿음, 신조, 도덕, 그리고 윤리적인 정밀성, 혹은 가치관을 표현하는 능력 면에서 근본적으로 중립적이다. 아무리 예술가들이 정열적으로 그들이 상상하고 만드는 것 안에서 이러한 믿음들을 보여줄 수 있다고 믿는다거나 시도한다 할지라도, 그들의 작품은 의도적으로 '말을 못한다'고 나는 추정한다. 더 나아가 나는 예술가들과 그들의 작품들은 분리될 수 있고 그들의 작품들은 단지 수공품(handiwork)으로 이해되어질 것이라고 주장한다.23)

또한 그는 진리와 수공품을 연결하는 것은 우상숭배라고 생각하는데,24) "그것이 일반은총의 교리와 반대되기"25) 때문이라고 한다. 베스트는 음악이 하나님의 진리를 전달하는 수단으로 쓰이는 것을 결단코 반대한다. 그러므로 <도해 9>는 음악 안에 특별은총의 표시가 없음을 보여준다.

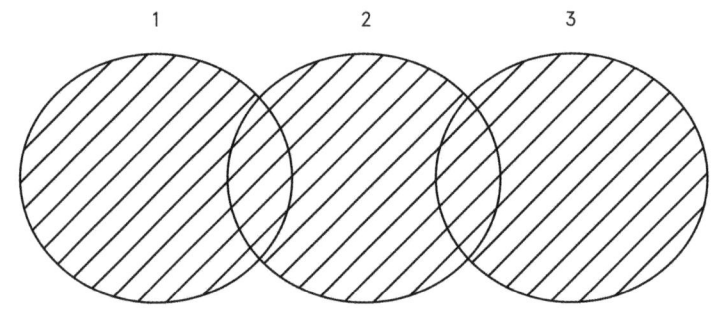

＋ 특별은총   /// 일반은총
1. 크리스천 예배음악   2. 크리스천 예술음악   3. 예술음악

도해 9. 베스트의 수용

그런데 베이스 트롬본 주자인 덕요(Doug Yeo)가 보스턴 심포니에서 브람스, 베토벤, 스트라빈스키, 그리고 코플란트 음악을 통해 찬양의 제

---

23) Ibid., 42.

24) Ibid., 48.

25) Ibid., 55.

물을 드린 것과 같은 예술음악을 구속함을 통해 드리는 개인적인 찬양
은 허용하는 것처럼 보인다.26) 실제적으로 하나님께 드리는 찬미의 제
사(히브리서 13:15)의 관념 없이 제물을 드린다는 것을 상상하기란 어
렵다. 그럼에도 불구하고, 베스트의 음악에 대한 근본적인 생각은 오직
일반은총의 교리에만 관련되어 있다.

2) 두 유형의 기독교인의 수용

 기독교인 가운데도 그들 각각의 언어적 배경에 따라 음악을 듣는 데
에 차이가 있다. 예를 들어, 한국 사람들은 성경에 "찬양"이란 단어를
볼 때 "음악적 찬양"(musical praise)을 떠올린다. 반면, 한국어 성경에
"음악"이란 단어는 거의 쓰이지 않으며 그 단어의 사용은 대부분 문화
활동이나 이교도 문화의 맥락에서 나타난다. 하지만 미국 사람들은 성
경의 "찬양"을 "칭찬하다," "칭송하다"의 뜻으로 주로 사용하며, 말로써
"주님을 찬양합니다!"라고 자주 쓰는 편이다. 반면, 교회 안에서 "음악"
이란 단어는 "음악적 찬양"이란 뜻으로 쓰인다. 그리고 음악적 찬양은
단지 찬양 활동의 한 부분으로 간주된다.
 따라서 한국 기독교인들은 일반적으로 "찬양"을 크리스천 음악으로
"음악"을 교회 밖의 문화 활동으로 여긴다. 예를 들어 한국 교회는 미
국에서 사용되는 "음악 사역(music ministry)"이라는 용어 대신 "찬양
사역(praise ministry)"이라는 용어를 쓴다. 한편, 미국 교회에서는 "음
악"이라는 단어를 사용하는 것뿐만 아니라 때로 예배 중에 클래식 음악
을 찬양으로써 연주하는 것이 허용되기도 한다. 그들에게 모든 음악은
하나님의 선물이기 때문이다. 다음의 예들은 미국과 한국의 기독교인들
사이에 존재하는 음악과 찬양의 개념에 대한 차이를 보여준다.

(1) 베티의 수용

 베티(Betty)는 음악 비전문인이며 필자가 출석하던 미국인 교회의
교인이다. 크리스천 피아노 예술음악과 예술음악의 프로그램으로 이뤄
진 필자의 피아노 독주회 후 청중에게 수용에 관련된 설문 조사가 시

---

26) Ibid., 78.

행되었다. 음악회에 참석한 미국인 교회 교인들의 수용은 거의 비슷하였다. 그들은 설문지의 다음 문장에 동의하였다. "클래식 음악과 크리스천 예술음악에는 다른 느낌이 있다. 왜냐하면 비록 클래식 음악이 하나님의 아름다움을 생각하게는 하지만, 크리스천 예술음악이 더 찬양음악처럼 들리기 때문이다." 물론 각각 감상자의 배경에 따라 크리스천 예술음악을 이해하는 데에 약간의 차이는 있었다. <도해 10>은 "음악을 만드는 자의 의도" 부분의 <도해 6> "일반은총과 특별은총의 관점에서 본 음악작품의 분류"(p. 83)와 흡사하다. 즉, 일반은총으로서의 음악을 이해하며 작곡가의 의도에 가장 가깝게 받아들여지는 수용의 예이다.

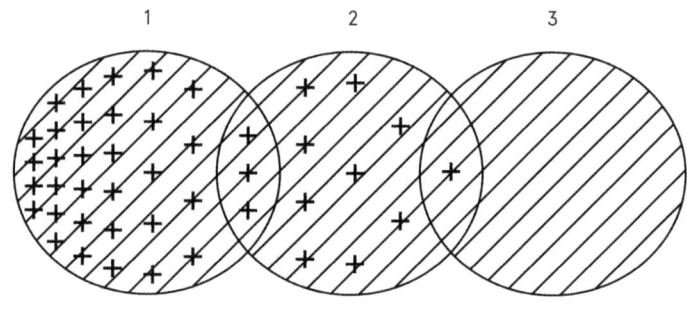

도해 10. 베티의 수용

(2) 길라의 수용

길라는 한국 기독교인이고 음악 비전문인이다. 그의 반응은 음악이 하나님의 일반은총이라는 것에 대한 인식이 없는 기독교인의 전형적인 예가 될 수 있다. 이것은 또한 진리 안에서 음악을 이해하지 못해 방황하던 예전의 필자의 입장이기도 하다. 그는 위에 언급된 필자의 독주회 CD를 듣고 설문지의 다음에 동의하였다. "클래식 음악과 크리스천 예술음악에는 다른 느낌이 있다. 왜냐하면 클래식 음악은 하나님과 상관없이 단지 음악의 아름다움만을 전달하는 반면, 크리스천 예술음악은 하나님의 말씀이나 찬송가 가사를 생각나게 하며 하나님을 찬양하게 하기 때문이다." 예술음악을 단지 문화 활동으로 이해하는 많은 한국의 기독교인들은 길라의 수용에 동의할 것이다. 그의 수용에는 그러므로 오직 특별은총만 고려되었다. 그러므로 다음의 <도해 11>에는 일반은총의 표시가 없다.

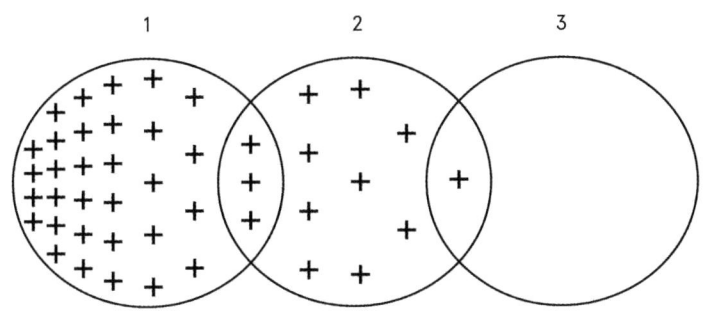

도해 11. 길라의 수용

3) 비기독교인의 수용

유감스럽게도 위에 언급된 음악회에서 비기독교인의 수용은 검토되지 않았다. 그들은 일반은총이나 특별은총에 대한 개념을 가지고 있지 않을 터이므로, 그들은 <도해 12>와 같이 오직 세 범주의 음악의 존재에 대해서만 어느 정도 동의할 수 있을 것으로 추측된다. 하지만 극소수의 지혜로운 비기독교인들은 음악에 존재하는 아름다움을 통하여 음악과 그것의 창조자를 연관시킬 수 있을 것이다(도해 9). 또한 복음이나 찬송가를 들은 적이 있는 비기독교인들에게는 크리스천 예술음악의 아름다움이 음악해설과 더불어 그들의 마음 어디엔가 진리의 빛을 비추는 역할을 할 수 있으리라 기대한다.

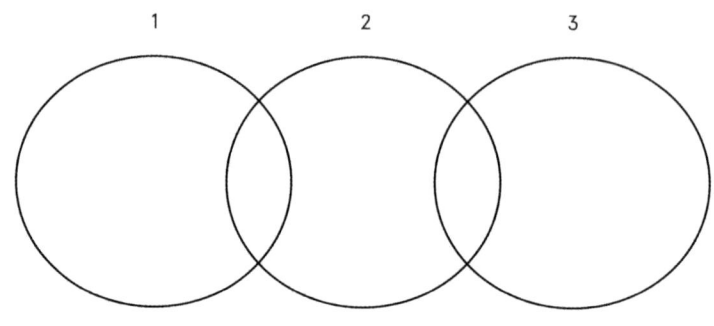

도해 12. 비기독교인의 수용

결론

> 사람의 행위가 자기 보기에는 모두 깨끗하여도
> 여호와는 심령을 감찰하시느니라
> (잠언 16:2)

이제까지 음악 생산자의 의도와 음악 소비자의 수용의 차이에 대해 살펴보았다. 그런데 '하나님은 그 차이들을 어떻게 보실까?' 혼합된 동기들을 가진 인간이 어찌 어떤 음악의 의도나 해석이 하나님을 최고로 기쁘시게 할지 알 수 있으랴. 반드루넨(David VanDrunen)은 문화 활동에 관련된 기독교인들의 결정들을 놓고 심판하는 것에 대해 경고한다.

모든 기독교인들은 그의 문화적 노력에 대해 도덕적으로 책임 있는 결정들을 해야 하는 책임이 있다. 그러나 기독교인들은 또한 성경이 양심을 얽매지 않는 것들에 관한 다른 크리스천들의 결정을 규탄하지 않도록 조심하여야 한다. 우리는 우리의 결정과 견해가 기독교적인 견해라고 주장하는 것에 대해 겸손해야 한다.27)

---

27) David VanDrunen, *Living in God's Two Kingdoms: A Biblical Vision for Christianity and Culture* (Wheaton, IL: Crossway Books, 2010), 162.

진실로 음악을 받아들이는 것에 대한 어떤 의견들도 그것이 성경과 부딪치지 않는 한 허용되어질 수 있다. 그러나 이 연구는 음악을 만드는 자의 의도에 대한 진지한 관심을 보여주려 한다. 왜냐하면 어떤 활동에서도 하나님은 한 사람의 동기와 의도를 보시기 때문이다. 한편, 위의 일반 기독교인들의 수용의 예들은 크리스천 예술음악과 일반 예술음악 간의 받아들여진 차이를 보여주는데, 그것은 음악 작품들이 작곡가의 의도나 작품의 내용에 따라 이해되어질 수 있다는 것을 나타낸다. 일반 기독교인들의 수용은 크리스천 예술음악의 감상자 중 상당수가 바로 그들이라는 점에서 중시되어야 한다.

마지막으로, 이 장은 일반은총의 궁극적인 목표인 특별은총의 나타남이 음악에서, 특별히 크리스천 예술음악에서 어떻게 성취되고 있는지를 보여주기 위하여 써졌다. 앞에서 언급한 것과 같이 크리스천 음악 활동의 의도와 수용에 관하여 몇 가지 다른 경우들이 있다. 이제까지 설명된 기독교인의 음악활동을 작곡가와 연주자와 감상자의 입장에서 간단하게 정리하자면, 다음과 같다.

(1) 크리스천 예술음악은 주로 크리스천 작곡가들에 의해 써지지만, 비기독교인 작곡가가 쓴 몇몇 크리스천 예술음악도 있다.
(2) 크리스천 연주자들은 크리스천 음악이나 특별히 기독교 진리와 배치되지 않는 어떤 음악도 하나님께 드리는 찬양으로 연주할 수 있다.
(3) 감상자들은 음악을 그들 각각의 신학적, 음악적 배경 등에 따라 받아들이게 될 것이다.

이 글을 쓰는 목적이 어떻게 음악으로 하나님께 최고로 영광 돌릴까 하는 데에 있는 바, 하나님의 생각은 완전히 다를 수 있겠지만, 유한한 피조물의 생각 안에서 다음과 같은 추측성 결론에 도달한다.

"기독교인들은 모든 음악을 통하여 다양한 방법으로 하나님께 영광 돌릴 수 있지만, 하나님께선 아마도 세 가지 마음—작곡가와 연주자와 감상자의 마음—이 모두 함께 온 마음을 다해 최고의 솜씨로 그분을 찬양할 때에 최고로 영광을 받으시리라."

그리고

4

기악 찬양의 중요성

1. 성경의 기악 찬양

왕이 레위 사람을 여호와의 전에 두어서
다윗과 왕의 선견자 갓과 선지자 나단의 명한대로
제금과 비파와 수금을 잡게 하니
이는 여호와께서 그 선지자들로 이렇게 명하셨음이라
(역대하 29:25)

나팔 소리로 찬양하며 비파와 수금으로 찬양할지어다
소고 치며 춤추어 찬양하며 현악과 통소로 찬양할지어다
큰 소리 나는 제금으로 찬양하며 높은 소리 나는 제금으로 찬양할지어다
(시편 150:3-5)

하나님의 거문고를 가지고
하나님의 종 모세의 노래, 어린 양의 노래를 불러 가로되
(계시록 15:2b-3a)

1) 하나님의 명령과 그의 형상

성경은 기악 찬양의 여러 가지 예들을 보여준다. 무엇보다도 마지막 시편인 150편은 호흡이 있는 자마다 여호와를 찬양하되, 다양한 악기, 즉 모든 악기로 하나님을 찬양하라는 명령으로 아름답게 마무리 짓는다. 한편 하나님은 다윗 왕의 선지자들을 통해 다윗 왕에게 기악 찬양을 명하셨는데(역대하 29:25), 이 사실은 히스기야 왕이 성전을 깨끗하게 한 뒤 번제와 찬양을 드리는 과정을 묘사하는 중에 나타난다.

이에 따라 다윗 왕은 하나님을 찬양할 목적으로 악기들을 만들고 연주자들을 양성했으며(역대상 23:5), 이 악기들은 후에 역대하 7:6에는 "여호와의 악기[들]"(the LORD's musical instruments)로, 역대하 29:26-27에는 "다윗의 악기[들](David's instruments)" 혹은 "이스라엘 왕 다

윗의 악기[들]"로 불렀으며, 제사장들의 나팔과 분류되었다. 한편 하나님의 궤를 다윗성으로 옮길 때에 다윗과 이스라엘 온 족속이 노래하며 악기를 연주했다고 기록되어 있는데(역대상 13:8), 사무엘하 6:5는 같은 장면에서 기악 찬양 앙상블만을 언급하고 있다. "다윗과 이스라엘 온 족속이 잣나무로 만든 여러 가지 악기와 수금과 비파와 소고와 양금과 제금으로 여호와 앞에서 주악하더라(play)." 이후 솔로몬의 성전 헌정식에서 웅장한 기악 찬양과 더불어 노래하는 것이 다음과 같이 묘사된다. "노래하는 레위 사람 … 제금과 비파와 수금을 잡고 또 나팔 부는 제사장 일백이십 인이 함께 있다가 나팔 부는 자와 노래하는 자가 일제히 소리를 발하여 여호와를 찬송하며"(역대하 5:12-13a). 이와 같이 하나님은 여러 가지 악기들로 그를 찬양하도록 명령하셨다.

한편 계시록 15:2에는 "하나님의 거문고"(harps of God)가 등장한다. 하늘나라에서도 구원받은 사람들은 많은 종류의 천상의 악기들로 하나님을 영원히 찬양할 것이다. 하나님은 인간의 찬양이 목소리로 뿐만 아니라 악기들로도 드려지길 기대하실 것이다. 왜냐하면 인간은 하나님의 형상을 따라 지음 받았는데, 그분은 노래하는(스바냐 3:17) 하나님이실 뿐 아니라 트럼펫도 부는(스가랴 9:14) 하나님이시기 때문이다. 그러므로 하나님의 명령에 따라, 또 하나님의 형상에 따라, 기악 찬양은 영원히 계속되어질 것이다.

2) 기악 찬양에 관련된 용어들

성경에 "찬양"(praise)으로 번역된 여러 히브리 단어들이 있는데, 그 중 할랄(הָלַל), 테힐라(תְּהִלָּה), 자마르(זָמַר), 쉬르(שִׁיר)1) 등의 단어들이 음악과 관련되어있다. 그중 할랄—"할렐루야(הַלְלוּיָהּ)"는 "할랄"에서 나

---

1) "*tᵉhillâ*: 찬양 혹은 찬양의 노래(이사야 43:21; 60:18; 시편 22:3; 147:1 etc.) / *zāmar*: 하나님을 찬양하는 데 음악을 연주, 하나님께 노래(사사기 5:3; 시편 27:6; 101:1; 104:33; 역대상 16:9 etc.), 악기들을 연주(시편 33:2; 71:22; 98:5; 147:7; 149:3 etc.) / *šîr*: 노래, 서정적 노래(열왕기상 5:12; 창세기 31:27; 이사야 31:29 etc.), 예배시의 종교적 노래 (시편 42:9; 69:31; 28:7; 느헤미야 12:46 etc.), 특별히 악기 반주에 맞춘 레위인들의 합창의 노래(역대상 6:16,17; 13:8; 사무엘하 6:5; 역대하 23:18 etc.)." F. Brown, S. Driver, and C. Briggs, *The Brown-Driver-Briggs Hebrew and English Lexicon* (Peabody, MA: Hendrickson Publishers, 2004).

옴―은 시편 150:3-5에서 여러 가지 악기들과 함께 쓰이고, 자마르의 뜻 가운데 한 가지는 "악기를 연주하다"이다.

한편 시편에 71회, 하박국에 3회 나오는 "셀라"라는 단어는 음악적인 범주에서 '시편 노래 중의 기악 간주, 전주, 혹은 후주'로 설명되어진다. 다음은 "셀라"의 일반적 해석이다.

> 그 용어의 해석은 풍부하나 매우 다양하다. "셀라"라는 용어의 기원과 뜻과 목적에 대한 많은 논평들은 여러 가지 범주, 즉, 음악적, 시적, 그리고 예배적인 범주로 나뉜다. 음악적인 설명 중에서 가장 믿을 만한 것은 그 용어가 노래 중 쉼을 의미한다는 제안이다. 그 쉼은 심벌즈의 울림과 함께 시작한다. 또한 그것은 "채워진" 휴식으로 간주되는데, 즉, 음악적 간주이다. 그것은 전주나 후주일 수도 있다.2)

"힉가욘"이란 용어도 "셀라"와 함께 묶여서 몇몇 초기 해석에서 기악음악의 영역과 연관되어질 수 있고, 또 "간주의 노래"3)로서 번역될 수 있다. 노래 중의 그러한 기악 간주, 전주, 혹은 후주는 독립 기악 찬양의 초기 모습 중에 있어왔다.

콜랴다(Yelena Kolyada)는 "콜라리(E. Kolari)가 센 것에 의하면, 악기들[4)]이 히브리 구약성경 중 자그마치 25권의 책에서 총 146구절에 언급된다"라고 말한다.5) 로케르(Herbert Lockyer, Jr.)는 킹 제임스 성경에서 번역된 이름에 따라 각 악기를 다음 세 그룹으로 나누어 소개한다.

---

2) Yelena Kolyada, *A Compendium of Musical Instruments and Instrumental Terminology in the Bible* (London: Equinox Publishing, 2009), 164.

3) Ibid., 157.

4) 콜랴다에 따르면, 현악기는 'asor (similar to the ten-stringed zither), nevel (the angular harp type or a bass lyre), kinnor (all representatives of the stringed group or a plucked stringed instrument of the lyre type), qaytros (an Assyrian stringed instrument), sabbᵉka (a type of angular harp), etc.; 관악기는 natural horns (qarna': the Assyrio-babylonian horn or trumpet, qeren: ancient Jewish aerophones, shofar: an ancient Jewish horn, yovel: a larger size shofar having a wide metal resounding bell), metallic horns (hatsotsᵉrah), and woodwinds (halil: double-reed instrument, mashroqita': the double oboe type, 'ugav: the flute type); 타악기는 membranophones (tof: a frame drum) and idiophones (mᵉna'an'im: sistrum or rattle, mᵉtsillot: similartosmallcymbals, pa'amonim: tinkling metal pendants or little bells, tseltselim: cymbals or small cymbals). Kolyada, *A Compendium of Musical Instruments*, 29-126.

5) Kolyada, *A Compendium of Musical Instruments*, 3.

(1) 현악기(harp, lyre, psaltery, sackbut, viol)
(2) 관악기(cornet, dulcimer, flute, horn, organ, pipe, trumpet, silver trumpets)
(3) 타악기(bells, cymbals, sistrum, tabret or timbrels)6)

그러나 위에서 관악기로 분류된 오르간(시편 150:4)은 오늘날의 파이프 오르간과 같은 것이 아니다.7) "대부분의 학자들은 그 오르간은 아마도 백파이프(bagpipe)였을 것이라고 생각한다. … 영(Young)의 용어색인은 그것이 퉁소나 플룻이었다고 말한다."8)

3) 시편

시편은 성경의 대표적인 음악적 찬양의 예다. 시편의 원래 히브리 제목이 테힐림(*t^ehillîm*), 즉, "찬양들"인 반면, "대부분의 그리스 번역본들은 각각 시편의 제목에서 종종 발견되는 다른 히브리 단어인 미즈모르(*mizmor*), 즉, "노래"를 프살모스(*psalmos*)로 번역하고, 전체 시편에 프살모이(*Psalmoi*, 영어로는 "Psalms")라는 제목을 붙였다."9) 히브리 명사 미즈모르는 "음악을 만들다"(to make music)10) 혹은 "악기를 연주하다"는 뜻의 동사 자마르(*zāmar*)와, 또 "현악기로 화음을 연주함(impulse, touch of the chords of a stringed instrument)"11)이란 뜻의 그리스 단어와 관련이 있다. 70인역(Septuagint)에 있는 시편의 다른 이름은 프살테리온(*Paslterion*, 영어로는 "Psalter")인데, 그것은 프살터리(psaltery)12)라는 악기의 이름에서 유래했다. 시편의 유형들에

---

6) Herbert Lockyer, Jr. *All the Music of the Bible* (Peabody, MA: Hendrickson Publishers, 2004), 43-63.

7) 파이프 오르간의 기원은 기원전 300년경 고대 그리스의 알렉산드리아의 크테시비우스 (Ctesibius)에 의해 발명된 물 오르간(hydraulic)에까지 거슬러 올라간다. Grove Online, s.v. "organ" [on-line]; accessed 29 November 2011; available from http://www.oxfordmusiconline.com.ezproxy.sbts.edu/subscriber/article/grove/music/44010pg4#S44010.4; Internet. Grove Online is a subscriber-only service.

8) Lockyer, *All the Music of the Bible*, 53.

9) C. Hassell Bullock, *Encountering the Book of Psalms: A Literary and Theological Introduction* (Grand Rapids: Baker Academic, 2001), 22.

10) William D. Mounce, ed., *Mounce's Complete Expository Dictionary of Old & New Testament Words* (Grand Rapids: Zondervan, 2006), 548.

11) Ibid., 1313.

대해 논하면서 키드너(Derek Kidner)는 "시편(psalm, *mizmor*)과 노래 (song, *šîr*)는 완전히 구별되어지지 않지만, 전자는 아마도 그 이름을 볼 때 그것이 기악 반주에 맞춰 불렸을 것이란 것을 시사한다"고 이야 기한다.13)

노래 중에, 혹은 노래 없이 연주되는 독립된 기악 찬양의 존재는 다음과 같은 시편에서 짐작되어질 수 있다. "새 노래로 그를 노래하며 즐거운 소리로 공교히 연주할지어다(play)14)"(시편 33:3); "하나님이 즐거이 부르는 중에 올라가심이여 여호와께서 나팔 소리 중에 올라가시도다"(시편 47:5); "내가 비유에 내 귀를 기울이고 수금으로 나의 오묘한 말을 풀리로다"(시편 49:4); "지존자여 십현금과 비파와 수금의 정숙한 소리로 여호와께 감사하며 주의 이름을 찬양하며…"(시편 92:1-3).

4) 기악 찬양의 쇠퇴

성경 전체를 볼 때 음악적 찬양의 절정이 두 번 나타난다. 다윗 왕의 찬양 사역—더 나아가 솔로몬의 성전 헌정식까지—과 사도 요한이 환상으로 본 계시록에 나타나는 천상의 찬양이 그것인데, 그 찬양의 자리에 기악 찬양이 항상 필수적인 역할을 한다. 하지만 바벨론 포로생활 때에는 기악 찬양이 쇠퇴하였다.

우리가 바벨론의 여러 강변 거기 앉아서 시온을 기억하며 울었도다 그 중의 버드나무에 우리가 우리의 수금을 걸었나니 이는 우리를 사로잡은 자가 거기서 우리에게 노래를 청하며 우리를 황폐케 한 자가 기쁨을 청하고 자기들을 위하여 시온 노래 중 하나를 노래하라 함이로다 우리가 이방에 있어서

---

12) 치터(zither) 종류의 악기로서 … psaltery라는 용어는 그리스어의 '손가락으로 줄을 뜯다'에서 유래했다. Grove Online, s.v. "Psaltery" [on-line]; accessed 19 March 2012; available from http://www.oxfordmusiconline.com.ezproxy.sbts.edu/subscriber/article/grove/music/22494?q=psaltery&search=quick&pos=1&_start=1#firsthit; Internet.

13) Derek Kidner, *Psalms 1-72: An Introduction & Commentary on Books I and II of the Psalms* (London: Inter-Varsity Press, 1973), 37.

14) 히브리 단어 "나간 נָגַן (nāgan)"은 "현악기를 연주하다"라는 의미이다. Mounce, ed., *Mounce's Complete Expository Dictionary*, 990. 루터(Martin Luther)는 이 문장을 다음과 같이 번역했다. "Spielt schön auf den Saiten mit fröhlichem Schall" (Play beautifully on the strings with joyful sound).

어찌 여호와의 노래를 부를꼬 예루살렘아 내가 너를 잊을진대 내 오른손이 그 재주를 잊을지로다 (시편 137:1-5)

비록 느헤미야에 의한 예루살렘 성벽 헌정식에서 악기와 더불어 웅장한 찬양의 회복이 있었지만(느헤미야 12:27-43), 일반적으로 악기와 함께 한 찬양 활동은 이스라엘의 믿음이 쇠퇴함에 따라 감소하였다. 마침내 아모스 5:23에서 하나님은 기악 찬양을 포함한 모든 형식적인 음악적 찬양을 거부하셨는데, 그것은 찬양을 하는 자들에게 공법과 정의가 결여되었기 때문이었다.

휴스태드(Donald P. Hustad)에 따르면, 타악기와 관악기는 "두 번째 성전 기간 동안에 그 사용이 점차로 없어지게 되었으며" 그리스도의 시기에는 "성전 예배에서 오직 현악기만 사용되었다"—악기는 회당(synagogue) 예배에서는 사용되지 않았다. 그리고 성전이 파괴(A. D. 70)된 후 희생제물과 악기의 사용은 끝이 났다.15) 비록 최후의 만찬의 마지막 장면에서 예수님은 제자들과 함께 찬송(hymn)을 부르시지만(마태복음 26:30), 어디에도 기악 찬양에 대한 언급은 없다. 바울은 악기를 은유의 수단으로 말하기는 했지만, 그는 특별히 기악 찬양을 격려하지는 않았다. 다시 말해, 계시록을 제외한 신약성경은 기악 찬양에 대해 침묵한다.

---

15) Donald P. Hustad, *Jubilate II: Church Music in Worship and Renewal* (Carol Stream, IL: Hope Publishing Company, 1993), 149.

2. 기악 찬양의 억압 역사

기악 찬양의 부재의 역사를 거치면서 기악 찬양은 자주 교회 역사에서 오해되고 무시되거나 찬양의 메시지를 전달하는 데에 성악 찬양보다 열등한 것으로 간주되어왔다. 휴스태드는 기악 찬양이 왜 억압당하게 되었는지 그 시작을 신약성경의 예배의 모습에서 찾는다.

> 신약성경의 회중이 오직 성악음악만을 사용했을 것이란 추측이 초기 교부들에 의해 확인된 것으로 보이는데, 이들 모두는 악기들을 거부했고, 오늘날까지 대부분 동방 정교회의 전통에는 악기들이 없다. 서방 교회에서도 종교개혁 전후 때때로 기악음악이 반대되어졌다.16)

다음의 두 부분은 교회사에서 기악 찬양의 억압이 있었던 대표적인 두 시기에 대해 요약한다.

1) 초대 교회에서 5세기까지

맥키논(James McKinnon)의 초기 기독교인의 음악에 대한 정리에서 초대 교회에서 기악 찬양이 존재하지 않았던 이유를 찾아볼 수 있다.

> 초기 기독교인의 음악에 대한 언급들을 살펴볼 때, 점차로 자료들을 네 가지의 주된 범주로 구별하게 된다. 아마도 가장 분명한 것은 특별한 열심으로 악기에 대해 집중했던 이교도들의 음악적 관습에 대해 [초기 기독교인들이] 이구동성으로 맹렬하게 비난하며 반대했다는 것이다. … 세 번째 것은 음악적 심상(musical image)이나 비유적 표현에 관련되어있다.17)

클레멘트(Clement of Alexandria, c.150-c.215)는 연회에서의 악기의 사용을 저주하였고, 시편 150편의 악기들에 대해 은유를 제시했으며, 이것은 찬양에 쓰이는 악기들의 존재를 대신하게 되었다. 나팔에 대해서는 죽은 자를 일으킬 때에 울리는 악기, 비파와 수금에 대해서는 혀는 주님의 비파로 수금은 성령에 의해 연주되는 입으로, 소고 치며

---

16) Ibid.

17) James McKinnon, *Music in Early Christian Literature* (New York: Cambridge University Press, 1987), 1.

하는 합창은 교회로, 현악과 통소는 악기로서의 사람의 몸 등으로 비유했다.18) 악기들은 이교도의 방탕하고 비도덕적인 연회와 관련지어지거나 이런 식으로 여러 가지 비유로 연상되었지만, 그것들이 찬양에 실제 사용되는 것에 대해선 무시되었다. 이런 현상에 대해서 맥키논은 다음과 같이 설명한다. "시편의 악기들에 대한 언급에 있어, 성경의 해석자는 이스라엘에서의 악기들의 역사적인 사용과 그 당시 이교도 사회에서의 악기 사용을 무시하고, 대신 그는 악기의 은유들을 만든 것 같다."19)

이러한 음악적 비유의 전통이 5세기까지 여전히 계속되고 있었지만, 어거스틴(354-430)은 하나님을 찬양하는 데에 악기의 사용을 지지하였다. 그의 시편 32:2(오늘날 성경 33:2)의 제2강해에서 어거스틴은 수금(lyre)과 비파 혹은 하프(psaltery)의 다른 구조를 논하면서, 비유적으로 다음 인간의 두 가지 다른 경건한 반응을 제안하였다. "수금은 나무 울림판이 아래에 있으므로, 수금을 연주하는 자는 행운이든 불운이든 모든 그의 이 땅의 삶을 통해 하나님께 감사하여야 한다. 또한 비파는 울림판이 위에 있으므로 그의 생각을 십계명과 같은 하늘의 원칙을 포함하는 하나님의 보다 높은 선물로 향하게 하며 열줄 비파로 하나님께 시편을 노래해야 한다."20) 비록 그의 악기와 찬양과의 관계의 해석은 비유적이지만, 어거스틴이 자세하게 고대 악기를 묘사하고 찬양에 악기 사용을 성경적으로 허용한다는 사실이 의미가 있다.

시편 67편의 강해에서 어거스틴은 시편(psalm)과 노래(song)를 구분 지으면서, 실제 악기 사용에 대해 언급한다. "노래는 입으로 발음되어지지만, 시편은 보이는 악기, 프살터리(psaltery)와 더불어 노래되어지기 때문에, 노래에 의해선 마음의 이해(mind's understanding)가 중시되고 시편에 의해선 몸의 활동(body's activities)이 중시된다."21) 그의 설명에서 '다른 노래들은 목소리만으로 하는 것인 반면, 시편은

---

18) Ibid., 32.

19) Ibid., 6-7.

20) Aurelius Augustine, *Expositions of the Psalms*, vol. III/15 of *The Works of Saint Augustine: A Translation for the 21st Century*, trans. Maria Boulding (Hyde Park, NY: New City Press, 2000), 396-98.

21) McKinnon, *Music in Early Christian Literature*, 158.

악기들과 더불어 불리는 노래이다'라는 사실이 확실시 될 수 있다.

한편, 테오도레(Theodoret of Cyrus, c.393-466)는 시편 150편을 음악적인 비유가 아닌 역사적인 사실로 보았다. 하지만 그는 아모스 5:23을 인용하면서 하나님은 악기의 소리를 좋아하지 않으신다고 생각했다.

> 레위인들은 하나님의 성전에서 그를 찬양할 때에 이러한 악기들을 오래 전에 사용했는데, 그것은 하나님이 그 소리를 즐기셔서가 아니라 그가 그 일에 관여하는 사람들의 의도를 받아들이셨기 때문이었다. 우리는 하나님이 유대인들에게 그가 노래하고 연주하는 데에 즐거워하지 않으신다는 것을 말씀하신 것을 듣는다. '네 노래 소리를 내 앞에서 그칠지어다 네 비파 소리도 내가 듣지 아니하리라'(아모스 5:23). 그는 그들이 우상을 섬기는 실수로부터 자유롭게 되길 원하셨기에 이러한 것들을 허용하셨다. … 그러므로 덜 악한 것을 허용함으로써 더 큰 악을 피하게 되고, 불완전한 것을 통해 완전한 것을 가르치게 된 것이다.22)

사실상 아모스 5:23에서 하나님이 싫어하신 것은 그들의 노래나 악기 연주가 아니라 그들의 불경건한 마음이나 행동이었다. 그러나 "초기교부의 음악적 청교도주의(patristic musical Puritanism)"23)와 더불어 초기 교부들은 일반적으로 이교도 음악뿐만 아니라 모든 악기들의 사용을 맹렬히 비난했다. 고린도전서 13:1과 14:6, 또 클레멘트의 어떤 글들에 써진 악기의 성경적 사용의 예들을 들면서, 스미드(John Arthur Smith)는 악기에 대한 초기 기독교인의 태도에 대해 묘사한다.

> 그러므로 악기에 대한 초기 기독교인의 태도는 성경적 악기의 특징들이 성경 해석과 설교, 그리고 도덕적 가르침에서 교화를 위하여 비유적이고 은유적으로 쓰일 수 있다는 것이었다. 그렇지만 기독교인들은 그 당시에는 그러한 악기들이 이교도의 신앙관습과 도덕적 타락과 전쟁 등과 연상되기 때문에 악기를 연주하면 안 되었다. 이러한 이유로 인해 초기 기독교 음악은 전부 성악이다.24)

---

22) Ibid., 106.

23) Ibid., 1.

24) John Arthur Smith, *Music in Ancient Judaism and Early Christianity* (Burlington, VT: Ashgate Publishing Company, 2011), 174.

2) 16세기의 종교 개혁

콜랴다에 따르면, 휴(Hugh of St. Cher, 1200-1263), 말레르미(Nicolo di Mallermi, 15세기), 루터(Martin Luther, 1483-1546) 등의 13세기부터 16세기의 성경학자들은 "반복적으로 구약성경의 악기들과 기독교 교리론 사이의 연결을 중시하며, 자주 고대 유대인들의 예식에서의 악기 사용과 가톨릭 전례의 음악적 전통을 비교한다."25) 예를 들어, 휴는 "성례를 완성하기 위해 회중을 부르는 쇼파(shofar)의 소리"와 "미사의 시작을 알리는 교회 종소리의 울려퍼짐"을 관련시켜 생각한다.26) 말레르미는 시편을 연주하는 다른 절차들에 따라 하나님을 찬양하는 다음의 세 가지 방법에 대해 논한다.

(1) 기악이 없는 노래(*cantico*)
(2) 기악 전주가 있는 노래(*psalmo del cantico*)
(3) 기악 후주가 있는 노래(*cantico del psalmo*)27)

따라서 중세 후기와 르네상스 시대의 교회들에 있어 기악음악의 역할은 주로 예술적 성악음악의 반주였을 것으로 추정된다. 콜랴다는 그 당시 악기들에 대한 일반적인 이해를 다음과 같이 논한다. "악기들은 거룩하게 이해되거나 하나님의 목소리 혹은 창조주를 찬양하는 인간의 목소리의 은유적 상징으로 이해되었다."28)

윌슨-딕슨(Andrew Wilson-Dickson)은 종교개혁 즈음의 교회 음악과 영성에 관련된 상황을 다음과 같이 묘사한다. "중세 시대 교회 음악 뒤에는 영적인 성장과 음악적인 발달이 뚜렷한 대조를 보여주고 있다. 음악적 변화는 창의적이고 고무적이고 긍정적이었지만, 그 변화는 또한 동시에 우울하고 창피한 영적인 쇠퇴를 일으켰다."29) 면죄부의 판매와 같은 행동으로 나타나는 가톨릭교회 안에서의 영적인 타락은 마침내

---

25) Kolyada, *A Compendium of Musical Instruments*, 182.

26) Ibid.

27) Ibid., 183.

28) Ibid., 186.

29) Andrew Wilson-Dickson, *The Story of Christian Music* (Oxford: Lion Publishing, 1992), 55.

독일과 스위스에서의 종교개혁을 초래한다. 또한 그 당시 가톨릭교회의 회중찬양의 부재30) 또한 영적인 쇠퇴의 분명한 조짐이 될 수 있다.

개혁주의 예배의 몇 분파들의 기악 찬양 금지는 저명한 개혁자인 츠빙글리(Ulrich Zwingli, 1484-1531)와 칼빈(John Calvin, 1509-1564)에 의해 강화되었다. 다음의 서술은 루터와 츠빙글리의 다른 신학을 묘사하고 있는데, 루터는 회중을 위한 예배음악과 크리스천 예술음악 모두를 발전시킨 반면, 츠빙글리는 예배에서의 거의 모든 음악을 금지하였다.

> 츠빙글리의 주된 목적은 성경적 믿음과 실천을 회복하는 것이었다. 그러나 이 과정의 정확한 내용에 있어 그는 루터와 달랐다. 왜냐하면 독일인[루터]은 성경과 부딪치지 않는 모든 전통적인 것들의 사용을 지속했지만, 스위스인[츠빙글리]은 성경적인 확실한 지지가 없는 모든 것들은 거절당해야 한다고 주장했다. 예를 들어 이러한 주장은 그로 교회에서의 오르간의 사용을 금지했는데, 그러한 악기들—그가 전문적으로 잘 연주했던 바이올린도 마찬가지로—이 성경에서 발견되지 않았기 때문이었다.31)

다시 말해, 그들의 신학적 차이는 성경을 해석하는 데에 규범적 원칙(the normative principle)과 통제적 원칙(the regulative principle) 사이의 갈등에서 비롯된 것이었다. 한편 칼빈은 예배에서 오직 시편만이 불릴 수 있다고 생각했고, 화음으로 부르는 노래도 어떤 악기의 사용도 금지되었다. 이는 신약성경이 오직 시편만을 크리스천 노래에 적합한 내용으로 인식하고 있다는 이유에서였다.32)

16세기경의 교회들에 나타나는 현상들이 비안코니(Lorenzo Bianconi)의 다음 문장들에 잘 묘사되어있다.

> 이러한 시적이고 음악적인 유산[독일 민족의 유절 선율의 노래]은 더 엄격함을 지향하는 개혁주의 교회(스위스, 네덜란드, 그리고 북아메리카의 칼빈

---

30) 비안코니(Lorenzo Bianconi)는 이것을 이렇게 묘사한다. "가톨릭 신자들은 교회에서 부르지는 않고 듣기만 한다." Lorenzo Bianconi, *Music in the Seventeenth Century*, trans. David Bryant (Cambridge: Cambridge University Press, 1987), 134.

31) Justo L. González, *The Reformation to the Present Day*, vol. 2 of *The Story of Christianity* (New York: Harper San Francisco, 1985), 50.

32) Wilson-Dickson, *The Story of Christian Music*, 65.

주의와 츠빙글리주의)에 의해 거절당했는데, 그들은 오로지 시편의 단선율 노래에 권위를 부여하였고 거룩한 예배에서 예술음악은 완전히 배제하였다. 간단히 말하자면, 가톨릭교회는 노래하지 않고 듣기만 하고, 칼빈주의자는 듣지 않고 부르기만 하고, 루터주의자는 동시에 듣기도 하고 부르기도 한다.33)

여기에서 노래한다는 것은 악기와 함께 혹은 악기 없이 부르는 간단한 회중찬양을 의미하는 반면, 듣는다는 것은 성악(기악 반주가 있는 혹은 없는)과 독립적인 기악을 위한 크리스천 예술음악이 연주됨을 의미한다. 결과적으로 바로크 시대의 오르간 코랄 전주곡과 같은 대표적인 기악 찬양음악은 루터교회의 영향 아래 발달할 수 있었다. 그렇기는 하지만, 성악찬양 곡들과 비교해볼 때, 오르간 음악 외에는 크리스천 기악 예술음악의 분야에서 그다지 많은 작품이 작곡되지 않았다.

르네상스 학자 아틀라스(Allan W. Atlas)는 "1450년 이전의 기악음악에 대한 우리의 지식은 미미하다. [기악음악은] 많이 존재했을 것이며, 그것은 궁정과 시민과 종교 생활 가운데 중요한 역할을 했음이 분명하다"라고 말하지만,34) 그는 또한 "정말로 독립된 기악음악의 전통의 성숙함"은 16세기에 나타난다고 본다.35) 마찬가지로 그라우트(Donald Jay Grout)도 "17세기 초반에 기악음악은 점차 양적으로나 내용적으로나 성악음악과 동등해졌다"고 설명한다.36) 기독교와 관련 없는 독립 기악음악은 16세기 이래로 발달했는데, 여기에 리체르카레(ricercar), 판타지(fantasia), 칸초네(canzone), 파르티타(partita), 토카타(toccata), 주제와 변주곡, 조곡(suite), 소나타 등의 기악 장르가 포함된다. 결국 악기들이 크리스천 음악에서는 성악의 반주로서나 코랄 선율에 의존하는 오르간 전주곡으로 한정적으로 쓰인 반면, 교회 밖에서는 예술을 위한 음악에서 쓰였다. 다시 말해, 기악음악은 크리스천 예배음악의 분야에

---

33) Bianconi, *Music in the Seventeenth Century*, 134.

34) Allan W. Atlas, *Renaissance Music: Music in Western Europe, 1400-1600* (New York: W. W. Norton & Company, 1998), 215.

35) Ibid., 367.

36) Donald Jay Grout, *A History of Western Music*, rev. ed. (New York: W. W. Norton & Company, 1973), 328.

서보다 예술음악의 분야에서 더 독립적으로 발달했다.

그러나 하나님의 일반은총의 표시로서, 혹은 그의 특별은총의 도구로서 독립된 기악음악은 성악음악에 없는 다양한 장점들을 가지고 있는데, 이것들은 하나님의 영광을 위해 쓰일 수 있고, 또 쓰여야 한다. 특별히 기악 찬양의 장점들은 크리스쳔 기악 예술음악의 장르를 통해 빛날 수 있다.

3. 기악 찬양의 장점들

1) 소리의 다양함

사람들은 여러 가지 악기를 통해 사람의 목소리로 낼 수 없는 폭넓은 다양한 소리를 만들어낼 수 있다. 다양한 악기들을 사용하면서, 연주자는 사람의 목소리보다 더 높거나 낮거나, 혹은 더 큰 소리를 낼 수 있을 뿐 아니라, 각 악기만의 고유한 소리를 낼 수 있다. 시편 150편은 여러 가지 소리의 악기로 하나님을 찬양할 것을 명령하고 있는데, 이것은 하나님께 드리는 우리의 감사가 우리 목소리만으로는 충분하게 표현되어질 수 없기 때문이리라. 또한 이 다양한 악기의 소리도 하나님이 창조한 것이기 때문에 하나님은 모든 종류의 악기의 찬양을 기뻐 받으실 것이다. 기악음악은 또한 악기의 편성에 따라 다양하게 이루어질 수 있는데, 예를 들면 독주, 이중주, 삼중주, 사중주… 그리고 여러 종류의 오케스트라 등이다. 이런 식으로 사람들은 여러 가지 소리로 풍성하게 하나님을 찬양할 수 있다.

2) 말로 할 수 없는 것을 묘사

때때로 악기들은 인간의 언어가 할 수 없는 그것을 표현한다. 욥이 극심한 고통과 슬픔을 기악의 소리―"내 수금은 애곡성이 되고 내 피리는 애통성이 되었구나"(욥 30:31)―를 빌어 묘사한 반면, 시편 33:3―"새 노래로 그를 노래하며 즐거운 소리로 공교히 연주할지어다"―의 강해에서 어거스틴은 기쁨의 외침(jubilation)의 상태를 말이 없는 최고의 찬양으로 묘사하는데, 이것은 또한 기악 찬양에 적용될 수 있다.

> 환호(jubilation)는 기쁨의 외침이다; 그것은 마음이 말이 표현하지 못하는 것을 끌어내는 것을 가리킨다. 그러면 모든 말을 뛰어넘는 하나님께 말고 누구에게 이 환호가 더 적당하게 드려질 수 있을까? 당신은 하나님이 우리의 말을 초월하시기 때문에 그에 대해 이야기할 수 없다. 그리고 만일 당신이 하나님에 대해 이야기하지 못하지만 그저 침묵하지는 않는다면, 당신은 기쁨으로 소리치는 것 외에 무엇을 할 수 있겠는가? 그럼으로써 당신의 마음은 말이 없이 그 기쁨을 말할 수 있게 되고, 묶이지 않은 기쁨의 질주는 음절로 인해 제한 받지 않을 수 있게 된다.37)

기쁨의 외침으로 찬양하라는 어거스틴의 격려는 사람들이 무슨 단어로 크신 하나님을 찬양해야 합당한가 하는 고민으로부터 자유하게 한다. 이런 점에서 말이 없는 음악은 다른 언어가 될 수 있고, 기쁨의 외침이 될 수 있으며, 그것은 가사가 없는 기악 찬양의 중요성을 내포한다. 다시 말해, 기악 찬양을 연주하는 것은 어떠한 말로 표현되어지지 않는 우리의 마음을 하나님께 드리거나 보여드리는 것과 같다. 이런 의미에서 찬송가 선율 등 차용된 선율이 없는 기악 찬양은 오직 음악적 언어로만 표현이 가능하게 되는데, 이것은 "무언가"(song without words)처럼 "무언 찬송"(praise without words)이라고 불리워질 수 있겠다. 한편 차용된 선율이 있는 기악 찬양은 그 선율의 가사를 넘어 더 깊고 간절하게 마음을 다하여 찬양을 표현할 수 있을 것이다.

3) 영적 권세를 지님

기악 찬양은 하나님의 영적인 능력의 통로로써 쓰일 수 있다. 사울 왕을 위한 다윗의 수금 연주(사무엘상 16:23)는 자주 음악치료의 예로서 사용되곤 하지만, 그것은 기악 찬양의 영적인 능력을 입증하는 예로 더 적절하다. 한편 역대상 25장은 기악음악과 더불어 예언하는 장면을 묘사하고 있는데, 여기에서의 기악음악은 즉흥 찬양 연주라고 여기는 것이 적절하겠다. 성경이 구체적으로 성령의 일하시는 과정을 설명하지 않기 때문에, 이 두 가지 성경의 예는 여러 가지 방법으로 해석되어질

---

37) Augustine, *Expositions of the Psalms*, vol. III/15, 400-01.

수 있다. 비록 그 과정이 어떠한 것인지 잘 알지 못하지만, 악기 연주 중에 일어나는 영적인 능력의 결과는 관찰되어질 수 있고, 그들이 하나님께 기도하면서 악기를 연주했을 것이기에 그 음악은 그들의 찬양이라 할 수 있다.

그러면 영적인 능력이란 무엇을 의미하는가? 그것은 성령이 일하시는 여러 가지 모습으로 묘사되어질 수 있는데, 그것은 하나님의 임재와 혼동되어서는 안 된다. 또한 하나님의 임재의 조건은 구약성경과 신약성경 사이에 차이가 있다. 임마누엘 하나님은 예수님의 이름으로 구원받은 자들과 항상 함께 하신다. 코플린(Bob Kauflin)은 "하나님의 임재"라는 용어의 사용에 대해 경계하며, "하나님의 임재를 실제적으로 경험하는 것과 창의적인 순서나 아름다운 선율 등에 의해 감동받는 것의 진짜 차이"를 주의 깊게 분별해야 한다고 이야기한다.[38] 코플린의 이야기에 동의하면서, 필자는 기악 찬양을 포함한 찬양을 통한 하나님의 영적인 일하심의 가능성에 대해 열어놓기를 제안한다. 왜냐하면 하나님은 너무나 창의적이시고, 성경에 그러한 예들이 있기 때문이다. 그러므로 기악 찬양의 영적 영향력은 교회에서나 연주회장에서 간과되어서는 안 될 것이다.

4) 인간의 신체의 찬양

하나님은 인간 신체의 각 부분의 찬양을 귀중하게 여기실 것이다. 손뼉 치며 찬양하라는 말씀은 다름 아닌 타악기의 시작이라고 생각할 수도 있겠다. 호흡이 있는 자마다 찬양하라고 할 때에, 물론 살아있는 자들은 다 찬양하라는 뜻이겠지만, 직접적으로 그 호흡으로 노래뿐 아니라 관악기 연주도 가능하다. 타악기, 관악기, 현악기와 건반악기 등 악기의 연주를 위해서 주로 손이나 손가락만이 활약하는 것 같지만, 사실 몸의 각 부분의 관절들과 근육들과 발끝까지 다 연합하여 긴밀하게 사용된다. 이와 같이 악기는 목소리를 제외한 인간 신체의 여러 부분에 의해 연주된다. 이것은 우리의 몸으로 하나님께 영광을 돌리는 것에 직접적으로 적용되어질 수 있겠다. 한편 보에티우스는 성악과 기악을 하

---

38) Bob Kauflin, *Worship Matters* (Wheaton, IL: Crossway Books, 2008), 139.

나로, 즉, *musica instrumentalis* 라고 분류했는데,39) 이것은 인간의 목소리 역시 하나님을 찬양하는 악기들 중 하나라는 것을 시사한다. 사실 어떤 작품에서는 목소리가 가사 없이 악기처럼 쓰이기도 한다.

특별히 열 손가락의 신비스런 구조는 손재주를 포함한 여러 기능을 위해 창조되어진 것처럼 보이는데, 그것들로 여러 가지 악기를 연주한다. 무엇을 잡기 위해 만들어진 것 같은 엄지손가락은 악기를 연주할 때 너무나 중요한 역할을 한다. 목소리뿐 아니라 인간 신체의 모든 부분이 하나님을 찬양하기 위하여 창조되었다는 사실이 경이롭다. 사실상 많은 피아니스트들은 그들의 열 손가락이 피아노 건반에서 움직일 때 마치 사람들이 춤을 출 때 느끼는 것과 같은 기쁨을 종종 느낀다. 찬양을 연주할 때에, 그 열 손가락들은 연주자의 간절한 마음이 되곤 한다.

5) 기악음악을 기악 찬양으로

비록 어떤 기독교와 관련 없는 음악 작품이라도 크리스천 연주자의 믿음으로 구속되고 재해석될 수 있겠지만, 기악음악(특히 표제적 성격이 적은 작품이나 절대음악)은 더 쉽게 하나님께 헌정될 수 있다. 성악 작품은 가사로 인해 그 내용의 한계를 가지고 있는 반면, 기악 작품에는 가사가 없기 때문에 연주자나 감상자가 자신의 신앙고백을 그 안에 넣을 수 있기 때문이다. 예를 들어 크리스천 성악가가 믿음과 상관없는 오페라의 아리아를 하나님께 헌정하겠다고 하면, 그것은 가사를 제외한 예술적인 선율과 더불어 아름답고 기교적인 목소리를 하나님께 바친다는 의미로만 가능할 것이다. 그러나 크리스천 피아니스트가 절대음악을 통해 하나님께 그의 사랑을 고백한다는 것은 그리 어렵지 않으며, 감상자 또한 아름다운 기악음악을 감상할 때에, 그 음악과 더불어 하나님을 찬양할 수 있다. 결과적으로 기악 찬양은 연주자의 믿음에 따라 믿음과 상관없는 기악음악까지 품을 수 있다. 비유적으로 다시 말하자면, 기악 찬양의 범위가 찬양과 관련 없는 기악음악에까지 넓어지는 것은 "기악 음악의 구속의 수월성"에 기인한다고 할 수 있겠다.

---

39) 참조. 1장 보에티우스의 음악의 분류, p. 30.

4. 크리스천 피아노 예술음악 작품이 적은 이유와 크리스천 피아노 예술음악의 중요성

제2부에서 크리스천 피아노 예술음악 작품들을 소개하기 전에, 기악 찬양의 여러 장점에도 불구하고 크리스천 피아노 예술음악 작품들이 잘 알려져 있지 않고 흔치 않은 이유들을 사회적, 음악적, 신학적 배경을 통해 살펴보겠다. 이런 작업을 통하여 이 작은 장르의 중요성과 그것의 미래가 발견되길 소망한다.

1) 사회적 배경

크리스천 피아노 예술음악이 흔치 않은 이유는 역사적으로 사회적인 관점에서 조사되어야 한다. 우선 피아노가 18세기 초에 발명되기[40] 전의 배경, 즉, 주된 건반 악기가 하프시코드[41]와 오르간이었던 바로크 시대의 음악적 상황을 조사하는 것은 유익할 것이다. 앞서 말한 바와 같이, 기악과 성악 스타일은 이 시기에 보다 개성적으로 발달하고 있었다. 그라우트(Donald Jay Grout)는 바로크 시대의 음악의 분류를 다음과 같이 설명한다.

> 스타일 분류의 더 복잡하고 복합적인 체계가 이 세기 중간에 나타났다. 대체적으로 받아들여지는 것은 넓게 세 범주로 나누는 것인데, 교회(*ecclesiaticus*), 실내악이나 연주회(*cubicularis*), 그리고 연극장(*theatralis* or *scenicus*)의 스타일이 그것이다. 이러한 범주 안에 혹은 그것들에 해당되는 많은 세분된 스타일들이 있었다.[42]

---

[40] 1709년, 이탈리아인 크리스토포리(Bartholomeo Cristofori)가 하프시코드에 해머(hammer)를 붙여서 *gravicembalo col piano e forte*라고 불렀는데, 그것이 피아노 역사의 시작이다. Summarized from John Gillespie, *Five Centuries of Keyboard Music* (New York: Dover, 1972), 9.

[41] 하프시코드에 관한 최초의 언급은 1397년에 시작되었으며, 최초로 알려진 하프시코드의 모델은 북서 독일의 민덴(Minden)으로부터 온 1425년의 제단 뒤의 그림에 있는 조각이다. Grove Online, s.v. "harpsichord" [on-line]; accessed 29 November 2011; available from http://www.oxfordmusiconline.com.ezproxy.sbts.edu/subscriber/article/grove/music/12420?q=harpsichord&search=quick&pos=1&_start=1#firsthitand; Internet.

[42] Grout, *A History of Western Music*, 297-98.

교회 음악과 연주회장의 음악 사이에 구분이 너무나 분명해서, 많은 작곡가들이 크리스천 음악을 기악음악이든 성악음악이든 오로지 교회 예배를 위해서 작곡했다는 것은 당연하다. 그러므로 바로크 시대에 연주회장의 악기였던 하프시코드를 위한 찬양음악이 거의 없었던 반면, 예배 악기였던 오르간을 위한 많은 찬양음악이 있었다. 물론 바흐(Johann Sebastian Bach)의 작품 전체가 그것이 교회를 위해 써졌든 연주회를 위해 써졌든 상관없이 모두 크리스천 음악으로 간주되어질 수 있지만,43) 바흐는 확실히 교회 음악과 연주회용 음악을 구분하였다. 이러한 사회적 기능을 따라 작곡하는 경향은 클래식 시대에도 계속되어진다. 오늘날 많은 크리스천 음악가들도 여전히 바로크 시대와 같은 생각을 가지고 있는 것 같다.44)

휴스태드에 따르자면, 비록 16세기 개혁주의 선봉자들은 교회에서의 기악음악의 사용에 대해 부정적인 의견을 가지고 있었지만, "17세기 루터교와 성공회에서는 오르간이 성가대를 위한 반주로, 그리고 나중에는 일반적으로 불리는 찬송가와 시편가를 위한 반주로 점점 더 많이 쓰이게 되었으며," 코랄 전주곡이 등장했다. 원래 세속 악기였던 오르간이 예배 악기로 쓰였던 것처럼, 19세기까지 세속 악기로 여겨졌던 피아노가 20세기초 부흥 운동들(revival campaigns)에서 거룩한 목적으로 쓰이게 되었다.45)

오늘날 피아노는 많은 교회에서 주된 건반악기가 되었다.46) 따라서 피아니스트들은 예전 오르가니스트들에게 주어졌던 역할을 계승하게

---

43) 참조. 8장의 "바흐의 *Soli Deo Gloria*."

44) 이러한 구분에도 불구하고 교회 음악과 연주회장 음악은 음악적 스타일을 공유한다. 볼튼(Thomas Bolton)은 다음과 같이 말한다. "1700년경 오페라는 교회 음악에 엄청난 영향을 끼쳤다. 그리하여 더 독창이 많아졌고, 화려해졌으며, 더 많은 악기 반주를 사용하게 되었다." Thomas Bolton, interview by author, Louisville, KY, March 22, 2012. 도니제티(Gaetano Donizetti)의 *Great Offertory for Organ or Piano* 또한 교회음악에 끼친 오페라의 영향의 한 예이다. 이 작품을 소개하며 스파다(Pietro Spada)는 이렇게 말한다. "적어도 19세기 초엽에 … 분명히 연극적인 영감의 스타일이 교회 음악에 스며들었다." Gaetano Donizetti, *Great Offertory for Organ or Piano* (Rome: Boccaccini & Spada editoir s.r.l., 1994), 3.

45) Hustad, *Jubilate II*, 490-491.

46) 보다 현대적(대중적) 기악 앙상블에서는 피아노의 역할이 상당히 바뀌어서 리듬 악기의 한 부분이 되기도 한다.

되었고, 최근에는 예배를 위한 피아노를 위한 찬송가 편곡집들의 출판 사업이 번창하게 되었다.47) 그러나 여전히 연주회를 위한 찬송가 변주곡이나 전주곡은 많지 않다. 예배를 위한 오르간 음악과 연주회를 위한 오르간 음악 사이엔 예술적 수준에 있어 비교적 차이가 없는 반면, 피아노 예배음악과 연주회를 위한 음악 사이에는 어떤 차이가 있다. 이것은 오르간 예배음악은 가톨릭교회와 루터교회의 환경에서 꽃을 피운 반면, 피아노 예배음악은 일반적으로 단순한 스타일의 찬양을 추구한 개혁주의와 부흥주의 예배의 환경에서 생겨났기 때문일 것이다. 매기(Noel Howard Magee)는 그의 기사, "예배에서의 피아노"에서 예배에서의 음악과 연주회장에서의 음악의 차이에 대한 이유를 말한다.

> 드러난 화려한 기교를 피하라. 음악은 예배를 도와야 하며 결코 연주회의 연주와 혼동되어서는 안 된다. … 만일 음악이 찬송가에 기초한 것이라면, 그것의 편곡은 원래 선율과 연상되는 가사들의 성격을 과도한 반음계주의나 기교적인 요구로 손상시켜서는 안 된다.48)

코플린(Bob Kauflin) 역시 기악 독주의 지혜로운 사용에 대해 논하는데, 그것은 예배 중 채우는 역할(filler)로서만 존재해야한다.49) 그는 다음과 같이 주장한다. "우리가 하나님을 공교하게 예배할 때, 우리는 그에게 우리의 최고의 것으로 탁월한 것을 드린다. 하지만 극단적이 되면, 기교와 탁월함에 대한 강조가 교만과 형식주의와 예술 예배(art worship)로 표류하게 된다."50) 오늘날 많은 교회의 인도자들이 매기와 코플린과 같은 의견을 가지고 있을 것이며, 이것이 예배에 기교적인 피아노 찬양 작품이 드문 이유가 될 것이고, 또한 피아노 찬양음악이 예배를 위한 것과 연주회를 위한 것으로 나눠지는 이유가 될 것이다.

볼튼(Thomas Bolton)은 예술적 피아노 찬양음악이 드문 또 다른 문

---

47) Earl Lee Johnson, "Style Characteristics of Selected American Hymn Arrangements for Piano, Published 1963-2003" (D.M.A. diss., The Southern Baptist Theological Seminary, 2007).

48) Noel Howard Magee, "The Piano in Worship," *Reformed Worship* 2, no. 3 (1987): 39-52.

49) Kauflin, *Worship Matters*, 102.

50) Ibid., 196.

화적 이유로서 "일반적으로 예술에 대한 쇠퇴와 1960년 이래로 사회의 표준(measure)으로서 대중예술의 확립"을 말한다.51) 그는 고급문화의 쇠퇴의 이유를 '상업주의'와 '예술음악에 대한 무지'의 증가로 본다.

> 그러므로 예술 교육이 우리의 교육제도에서 삭제되고 이에 따라 대중 매체 말고는 취향의 발달을 돕는 지도는 거의 없게 되었는데, 대중 매체는 가능한 한 넓은 시장을 확보하려고 애쓴 결과 오직 대중의 요구에 의해 움직여지는 최소 공분모를 낳게 되었다.52)

다시 말해, 예술음악으로서의 크리스천 예술음악의 정신은 교회에서든 연주회장에서든 "재미에 대한 욕구와 포스트모더니즘의 상대적 진리를 받아들이는 입장"53)을 만족시키지 못할 것이란 분석이다.

교회의 인도자들과 교인들이 교회 예배에서의 크리스천 피아노 예술음악의 의미를 이해할 수 있으면 좋겠다. 하지만 만일 예배에서 예술적 찬양을 위한 기회가 별로 없다면, 크리스천 음악인들은 창의성과 다양성의 하나님을 인식하면서 연주회장에서 크리스천 피아노 예술음악을 연주하는 가능성에 대해 주목하여야 한다. 왜냐하면 하나님은 교회에서의 예배에서 뿐만 아니라 연주회장에서도 영광 받으실 수 있으며, 연주회장은 때로 기독교인이 사람들에게 하나님의 진리와 사랑을 전달하는 장소가 될 수도 있고 궁극적으로 예술적 찬양예배가 드려지는 특별한 교회가 될 수도 있기 때문이다. 다시 말해, 크리스천 피아노 예술음악은 교회로부터 하나님의 특별은총을 일반은총의 자리인 연주회장에 전달하는 일을 하게 된다.

2) 음악적 배경

기악(피아노) 찬양곡이 드문 또 다른 이유는 '가사 전달 기능 부족'과 '음악적 추세'에 있을 것이다. 첫째, 가사가 없다는 기악의 특징에 따라 일반적으로 작곡가들은 찬양음악으로서 성악곡을 선택한다. 비록

---

51) Thomas Bolton, interview by author, Louisville, KY, March 22, 2012.

52) Thomas Bolton, "Critical Condition: A Diagnosis of Church Music Ministry" (paper presented at the faculty address of The Southern Baptist Theological Seminary, Louisville, October 15, 2007).

53) Ibid.

기악이 어떠한 것을 상징적으로 표현할 수 있지만, 그것은 성악의 반주의 기능 정도로만 생각되어질 것이다. 가사가 없는 기악만으로 하나님을 찬양한다는 것이 불충분하게 여겨진다는 것은 어쩌면 당연하다. 따라서 찬송가 변주곡과 같은 스타일의 기악곡들은 찬송 선율을 가사 삼는다. 그런데 성악으로든 기악으로든 사실을 말하자면, 음악 그 자체가 가사의 뜻과 감정을 향상시킨다. 그러므로 순수 기악곡은 구체적인 진리를 전달하는 능력의 부족에도 불구하고 곡의 제목에 따라 음악적 언어로 분위기와 감정을 표현할 수 있다. 게다가 찬양을 받으시는 분이 사람이 아닌 사람의 마음을 보시는 하나님이시기에, 모든 기악의 음악적 언어를 이해하시고 기악 찬양을 기쁘게 받으시리라 믿는다. 이 모든 사실들은 크리스천 피아노 예술음악의 필요성을 지지한다.

둘째, 음악을 절대음악(abstract or absolute music)과 표제음악(program music)으로 분류할 때에, 기악 찬양은 일반적으로 후자에 속한다. 쉐딘저(Richard Cole Shadinger)는 특별히 클래식 시대에 피아노 찬양음악이 드물었던 이유를 그 시대에 가장 중요한 기악 형식이었던 소나타 형식과 같은 절대음악의 증가에서 찾을 수 있다고 말한다.54) 또한 19세기에는 찬양을 위한 음악이 아닌, 인간의 감정을 중시한 음악(낭만주의)을 추구하는 경향이 있었다. 이러한 생각은 많은 작곡가들이 기독교와 관련된 것보다는 여러 가지 문학적 주제와 관련된 표제음악을 쓰게 되는 데에 영향을 주었다.

그런데 포스트모더니즘의 영향 아래 있는 오늘날의 음악적 추세는 특별한 시대적 스타일이 없는 "개인적 스타일"(individual style)로 묘사될 수 있다. 이러한 추세는 크리스천 피아노 예술음악의 발전에 유익이 될 수 있다. 왜냐하면 크리스천 작곡자가 자유롭게 음악적 장르나 스타일을 그들의 경건한 마음에 따라 선택할 수 있기 때문이다. 예를 들어, 크리스천 피아노 예술음악은 우선은 어떤 작곡가 개인의 음악적 성향으로서 인식될 수 있을 것이며, 그 이후 더 많은 사람들에 의해 특별한 장르로서 연주되고 감상되어질 수 있을 것이다.

---

54) Richard Cole Shadinger, "The Sacred Element in Piano Literature: A Historical Background and an Annotated Listing" (D.M.A. diss., The Southern Baptist Theological Seminary, 1974), 24-25.

3) 신학적 배경

크리스천 작곡가들은 J. S. 바흐가 생각했던 것처럼 음악에 대해 생각할 수 있다. 즉, 음악의 아름다움은 하나님으로부터 온 것이기에 크리스천 음악과 예술음악에 아무런 구분이 없다는 것이다. 그러므로 그들은 크리스천 작곡가가 할 일은 하나님과 사람을 위해 하나님께서 주신 재능을 가지고 최선을 다해야 한다는 것뿐이라고 생각한다. 그들은 찬양 가사와 더불어 합창음악으로 하나님을 찬양할 수도 있고, 또한 기독교의 진리를 명백하게 나타내지는 않지만, 하나님께로부터 온 음악과 사람과 자연 등을 사랑함을 표현하는 기악곡들도 작곡할 수 있다.

전장에 언급했듯이 힌슨(Maurice Hinson) 박사와의 인터뷰[55])는 그러한 신학적 배경을 보여준다. 그는 독실한 크리스천 피아니스트이며 남침례신학교의 석좌 교수이다. 그가 어떻게 그의 믿음을 연주를 통해 표현할 수 있는가에 대한 질문에 그의 대답은 간단했다. "나는 내가 할 수 있는 최선을 다 한다." 힌슨에게는 일반 예술음악과 크리스천 예술음악 사이에 어떠한 차이점도 없다. 왜냐하면 그는 하나님은 음악의 아름다움과 연주의 탁월함으로 영광 받으신다고 믿기 때문이다. 그는 모든 음악 작품은 하나님께 드리는 찬양으로 간주한다.

많은 크리스천 음악인들은 힌슨의 의견에 동의할 것이다. 그러므로 이러한 믿음을 가지고 있는 음악인들에겐 크리스천 예술음악이 특별한 의미를 가지지 않게 된다. 또한 하나님께 헌정된 절대음악에 대하여 작곡자가 이러한 신학적 배경을 가지고 있다면, 그는 작품 말미에 "오직 하나님께 영광"(S. D. G.) 같은 믿음의 고백을 쓸 필요를 느끼지 않을 것이다. 왜냐하면 너무 명백한 것은 말할 필요가 없기 때문이다. 결국 이러한 신학적 배경에선 작곡가들이 믿음을 표현하는 피아노 작품을 굳이 쓰지 않아도 되었을 것이며, 또 그러한 작품을 통해 찬양하려는 연주자들도 별로 없었을 것이다. 거꾸로 말하자면, 이러한 신학적 배경으로 인해 크리스천 피아노 예술음악이 별로 요구되어지지 않았으니, 따라서 공급도 필요 없는 결과를 가져온 듯하다.

---

55) Maurice Hinson, interview by author, Louisville, KY, April 14, 2011.

4) 크리스천 피아노 예술음악의 중요성

(1) 지속성

그러나 크리스천 피아노 예술음악이 흔치 않다는 사실이 그것의 중요성을 감소시키지 못한다. 예로부터 사회적, 음악적, 신학적 배경과 상관없이 기악 찬양음악을 작곡하며 그것들을 귀하게 여겨온 사람들이 늘 있어왔으며, 또한 미래에도 이 장르의 곡들은 그러한 사람들에 의해 계속하여 발전될 수 있을 것이다. 결국 크리스천 피아노 예술음악은 기악음악의 언어적 가능성을 통해 그들의 믿음을 전달하고자 하는 몇몇 작곡가들에 의해서 발전하게 되었다. 이러한 작곡가들은 음악의 예술성을 추구하는 예술가로서만 아니라 그들의 음악적 언어로써 작품에 기독교의 진리를 반영하려고 힘쓰는 찬양인 혹은 전도자로서도 일한다.

그런데 유감스럽게도 대부분의 연주자들은 이렇게 작곡된 크리스천 피아노 예술음악의 존재에 대해 잘 알지 못하는데, 이것은 대다수의 이러한 작품들이 주요 연주곡목들(소위 musical canon)에 속하지 않아 널리 알려지지 못했기 때문이다. 그러나 연주자들이 이러한 작품들의 존재와 중요성에 대해 알 때에 비로소 그들은 하나님께 드리는 찬양으로서 숨겨진 곡들을 구하고 연주하게 될 것이다. 이 논문의 선택된 곡목들을 통해 크리스천 작곡가들이 영감을 받아 이런 유형의 곡을 더 많이 쓰게 되고, 크리스천 피아니스트들이 더 자주 그런 곡을 연주하게 되며, 이 장르의 곡들이 하나님의 영광을 위하여 더 많은 사람들에게 전해지고 들려지기를 바란다.

(2) 다양한 찬양음악

하나님은 다양한 스타일의 찬양음악으로 풍성하게 영광을 받으실 것이고 받으셔야만 하기 때문에 일반 기독교인들을 위한 회중찬양음악과 음악가들을 위한 예술찬양음악은 모두 중요하다. 이것은 하나님이 그가 창조한 모든 창조물로부터 다양한 찬양을 받는 것(시편 148: 1-5, 역대상 16:31- 33)이 매우 합당한 것과 마찬가지 이치이다.

그런데 유감스럽게도 오늘날 많은 교회들은 종종 크리스천 예술음악을 배제하는데, 이는 이러한 작품이 대중적인 회중찬양과 달리 예술성과 기교를 중시한다는 이유에서이며, 또한 이 장르는 연주회장에서도 자주 무시당하는데, 이것이 예술적이라기보다 종교적이란 이유에서이다. 이것은 콜(Hugo Cole)이 음악과 예배의 관계를 관찰한 것과 같은 단순한 환원주의의 문제를 안고 있는 것 같다. 콜은 예배의 환경에서 오직 두 가지의 음악적 경우를 생각했다. "좋은 음악은 그것 자체의 영광을 축하하는 것 같아서, 그것은 나쁜 예배를 초래한다. 반면 나쁜 음악은 진심 어린 열정으로 좋은 예배를 초래한다."56) 그는 좋은 음악은 예술음악이고 나쁜 음악은 예배음악이라고 간주하고 있는 듯싶다. 그러나 예술음악이 언제나 좋은 음악도 아니고, 간단한 예배음악도 잘 만들어져서 좋은 음악이 될 수 있다. 좋은 크리스천 예술음악은 주로 연주회장에서 연주될 것이지만, 경우에 따라 교회에서도 연주되어질 수 있어야 한다. 왜냐하면 성숙한 기독교인이라면, 아름다운 예술찬양을 통해 함께 하나님을 찬양할 수 있을 것이며, 그 무엇보다도 찬양을 받으시는 하나님은 우리의 중심을 보시며 모든 다양한 음악적 찬양을 기뻐 받으시기 때문이다.

또한 "우리가 우리의 개인적인 취향에 갇혀버리게 되는 것은 너무 쉽다"라고 말하면서, 벡비(Jeremy Begbie)는 사람들이 다양한 음악을 들을 것을 격려한다. 그는 그것을 통해 "하나님은 우리의 삶이 풍성하여지기를 기다리고 계실 것이다"라고 말한다.57) 다시 말해, 하나님은 사람들이 다양한 스타일의 음악(찬양)에서 오는 심미적 기쁨을 누림으로 인해 영광 받으실 수 있다. 이것은 자칫 유행처럼 바뀌는 예배의 찬양 스타일에 갇히는 어리석음에 대한 충고로도 받아들일 수 있다. 그러므로 음악의 한 장르로서 크리스천 피아노 예술음악을 포함한 크리스천 기악 예술음악은 기독교인들뿐만 아니라 모든 음악 애호가에 의해, 또 교회와 연주회장 모두에서, 소중히 여겨져야 한다.

---

56) Wilson-Dickson, *The Story of Christian Music*, 243.

57) Jeremy Begbie, *Music in God's Purpose* (Edinburgh: The Handsel Press, 1989), 20.

(3) 시편 33:3의 성취

시편 33:3—새 노래로 그를 노래하며 즐거운 소리로 공교히 연주할지어다—에 대해 키드너(Derek Kidner)는 다음과 같이 말한다. "이 구절에서 신선함[새 노래로]과 솜씨[공교하게], 또한 열정[즐거운 소리로]을 요구함에 주의하라. 이 세 가지가 찬양음악에서 모두 함께 발견되기란 쉽지 않다."58) 그런데 이 드문 찬양음악의 조합물이 크리스천 피아노 예술음악을 포함한 크리스천 예술음악에서 발견되어질 수 있다. 즉, 하나님은 한 명의 숙련된 테크닉의 크리스천 피아니스트가 마음을 다해 아름답게 연주하는 새로운 크리스천 피아노 예술음악 작품을 통해서도 찬양받으실 것을 요구하셨고, 이를 기뻐 받으신다. 끝으로 이렇게 하나님을 위하여 극진하게 연주하는 모든 크리스천 피아니스트들을 다음의 말로 축복하기 원한다.

> "하나님이 당신의 피아노 연주를 축복하셔서
> 그것이 기악 시편들 같아지기를..."59)

---

58) Kidner, *Psalms*, 136.

59) 존슨(Eric Johnson) 박사가 필자의 연주회 때에 축복해준 말이다. "May God bless your piano playing so that it is like instrumental psalms."

제2부

크리스천 피아노 예술음악의
유형별 작품 소개

여기에 선곡된 크리스천 피아노 예술음악의 목록에는
명곡(traditional musical canon)에 속한 작품뿐만 아니라
잊혔거나 숨겨진 덜 유명한 작품들도 포함되는데
이 작품들은 그 안에 스며들어있는 기독교적 진리로
그 존재의 가치를 알린다.

작품들은 다양한 방법으로 진리를 선포한다.
잘 알려진 찬송 선율을 들려줌으로
성경의 메시지를 묘사함으로
신앙을 음악적으로 표현함으로
믿음의 고백을 악보에 글로 기록함으로

5

찬송가 선율을 사용한 피아노 작품들

그리스도의 말씀이 너희 속에 풍성히 거하여
모든 지혜로 피차 가르치며 권면하고
시와 찬미와 신령한 노래를 부르며
마음에 감사함으로 하나님을 찬양하고
(골로새서 3:16)

음악은 모든 사람에게 주어진 하나님의 선물이다. 동시에 음악은 소수의 사람들에게는 특별한 음악적 재능으로서 부여된다. 따라서 비록 분명한 경계선을 그을 순 없지만, 음악적 찬양에는 두 가지 형태, 즉, 일반 대중을 위한 것과 훈련된 음악인들을 위한 것이 존재하게 된다. 예를 들어 찬송가 —루터 교회의 코랄을 포함—가 회중찬양을 위해 작곡되는 반면, 크리스쳔 예술음악은 주로 훈련된 음악인들이나 헌신적인 청중을 위해 작곡된다. 그런데 피아노를 위해 만들어진 크리스쳔 예술음악 중 잘 알려진 찬송가의 선율이나 동기를 사용하여 만들어진 곡들이 있다. 이러한 작곡 방식은 "음악적 차용"의 범주에 속하며, 이 때에 대부분의 크리스쳔들은 차용된 익숙한 선율 때문에 보다 친근하게 이러한 예술 곡들을 찬양으로 이해하고 공유할 수 있다.

음악적 차용(Musical Borrowing)

아펠(Willi Apel)은 개신교회의 건반악기 찬양음악인 오르간 코랄 전주곡에 대해 다음과 같이 설명한다.

> 개신교회에서 코랄은 회중이 소중히 여기는 특혜를 누리게 되었고, 오르가니스트의 임무는 코랄을 노래할 때에 반주하는 것뿐만 아니라 노래 전에 오르간으로 코랄을 연주하는 것이었는데, 그러한 과정으로 인해 오르가니스트의 임무는 코랄 전주곡의 비전례적 기능을 채택하게 되었다.[1]

그런데 파이프 오르간의 대용물로 당분간 쓰이던 피아노2)가 오르간의 전통을 잇는 중요한 교회 악기가 되었으며, 그 결과 많은 예배용 피아노 찬송가 편곡들, 그리고 더 나아가 찬송가의 선율에서 그 주제를 빌려온 크리스천 피아노 예술음악이 만들어지게 되었다.

코랄 선율을 사용하는 작품들은 대선율 코랄, 선율 코랄, 장식 코랄, 코랄 전주곡, 코랄 푸가, 코랄 캐논, 코랄 판타지, 코랄 변주곡 등 여러 가지 기법이나 형식을 사용한다. 이 때 작곡가들은 차용된 선율들의 부분이나 전체를 사용한다. 부르크홀더(Peter Burkholder)는 이러한 형태의 음악을 "차용"이라는 개념 아래 다음과 같이 묘사한다. "모든 형태의 코랄 재작업은 음악을 회중에게 친밀한 선율과 가사가 들리도록 연결해 주며, 예술성과 다양성을 보여주면서 코랄의 설교적 메시지를 강화해준다."3) 작곡가들의 주된 임무는 다양한 기악적 테크닉을 가지고 선택된 찬송가 선율을 본문의 내용과 분위기에 따라 보다 깊고 넓게 표현하는 것이다.

한편 발란틴(Christopher Ballantine)은 음악적 차용을 작곡 기법으로 삼고 있었던 중세시대의 작곡가들을 기능공(craftsmen)에 비유하며, "이미 있었던 것들에 자신의 새로운 작곡을 기초함으로써 이미 창조된 내용(material)에 대한 그들의 겸손한 의존을 보여주었다"4)고 말한다. 작곡가들이 찬송가 선율을 주제로 작품을 쓸 때, 그들은 어떤 면에서 중세시대 작곡가들과 공통점을 지닌다 할 수 있겠다.

이 범주의 두드러진 장점은 대부분의 크리스천 감상자들이 잘 알려

---

1) Willi Apel, *Master of the Keyboard: A Brief Survey of Pianoforte Music* (Cambridge, MA: Harvard University Press, 1947), 118.

2) 할터(Carl Halter)는 1950년대의 예배에서의 피아노의 사용에 대해 다음과 같이 논한다. "우리는 작은 오르간이 지어질 수 있을 때까지 거의 항상 피아노의 당분간의 사용을 제안한다." Carl Halter, *The Practice of Sacred Music* (St. Louis: Concordia Publishing House, 1955), 25.

3) Grove Online, s.v. "Borrowing" [on-line]; accessed 10 October 2010; available from http://www.oxfordmusiconline.com.ezproxy.sbts.edu/subscriber/article/grove/music/52918pg8#S52918.8;Internet. Grove Online is subscriber-only service.

4) Christopher Ballantine, "Music and Society: The Forgotten Relationship," in *Music and Its Social Meanings* (New York: Gordon and Breach Science Publishers, 1984), 2.

진 찬송가 선율에 따라 마음으로 함께 찬양할 수 있다는 것이다. 많은 경우에, 이 범주의 피아노 찬양의 제목은 찬송가 제목을 포함한다. 반면에 작품이 찬송가 가사의 연상 작용에 의존하고 있다는 사실은 또한 어려움을 낳을 수도 있다. 즉, 만일에 감상자들이 찬송가를 모를 경우에 그 작품의 전반적인 효과는 좀 감소될 수 있다. 그러므로 감상자의 이해를 돕기 위해서 프로그램의 곡목 해설에 차용된 선율의 가사를 포함할 것을 권한다.

아래 소개된 목록에서는 오늘날 한국과 미국의 연주자와 감상자를 염두에 두어, 한국이나 미국에서 잘 알려진 찬송가 선율을 주제로 한 작품들을 주로 선택하였다. 아래의 작품들은 작곡가의 탄생년도에 따라 시대 순으로 악보의 일부분과 더불어 소개되며, 독자의 이해를 돕기 위해 때로 찬송가의 가사가 덧붙여진다.

선택된 곡목들

Auf meinen lieben Gott
(*In My Beloved God*, 나의 사랑하는 하나님을)
by Dietrich Buxtehude (1637-1707)

북스테후데는 덴마크 출생 독일 작곡가이자 오르가니스트이며, 오르간 곡을 쓴 작곡가로 잘 알려져 있다.5) 북스테후데의 작품들과 그의 오르간 연주는 J. S. 바흐에게 지대한 영향을 끼쳤다. 그의 47개의 코랄과 관련된 오르간 작품 제목에는 아무런 장르도 명시되어있지 않고, 오직 코랄 제목만이 붙어있는데, 그 작품들은 코랄 전주곡, 코랄 변주곡, 그리고 코랄 판타지의 세 가지 기본 유형으로 나뉠 수 있다.6) 코랄 변주곡 6곡 대부분은 건반만을 위해 써졌으며, 그중 *Auf meinen*

---

5) Grove Online, s.v. "Buxtehude" [on-line]; accessed 4 October 2011; available from http://www.oxfordmusiconline.com.ezproxy.sbts.edu/subscriber/article/grove/music/04477?q=buxtehude&search=quick&pos=1&_start=1#first hit; Internet.

6) Kerala J. Snyder, *Dieterich Buxtehude: Organist in Lübeck* (New York: Schirmer Books, 1987), 258.

lieben Gott (*나의 사랑하는 하나님을*)도 건반만을 위해 써졌는데, 이것은 북스테후데가 이 곡을 하프시코드를 위해 썼을 수도 있다는 것을 시사한다.7) 그러므로 이 곡은 피아노로도 연주될 수 있는 아름다운 작품이다. 또한 이 곡은 "조곡 형태의 코랄 변주곡"의 드문 예로서 특별한 가치가 있다.

"코랄 파르티타" 혹은 "코랄에 기초한 조곡" 등으로 불리는 이 E-minor의 작품은 네 개의 변주곡—Allemande with Double, Sarabande, Courante, and Gigue—으로 이뤄지며, 일반 조곡과 달리 반복이 없고, 본래의 코랄 선율이 주제로서 제시되지 않는다.8) 즉, *Auf meinen lieben Gott*의 첫 곡인 알라망드는 코랄 선율의 변주곡이므로, 이 곡은 "오직 변주곡(only-variation)"9)이라 할 수 있다.

이 곡은 바흐의 오르간 전주곡집(Orgelbüchlein) 스타일로 써진 알라망드(Ex. 2, mm. 1-3)로 시작한다. 알라망드에 속한 더블(변주곡의 옛 이름)은 알라망드의 선율을 장식하며, 사라방드(Ex. 2, mm. 27-34)는 코랄에 품위 있는 분위기를 제공한다. 쿠랑트는 이탈리안 코란테10)로 연주되어질 수 있으며, 12/8 박자의 지그는 이탈리안 스타일로

---

7) Ibid., 272.
참고: *바로크와 로코코의 건반악기* 음악의 편집자인 게오르기(Walter Georgii)는 "이것이 우선 현이 있는 건반악기를 위한 작품이라는 것은 바로 알아챌 수 있을 것이다"라며 이 작품이 하프시코드에 적합하다고 말한다. Walter Georgii, ed., *Keyboard Music of the Baroque and Rococo* (Cologne: Arno Volk, 1960), 94.
한편, "이것은 춤곡 악장으로 다루어진 코랄의 드문 예다"라고 주목하면서, 헨네필드(Norman Hennefield)는 *Auf meinen lieben Gott*의 베이스 라인을 페달 파트로 옮겨 적어 오르간 작품으로 소개한다. Norman Hennefield, ed., *Masterpieces of Organ Music: Selected Compositions of the Old Masters* (New York: Liturgical Music, 1947), in notes.

8) 참고: 본래의 코랄 선율이 제시되지 않으며 조곡의 형태로 써졌다는 점에서 이 곡은 프로베르거(Johann Jacob Froberger, 1616-1667)의 변주곡 조곡과도 유사하지만, 프로베르거는 쿠랑트, 사라방드, 그리고 지그를 알라망드에서 제시된 처음의 주제에 의한 변주곡으로 만들었다. John Gillespie, *Five Centuries of Keyboard Music* (New York: Dover Publications, 1965), 44.

9) 참고: 이러한 오직 변주곡(only-variation) 형태는 스위링크(Jan Pieterszoon Sweelinck, 1562-1621)의 오르간과 하프시코드를 위한 스물네 개의 코랄 변주곡에서 사용되고 있다. 질레스피(John Gillespie)는 스위링크가 주제를 생략한 이유에 대해 설명한다. "추정하건대 그 당시에 모두 그 주제에 대해 알고 있었기 때문에, 스위링크는 습관적으로 주제를 생략하고 첫 번째 변주곡부터 시작했다." John Gillespie, *Five Centuries of Keyboard Music* (New York: Dover Publications, 1965), 102.

10) "프랑스식 쿠랑테는 3/2나 6/4의 보통 빠르기인데 반해, 이탈리아식 코란테

생기 있는 마무리를 한다.11) 본래의 코랄과 1절 가사는 다음 <Ex. 1>과 같다.

Example 1[12)]

The original melody of *Auf meinen lieben Gott*

Auf meinem lieben Gott; Anonymus, vor 1603

In my beloved God I trust in anxiety and trouble;
He can always deliver me from sorrow, anxiety, and troubles;
He can change my misfortune, everything is in His hands.[13)]

근심과 환란 중에 나는 나의 사랑하는 하나님을 신뢰합니다.
그분은 언제나 슬픔과 걱정과 곤란으로부터 나를 구해줄 수 있으며
나의 불행을 바꾸실 수 있으니, 모든 것은 그분의 손 안에 있습니다.

(corrente 혹은 coranto)는 3/4나 3/8의 빠른 삼박자이다." Maurice Hinson, "J. S. Bach" (classroom lecture notes, *57710—Baroque Keyboard Music, Pt. 1*, Spring 2010, photocopy).

11) Hennefield, *Masterpieces of Organ Music*, in notes.

12) Johann Sebastian Bach, *Organ Works*, vol. 1 (Kassel, Basel, London: Bärenreiter, n.d.), XXII. 참조.

13) Bach Cantatas Website, "Auf meinen lieben Gott" [on-line]; accessed 26 September 2011; available from http://www.bach-cantatas.com/Texts/Chorale046-Eng3.htm; Internet.

Example 2[14)]

Buxtehude, *Auf meinen lieben Gott*, mm. 1-3 and mm. 27-34

Musikalische Sterbensgedanken:
Vier Choralpartiten für Orgel / Cembalo / Klavier
(*Musical Memorials*, 죽음에 대한 음악적 상념) (1683)
by Johann Pachelbel (1653-1706)

1. Christus, der ist mein Leben (Christ, Who Is My Life)
2. Alle Menschen müssen sterben (All People Must Die)
3. Herzlich tut mich verlangen nach einem selgen End
   (Ardently I Long for a Blessed End)
4. Was Gott tut, das ist wohlgetan
   (What God Does, That Is Done Well)

파헬벨의 일반적인 작품에 대해, 또 *Musikalische Sterbensgedanken* (죽음에 대한 음악적 상념)의 배경에 대해 부트(John Butt)는 다음과 같이 설명한다.

---

14) Dietrich Buxtehude, Suite on the Chorale "Auf meinen lieben Gott," in *Keyboard Music of the Baroque and Rocco*, ed. Walter Gerogii (Köln: Arno Volk Verlag, 1960), 74. 참조.

개신교 오르가니스트로서 … 코랄들에 전주곡을 연주하는 것에 대한 그의 의무들도 그의 계약서에 자세하게 서술되어있다. … 파헬벨의 주된 의무는 베스퍼에서 마그니피캇에 인토네이션으로서의 푸가를 제공하는 것이었다. … 교회와 관련된 장르인 코랄 전주곡과 마그니피캇 푸가를 제외하고는 파헬벨의 가장 큰 관심은 변주곡 형식에 있었던 것 같이 보인다. … 변주곡 형식은 1683년의 네 개의 코랄 파르티타, *Musikalische Sterbensgedanken*에 중심이 되고 있다. … 각 곡은 "슬픈(pathetic)" 스타일의 반음계적인 변주곡을 한 개씩 포함하고 있는데, 이것은 아마도 출판의 불행한 기폭제로 여겨지는 1681년의 페스트 재앙으로 인한 파헬벨 부인과 아이의 죽음을 암시하는 듯하다.15)

이 네 곡은 주제(코랄)와 변주곡(파르티타)의 구조인데, 그것은 각 코랄의 제한적인 선율적 장식 안에서 끝없는 리듬의 변화들을 보여준다. "역사학자인 모저(H. J. Moser)는 이 작품을 '슬픔과 내세에 대한 갈망과 마침내 경건한 마음의 평정의 고독한 독백'이라고 말했다."16) 작품의 특징은 각곡의 반음계적 변주곡에서 보이며(Ex. 3과 Ex. 4), 페트케(Traugott Fedtke)는 그것을 "그 어느 곳에서도 찾아볼 수 없는 놀라우리만치 용감한 화성으로 된 반음계적 변주곡"17)으로 묘사한다.

Example 3[18])

Pachelbel, "Christus, der ist mein Leben," Partita 7, mm. 1-4

---

15) John Butt, "Germany and the Netherlands," in *Keyboard Music before 1700*, ed. Alexander Silbiger (New York: Schirmer Books, 1995), 211-13.

16) Johann Pachelbel, *Musikalische Sterbensgedanken: Vier Choralpartiten für Orgel/Cembalo/Klavier,* ed.Traugott Fedtke (Frankfurt: Peters, 1987), in preface.

17) Ibid.

18) Ibid., 8. 참조.

세 번째 곡이 잘 알려진 선율인 "오 거룩하신 주님 그 상하신 머리"와 같기 때문에 청중에게 친근할 것이다. 이 곡은 사성부의 코랄의 주제와 일곱 개의 변주곡들로 이루어져 있다. 처음 네 변주곡이 3성부 코랄 전주곡인데 반해, 나중 세 곡은 2성부이다. 두 번째와 일곱 번째 변주곡에서 선율은 16분음표의 움직임 안에 들어있고, 네 번째 변주곡에서는 내성부에 선율이 있다. 다섯 번째 변주곡(Ex. 4)은 반음계적 비창 스타일로 써졌다. 이 선율은 본래 하슬러(Hans Leo Hassler)가 1601년에 세속적인 사랑의 노래로서 작곡한 것이며(그의 *Lustgarten deutscher Gesänge* 에),19) 이 곡에 쓰인 가사는 크놀(Christoph Knoll)이 1613년에 쓴 것이다. 다음은 크놀이 쓴 1절 가사이다.

> I yearn from my heart for peaceful end,
> since here I am surrounded by sorrow and wretchedness.
> I wish to depart from the evil world,
> I long for heavenly joys, O Jesus, come quickly!20)

Example 421)

Pachelbel, "Herzlich tut mich verlangen," Partita 5, mm. 1-9

---

19) "그러나 그 선율은 1613년 고르릿츠(Gorlitz)의 '거룩한 화음'(Harmoniæ sacræ)에 삽입됨으로써 금방 그것의 길을 성가의 영역에서 발견했다. … '거룩한 화음'에서 그 선율은 다섯 성부로 만들어 지며, '나는 간절히 사모하네'(Herzlich thut mich verlangen)로 시작되는 찬송가와 관련이 된다. … 그러나 이 선율은 1656년에 비로소 '거듭났다.' … 즉, 그것이 게하르트(Paul Gerhardt)의 찬송가인 '오 거룩하신 주님, 그 상하신 머리'(O Haupt voll Blut und Wunden)와 뗄 수 없는 관계가 된 때였다." "The Passion Chorale," *The Musical Times* 46 (1905): 245.

20) Emmanuel Music, "Bach Cantata BWV 161" [on-line]; accessed 1 November 2011; available from http://www.emmanuelmusic.org/notes_translations/translations_cantata/t_bwv161.htm; Internet.

21) Pachelbel, *Musikalische Sterbensgedanken*, 25. 참조.

한편, 악보의 진위 여부에 대한 의견이 있다.22)

Three Little Chorale Preludes
by Johann Sebastian Bach (1685-1750)

In the *Clavierbüchlein für Wilhelm Friedemann Bach* (1720):

No. 3, Wer nur den lieben Gott lässt walten
    (Whoever Lets Only the Dear God Reign), BWV 691.
No. 5, Jesu, meine Freude (Jesus, My Joy), BWV 753.
이 곡은 원래 미완성인데 Edwin F. Kalmus 판에서 Hans Bischoff는
9마디의 마지막 사분음표부터 끝까지를 채워 넣었다.

In the *Clavierbüchlein für Anna Magdalena Bach* (1722, 1725):

1722 version, No. 8, Jesus, meine Zuversicht
    (Jesus, My Confidence), BWV 728
1725 version, No. 11, Wer nur den lieben Gott lässt walten, BWV 691

J. S. 바흐는 *Orgelbüchlein, Schübler-Choräle, Choralpartiten* 등 많은 오르간 예배음악을 작곡했다. 하지만 그는 이런 스타일로 하프시코드를 위해서는 오직 몇 개의 소곡만을 작곡했다. 키르비(F. E. Kirby)는 이러한 사실이 당시 거룩한 음악과 세속 음악을 구분한 데에 기인하고 있다고 논한다.

몇 가지 중요한 예외가 있긴 하지만, 일찍이 나눠진 거룩한 음악과 세속 음악의 구분, 즉 오르간은 대부분 전자와 연관되고, 하프시코드나 클라비코드

---

22) *Musikalische Sterbensgedanken* 라는 같은 제목으로 존재하는 두 개의 다른 곡 모음집 사이의 혼동을 막기 위해, 페트케는 권위 있는 원고에 관련된 다음의 이야기를 보고한다. 파헬벨은 *Musikalische Sterbensgedanken*을 구리에 새겼으나 이 작품은 현존하지 않는다. 1925년에 볼가스트(Johannes Wolgast)에 의해 발견된 명백하게 권위 있는 이 작품의 복사본은 한 때 함부르크 주립 대학 도서관에 보관되었으나 그것은 제 2차 세계대전 때에 파괴되었다. 다행히 모저는 함부르크 원고의 복사본을 하나 가지고 있었고, 파헬벨의 탄생 300주년인 1953년에 모저는 이 복사본(Peter edition이 따르고 있는)이 원래의 구리본과 함부르크의 원고의 손실을 보상할 수 있다고 말하였다. 한편 자이페르트(Max Seiffert)는 *Musikalische Sterbensgedanken*의 곡들을 발견했다고 주장했으나(*Denkmäler der Tonkunst in Bayern*의 둘째 시리즈에 인쇄되었다), "이것은 어떤 경우에 부정확한 것으로 증명되었다"고 한다. Ibid., in preface.

는 후자와 연관되는데, 이것은 일반적으로 바흐에게서도 유효하다.23)

바흐가 그의 아들 빌헬름 프리데만을 위해 쓴 *Clavierbüchlein für Wilhelm Friedemann Bach* (*The Little Clavier Book for Wilhelm Friedemann Bach*)와 그의 아내를 위해 쓴 *Clavierbüchlein für* (혹은 *Notenbuch der*) *Anna Magdalena Bach* (*The Little Clavier Book for Anna Magdalena Bach*)에 키보드를 위한 몇몇 코랄들이 있다. 여기에 세 개의 작은 코랄 작품들이 선택되었는데, 그것들은 아주 많이 장식된 선율을 가진 3성부의 다소 대위법적인 곡들이다. *Clavier büchlein für W. F. Bach* 의 3번과 *Clavierbüchlein für Anna Magdalena Bach* 의 11번은 같은 곡이다(Ex. 5).

Example 5 24)

Bach, "Wer nur den lieben Gott lässt walten," mm. 1-4

"Wer nur den lieben Gott lässt walten"(사랑하는 하나님으로만 통치하게 하는 자는)은 한국 찬송가에 "너 하나님께 이끌리어"로 포함되어 있다. 이 선율을 사용하여 바흐는 또한 오르간 건반을 위해 사성부의 전주곡(BWV 690)을 작곡했다. 이 선율과 가사는 노이마르크(Georg Neumark, 1657)의 작품이며 1절은 다음과 같다.

너 하나님께 이끌리어 일평생 주만 바라면
너 어려울 때 힘주시고 언제나 지켜주시리
주 크신 사랑 믿는 자 그 반석 위에 서리라25)

---

23) F. E. Kirby, *Music for Piano: A Short History* (Portland, OR: Amadeus Press, 1995), 35-36.

24) *The Digital Bach Edition*, DVD-ROM, vol. 40 (CD Sheet Music, LLC, 2005). 참조.

Klavierübung (Thirteen Chorale Preludes)
by Johann Ludwig Krebs (1713-1780)

1. Allein Gott in der Höh sei Ehr
   (To God Alone on High Be Glory)
2. Wer nur lieben Gott lässt walten
   (Whoever Lets Only the Dear God Reign)
3. Jesu, meine Freude
   (Jesus, My Joy)
4. Christ lag in Todesbanden
   (Christ Lay in Death's Bonds)
5. Ach Gott, vom Himmel sieh darein
   (Oh God, Look Down from Heaven)
6. Auf meinen lieben Gott
   (In My Beloved God)
7. Vater unser im Himmelreich
   (Our Father Who Art in Heaven)
8. Sei Lob und Ehr dem höchsten Gut
   (Let There Be Praise and Honor for the Highest Good)
9. Was Gott tut, das ist wohlgetan
   (What God Does, That Is Done Well)
10. Erbarm dich mein, o Herre Gott
    (Have Mercy on Me, O Lord God)
11. Von Gott will ich nicht lassen
    (I Shall Not Abandon God)
12. Warum betrübst du dich, mein Herz
    (Why Do You Trouble Yourself, My Heart)
13. Jesus, meine Zuversicht
    (Jesus, My Confidence)

크렙스(Johann Ludwig Krebs)의 건반악기 연습곡(*Klavierübung*, Edition Peters Nr. 4178)에 열세 개의 코랄 전주곡이 들어있다. 각 곡은 세 개의 부분으로 되어있다.

(1) "Praeambulum" (서곡): 자유로운 스타일의 코랄 판타지라고 불릴 수 있으며 첫 곡에선 푸게타가 붙어있음
(2) "Choral" (코랄): 장식음이 있는 간단한 코랄 전주곡
(3) "Choral alio modo" (다른 방식의 코랄): 통주 저음 코랄

---

25) 한국 찬송가 공회, *찬송가* (성서원: 서울, 2007), 312장.

이 세 부분으로 이뤄진 구조는 "바로크 시대 루터교 예배에서의 오르간의 다음 세 가지 임무와 관련이 있을 것 같다.

   (1) 전주곡을 연주
   (2) [회중 혹은 성가대와 오르간의] 번갈아 연주
   (3) [회중 찬송] 반주"26)

이 곡을 순서대로 오늘날 연주회에서 연주하면 주제와 변주곡 스타일에 익숙한 청중에게는 순서가 뒤바뀐 듯한 새로운 감동을 줄 것 같다.
   열세 개의 작품들은 유명한 코랄 선율들을 차용했는데, 그 중 두 번째 것이 한국 교회에 친근한 "너 하나님께 이끌리어" 선율이다(Ex. 6).

Example 6²⁷⁾

Krebs, Praeambulum supra "Wer nur den lieben Gott," mm. 1-6

쉐딘저(Ricahrd Shadinger)는 크렙스가 J. S. 바흐의 수제자28)로서

---

26) Hermann Keller, *Die Orgelwerke Bachs* (Leipzig: C. F. Peters, 1948), 128.

27) Johann Ludwig Krebs, *Klavierübung* (Frankfurt, London, New York: Peters), 8.

28) 맥린(Hugh Mclean)에 따르자면, 크렙스의 당대 사람들은 그에 대해 좋게 이야기했다고 한다. "만일에 'Krebs'(가재) 와 'Bach'(시내)에 대한 당시의 말장난에 어떤 진리가 있다면, 바흐가 확실히 그를 매우 높이 평가했다. '이 커다란 시내(Bach)에 오직 한 마리 가재(Krebs)가 잡혔다.' C. F. 크래머는 1784년 Magazine der Musik에서 이와 같이 전한다. Grove Online., s.v. "Johann Ludwig Krebs" [on-line]; accessed 7 December 2010; available from http://www.oxfordmusiconline. com.ezproxy. sbts.edu/subscriber/article/grove/music/15499pg2?q=krebs&search=quick&pos=3&start=1#firsthit; Internet.

새로운 클래식 시대가 벌써 강하게 지배하고 있었던 시대에 바로크 스타일을 고수하며 작곡했다는 사실을 전한다.29) 다음 부르크홀더(J. Peter Burkholder)의 차용 스타일의 변화에 대한 묘사는 크렙스가 따른 바로크 변주곡 양식과 새롭게 등장한 클래식 변주곡 양식의 특징을 설명한다.

> 코랄 선율에 대한 장식적 작곡은 덜 자주 나타난다. … 1750년 이후 저음 오스티나토와 코랄에 따른 변주곡은 사실상 사라진다. … 유럽 전반에 먼저 주제가 제시되고 각 변주곡에서 화음이 유지되는(가끔은 어떤 중간 변주곡에서 병행 단조[parallel minor]로 바뀌기도 하면서) 선율적 변주곡이 지배적인 유형이 되었다. 그러나 변화하는 모양으로 장식되는 선율도 여전히 발견되곤 했다.30)

Variationen über die Hymne "Gott erhalte"
(*Variations on "God Save the Emperor Francis,"*
"하나님이여 프란시스 황제를 구하소서" 변주곡)
by Joseph Haydn (1732-1809)

다음의 인용문은 이 피아노 작품의 작곡 과정을 요약한 것으로서 악보의 서문에 있는 게르라흐(Sonja Gerlach)의 글에서 발췌되었다.

> "하나님이여 프란시스 황제를 구하소서"의 선율은 프란시스 황제 2세의 생일인 1797년 2월 12일에 처음으로 들려졌다. … 그 노래의 목적은 당시 나폴레옹의 군대의 위협을 받고 있던 합스부르크 왕조의 일치를 강화하기 위함이었다. … 하이든은 그가 그의 "국민의 노래"라고 부르던 노래를 피아노를 위한 곡으로, 또 오케스트라를 위한 곡으로 썼다. … 같은 해에 그는 현악사중주를 위한 변주곡, Op. 76, No. 3 (Hob. III:77), "황제 사중주"의 느린 악장으로 그것을 주제로 몇 개의 변주곡을 썼다. … 그의 생애의 마지막 몇 해

---

29) Richard Cole Shadinger, "The Sacred Element in Piano Literature: A Historical Background and an Annotated Listing" (D.M.A. diss., The Southern Baptist Theological Seminary, 1974), 111.

30) Grove Online, s.v. "Borrowing" [on-line]; accessed 10 October 2010; available from http://www.oxfordmusiconline.com.ezproxy.sbts.edu/subscriber/article/grove/music/52918pg10#S52918.10; Internet.

동안 하이든이 이 노래를 피아노로 종종 즐기며 연주했다고 전해진다. … 비엔나 출판사 아르타리아(Artaria)는 (피아노를 위한) 변주곡을 1799년에 (그의 현악 사중주곡의 개작으로서) 출판했다.31)

하이든의 마지막 날들에 대하여 랜던(Howard Chandler Robbin Landon)과 죤스(David Wyn Jones)는 하이든의 시종이었던 엘쓸러(Johann Elssler)의 1809년 6월 30일자 편지 전문을 소개하는데, 거기에 1809년 5월에 비엔나는 프랑스 군대에 의해 폭파되었고, 황제 선율은 하이든이 연주한 마지막 음악이었다고 보고되어있다.

   그렇지만 황제의 노래(*Kayser Lied*)는 여전히 하루에 세 번씩 연주되었다. 그러나 5월 26일 늦은 오후에 그 노래는 마지막으로 세 번 감정을 실어 맛스럽게 잘 연주되었다! 우리의 좋으신 아버지는 그 연주에 그 자신이 놀라워하셨고, 그가 그 노래를 오래 동안 그렇게 연주한 적이 없으며 그것에 대해 매우 기쁘다고 말씀하셨으며, 오후 5시까진 괜찮으셨는데, 그 이후 우리의 좋으신 아버지는 그가 몸이 좋지 않다고 힘들어하시기 시작했다.32)

그로부터 닷새 후, 1809년 5월 31일에 하이든은 77세로 세상을 떠났다.

이 작품은 주제와 네 개의 변주곡으로 구성되어 있으며, 단조 변주곡이 없는 클래식 선율 변주곡의 예가 된다(Ex. 7). 이 곡은 하이든의 현악 사중주곡의 개작이기 때문에, 원곡의 악기 편성을 염두에 두고 피아노 연주하기를 권한다. 현악 사중주에서는 각 악장에서 주제 선율이 항상 같은 악기로 연주되어진다. 즉, 첫 번째 변주곡에서는 제2 바이올린이, 두 번째에서는 첼로가, 세 번째에선 비올라가, 그리고 네 번째에선 제1 바이올린이 주제를 연주한다. 반면, 피아노 악보에서는 같은 변주곡에서 주제가 때로 다른 성부에 나타난다. 따라서 피아니스트는 다른 성부에 있는 연결되는 선율들의 주제가 선명하게 들리도록 세심하게 연주해야 한다.

---

   31) Joseph Haydn, *Joseph Haydn: Variationen über die Hymne "Gott erhalte,"* ed. Sonja Gerlach (Munich: Henle Verlag, 1997), iv-v.

   32) Howard Chandler Robbin Landon and David Wyn Jones, *Haydn: His Life and Music* (London and New York: Thames and Hudson, 1988), 313-14.

찬송가 선율을 사용한 피아노 작품들 139

Example 7[33]

Haydn, *Variations on "Gott erhalte,"* mm. 1-4 and mm. 21-23

Used by permission of G. Henle Verlag.

*하버드 대학 찬송가책*에 따르면, 뉴턴(John Newton, 1725-1807)이 이사야 33:20-21에 기초하여 1779년에 "시온성과 같은 교회"(Glorious Things of Thee Are Spoken)의 가사를 썼고, *Hymns Ancient and Modern*의 1889년판에 처음으로 뉴턴의 가사로 오스트리아 찬송가(AUSTRIAN HYMN)가 수록되었다.[34] 그러므로 이 선율은 오늘날 듣는 자로 하여금 오스트리아를 위한 하이든의 기도뿐만 아니라 하나님의 영원한 도성인 시온과 그리스도의 교회를 생각나게 한다.

Variations on Adeste Fideles
(*"참 반가운 신도여" 변주곡*)
by Raynor Taylor (1747-1825)

미국 작곡가인 테일러(Raynor Taylor)는 교회 음악가이자 영국으로

---

33) Haydn, *Variationen über die Hymne "Gott erhalte,"* 1.

34) The President and Fellows of Harvard College, *The Harvard University Hymn Book* (Cambridge, MA: Harvard University Press, 1964), 326.

140 은총 음악 그리고 피아노

부터 온 오르가니스트였으며, 미국 독립시대 초기에 가장 활동적인 작곡가 중 한 명이었다.35) 테일러는 이 곡을 필라델피아에 있는 성 베드로 교회의 성탄절 예배를 위해 작곡했다.36) 하지만 이 곡은 교회와 연주회 모두에서 연주되기에 적당하다. 비록 이 작품은 고전주의 시대에 포함되지만, 테일러는 전통적인 주제와 변주곡 형식을 엄격하게 따르지 않았다. 예를 들자면, 찬송가 선율의 중간 부분에서 전조가 있다(Ex. 8, m. 9).

Example 8[37)]

Taylor, *Variations on Adeste Fideles*, mm. 1-12

---

35) Richard Crawford, *America's Musical Life: A History* (New York: Norton Company, 2001), 297.

36) Maurice Hinson, ed., *Anthology of American Piano Music* (Van Nuys, CA: Alfred Music Publishing, 2010), 14.

37) Ibid. 참조.

이 곡의 구성은 '주제(1-29) - 연결부(29-36) - 변주곡 I (37-56) - 변주곡 II (57-76) - 코다(77-84)'로 볼 수 있는 반면,[38] 이것은 또한 형식적 구성의 면에서 볼 때 환상 변주곡이나 코다를 가진 변형된 론도로 볼 수도 있다. 즉, A(aa) - B(bcc_1) - C(dd) - B_1($b_1c_2c_3$) - A_1(a_1a_1) - B_2($b_2c_3b_2c_3$) - coda. 변주곡 I에서 자주 바뀌는 조(A단조, C단조, E-flat장조, C단조)는 특이하다.

Sieben Variationen über "God Save the King"
("신이여 왕을 지키소서" 주제에 따른 일곱 개의 변주곡)
WoO 78 (1802-1803)
by Ludwig van Beethoven (1770-1827)

"신이여 왕을 지키소서"(God Save the King 혹은 God Save the Queen)의 선율의 기원은 여전히 논란의 대상인 반면, 그것은 많은 나라의 국가로 쓰여 왔다. 이 선율은 또한 시편 46편의 내용을 가사로 한 찬송가, "피난처 있으니"와 "AMERICA"로서 잘 알려져 있으며, 많은 작곡가들에 의해 즐겨 사용되었다.[39]

베토벤은 이 선율을 피아노 변주곡의 주제로 차용했다. 그 형식은 병행 단조 변주곡을 포함한 전형적인 클래식 선율적 변주곡[40]이다. 주제를 찬송가처럼 화성적 스타일로 제시한 후, 베토벤은 일곱 개의 변주곡과 코다(Ex. 9)를 작곡했다.

베토벤이 믿음과 상관없이 대중적인 선율에 변주곡을 썼다고 가정할 때, 이 곡이 과연 크리스천 음악인가에 대해 질문할 수 있겠지만, 이 곡이 작곡자의 의도와 상관없이 잘 알려진 "피난처 있으니"의 찬송가 선율로 연주되고 들려질 수 있기에 선곡 목록에 포함시켰다.

---

38) Hinson, ed., *Anthology of American Piano*, 182.

39) 이 선율을 주제로 차용하고 있는 피아노곡들은 다음과 같다. Variations by N. Hummel (Op. 10) and by L. M. Gottschalk (Op. 41), *God Save the Queen, Grande paraphrase de concert pour piano* by F. Liszt, Prelude Book 2 No. 9 Hommage à S. Pickwick P. P. M. P. C. by C. Debussy, etc.

40) 참조: 부르크홀더의 변주곡 양식의 변화와 특징 관련 인용문, p. 137.

Example 9[41]

Beethoven, *Variations on "God Save,"* mm. 1-7 and Var. I, mm. 1-5

Used by permission of G. Henle Verlag.

Franz Liszt (1811-1886)

혹자는 리스트를 "성직자로 가장한 악마"(Mephistopheles disguised as an abbé) 혹은 "영적이지만 세상적인"(spiritual yet worldly) 등으로 묘사하기도 했지만,[42] 리스트의 피아노 작품에 나타난 종교적인 특징은 진지하게 다루어져야 하며, 그의 생애와 신앙 역시 경솔하게 판단되어서는 안 된다.

카바노(Patrick Kavanaugh)는 리스트의 어린 시절의 헌신적인 신앙에 대해 다음과 같이 적고 있다. "리스트는 기독교에 대해 온 마음을

---

41) Ludwig van Beethoven, *Variationen für Klavier*, vol. 2 (Munich: Henle Verlag, 1961), 165.

42) Gillespie, *Five Centuries of Keyboard Music*, 237. 카바노(Kavanaugh)에 따르면, "리스트는 1868년 4월 25일에 로마에서 아씨씨의 성 프란치스의 세 번째 종규 (the Third Order of St. Francis of Assisi in Rome)에 입문했고, 성직자 리스트 (Abbé Liszt)가 되었다." Patrick Kavanaugh, *Spiritual Lives of the Great Composers* (Grand Rapids: Zondervan Publishing House, 1992), 97.

바쳐 관심을 가지고 성직자에 입문하기를 갈망했으며, 그는 종종 그의 부모에게 그를 신학교에 등록시켜달라고 간청하곤 했다. 모두 신실한 가톨릭 신자였던 그의 부모는 그 대신 그가 음악적인 경력을 쌓을 것을 격려했다."43) 카바노는 또한 페렌찌(Eleanor Perenzi)의 『리스트』를 인용하면서, 교회음악의 역할에 대한 리스트의 진지한 신앙에 대해 다음과 같이 논한다. "리스트는 '교회 작곡가는 또한 설교자와 신부가 되어야 한다. 그리고 언어가 감정을 충분히 전달하지 못할 때에 음악은 그것에 날개를 달아주고 그것을 변형시킨다'고 어떤 글에 쓰면서, 교회음악에 대한 미래에 대해 깊게 생각했다."44)

비록 리스트가 그의 신앙과 삶 사이의 불일치에 대해 고투했을지라도, 그는 기독교 신앙을 결코 떠나지 않았다. 1859년 이후의 그의 작품들은 특별히 고난을 통한 그의 믿음의 산물이라고 간주되어질 수 있겠다. 왜냐하면 그의 결혼 계획이 수포로 돌아감과 그의 자녀들의 죽음을 통해 그가 성숙하고 겸손한 기독교인이 되었을 것으로 추측되기 때문이다. 다음의 도표45)의 카테고리 난은 이 논문의 네 가지 분류(1: 찬송 선율 차용, 2: 성경 관련, 3: 신앙을 상징적으로 표현, 4: 하나님께 헌정된 절대음악)에 따른 것인데, 리스트가 여러 가지 작곡 기법을 통해 믿음과 관련된 피아노 작품들을 얼마나 끊임없이 작곡했는지를 보여준다.

---

43) Kavanaugh, *Spiritual Lives of the Great Composers*, 94.

44) Ibid., 96.

45) 도표 4의 내용은 다음에서 발췌되었다. Grove Online, s.v. "Liszt" [on-line]; accessed 13 October 2011; available from http://www.oxfordmusiconline.com. ezproxy.sbts.edu/subscriber/article_works/grove/music/48265pg28#S48265.29; Internet. Brackets are from Grove Online. 도표의 카테고리 난은 필자가 첨가한 것이다.

도표 4. Liszt's piano repertoire related to Christianity
(이탤릭체는 기독교와의 연관성이 더 큼을 의미)

LW (duet)	S (duet)	Title (alternative title)	Subtitle	Composed (published)	Category
A18	154	Harmonies poétiques et religieuse		1833-4 (1835)	3
A40 a,b,c	156	Album d'un voyageur (compositions pour le piano, 1re année, Suisse [3 bks])	Bk I Impressions et poésies: 1 Lyon 2a Le lac de Wallenstadt 2b Au bord d'une source 3 Les cloches de Genève 4 Vallée d'Obermann 5 La chapelle de Guillaume Tell 6 *Psaume*	1837-8 (1841 Book I, 1842 collected edition)	3
A61	[173]	Harmonies poétiques et religieuse, 1st version	*1 Elevez-vous voix [Invocation]* *2 Hymne de la nuit (1st version)* *3 Hymne du matin (1st version)* *4 Litanies de Marie* *5 [Miserere d'après Palestrina]* *6 Pater noster, d'après la psalmodie de l'église* *7 Hymne de l'enfant à son réveil* 8 [Les morts] *9 La lampe du temple* 10 [unidentified piece, E^b] *11 [?Bénédiction de Dieu dans la solitude]* *12 [?Ave Maria]*	1840-48 (1997)	3
A76	235	God Save the Queen		1841-9 (1849)	1
A 158	173	Harmonies poétiques et religieuse, 2nd version	*1 Invocation* *2 Ave Maria* *3 Bénédiction de Dieu dans la solitude* 4 Pensée des morts *5 Pater noster* *6 Hymne de l'enfant à son réveil* 7 Funérailles (October 1849) *8 Miserere, d'après Palestrina* 9 Andante lagrimoso 10 Cantique d'amour	1848-53 (1853)	3
A 178 (B10)	396 (628)	Bénédiction et serment, deux motifs de Beneve-nuto Cellini [Berlioz]		1852-3 (1854)	1
A 179	178	Sonata in b		1852-3 (1854)	(4?)
A 198	179	Weinen, Klagen, Sorgen, Zagen Präludium [J. S. Bach]		1859 (1863)	1

찬송가 선율을 사용한 피아노 작품들 145

도표 4—계속. Liszt's piano repertoire related to Christianity

LW (duet)	S (duet)	Title (alternative title)	Subtitle	Composed (published)	Category
A 214	180	Variationen über das Motiv von Bach: Basso continuo des ersten Satz seiner Kantate "Weinen, Klagen, Sorgen, Zagen" und des Crucifixus der H-moll Messse [Bach]		1862 (1864)	1
A 216	183/1	Alleluja		1862 (1865)	3
A 222 (B30)	[3] (579)	Zwei Orchestersätze aus dem Oratorium Christus	1 Hirtengesang an der Krippe 2 Die heiligen drei Könige (Marsch)	1862-6 (1872)	1
A 267	186	Weihnachtsbaum	1 Altes Weihnachten 2 O heilige Nacht! (Weihnachtslied nach einer alten Weise) 3 Die Hirten an der Krippe (In dulci jubilo) 4 Marsch der hl. drei Könige (Adeste fideles) 5 Man zündet die Kerzen des Baumes an (Scherzoso) 6 Carillon 7 Schlummerlied 8 Altes provençalisches Weihnachtslied 9 Abendglocken 10 Ehemals 11 Ungarisch 12 Polnisch	1874-6; no. 7 rev. 1879-81 (1882)	1 1 1 1
A 283	163	Années de pèlerinage, troisième année	1 Angelus! Prière aux anges gardiens 2 Aux cyprès de la Villa d'Este, thrénodie (Andante) 3 Aux cyprès de la Villa d'Este, thrénodie (Andante non troppo lento, 4/4) 4 Les jeux d'eaux à la Villa d'Este 5 Sunt lacrymae rerum, en mode hongrois 6 Marche funèbre 7 Sursum corda	1877-82 (1883)	3 2 3
A 286a A 286b	50	Zwölf alte deutsche geistliche Weisen [Choräle], [Deutsche Kirchenlieder und liturgische Gesänge]		1878-9	1
A 287 (B52)	504a (583)	Via Crucis [Les 14 stations de la croix]		1878-9 (?)	2
A 300	188	In festo transfigurationis Domini nostri Jesu Christi		1880 (?)	2

Weinen, Klagen, Sorgen, Zagen Praeludium (1859)
(Weeping, Plaints, Sorrows, Fears Prelude, 울음, 탄식, 근심, 두려움 전주곡)
by Franz Liszt (1811-1886)

    Weeping, Plaints, Sorrows, Fears Prelude (Ex. 12)는 리스트가 그의 아들의 죽음 이후에 쓴 것으로, 그의 크리스천 신앙과 관련된 피아노 작품 중에 최고의 작품 중 하나라 할 수 있다. 네 페이지 분량의 이 곡은 바흐 칸타타 BWV 12(Ex. 10)의 울음 동기를 차용하고 있다. 선율 자체가 단어-회화(word-painting)를 사용하여 울음을 묘사하고 있어서, 바흐 칸타타의 가사를 모르는 사람들까지도 슬픔의 분위기를 느낄 수 있다. 14-16마디에서 리스트는 또한 바흐의 B단조 미사, BWV 232(Ex. 11, 14마디부터)의 "그리스도의 십자가에 못 박힘"(Crucifixus) 선율을 차용하고 있다. 주제는 두드러진 전조 없이 여러 모양으로 변화한다. 이 전주곡은 절정을 가진 변주곡으로 간주될 수 있다. 리스트는 이것을 안톤 루빈슈타인(Anton Rubinstein, 1829-1894)에게 헌정했다. 호로비츠(Vladmir Horowitz)는 이 곡을 그의 마지막 녹음에서 연주했는데, 그것은 1989년 그의 죽음 나흘 전의 일이었다.[46]

Example 10[47]

Bach, Cantata BWV 12, mm. 1-8

---

    46) Grove Online, s.v. "Vladimir Horowitz" [on-line]; accessed 12 September 2011; available from http://www.oxfordmusiconline.com.ezproxy.sbts.edu/subscriber/article/grove/music/13372?q=horowitz&search=quick&pos=3&_start=1#firsthit; Internet.

    47) The Digital Bach Edition, DVD-ROM, vol. 2 (CD Sheet Music, LLC, 2005), 64. 참조.

Example 11[48]

Bach, Mass in B Minor, "Crucifixus," mm. 1-5 and mm. 13-19

Example 12[49]

Liszt, *Weinen, Klagen, Sorgen, Zagen Praeludium*, mm. 1-13

---

48) Ibid., vol. 6, 186. 참조.

49) Franz Liszt, Franz Liszt: Musikalische Werke Series no. 2, vol. 9 (Leipzig: Breitkopf & Härtel, 1927), 35. 참조.

바흐 칸타타 BWV 12의 합창 가사는 다음과 같다.

Weinen, Klagen, Sorgen, Zagen, Angst und Not
(*Weeping, lamentation, worry, apprehension, anxiety and distress*)
Sind der Christen Tränenbrot, Die das Zeichen Jesu tragen.
(*are the bread of tears of Christians who bear the mark of Jesus.*)[50]

Variations on a Theme of J. S. Bach (1862)
by Franz Liszt (1811-1886)

이 작품의 원제는 *Variationen über das Motiv von Bach: Basso continuo des ersten Satzes seiner Kantate "Weinen, Klagen, Sorge, Zagen" und des Crucifixus der H-moll Messe*이다. 리스트는 이 곡에 바흐의 칸타타 "Weinen, Klagen, Sorge, Zagen"과 B단조 미사로부터 또 다시 동기들을 차용했다. 힌슨은 꼬르또(Alfred Denis Cortot, 1877-1962)가 이 곡을 "B단조 소나타 다음으로 특출한 자리"에 놓았다고 전한다. 힌슨은 이 곡의 감정 전체의 범위가 두려움, 고통, 그리고 절망에서부터 슬픔이 극복되는 화해를 이루는 코랄에까지 이른다고 묘사한다.[51] 이 곡은 리스트의 딸의 죽음 이후에 작곡되었다. 그의 전주곡과 변주곡 모두 그의 인생에서 슬픈 사건들—그의 아들과 딸의 죽음—을 기념하는 것인데, 전주곡은 이 주요 작품(Ex. 13)의 준비 작업으로서 간주된다.[52] 바흐의 칸타타 BWV 12는 일곱 악장으로 구성되어 있는데, 리스트는 2악장과 7악장에서 코랄 선율들을 차용했다. 리스트는 변주곡의 번호를 쓰지 않았으나 각 부분의 끝에 겹세로줄을 썼다. 이 곡은 일곱 개의 고도의 기교를 요구하는 변주곡으로 되어있다. 코랄 부분에서 리스트는 코랄의 가사를 선율 위에 적었는데, 그것은 마지막

---

50) Bach Cantatas Website, "Weinen, Klagen..." English translation by Francis Browne (March 2002, revised February 2005) [on-line]; accessed 1 November 2011; available from http://www.bach-cantatas.com/Texts/BWV12-Eng3.htm; Internet.

51) Maurice Hinson, *Guide to the Pianist's Repertoire*, 3rd ed. (Bloomington: Indiana University Press, 2000), 493.

52) Stewart Gordon, *A History of Keyboard Literature: Music for the Piano and Its Forerunners* (New York: Schirmer Books, 1996), 322.

절인 6절의 가사이다. "Was Gott tut, das ist wohlgetan!" (하나님이 행하시는 모든 것이 선하시다!)53) 하행 반음 구절의 성격을 가진 연결부 후에 변형된 코랄 선율이 승리의 분위기로 울려 퍼진다. 또한 B단조 미사의 "Crucifixus"의 통주 저음(basso continuo, Ex. 11)을 보라.

Example 13[54)]

Liszt, *Variations on a Motif of J. S. Bach*, mm. 1-9

"The Shepherd at the Manger: In dulci jubilo"
("구유 앞의 양치기: 감미로운 환희 속에서")
from *Weihnachtsbaum* (*Christmas Tree*)
by Franz Liszt (1811-1886)

질레스피는 "리스트의 피아노 작품은 모든 편곡과 개작곡을 포함시킨다면 400곡을 훨씬 넘는다. 당연히 그 질(quality)은 불규칙하다"라

---

53) 6절 전체 영어 가사: "What God does that is done well. I shall keep to this thought; It may be that on the rough road. I shall be driven by distress, death and misery, yet God will just like a father hold me in his arms therefore I let him alone rule over me." Bach Cantatas Website [on-line]; accessed 28 December 2010; available from http://www.bach-cantatas.com/Texts/Chorale014-Eng3.htm; Internet.

54) Liszt, Franz Liszt: Musikalische Werke Series no. 2, vol. 9, 43. 참조.

고 말한다.55) 따라서 리스트의 종교적 작품들 역시 다른 질을 가지며, *Weihnachtsbaum* (*크리스마스 트리*)의 곡들은 리스트 최고의 작품들은 아니다. 그러나 그가 이 곡들을 그의 첫 손녀인 다니엘라(Daniela von Bülow)를 위한 성탄절 선물로서 그의 믿음과 사랑을 표현하면서 썼다는 데에 의미가 있다. *Weihnachtsbaum* 은 열두 개의 곡들로 이루어져 있으며56) 기교적으로 어렵지 않다. 리스트는 이 곡을 피아노 이중주곡 (for piano four hands)으로도 만들었다.

열두 곡 중 처음 네 곡, 그리고 제8곡이 코랄 선율을 차용하며, 이중 제3곡(Ex. 15)이 목가적 리듬57)과 더불어 사랑스럽다. 곡의 구조는 'AA' - coda'이다. 이 곡은 잘 알려진 중세 찬송가인 "In dulci jubilo" (Ex. 14)에 기초했는데, 이 찬송가는 오늘날 성탄절 찬송가인 "Good Christian Men, Rejoice"58)로 알려져 있다. 닐(John Mason Neale, 1818-1866)에 의해 번역된 영어 1절은 다음과 같다.

> Good Christian men, rejoice With heart and soul and voice!
> Give ye heed to what we say: Jesus Christ is born today.
> Man and beast before Him bow, And He is in the manger now:
> Christ is born today, Christ is born today!59)

---

55) Gillespie, *Five Centuries of Keyboard Music*, 239.

56) 열두 곡은 다음과 같다. "Old Christmas Song," "O Holy Night," "The Shepherd at the Manger (In dulci jubilo)," "Adeste Fideles," "Little Scherzo," "Chimes," "Slumber Song," "Old Provencal Christmas Song," "Evening Bells," "Old Times," "Hungarian," and "Polish."

57) "시칠리아노(siciliano)를 닮은 기악 혹은 성악의 형식으로, 일반적으로 6/8이나 12/8 박자이며, 종종 목동의 백파이프(bagpipe)나 뮤제트(musette)의 지속 저음을 모방함으로 시골이나 전원의 주제를 암시한다. 많은 나라에서 목가적 음악은 성탄절 절기와 관련이 있다." Grove Online s.v. "Pastoral(e)" [on-line]; accessed 6 September 2011; available from http://www.oxfordmusiconline.com.ezproxy.sbts.edu/subscriber/article/grove/music/40091?q=pastoral&search=quick&pos=1&_start=1#firsthit; Internet.

58) Maurice Hinson, ed., *Classical Piano Music for the Christmas Season* (Van Nuys, CA: Alfred Music Publishing, 2005), 5.

59) John Mason Neale, trans., "Good Christian Men, Rejoice," in *The Baptist Hymnal*, ed. Wesley L. Forbis (Nashville: Convention Press, 1991), 96.

찬송가 선율을 사용한 피아노 작품들 151

Example 14[60]

The original melody of "In dulci jubilo," mm. 1-8

Example 15[61]

Liszt, "The Shepherd at the Manger," mm. 1-9

"Adeste Fideles: March of the Three Wise Men of the East"
("오라! 믿음 있는 자들아: 동방박사 세 사람의 행진곡")
from *Weihnachtsbaum* (*Christmas tree*)
by Franz Liszt (1811-1886)

　*Weihnachtsbaum*의 열두 곡 중 "Adeste Fideles"(참 반가운 신도여)
는 오늘날에도 많이 불리는 크리스마스 캐럴 선율을 차용한 곡으로 감

---

60) Bach, *Organ Works*, vol. 1, X. 참조.

61) Franz Liszt, Neue Liszt-Ausgabe Series, no. 1, vol. 10 (Budapest: Editio Musica/ Kassel: Bärenreiter, 1980), 51. 참조.

상자에게 친근한 곡이 될 것이다. 이 곡의 많은 반복들은 교육적 목적을 위해서 혹은 가사의 의미를 강조하기 위해서일 것으로 추측된다. 리스트는 20마디의 선율을 다섯 부분("8"+"4"+"2"+"2"+"4")으로 나누고, 거의 각 부분을 반복했다. 이 곡의 구조는 다음과 같이 설명되어질 수 있다. 도입부 - A ("8"×2) - 연결부 - B ("4" - 연결부 - "2"×2 - "2"×2 - "4"×2) - 연결부 - B - 코다. Ex. 16은 시작 부분과 연결 부분을 보여준다.

Example 16[62]

Liszt, "Adeste Fideles," mm. 1-13 and mm. 48-60

---

62) Ibid., 54, 55. 참조.

찬송가 선율을 사용한 피아노 작품들   153

Christmas Sonatina
by Carl Reinecke (1824-1910)

이 곡은 3악장 소나티네이다. 제1악장에서는 바흐의 *Christmas Oratorio*와 "고요한 밤, 거룩한 밤"의 동기들을, 제2악장에서는 "Vom Himmel hoch"(높은 하늘에서)의 동기를(Ex. 17), 그리고 제3악장에선 헨델의 *Messiah*와 잘 알려진 크리스마스 캐럴인 "O du fröhliche"(O How Joyfully)의 동기들을 차용하고 있다. Schott 음악사는 이 곡이 학생들의 연주회와 강림절이나 성탄절 기간 동안 연주되어질 수 있다고 추천한다.63) 이 곡은 또한 힌슨의 *Classical Piano Music for the Christmas Season*에 수록되어 있다.

Example 17[64]

Reinecke, *Christmas Sonatina*, 2nd mov., mm. 1-8

---

63) Schott Music [on-line]; accessed 4 December 2010; available from http://www.schott-music.com/shop/sheet_music/christmas_music/show, 232314,n.html; Internet.

64) Hinson, *Classical Piano Music for the Christmas Season*, 56. 참조.

On Bended Knees (무릎을 꿇고)
by Harry T. Burleigh (1866-1949)

드보르작(Antonin Dvořák)의 충고에 따라,65) 불레는 유명한 미국 흑인 영가인 "Nobody Knows the Trouble I've Seen"(그 누가 나의 괴롬 알며)에 기초하여 이 작은 헌정적인 곡을 작곡했다. 그러므로 불레의 *On Bended Knees* (무릎을 꿇고)는 19세기 민족주의와 관련된 음악적 차용의 한 예가 되기도 한다.

> 작곡가들이 차용하는 자료의 범위가 민족주의, 이국취미, 그리고 역사주의에의 관심의 증가와 더불어 확장되었다. … 서민과 지역적인 특색, 그리고 이국적인 것에 대한 낭만적인 관심과 문화와 정치의 민족적 운동에 부합되어, 민요들과 다른 국가적 선율들이 자주 19세기 작곡가들에 의해 사용되었다.66)

이 곡의 형식은 'A (1-13) - B (14-38) - A' (38-49) - B의 인용구 (50-52)'이다. "A" 부분(Ex. 18, mm. 1-3)은 "B" 부분(Ex. 18, mm. 14-17)의 전주와 후주로 간주되어질 수 있다. "B" 부분에서 본래의 선율에 그것의 약간 발전된 선율이 뒤따른다. 마지막 느린 속도의 선율의 인용이 인상적이다. 이 흑인 영가의 가사는 다음과 같다.

> Nobody knows the trouble I've seen, Nobody knows but Jesus;
> Nobody knows the trouble I've seen, Glory Hallelujah!
> Sometimes I'm up, sometimes I'm down, O yes, Lord;
> Sometimes I'm nearly to the ground, O yes, Lord.67)

---

65) 불레는 드보르작(1841-1904)의 제자였다. 뉴욕시의 국립 콘서바토리의 총장이었던 드보르작은 미국 작곡가들이 아프리칸-아메리칸 민요들을 그들의 음악의 영감으로서 사용할 것을 강력하게 제안했다. Hinson, *Anthology of American Piano Music*, 8.

66) Grove Online, s.v. "Borrowing" [on-line]; accessed 10 October 2010; available from http://www.oxfordmusiconline.com.ezproxy.sbts.edu/subscriber/article/grove/music/52918pg11#S52918.11; Internet.

67) Ronald Herder, ed., *500 Best-loved Song Lyrics* (Mineola, NY: Dover Publications, 1998), 240.

Example 18[68]

Burleigh, *On Bended Knees*, mm. 1-3 and mm. 14-17

On Bended Knees by Harry T. Burleigh
Edited by Maurice Hinson. © 2005 Alfred Music.
All Rights Reserved. Used by Permission.

"Weihnachtstraum (Dream of Christmas, 성탄절의 꿈):
Fantasie über Stille Nacht, heilige Nacht"
(Fantasy on Silent Night, Holy Night,)
from *Aus der Jugendzeit* (*From the Time of Youth*),
Op. 17 (1895)
by Max Reger (1873-1916)

레거는 브람스(Johannes Brahms) 다음으로 19세기 후기 뛰어난 독일의 피아노 음악 작곡가로 알려져 있다.[69] 그의 *Aus der Jugendzeit* (어린 시절에서)는 슈만의 *Album für die Jugend* (유년을 위한 앨범)를 떠올리게 한다. *Aus der Jugendzeit* 는 열두 개의 소곡들로, 그중 제9곡, "Weihnachtstraum"(성탄절의 꿈, Ex. 19)이 대중적이다. 이 곡

---

68) Hinson, *Anthology of American Piano Music*, 78, 79.

69) Kirby, *Music for Piano*, 251.

은 24마디 길이의 짧은 곡이지만, 아름다운 작품이다. "고요한 밤, 거룩한 밤"의 선율이 왼손에서 노래되어지는 동안, 높은 음역에서 반주가 계속 맴돈다. 이것은 마치 천상의 축복을 상징하는 것 같으며, 고요하고 거룩한 밤의 분위기를 자아낸다. 15-16마디의 선율은 "O How Joyfully"(O Sanctissima)에서 차용되었다.

Example 19[70)]

Reger,"Fantisie über Stille Nacht, heilige Nacht," mm. 1-5

Variationen und Fuge über ein Thema von J. S. Bach, Op. 81 (1904)
by Max Reger (1873-1916)

이 곡은 레거의 가장 큰 규모의 피아노 작품으로, 14마디의 주제와 14개의 변주곡과 254-384마디에 나타나는 긴 푸가로 구성되어 있다. 주제는 바흐의 칸타타 BWV 128 "Auf Christi Himmelfahrt allein"(그리스도의 승천에만, Ex. 20)에서 차용되었는데, 알토와 테너를 위한 듀엣의 시작 부분의 오보에 선율이다. 이 듀엣의 가사 내용은 '하나님의 전능하심을 탐구하는 인간의 한계'라 할 수 있겠다.

---

70) Max Reger, Weihnachtstraum aus opus 17 "Aus der Jugendzeit" (Mainz, Germany: B. Schott's Söhne, 1910), 2. 참조.

찬송가 선율을 사용한 피아노 작품들 157

Example 20[71]

Bach, Duet from Cantata BWV 128, mm. 1-6

힌슨은 이 곡(Ex. 21)이 "높은 질서의 고도의 예술적 기교로 써졌으며 복잡하고 긴 푸가와 거대한 마침"을 포함한다고 말한다.[72] 키르비는 레거의 두 개의 변주곡―이 작품과 텔레만의 주제에 의한 변주곡―을 베토벤의 33개의 디아벨리 변주곡에 비교한다.

두 개의 곡은 크고 정교한 작품으로 베토벤의 유명한 디아벨리 변주곡을 출발점으로 삼는다. 또한 레거는 그전 다른 작곡가들보다 변주곡에 대해 더 넓은 개념을 가졌다. 대개 그는 그 리듬과 특징적 선율의 음정을 변화시키면서, 전통적인 형식을 주제로부터 온 모티브에 기초한 환상곡으로 변형시켰다.[73]

---

71) *The Digital Bach Edition*, DVD-ROM, (CD Sheet Music, LLC, 2005), vol. 26. 참조.

72) Hinson, *Guide to the Pianist's Repertoire*, 637.

73) Kirby, *Music for Piano*, 252.

Example 21[74]

Reger, *Variationen und Fuge über ein Thema von J. S. Bach*, mm. 1-7

"Deep River" ("깊은 강")
from *Twenty-Four Negro Melodies*, Op. 59/10 (ca. 1904)
by Samuel Coleridge-Taylor (1875-1912)

1904년 콜러리지-테일러는 *Twenty-Four Negro Melodies*, Op. 59를 출판했는데, "그 작품집에서 작곡자는 아프리카의 원주민, 서인도 제도의 노래들과 노예시절 동안 미국으로 들어오게 된 노래들을 피아노를 위해 개작하고 편곡했다."[75] 힌슨은 제10곡인 "Deep River"(깊은 강)를 전체 모음곡들 중 가장 아름답고 감동적인 선율로 여기며, 이 곡의 구조를 주제와 변주곡들로 설명한다.

Deep River는 주제와 변주곡 형식으로 써졌으며, 빨리 알아챌 수 있는 모토로서 쓰이는 주제가 있다. 아르페지오로 된 코드들이 처음 네 마디의 주제를 지원한다. 선율은 절정에 이르기 전 두 번 반복되며 평화스런

---

74) Max Reger, *Max Reger: Sämtliche Werke*, vol. 10 of Werke für Klavier zu zwei Händen Series, no. 2 (Wiesbaden: Breikopf & Härtel, 1959), 1 (101). 참조.

75) Samuel Coleridge-Taylor, *Coleridge-Taylor: Deep River for the Piano*, ed. Maurice Hinson (Van Nuys, CA: Alfred Music Publishing, 1995), 2.

끝맺음이 그 뒤를 잇는다.76)

한편 이 곡의 구조는 ABA′으로도 볼 수 있다. 2 마디에서 시작된 선율(Ex. 22)이 "A" 부분에서 다른 방법으로 두 번 반복된다. "B" 부분 (mm. 20-48)은 발전부로 여겨질 수 있는데, 여기에서 선율의 조각들이 재료로써 쓰이고 있다.

Example 22[77]

Coleridge-Taylor, "Deep River," mm. 1-3

이 흑인 영가의 가사는 다음과 같다.

Deep river, my home is over Jordan,
Deep river, Lord, I want to cross over into campground.
Oh, don't you want to go over to that gospel feast,
That promised land where all is peace?
Oh, deep river, my home is over Jordan,
Deep river, Lord, I want to cross over into campground.[78]

Pastorale on the Hungarian Christmas Song "An Angel from Heaven" (1920)
(헝가리 크리스마스 캐럴 "하늘에서 온 천사"의 주제에 따른 목가곡)
by Ernst von Dohnányi (1877-1960)

오래된 헝가리 성탄 캐롤인 "Mennyből az angyal"(하늘에서 온 천사)에 기초한 이 목가곡은 도흐냐니의 독창성을 보여주는 좋은 예이다. 비

---

76) Ibid.

77) Ibid. 참조.

78) Herder, *500 Best-loved Song Lyrics*, 79.

록 이 헝가리 캐럴이 한국 청중들에게 친근하지 못하겠지만, 목가곡의 리듬이 성탄절의 기쁨을 전달한다. 이 곡 전체를 통해 높은 음역이 자주 사용되는데, 하늘에서 온 천사를 묘사하는 듯하다. 열린 5도, 시칠리안 리듬, 분산 화음, 비화성음 등이 곡을 즐겁고 신비스럽게 만든다.

도흐냐니의 부인 일로나에 따르면, 도흐냐니의 첫 번째 작품의 제목은 "기도"이고 일곱 살 때 써졌으며, 아홉 살 때에 그는 하나님이 그에게 주신 재능에 대해 소명을 확신하게 되었다고 한다.79) 이 목가곡(Ex. 23)이 초연된 1920년 12월 27일 부다페스트에서 열린 그의 연주회의 곡목들은80) 그가 그의 기독교 믿음을 그의 작품들과 연주를 통해 확실하게 표현했다는 것을 보여준다.

Example 23[81]

Dohnányi, *Pastorale on the Hungarian Christmas Song*, mm. 1-11

Pastorale: "Mennyből az angyal" by Ernst von Dohnányi. Copyright ©1950 by Editio Musica. International Copyright Secured. All Rights Reserved. Used by permission.

---

79) Ilona von Dohnányi, *Ernst von Dohnányi: A Song of Life*, ed. James A. Grymes, (Bloomington: Indiana University Press, 2002), 6-8.

80) 일로냐 폰 도흐냐니는 그 연주회의 목록을 다음과 같이 기록하고 있다: "같은 연주회에서 도흐냐니는 테너 솔로와 합창과 오케스트라를 위한 *고백*(*Confessions*)의 초연과 … 도흐냐니의 멜로드라마인 나레이터와 합창과 피아노를 위한 *크레도—국가적 기도* (*Credo-National Prayer*)를 소재로 한 관악기와 타악기를 위한 *헝가리 사도신경* (*Hungarian Apostles' Creed*)을 지휘했다." Ilona von Dohnányi, *Ernst von Dohnányi: A Song of Life*, 77.

81) Ernst von Dohnányi, *Pastorale: "Mennyből az angyal"—Ungarisches Weihnachtslied* (Budapest: Editio Musica, 1950), 3.

Tre preludi sopra melodie gregoriane
(*Three Preludes on Gregorian Melodies,
그레고리안 선율에 따른 세 개의 전주곡*),
Op. 131 (1919-1921)
by Ottorino Respighi (1879-1936)

레스피기의 아내인 엘자 레스피기는 "그레고리안 선율에 따른 세 개의 전주곡이 그가 그레고리안 주제로 작곡한 첫 번째 곡이었다"라고 말하면서, 그것은 그녀의 그레고리안 성가를 공부해 보라는 조언에 따른 것이었다고 한다.82) 또한 "1919년 이후 거의 모든 레스피기의 작품에서 그레고리안 음악의 메아리를 감지할 수 있다"고 말한다.83)

그런데 레스피기가 고유의 그레고리안 선율들을 차용했는지 단순히 그것들을 모방했는지에 대해 혼동이 된다. 그는 그의 제목에 "alla melodie Gregorian"(그레고리안 선율 풍의)라고 쓰지 않고 "sopra melodie Gregorian"(그레고리안 선율에 따른)라고 썼지만, 악보에 차용된 그레고리안 선율에 대한 언급이 없다. 그의 아내도 오직 Graduale romano(로마 성가)의 영향에 대해서만 이야기할 뿐이다.84) 이 쟁점에 대해 디벨라(Karin Maria DiBella)는 다음과 같이 적고 있다. "그러나 레스피기 자신에 의해 정통 성가의 윤곽을 자아내기 위해 만들어진 선율들이므로 이 성가들의 그레고리적 기반은 분명히 그럴싸하다."85) 그

---

82) 레스피기는 엘자와 1919년 1월 11일에 결혼하였다. 그녀는 "최근 이 주제[그레고리안 성가]에 대해 높은 성적으로 졸업함으로 인해 지식이 풍부했으므로" 레스피기에게 그레고리안 성가에 대해 가르칠 자격이 되었다. Elsa Respighi, *Fifty Years of a Life in Music: 1905-1955*, trans. Giovanni Fontec- chio and Roger Johnson (Lewiston, NY: Edwin Mellen Press, 1993), 69.

83) Ibid., 70.

84) "하루도 그가 나에게 로마 성가의 몇 페이지를 불러달라고 요청하지 않고 지나간 날이 없었으며, 그 성가들의 영향은 참으로 이 작곡가의 예술에 지대한 영향을 미쳤다." Elsa Respighi, *Fifty Years*, 69-70.

85) 디벨라는 또한 *Church Windows*, Keith Clark and Pacific Symphony Orchestra (Reference Recordings RR-15CD, 1985) CD 해설을 인용한다. "진짜 그레고리안 성가들의 아름다운 환기(evocation)는 솜씨 좋게 만들어진 선율이며, 멋있는 페달과 산재해 있는 3음이 생략된 화음들(open harmonies)로 읊조리며 수도원의 종교적인 분위기를 시사한다." Karin Maria DiBella, "Piano Music in Italy during the Fascist Era" (D.M.A. thesis, University of British Columbia, 2002), 143.

런데 힌슨은 이 작품을 "장식된 성가(plain-song), 정교하고 화려하다"라고 묘사한다.86) 쉐딘저는 이 작품이 복잡한 이유를 뒤얽힌 짜임새와 까다로운 리듬들과 낭만적 화음들 때문이라고 말한다.87)

1927년에 관현악을 위한 곡, *교회 창문들*(*Vetrate di chiesa*)이 작곡되었는데, 여기 소개하는 세 개의 피아노 전주곡이 세 개의 악장으로 편곡되었으며, 거기에 레스피기는 네 번째 악장을 첨가하였다.88) 헤쓰(Nathan Andrew Hess)가 만든 도표89)(도표 5)는 각 작품의 표제적 내용을 이해하는 데에 도움이 될 것이다.

도표 5. *교회 창문들*과 관련된 표제들

Three Preludes Movement	Church Windows Movement Title	Program of *Church Windows* Movement[90]
I. *Molto lento*	I. The Flight into Egypt	"The little caravan proceeded through the desert, in the starry night, bearing the Treasure of the World (*Matthew* 2:14)."
II. *Tempestoso*	II. Saint Michael the Archangel	"And a great battle was made in the heavens; Michael and his angels fought with the dragon and his angels. But these did not prevail, and there was no more place for them in Heaven (*Homily XII of St. Gregory*)."
III. *Lento*	III. The Matins of Saint Clare	"But Jesus Christ her bridegroom, not wishing to leave her thus disconsolate, had her miraculously transported by angels to the church of St. Francis, to be at the service of Matins (*The Little Flowers of St.Francis XXXIV*)."
No fourth movement exists in the piano version	IV. Saint Gregory the Great	"Behold the Pontiff! ... Bless the Lord ... Sing the hymn to God. Alleluia! (*Graduale Rom.*; *Comm. Sanct.* 33)"

---

86) Hinson, *Guide to the Pianist's Repertoire*, 641.

87) Shadinger, "The Sacred Element in Piano Literature," 135.

88) Elsa Respighi, *Fifty Years*, 261.

89) Nathan Andrew Hess, "Eclecticism in the Piano Works of Ottorino Respighi" (D.M.A. diss., The University of Cincinnati, 2005), 72.

90) Richard E. Rodda, p. 2 of the liner notes to *Respighi: Church Windows, Brazilian Impressions, Roman Festivals*, Jesus Lopez-Cobos, conductor, Cincinnati Symphony Orchestra (Cleveland: Telarc International, 1994), CD-80356, quoted from Hess, "Eclecticism in the Piano Works," 72.

찬송가 선율을 사용한 피아노 작품들 163

I. Molto lento. 첫 번째 곡은 명상적이며 느린 속도이고 녹턴을 닮았는데, 두 개의 선율과 두 개의 화려한 기교의 스케일(m. 10, m. 41)을 포함하고 있다. 그런데 이 스케일은 첫 번째 선율(Ex. 24, m. 1)을 담고 있다. 주된 선법은 "D-sharp로 시작하는(조옮김 된) 변격 프리지안"[91]이다. 이 곡의 구조와 선법이나 조성은 다음과 같다.

No. 1 in Hypophrygian on D-sharp (example 24): ABA′

A (aba$_1$b$_1$, mm. 1-19): Hypophrygianon D-sharp
B (mm. 20-31): A-flat major with D-flat and C-flat melodies
A′ (a$_2$b$_2$a$_3$, mm. 32-46): Hypophrygianon D-sharp

Example 24[92]

Respighi, Op. 131, No. 1, mm. 1-4

---

91) 프리지안 선법의 낭송음이 "C"인 반면, 변격 프리지안 선법의 낭송음은 "A"이다. 다음 책을 참조하라. Jeremy Yudkin, *Music in Medieval Europe* (Upper Saddle River: Prentice-Hall, 1989), 68. 그러므로 첫 번째 전주곡의 낭송음이 G-sharp인 점을 고려할 때, 이 곡의 선법은 Hypophrygian on D-sharp이다.

92) Otto Respighi, *Tre preludi sopra melodie gregoriane* (Boca Raton, FL: Masters Music Publications, n.d.), 3. 참조.

II. Tempestoso. 변화무쌍한 두 번째 전주곡의 형식은 흥미로운데, 그것은 속도 변화에 의해 표시되는 각 부분들로 나누어볼 때, ABCA₁A₂C₁로 볼 수 있겠다. "A"와 "C" 부분에 두 개의 주된 주제들이 있다. "B" 부분은 가장 모호한 부분인데, 42마디에 변화된 첫 번째 주제가 있다. 부드러운 "A₂" 부분에는 본래의 선율이 하프 같은 아르페지오로 장식되며, 구절들의 마지막에 코랄 같은 화음들이 조용하게 울린다. "C₁" 부분에 "C" 부분의 주된 주제가 에올리안 선법으로 반복되고, 마지막 아홉 마디는 코다를 형성한다. 각 부분의 선법의 변화는 다음과 같다.

No. 2 in Aeolian on C-sharp (example 25): ABCA₁A₂C₁

A (Tempestoso): Aeolian on C-sharp
B (Più vivo): Phrygian on A including Phrygian on E with lowered B
C (Vivo non troppo): Ionian on E (or E major)
A1 (Tempo I): Aeolian on C-sharp
A2 (Largo): Mixolydian on C-sharp
C1 (Tempo I): Aeolian on C-sharp

Example 25[93]

Respighi, Op. 131, No. 2, mm. 1-4

---

93) Ibid., 7. 참조.

III. Lento. 세 번째 전주곡의 독특함은 오스티나토(ostonato)와 같은 음을 반복하는 형태가 쓰이고 있다는 점이다. 즉, 반복되는 오른손의 8분 음표와 점8분 음표와 16분 음표의 음들(Ex. 26)은 그치지 않는 기도(litany, '연속적인 응답기도' 또는 '호칭기도')나 영원을 상징하는 것 같다. 오직 한 개의 주제가 있는데, 그것은 장조로 전조되며, 연결부와 코다에서 이 곡에 통일감을 제공하며 주제의 조각들이 사용된다. 예를 들어, 첫 번째 연결부에 주제의 중간 부분(4마디)이 음역에 변화를 주며 반복하며 F-sharp 장조로 인도한다. 두 번째 연결부에서는 주제의 마지막 부분(5마디)이 반복된다. 재현부 같은 "A_2" 부분은 *più lento* 의 두 번째 마디에서 나타난다.

Example 26[94)]

Respighi, Op. 131, No. 3, mm. 1-6

이 곡의 구조와 선법이나 조성의 변화는 다음과 같다.

---

94) Ibid., 16. 참조.

No. 3 in Aeolian on F-sharp: A – Transition 1 – A₁ – Transition 2 – A₂ – Coda

A (mm. 1-15): Aeolian on F-sharp
Transition 1 (mm. 16-26): ending in dominant of F-sharp major
A₁ (mm. 27-34): F-sharp major
Transition 2 (mm. 31-34): F-sharp major
A₂ (mm. 35-42): Aeolianon D-sharp (m. 35) and F minor with Aeolian flavor
Coda (mm. 43-49): Aeolian on F-sharp

Fantasia apocalyptica, Op. 7 (1926)
by Hermann Reutter (1900-1985)

　로이터의 음악은 힌데미트의 뒤를 잇는 신고전주의로 묘사된다.95) "내 주는 강한 성이요"와 "오 거룩하신 주님"의 선율들이 이 곡의 기초를 이룬다. 두 코랄의 전체의 선율뿐 아니라 선율의 부분이나 리듬들 (Ex. 27)이 21 페이지 동안 여러 가지 모양으로 쓰이고 있다.

Example 27[96])

Reutter, *Fantasia apocalyptica*, mm. 1-8

ⓒ SCHOTT MUSIC, Mainz - Germany
Used by generous permission

---

95) Hinson, *Guide to the Pianist's Repertoire*, 642.

96) Hermann Reutter, *Fantasia apocalypica* (Mainz: Schott's Söhne, 1926), 3.

또한 이 두 선율의 성격의 대조를 사용해서 로이터는 곡의 극적인 대조를 끌어낸다. "Wuchtig schreitend, in jagenden Rhythmen" (무겁게 걸으며 사냥하는 리듬으로, Ex. 28, 35마디부터)와 "Sehr zart und gesangvoll, in breiter Ruhe strömend" (매우 섬세하고 충분히 노래하듯이, 그리고 넓은 안식 가운데 밀려오듯이, Ex. 28, 80마디부터) 등으로 곡의 분위기를 바꾼다. 낮은 음역들과 옥타브들이 자주 쓰인다.

Example 28[97]

Reutter, *Fantasia apocalyptica*, mm. 35-41, mm. 80-87

---

97) Ibid., 5, 7.

Partita über "Es ist ein Ros' entsprungen"
(*Partita on "Lo, How a Rose E'er Blooming,"*
"장미꽃이 피었네" 주제에 따른 파르티타)
by Wilhelm Weismann (1900-1980)

1951년에 작곡된 이 파르티타는 주제와 다섯 개의 변주곡으로 되어 있다. 독일인인 바이스만[98]은 주로 조성음악을 사용하며, 경우에 따라 가벼운 불협화음을 쓰기도 한다. 각 변주곡은 다른 스타일을 보여준다. 예를 들어, 변주곡 III은 환상적 목가곡(Ex. 29)이며, 변주곡 IV는 토카타, 그리고 변주곡 V는 푸게타이다.

Example 29[99]

Weismann, *Partita*, Var. III, mm. 1-8

Published by C. F. Peters Corporation. All rights reserved.
Used by kind permission. This permission is granted gratis.

차용된 선율, "장미꽃이 피었네"는 흔히 프레토리우스(Michael Prae-torius)가 1599년에 썼다고 여겨지며, 15세기 독일 가사를 노래한다.

---

[98] 그뤼츠너(Vera Grützner)에 따르면, 바이스만은 주로 성악 음악을 썼다고 한다. Grove Online, s.v. "Wilhelm Weismann" [on-line]; accessed 30 January 2012; available from http://www.oxfordmusiconline.com.ezproxy.sbts.edu/subscriber/article/grove/music/30064?q=Wilhelm+Weismann&search=quick&pos=1&_start=1#firsthit; Internet.

[99] Wilhelm Weismann, *Partita über "Es ist ein Ros'en entsprungen"* (Leipzig: C. F. Peters, 1951), 4.

Lo, how a Rose e'er blooming From tender stem hath sprung!
Of Jesse's lineage coming As men of old have sung.
It came, a flower bright, Amid the cold of winter,
When halfgone was the night.[100]

12 Chorale Preludes, Op. 114 (1964)
by Flor Peeters (1903-1986)

1. Nun ruhen alle Wälder (Now Rest beneath Night's Shadow)
2. Wachet auf, ruft uns die Stimme (Awake, Calls Us the Voice)
3. O Gott, Du frommer Gott (O God, Thou Faithful God)
4. Allein Gott in der Höh' sei Ehr' (All Glory Be to God on High)
5. Audi, benigne conditor (Hearken, Benign Creator, Heed)
6. Hirten, Er is geboren (Shepherds, He Is Born)
7. In manus tuas, Domine (Into Thy Hands, O Lord)
8. Alles ist an Gottes Segen (All Depends on Our Possessing)
9. O Haupt voll Blut und Wunden (O Sacred Head, Now Wounded)
10. O, nata lux de lumine (O Light, Which from the Light Hast Birth)
11. Ut queant laxis (O for Thy Spirit, Holy John)
12. Ein' feste Burg ist unser Gott (A Mighty Fortress Is Our God)

벨기에 작곡가 페터스는 독실한 가톨릭 신자였으며, 그의 작품들은 형식상 고전적인 것으로 묘사된다. "시작부터 그는 변주곡 기교의 많은 가능성을 탐구했고, 그의 코랄 전주곡의 막대한 생산고는 소형의 형식을 다루는 위대한 솜씨를 보여준다."[101] 힌슨은 이 코랄 전주곡들을 코랄의 가벼운 현대적 다룸(mild contemporary treatment)으로 간주한다.[102]

열두 곡 중 아홉 번째 곡의 "오 거룩하신 주님, 그 상하신 머리"(Ex. 30)와 마지막 코랄인 "내 주는 강한 성이요"(Ex. 31)가 아마 한국 청중에게 잘 알려진 선율일 것이다.

---

[100] Theodore Baker, trans., "Lo, How a Rose E'er Blooming," in *The Baptist Hymnal*, 78.

[101] Grove Online, s.v. "Flor Peeters" [on-line]; accessed 16 January 2011; available from http://www.oxfordmusiconline.com.ezproxy.sbts.edu/subscriber/article/grove/music/21196?q=Flor+Peeters&search=quick&pos=1&_start=1#firsthit; Internet.

[102] Hinson, *Guide to the Pianist's Repertoire*, 591.

Example 30[103)]

Peeters, "O Haupt voll Blut und Wunden," mm. 1-6

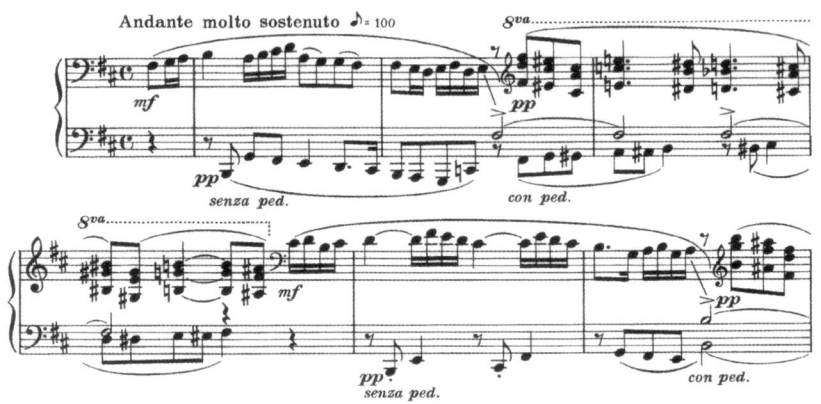

12 Chorale Preludes by Flor Peeters. Copyright © 1966 by C. F. Peters.
Published by C. F. Peters Corporation. All rights reserved.
Used by kind permission. This permission is granted gratis.

Example 31[104)]

Peeters, "Ein feste Burg ist unser Gott," mm. 1-8

---

103) *Flor Peeters: 12 Chorale Preludes* (New York: C. F. Peters, 1966), 10.

104) Ibid., 18.

제12곡에서 페터스는 본래의 선율을 네 개의 부분으로 나누었다. 처음 두 부분은 대위법적인 방법으로 반복하는데(mm. 1-17; 18-31), 거기에서 첫 번째 주제(mm. 1-4)와 두 번째 주제(mm. 18-20)는 본래의 선율을 바로크 스타일로 노래한다. 본래의 선율은 전통적인 3성 푸가의 제시부 후에 베이스에서 나타난다. 세 번째 부분은 4성부 푸가(mm. 32-36)와 함께 시작하며, 첫 번째 주제는 대선율(mm. 37-50)로서 다시 나타난다. 네 번째 부분은 처음에는 A장조이지만, D장조로 반복된다. 코다는 62마디의 예비박에서 시작한다. 이 곡에서 페터스는 장식되고 반복되고 확장되고 강조된 선율의 부분들을 통하여 본래의 코랄을 넓고 깊게 해석했다.

Introduction and Fantasies on Chorale Tune (1986) by Norman Dello Joio (1913-2008)

가톨릭 신자였던 조이오는 그레고리안 성가와 종교적 주제들에 심취하여 그것들을 그의 음악의 중요한 요소로 삼았다.[105] 예를 들어, 그의 소나타 1번(1943)은 코랄 전주곡으로 시작하며, 소나타 3번(1948)은 성가에 기초한 다섯 개의 변주곡과 코다로 구성되어있다.

조이오는 *코랄 선율에 부친 서주와 환상곡* 의 "도입부와 코랄"과 네 개의 환상곡들에 OLD 100TH 시편가("만복의 근원 하나님")를 차용하고 있다. 각 악장의 구조와 특징은 다음과 같다.

1. "Introduction and Chorale" (Ex. 32): A (1-12) - B (12-28) - A′ (29-39). B-flat 장조의 "B" 부분의 코랄 선율은 특별히 기능적인 화성 진행이 없는 가벼운 불협화음들로 되어있다.
2. "Fantasy 1" (Ex. 33): 선율(mm. 7-8)이 반음계적으로 변화한다.
3. "Fantasy 2": 이 곡에서 자주 나오는 하행 스케일은 본래 코랄 곡조에 있는 하행 스케일과 관련되어 있는데, 그것이 여러 가지 조로 반복된다. 변화된 코랄 선율이 35마디에서 시작된다.

---

105) Grove Online, s.v. "Dello Joio" [on-line]; accessed 17 January 2011; available from http://www.oxfordmusiconline.com.ezproxy.sbts.edu/subscriber/article/grove/music/07496?q=Dello+Joio&search=quick&pos=1&_start=1#firsthit; Internet.

Example 32[106)]

Dello Joio, "Introduction and Chorale," mm. 10-18

Copyright © 1988 by Associated Music Publishers, Inc. (BMI).
International Copyright Secured. All Rights Secured. Used by Permission.

Example 33[107)]

Dello Joio, "Fantasy I," mm. 7-9

---

106) Norman Dello Joio, *Introduction and Fantasies on Chorale Tune* (New York: Associated Music Publishers, 1986), 5.

107) Ibid., 7.

4. "Fantasy 3": 시작부분의 완전 4도의 도약은 코랄의 네 음의 하행 스케일을 암시하는데, 그것은 스케일의 압축으로 간주되어질 수 있다. 이 곡에 이 음정이 많이 나온다.

5. "Fantasy 4" (Ex. 34): 49마디 예비박에서부터 코랄 선율이 시작한다. 몇 몇 고집 저음들(bass ostinatos)이 있다.

Example 34[108)

Dello Joio, "Fantasy IV," mm. 46-52

Chorale Prelude "Now Thank We All Our God"
("다 감사드리세" 코랄 전주곡)
by William B. Goldberg (1917-)

미국 작곡가인 골드베르그는 조성적이면서도 현대적인 스타일로 코랄 전주곡(Ex. 35)을 썼다. 일반적으로 조성을 유지하면서, 69마디에

---

108) Ibid., 21.

서 그는 비기능적인 반음계적 베이스 라인을 가진 일종의 동형진행인 옴니부스(omnibus)109)를 사용했다. 형식은 짧은 서주와 간주와 코다를 가진 전통적인 코랄 전주곡이며, 이 곡에서 "Now Thank We All Our God"(다 감사드리세)의 선율이 두 번 반복된다. 전체적인 짜임새 (texture)에 대해 힌슨은 "16분음표의 타닥타닥하는 소리 아래 코랄의 선율이 펼쳐진다"라고 말한다.110)

Example 35111)

Goldberg, *Chorale Prelude "Now Thank We All Our God,"* mm. 1-12

Could not find the address of Chronos Music.
If there is any fee for permission, it will be paid.

---

109) Stefan Kostka and Dorothy Payne, *Tonal Harmony with an Instruction to Twentieth-Century Music* (New York: McGraw-Hill, 2004), 455.

110) Hinson, *Guide to the Pianist's Repertoire*, 342.

111) William Goldberg, *Chorale Prelude: Now Thank We all Our God* (Hallowell, ME: Chronos Music, 1989), 2.

Piano Variations on the Theme of Calvin's Genevan Psalter
(칼빈의 제네바 시편가 주제에 의한 피아노 변주곡) (2009)
by Sung-Hee Joo (1953-)

1. 7 Variations on the Theme of 'Psalm 1'
2. 6 Variations on the Theme of 'Psalm 23'
3. 7 Variations on the Theme of 'Psalm 107'
4. 8 Variations on the Theme of 'Psalm 121'
5. 10 Variations on the Theme of 'Psalm 134'
6. 8 Variations on the Theme of 'Psalm 150'

칼빈 탄생 500주년을 축하하기 위하여 그리고 그의 시편가를 사람들에게 알리기 위하여, 크리스천 작곡가 주성희는 한국어판 "제네바 시편가"(Calvin's Genevan Psalter)를 2009년 7월에 출판했다.[112] 이어서 6곡의 제네바 시편가를 주제로 한 고전적 피아노 변주곡을 작곡하였다.

주성희는 제네바 시편가의 선율을 알리기 위해 주로 성격 변주곡보다는 형식 변주곡을 썼다고 말한다.[113] 각각의 변주곡 전에 구디멜(Claude Goudimel)이 화음을 붙인 원래의 선율들이 한국어 가사를 위해 약간 수정되어 소개되어진다. 여섯 개의 변주곡들은 전반적으로 조성감을 유지하고 있으며, 각곡에 한국 전통 음악의 성격들이 조금씩 보인다. 여섯 곡 중 한국 청중에게 친근한 선율은 OLD 100TH 시편가("만복의 근원 하나님")이며, 이것은 다섯 번째 변주곡의 주제이다.

"'시편 23편'의 주제에 의한 6개의 변주곡"에서 주성희는 1543년에 작곡된 원래의 변격 도리안 선율(Ex. 36)을 차용하며, 첫 번째 변주곡(Ex. 37)에 한국 전통 음악의 색채를 선율적이고 리듬적인 방법으로 사용한다. 그리고 그는 가사에 따라 두 가지 대조되는 분위기를 만들어낸다. 즉, 세 번째와 네 번째 변주곡이 "푸른 초장"과 "쉴 만한 물가"의 목가적인 분위기를 병행 4도와 더불어 표현하는 반면, 다섯 번째와 여섯 번째 변주곡은 "주께서 나와 함께 하심이라"와 "내가 여호와의 집에 영원히 살리로다"의 가사에 따른 확신에 찬 기쁨을 표현한다.[114]

---

[112] 주성희, "칼빈 시편가 주제에 의한 '주성희의 피아노 변주곡'에 관한 연구," 개혁논총15 (2010): 265-328.

[113] Ibid., 279.

Example 36[115)]

Joo, "6 Variations on 'Psalm 23,'" Theme, mm. 1-4

Piano Variations on the Theme of Calvin's Genevan Psalter by S. H. Joo.
Copyright © 2010 by Yesol. Used by permission of composer and Yesol.

Example 37[116)]

Joo, "6 Variations on 'Psalm 23,'" Var. I, mm. 1-3

---

114) Ibid., 287.

115) Sung-Hee Joo, *Piano Variations on the Theme of Calvin's Genevan Psalter* (Seoul: Yesol, 2010), 22.

116) Ibid., 23.

24 Variations on a Bach Chorale
(바흐 코랄 주제에 따른 24개 변주곡) (2002)
by Fred Hersch (1955-)

미국 작곡가인 헤르쉬는 "재즈와 클래식 음악 두 영역 모두에서 다양한 주류 예술가들과 공동으로 탁월하게 일해 왔다."117) 이 곡에서 차용된 코랄은 바흐의 마태 수난곡에 있는 "오 거룩하신 주님, 그 상하신 머리"이다. 그러나 작곡자의 해설에서 헤르쉬는 그가 실제적으로 의도한 이 선율에 대한 가사는 글랜저(Tom Glanzer)의 "모든 사람들은 형제이므로"(Because All Men Are Brothers)라고 한다. 또한 그는 이 작품의 작곡 배경에 대해 "2001년 9월11일의 끔찍한 사건 후에 강력하고 영원한 이 선율와 이 희망적인 가사가 이 변주곡들에 영감을 주었다"고 설명한다.118) 헤르쉬의 다음의 서술은 또한 그의 종교와 이 작품의 의도를 보여준다.

> 나는 유대인으로 성장했고, 현재는 불교신자이다. 그래서 기독교는 나와 아무 상관이 없다. 영국 서정시에 민요로 불린 세속적인 "평화의 코랄"에 마태 수난곡에 대한 나의 지식이 더해져서 나를 이 코랄로 인도했다. 그러나 나는 이 코랄이 위대한 선율이고 완전하게 변주곡 형식에 알맞다는 주된 이유로 그것을 사용했다. 각각의 변주곡은 내가 재즈 피아니스트로서 한 선율을 가지고 여러 코러스들(choruses of a tune)을 즉흥연주 할 때 하는 것처럼 음악적 기술적 양식적인 초점을 가지고 있다.119)

비록 헤르쉬가 이 곡을 하나님을 찬양하는 곡으로 쓴 의도가 없다 할지라도, 그가 유명한 코랄 선율을 사용한 것이 그 선율과 관련된 크리스천 찬송가의 메시지를 전달하는 잠재력을 가지고 있을 것이다. 한편 각 변주곡 머리에 쓴 다음의 다양한 말들이 이 작품의 다양성을 보여준다. (1) delicately, (2) gracefully (Ex. 38), (3) flowing, (4) intimately, (5) wavelike, (6) jubilant, with a Brazilian rhythm, (7) mysteriously, (8) playfully,

---

117) Fred Hersch, *24 Variations on a Bach Chorale* (Glendale, NY: C. F. Peters Corporation, 2002), n.p.

118) Ibid., composer's note.

119) Fred Hersch, e-mail message to author, February 8, 2012.

(9) tango, (10) rippling, (11) veiled and dreamlike (Ex. 39), (12) joyfully, (13) lyrically, (14) festively, (15) mechanically, (16) sweetly, (17) moving, (18) passionately, (19) bittersweet (Ex. 40), (20) humorously, (21) tenderly, (22) energetically, (24) ecstatically, and (coda) majestically. 변주곡 23에는 지시어가 없으며, D 옥타브가 곡 전체에 소스테누토 페달과 함께 저음에 울리고 있다. 전체 연주시간은 약 24분이다.

Example 38[120]

Hersch, *24 Variations on a Bach Chorale*, Var. 2, mm. 1-2

Published by C. F. Peters Corporation. All rights reserved.
Used by kind permission. This permission is granted gratis.

Example 39[121]

Hersch, *24 Variations on a Bach Chorale*, Var. 11, mm. 1-2

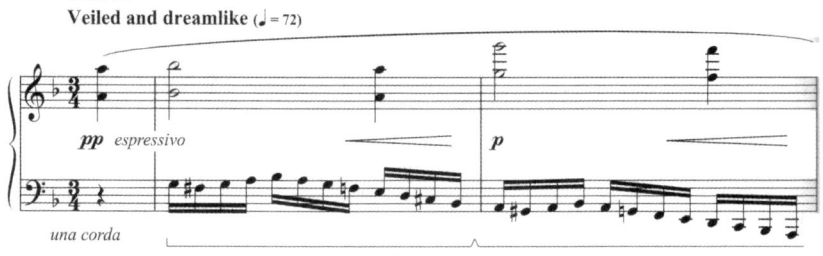

---

120) Hersch, *24 Variations on a Bach Chorale*, 4.

121) Ibid., 22.

Example 40[122)

Hersch, *24 Variations on a Bach Chorale*, Var. 19, mm. 1-2

O Come, O Come, Emmanuel Suite for Piano
(곧 오소서 임마누엘 조곡), Op. 90 (2011)
by Myung Whan (Johann) Kim (1959-)

Prelude: *Andante molto espressivo*
Allemande
Courante: *Danse grotesque*
Sarabande: Inversion
Gigue: Canon
Postlude: *Andante molto espressivo*

　김명환의 찬양의 신학은 그의 저서인 『찬양의 성전』에 적혀 있다. 시편 22편을 인용하면서 그는 찬양은 하나님이 영원히 거하시는 하나님의 성전이라는 것과 새 노래로 하나님을 찬양하는 것의 중대성을 강조한다.[123) 그는 또한 하나님의 영광을 위해 두 종류의 음악적 찬양, 즉, 회중 찬양음악과 음악 전문인의 찬양이 행해져야 한다고 주장한다.[124) 그는 이 두 가지 형태의 찬양의 균형을 생각하면서, 지금까지 찬송가 피아노 교본(Op. 18)과 다섯 권의 피아노 찬송가 변주곡집(Op. 39, 45, 48, 50, 89)에 약 120곡의 독주 피아노를 위한 찬송가 편곡

---

122) Ibid., 40.
123) 김명환, *찬양의 성전* (서울: 새찬양후원회, 1999), 104-26.
124) 김명환은 다윗 왕 시대의 "찬양 전문가들"에 대해 언급한다. Ibid., 164-65.

및 변주곡을 작곡했는데, 곡들은 초보자를 위한 쉬운 곡들부터에서 전문 피아니스트의 연주회를 위한 곡들까지 모든 수준을 망라한다.

한편 O Come, O Come, Emmanuel Suite for Piano (피아노를 위한 곧 오소서 임마누엘 조곡)는 연주회를 위해 보다 적합한 곡이다. 이 곡은 변형된 2부 형식과 전통 조곡의 리듬을 사용하는 조곡 형식의 코랄 변주곡이다. 표현적이며 기다리는 듯한 느낌의 서주와 후주는 강림절의 다양한 분위기를 묘사하는 다채로운 곡들을 싸고 있다. 이 곡 전체를 통해 종소리 화성125)이 여러 가지 형태로 나타나는데, 그것들은 신비로운 분위기를 만들면서 조성감을 극한까지 확대시킨다.

차용된 선율은 12세기 라틴어 그레고리안 성가에서 가져왔으며 헬모어(Thomas Helmore)에 의해 1854년에 편곡되어졌다. 닐(John M. Neale)에 의해 번역된 가사와 한국어 가사의 1절은 다음과 같다.

O come, O come, Emmanuel, And ransom captive Israel,
That mourns in lonely exile here, Until the Son of God appear.
Rejoice! Rejoice! Emmanuel, Shall come to thee, O Israel!126)

곧 오소서 임마누엘 오 구하소서 이스라엘
그 포로 생활 고달파 메시야 기다립니다
기뻐하라 이스라엘 곧 오시리 오 임마누엘127)

서주는 도입부와 코다 부분이 있는 변형된 코랄 전주곡이다. 여기에 여섯 부분으로 나눠진 본래의 선율이 김명환 고유의 작곡과 어우러져 여러 가지 성부에서 나타난다. 알라망드도 32분음표들이 코랄 선율 주위를 돌고 있는 연습곡 스타일의 코랄 전주곡이다. 김명환은 "이 곡은 이스라엘 민족뿐만 아니라 예수님의 고난을 묘사한다"고 말한다.128) 처음에 전체 선율이 나타나고 그 다음에 딸림조로 변화하는데, 그것은 마지막에 결국 원조로 바뀐다. 쿠랑테(Ex. 41)는 춤곡 형식의 일종의

---

125) 참조: 7장의 각주 208(p.324)과 Ex. 53(p.327).

126) John Mason Neale, trans., "O Come, O Come, Emmanuel," in *The Baptist Hymnal*, 76.

127) 한국 찬송가 공회, *찬송가*(성서원: 서울, 2007), 104장.

128) Myung Whan Kim, interview by author, Louisville, KY, December 26, 2011. All of these quotes are from the interview.

캐릭터 피스(character piece)이다. 이 곡은 "죄악된 세상의 기괴함과 그의 아들을 통해 나타난 하나님의 은혜 사이의 큰 차이"를 많은 긴장된 음정들과 풍자적인 연결부들과 더불어 묘사한다. 코다에 몇몇 종소리 화성들이 발견된다. "주님의 평화를 고대하는" 사라방드는 대위법적인 곡이다. 이것은 거꾸로 된 선율(inverted melody)로 시작하는데, 그것은 20마디부터 본래 선율과 병치한다(Ex. 42). "메시야를 향한 우리의 필요의 급박함"을 캐논의 형식으로 묘사하는 지그에서 전체의 선율이 두 번 반복된다. 이 지그에서 바로크 시대에 사용되던 전통적 2부 형식의 조 관계(‖: I-V :‖‖: V-I :‖)가 마침내 회복된다. 첫 번째 캐논(Ex. 43, mm. 1-7)에서 왼손과 오른손의 두 파트로 연주되는 선율은 같은 조인 E단조(I)-B단조(V)인 반면, 두 번째 캐논(Ex. 43, mm. 20-26)에서 왼손의 선율은 B단조이고 오른손의 선율은 B단조의 관계조인 D장조이며, 후렴 부분에서 양손은 원조인 E단조로 돌아간다. 이 곡은 "궁극적 승리와 영광"을 표현하는 화려한 코다로 끝마친다. 이어지는 명상적인 후주는 일종의 서주의 회상으로 "영원에 대한 소망"을 암시한다.

Example 41[129)]

Kim, *O Come, O Come*, Courante, mm. 1-10

O Come, O Come, Emmanuel Suite for Piano by Myung Whan Kim.
Copyright © 2011 by composer. Used by permission.

---

129) Myung Whan Kim, *O Come, O Come, Emmanuel Suite for Piano* (Yongin, Korea: NPSE, 2011), 10.

Example 42[130)]

Kim, *O Come, O Come*, Sarabande, mm. 19-27

Example 43[131)]

Kim, *O Come, O Come*, Gigue, mm. 1-7 and mm. 20-26

---

130) Ibid., 15.

131) Ibid., 16, 17.

Example 43—계속

    2012년 캄보디아로 이주한 김명환은 도마뱀의 일종인 떡가에의 울음소리를 듣고 매료되어 그것을 그대로 선율로 옮겨 주제로 한 *떡가에를 위한 샤콘느*(Chaconne for Tokkae, Op. 93, 2013)를 작곡하게 되는데, "곧 오소서 임마누엘"의 선율이 다시 한 번 이 곡에 차용된다. 작곡자는 찬송가 선율과 가사가 어떻게 떡가에와 연관이 지어졌는지에 대해 "떡가에의 울음소리와 찬송 선율 사이에 음정의 유사성"과 "떡가에가 피조물로서 하나님의 아들들—주님과 함께 한 몸의 구속을 입은 크리스천—을 기다림, 즉, 다시 오실 주님을 기다림"(로마서 8:19)을 이야기한다.

    이 곡은 높은 기교를 요구하며, Cambodia Piano Teachers Association과 캄보디아인들에게 헌정되었다. 2014년 4월 26일 캄보디아 프놈펜에서 재캄 피아니스트 조은혜(Grace Cho)가 초연했다. 연주 시간은 약 13분이다. 유투브132)에서 악보와 함께 연주를 들을 수 있다.

---

132) https://www.youtube.com/watch?v=BsfX76zIGbM

끝으로 김명환의 찬송가 변주곡들 중 필자가 좋아하는 다음 곡목들을 클래식 연주회의 곡으로 혹은 예배의 특별순서 찬양곡으로 추천한다.133)

찬송가 피아노 변주곡 1, Op. 39 중
2. 거룩 거룩 거룩 (클래식 변주곡)
7. 다 감사드리세 (연습곡 스타일)
8. 십자가 그늘 밑에 (재즈 화성을 사용한 변주곡)
12. 면류관 가지고 (교향적 변주곡)

찬송가 피아노 변주곡 2, Op. 45 중
7. 천지에 있는 이름 중 (클래식 변주곡)
8. 시온의 영광이 빛나는 아침 (클래식 변주곡)
10. 주 날개 밑 내가 편히 쉬네 (자유로운 변주곡)
14. 예수께로 가면 (연습곡 스타일 A - 푸가 B - A')
15. 저 장미꽃 위에 이슬 (연습곡 스타일의 자유로운 변주곡)

찬송가 피아노 변주곡 3, Op. 48 중
10. 묘한 세상 주시고 (다양한 증화음을 사용한 자유로운 변주곡)
12. 만세반석 열리니 (자유로운 변주곡)
15. 만백성 기뻐하여라 (환상적 변주곡)

찬송가 피아노 변주곡 4, Op. 50 중
5. 나 같은 죄인 살리신 (세마치장단과 종소리 화성을 사용한 변주곡)
12. 내 주를 가까이 하려함은 (환상적 변주곡)
14. 만유의 주 앞에 (연습곡 스타일의 자유로운 변주곡)

찬송가 피아노 변주곡 5, Op. 89 중
5. 값비싼 향유를 주께 드린 (야상곡)
6. 이 얼마나 놀라운 사랑인가 (푸가)
7. 겟세마네로 가라 (푸가)
8. 그 상하신 머리 (푸가)

---

133) 대부분의 악보들은 현재 http://newpraise.org/Vision%2060-2020.htm에서 무료로 출력할 수 있다.

6

성경과 관련된 피아노 작품들

주의 모든 계명이 의로우므로
내 혀가 주의 말씀을 노래할지니이다
(시편 119:172)

이번 장에서는 성경의 역사적 사건, 메시지, 비유, 혹은 장면 등이 기악 음악을 통해 표현되고 묘사되어질 수 있다는 사실을 보여주는 피아노 작품들을 소개한다. 작곡가들이 찬송가 선율에 의지하지 않는 독립적인 기악 음악을 통하여 성경의 여러 다양한 내용들을 어떤 의미로는 더 창의적이고 자유롭게 표현할 수 있는데, 여기에 시공을 초월한 음악적 혹은 심리적 영혼의 공감대가 존재할 수 있다. 작곡가들은 성경 본문을 전달하기 위해 여러 음악적 상징주의의 기법들을 사용하는데, 때로 본문과 어울리는 찬송가의 선율을 차용하기도 한다. 이 범주는 세 번째 범주와 함께 음악적 상징주의에 속할 수 있는데, 소재의 직접적인 성경과의 연관성 때문에 세 번째 범주와 구별되었다.

음악적 주해(Musical Exegesis)

"exegesis"란 단어는 전통적으로 성경의 해석(주해)을 의미한다. 따라서 "음악적 주해"란 용어는 성경의 음악적인 해석을 의미한다. 이러한 개념은 어거스틴과 중세 시대에서 이미 발견되어지는데, 마틴 루터에 이르러 구체적으로 모양을 갖추게 되었다. 샬크(Carl F. Schalk)는 루터가 생각하는 음악의 의미와 역할에 대해 다음과 같이 요약한다. "그러나 신학자로서의 루터에게 있어서 음악은 원래 신비롭고 비유적인 사색의 문제가 아닌 신학과 밀접하게 묶여지고 창조자를 찬양하는 것과 하나님의 말씀을 선포하는 것을 목적으로 하는 실용적인 예술이었다."1) 또한 바르텔(Dietrich Bartel)은 루터교도가 어떻게 음악과 수사학 사이의 연합을 특별하게 발전시켰는지 설명한다.

> 루터교도의 음악적 주해는 라틴어 학교(Lateinschule)의 환경에서 음악과 수사학 사이의 역사적인 연합에서 번창했는데, 그것은 유럽의 어떤 다른 음악 전통보다 더 분명하고 체계적으로 음악과 수사학의 학과목들을 결합하며, 본문과 감정을 묘사하는 시적 음악(musica poetica)으로 인도했다.2)

슈틸러(Günther Stiller)는 루터의 음악적 설교(musical sermon)에 대한 생각을 관찰하였다.

> "복음전도 장면에서 설교와 음악적 성경 해석(musical exegesis of Scripture)이 '설교 음악'[*Prediktmusik*] 안에서 하나로 합쳐지는 것은 놀랍지 않다." … 루터는 벌써부터 음악이 전적으로 "성경 해석과 하나님의 말씀에 생기를 불어넣는 것을 돕는 데에" 사용되어지는 것을 보길 원했다. 그래서 그는 "선율과 리듬과 화성과 대위법적인 방법을 통하여서 성경의 본문을 강화시키고 그래서 그것으로 듣는 자를 완전히 감동시킬 수 있는 음악적 성경 해석"을 마음에 두고 있었으며, 참으로 루터 자신은 … 울리는(음악적) 설교(*klingende Predikt*, musical sermon)라는 표현을 사용했다.3)

결국 루터의 음악적 주해에 대한 생각은 실제적으로 많은 크리스천 성악 음악에서 성취되었다. 성악 음악에서 악기들의 역할 또한 중요한 것이었는데, 이것은 마침내 성경적 주제에 대한 기악의 독립적인 음악적 주해로 이어진다.

기악의 음악적 주해는 (1)성경적 본문(감정을 포함한)의 묘사와 (2) 성경에 있는 구어(spoken language)의 모방이란 두 가지 표현 방법으로 구분되어질 수 있다. 예를 들어, 쿠나우(Johann Kuhnau)는 그의 *성경적 소나타*에서 성경에 있는 여러 가지 장면과 이야기를 기악적 표현

---

1) Carl F. Schalk, *Luther on Music: Paradigms of Praise* (St. Louis: Concordia Publishing House, 1988), 19.

2) Dietrich Bartel, *Musica Poetica: Musical-Rhetorical Figures in German Baroque Music* (Lincoln: University of Nebraska Press, 1997), 62-63.

3) Günther Stiller, *Johann Sebastian Bach and Liturgical Life in Leipzig* (St. Louis: Concordia Publishing House, 1984), 150. Brackets are Stiller's.

으로 묘사하는 것을 시도했고, 하이든(Joseph Haydn)은 그의 기악 작품인 *십자가상의 칠언*의 주제에서 십자가상의 예수님의 말씀을 오라토리오 작품처럼 성악적 선율로 표현했다. 기악의 음악적 주해의 음악적 기초는 감정의 학설(Affektenlehre),[4] 음악극(melodrama),[5] 음악적 상징주의,[6] 그리고 인상주의[7] 등과 관계가 있다.

---

4) "17세기 후반과 18세기 초반의 음악이론가들은 본문의 '감정'이 적당한 조의 선택과 사리분별 있게 만들어진 선율의 질을 통한 그것의 음악적 환경에 반영되어짐으로 감상자 안에 적절한 감정을 불러일으켜야 한다고 주장했다." Grove Online, s.v. "Affektenlehre" [on-line]; accessed 7 September 2011; available from http://www.oxfordmusiconline.com.ezproxy.sbts.edu/subscriber/article/opr/t114/e94; Internet. Grove Online is a subscriber-only service.

5) "음악적인 해설에 가사나 대본(words)이 낭송되어지는 극적인 작곡 혹은 연극이나 오페라의 부분." Ibid., s.v. "Melodrama" [on-line]; accessed 7 September 2011; available from http://www.oxfordmusic online.com.ezproxy.sbts.edu/subscriber/article/opr/t237/e6698?q=melodrama&search=quick&pos=3&_start=1#firsthit; Internet.

6) 참조: 7장, pp. 252-53.

7) "이 용어는 인상주의자들이 좋아했던 풍경이나 자연현상, 특별히 물이나 빛의 형상의 표현을 기악적 색채로 가득 차 있는 미묘한 짜임을 통해 유사하게 표현한 20세기 초반의 프랑스 음악에 적용되어졌다." Ibid., s.v. "Impressionism" [on-line]; accessed 12 September 2011; available from http://www.oxfordmusiconline.com.ezproxy.sbts.edu/subscriber/article/opr/t114/e3397?q=impressionism&search=quick&pos=2&_start=1#firsthit; Internet.

선택된 곡목들

Musicalische Vorstellung einiger biblischer Historien in 6 Sonaten
(*Musical Presentations of Some Biblical Stories in 6 Sonatas,*
6개의 성경적 소나타) (1700)
by Johann Kuhnau (1660-1722)

1. The Fight between David and Goliath
2. Saul Cured through Music by David.
3. Jacob's Wedding
4. The Mortally Ill and Then Restored Hezekiah
5. The Savior of Israel: Gideon
6. Jacob's Death and Burial

바로크 시대에 예배와 별도로 기악을 위해 성경적 표제음악을 쓴 작곡가가 있다는 것이 놀랍다. 그는 요한 쿠나우(Johann Kuhnau)이다. 그 당대의 사람의 말을 빌자면, 쿠나우는 "신학, 법학, 수사학, 수학, 외국어들, 그리고 음악에 매우 조예가 깊었다."[8] 마지막 르네상스적 교양인들(Renaissance men) 중의 한 사람으로 쿠나우는 J. S. 바흐의 직속 전임자로 알려져 있다. 다시 말해, 그는 토마스 교회(Thomaskirche)의 오르가니스트였고, 또 토마스 학교(Thomasschule)— 쿠나우는 토마스 학교에서 노래와 종교를 가르쳤다—의 합창 지휘자(cantor)였다.[9]

스테른(Max Stern)은 *성경적 소나타*를 음악적 성경 해석의 예로 간주하며, 이 작품을 건반악기 표제음악의 시초로 보고 있다.

"다윗과 골리앗의 싸움"과 그의 다른 성경적 소나타들에서 쿠나우는 어떻게 건반악기 음악이 시적인 본문 없이 행동의 감정적 상태를 정확하게 담아내며 성격을 묘사할 수 있는지 천리안적으로 보여주고 있다. … 쿠나우가 이 탈리안 마드리갈과 그것의 음으로 칠한(음화) 단어들(tone painting words)에 의해 영향 받았다는 직감이 든다.

성경을 음화 하려는 그의 시도에서 쿠나우는 언어 예술과 음악을 연결시

---

[8] Howard D. McKinney and W. R. Anderson, *Music in History: The Evolution of an Art*, 2nd ed. New York: American Book Company, 1957), 340.

[9] Max Stern, *Bible and Music: Influence of the Old Testament on Western Music* (Jersey City, NJ: KTAV Publishing House, 2011), 218.

컸다. 성경은 한 후기 바로크 작곡가가 그것의 메시지에 생기를 불어넣도록 동기를 부여하며 … 이 과정에서, 흔히 간과되지만, 중요한 참고 문헌으로서 의미 있는 역할을 했다.10)

설교자로서 쿠나우는 매번 곡마다 주제로 삼은 구약성경의 본문을 소개하며, 이 주제를 어떻게 연주자와 감상자의 삶에 적용하여야 하는가에 대한 메시지를 적었다. 비록 그가 이 작품의 몇몇 악장에서 코랄 선율을 차용하긴 했지만, 전체 작품으로 볼 때에 이 소나타들은 "성경과 관련된 작품"의 범주에 속한다. 쉐딘저(R. C. Shadinger)는 이 작품들을 소나타라기 보단 다양한 춤 장르와 대위법적 형식과 코랄을 다룬 여러 악장의 조곡 유형의 작품으로 간주했다.11) 그러나 키르비(F. E. Kirby)는 이 작품을 표제적 소나타로 묘사한다.

> 여섯 개의 성경적 소나타는 더 많은 관심을 불러일으킨다. 이 작품은 사실상 19세기적 의미로는 표제적 소나타인데, 그 주제들을 구약성경에서 가져온다. 쿠나우는 이 작품을 오라토리오와 유사하게 여겼다. 각각의 소나타는 전체적으로 어떤 이야기를 담고 있으며, 소나타의 각 악장은 구체적인 에피소드나 상황을 묘사한다. 결국 각 악장은 바로크 음악의 전통처럼 단일의 정서를 표현한다.12)

실비거(Alexander Silbiger)는 또한 쿠나우의 "말로 된 표제"를 논한다.

> 이 소나타들은 자세하게 말로 묘사된 첫 번째 건반악기 작품이며(폴리에티 Poglietti의 한 소나타를 제외하곤), 그 자체로 실제적으로 19세기 전까지 비길 것이 없었다. … 그의 말로 된 표제들(verbal programs)은 그러므로 음악의 상징적이고 비유적인 내용을 설명하는 데에 필수불가결한 것이다. 오직 그것들이 동화되어질 때, 음악은 감상자에게 그것의 충분한 효과를 가져다 줄 것이다.13)

---

10) Ibid., 225-26.

11) Richard Cole Shadinger, "The Sacred Element in Piano Literature: A Historical Background and an Annotated Listing" (D.M.A. diss., The Southern Baptist Theological Seminary, 1974), 19.

12) F. E. Kirby, *Music for Piano: A Short History* (Portland, OR: Amadeus Press, 1995), 35.

13) Alexander Silbiger, *Keyboard Music before 1700* (New York: Routledge, 2004), 216.

쿠나우는 그의 음악을 통해 고통 가운데 있는 사람들을 격려하기 위해서뿐만 아니라 음악적 대조를 가장 잘 표현하기 위해 적당한 성경 이야기들을 선택한 것 같다. 그가 선택한 여섯 개의 이야기에는 악장의 수와 관계없이 공통적인 이야기 구조가 발견되어지는데, 그것은 대략 "위기 - (기도로 맞섬) - 승리 - 환희 혹은 하나님으로부터의 위로"로 간추려질 수 있겠다.

1. "다윗과 골리앗의 싸움 (The Fight between David and Goliath)"

이 곡은 사무엘상 17:1-18:7의 잘 알려진 이야기를 다룬다. 각 악장에 대한 쿠나우의 설명은 다음과 같다.

(1) 골리앗의 쿵쿵 걸음과 소리침.
(2) 이스라엘인의 떨림과 무서운 적을 보고 하나님께 드리는 기도.
(3) 다윗의 확고부동함과 거인의 허풍떠는 도전을 짓밟는 역설, 그리고 그의 어린 아이 같은 하나님의 도우심에 대한 신뢰.
(4) 다윗과 골리앗 사이에 오가는 도전적인 말들과 싸움. 여기서 돌이 골리앗의 이마에 던져지고, 그는 넘어지고, 결국 죽임을 당한다.
(5) 블레셋인의 도망침, 그리고 어떻게 이스라엘인이 그들을 추격하고 칼로 죽였는지.
(6) 승리에 대한 이스라엘인의 기뻐함.
(7) 여인들의 합창으로 연주되는 다윗의 영광에 대한 음악회.
(8) 마침내 춤추며 떠드는 중에 보이는 모두의 행복함.14)

이 소나타는 "음악적 차용" 뿐만 아니라 "음악적 회화(musical picture)" 기법을 사용한다. 2악장과 4악장에서 이 두 가지 기법의 예가 발견되어지는데, 2악장의 "내가 깊은 데서 주께 부르짖었나이다"15)의 코랄 차용은 이스라엘인의 기도를 친숙하게 전달하기 위함으로 보인다. 동시에 계속되는 반음계적인 8분음표의 코랄 반주는 이스라엘인의 두려움을 묘사하는 듯하다(Ex. 1). 4악장에서 쿠나우는 "*casca*

---

14) Johann Kuhnau, *Six Biblical Sonatas for Keyboard*, trans. and annotated Kurt Stone (New York: Broude Brothers, 1953), 3.

15) 이 코랄은 마틴 루터의 작품이며 그 본문은 시편 130편에서 비롯되었다. "Out of the depths I cry to Thee; Lord, hear me, I implore Thee! Bend down Thy gracious ear to me; Let my prayer come before Thee! If Thou remember each misdeed, If each should have its rightful meed, Who may abide Thy presence?" James F. Lambert, *Luther's Hymns* (Philadelphia: General Council Publication House, 1917), 29.

Goliath"(골리앗이 넘어지다)이라는 문장을 일련의 짧은 반음계적 하행 음형(Ex. 2)에 덧붙였는데, 이것은 회화주의(pictorialism) 범주 하의 음악적 상징주의의 한 예가 될 수 있다. 그러나 이 소나타의 마지막 악장은 "그 시대의 친근한 춤곡 형식"을 사용하는데, 이것은 음악적 차용이나 회화주의와 상당히 다른 스타일이다.16)

Example 1[17]

Kuhnau, *Biblical Sonata*, No. 1, 2nd mov., mm. 1-9

Example 2[18]

Kuhnau, *Biblical Sonata*, No. 1, 4th mov., mm. 10-12

---

16) McKinney, *Music in History*, 341.

17) Kuhnau, *Six Biblical Sonatas for Keyboard*, 6. 참조.

18) Ibid., 8. 참조.

2. "다윗의 음악으로 회복된 사울 (Saul Cured through Music by David)"

이 소나타의 내용은 사무엘상 16:14-23의 것이다. 각 악장의 제목은 다음과 같다.

(1) 사울의 우울함과 광기,
(2) 다윗의 신선한 하프 연주, 그리고
(3) 왕의 회복된 마음의 평안.[19]

이 소나타의 중요성은 쿠나우가 그의 음악적 언어를 통해 사람의 심리를 묘사했다는 데에 있다. 쿠나우의 아래 글은 그의 이러한 음악적 시도를 설명한다.

> 이제 내가 사람들에게 나의 의도들을 설명하지 않는다면, 나는 확실히 이 소나타들의 많은 악장들이 어떤 사람들에게 문젯거리로 보일 것 같다고 상상한다. 그 예로 2번 소나타에서 사울왕의 광기의 맹렬한 발작은 연속적으로 흐르는 5도 진행으로 묘사되며, 혹은, 유사하게 그의 깊고 우울하고 무거운 마음은 주제에 있는 선법의 경계를 넘어선 그럴듯한 범법으로 … 그리고 일반적인 법칙으로부터의 다른 일탈들로 묘사된다. 하지만 이것들은 모두 답변되어질 수 있으며, 이유 없이 써지지 않았다.[20]

첫 번째 악장은 3성 푸가를 지닌 환상곡으로 분류되어질 수 있다. 실비거는 이것을 전체 성경적 소나타들 중 가장 뛰어난 악장으로 간주한다. 그는 이 악장을 다음과 같이 묘사한다.

> 여기에서 우리는 애타게 하는 레치타티브의 혼합과 한바탕의 규칙적인 형태를 발견한다. 아마도 반세기보다 더 뒤에 써진 많은 C. P. E. 바흐의 건반악기 작품들의 감수성[Empfindsamer Stil, 감정과다양식]의 전례로 더 나은 것을 찾기 힘들 것이다. 뒤이은 푸가는 대선율을 포함하는 비교적 엄격한 푸가의 형식 안에서 "광기"가 어떻게든 전달되기 때문에 더 인상적이다. … 다시 말해, 푸가의 한결같은 전위는 이제 아마도 시작 악장의 "의식의 흐름"보다 한층 더 불안감을 주며 우리에게 특별히 사울의 광기의 생생한 느낌을 준다.[21]

---

19) Ibid., 14.

20) Ibid., viii.

21) Silbiger, *Keyboard Music before 1700*, 217.

쿠나우는 사울의 우울함을 시작 부분의 단조 화성들과 푸가의 주제에 있는 감7음정으로 묘사한다(Ex. 3). 갑자기 나타나는 32분음표의 분산 화음들과 느리게 반복되어지는 우울한 부분의 혼합(Ex. 3, 112마디 이하)은 사울의 불안정한 정신적 상태를 보여준다.

Example 3[22]

Kuhnau, *Biblical Sonata*, No. 2, 1st mov., mm.1-5, mm. 48-52, mm. 112-18

2악장에서는 건반악기로 연주되는 하프의 음악이 들려진다. 그것은 화성 부분들과 차례로 내려오는 음형들(Ex. 4)로 구성되어지는데, 각각 다윗의 "하나님을 찬양함"과 "사울을 위로함"을 모방하고 있는 것 같다. 하프 연주를 모방하기위해 연주자는 화음들을 아르페지오로 연주할 수 있다. 이 악장은 일곱 개의 작은 부분으로 이루어지는데, 이것은 수 상

---

[22] Kuhnau, *Six Biblical Sonatas for Keyboard*, 15, 16, 19. 참조.

징주의(number symbolism)와 관련지을 수 있다. 마지막 악장의 점 리듬들(dotted rhythms)은 감상자들로 사울의 만족함과 춤추는 사울을 떠올리게 한다.

Example 4[23]

Kuhnau, *Biblical Sonata*, No. 2, 2nd mov., mm. 1-21

3. "야곱의 결혼(Jacob's Wedding)"

이 이야기는 창세기 29:1-30에 쓰여 있다. 행복한 분위기로 시작한다는 점에서 이 소나타의 이야기 구성이 다른 소나타들과 조금 다른데, 사실상 이 시작 부분은 위기의 전주곡이라 할 수 있겠다.

(1) 사랑하는 사촌 야곱의 도착으로 라반의 온 집안이 기쁨.
(2) 사랑의 속삭임으로 인해 쉬워진 야곱의 종살이.
(3) 야곱의 결혼, 축사, 그리고 라헬의 친구들이 부르는 결혼 축가.
(4) 정직한 사촌인 신랑에게 라헬 대신 레아를 들여보낸 라반의 속임.
(5) 행복한 신랑은 결혼 첫날밤에 뭔가 잘못되었다는 것을 느끼지만, 즉시 그것을 잊고 잠이 든다.
(6) 속은 것에 대한 야곱의 괴로움.
(7) 야곱의 새로운 결혼의 기쁨, 혹은 전 것의 재현부.[24]

이 소나타에서 쿠나우는 기대와 어긋나는 진행에 대한 그의 의도를 다음과 같이 설명한다.

---

23) Ibid., 20. 참조.

24) Ibid., 26.

여러 번의 좀 이상한 음들과 종지들이 간간히 섞인 우아한 선율로 불행에 대한 우려가 섞인 신랑의 사랑과 만족[이 표현된다]. 그리고 이와 같이 감상자들의 귀를 속임으로, 또한 선법에서 다른 것으로의 뜻밖의 진행으로 라반의 속임[이 표현된다].25)

"색다른 상징주의"(Idiosyncratic Symbolism)란 제목 하에 히크만(Melinda Lee Hickman)은 쿠나우의 화성적 상징에 대해 설명한다.

이 음악은 즉흥적인 성격을 가지고 있으며, 이 소나타의 어떤 다른 악장들보다 반음계적이며, 몇몇 거짓 종지 혹은 위종지(deceptive cadence)를 포함한다. … "거짓"이란 말은 주음으로 해결되는 것이 지연될 때에 쓰이는 현대 용어이다. 그러나 그것은 기대하던 화음이 울리지 않았다는 가벼운 놀람(mild surprise)을 초래한다. 쿠나우의 생각은 속임의 상징으로서의 이러한 화성적 놀람을 사용하게 되었다.26)

Example 5²⁷⁾

Kuhnau, *Biblical Sonata*, No. 3, 6th mov., mm. 1-8

---

25) Ibid., xiii.

26) Melinda Lee Hickman, "Meaning in Piano Music with a Religious Theme: A Philosophical and Historical Approach" (D.M.A. diss., University of Cincinnati, 2001), 55.

27) Kuhnau, *Six Biblical Sonatas for Keyboard*, 37. 참조.

6악장에 G 장조(V) - 'A 단조(vi) 대신 A 장조' - B-flat 장조 - C-sharp 장조 - D 장조 등(Ex. 5)과 같이 위종지의 사슬로 보이는 뜻밖의 진행들이 있다.

4. "죽을 병에서 회복된 히스기야
(The Mortally Ill and then Restored Hezekiah)"

이것은 여섯 개의 소나타 중 가장 짧은 것이며 열왕기하 20:1-7의 이야기를 다룬다.

(1) [그의 임박한] 죽음에 대한 소식에 슬퍼진 히스기야 왕의 마음, 그리고 애가에 실린 그의 회복에 대한 간절한 기도를 다음 절(verse)로 표현한다. "아아 주여, 이 불쌍한 죄인을(Ach Herr mich armen Sünder)" 코랄 중 "나의 기도를 들으소서, 나의 사랑하는 주여(Hear Thou me, dearest Master, from the chorale)."
(2) 하나님이 그의 기도를 들으시고 그가 확실히 그의 건강을 회복시켜줄 것이며 그의 적들로부터 그에게 평화를 주실 것이란 그의 확신을 다음 절로 표현한다. 위에 언급한 코랄 중 "물러가라! 악을 행하는 모든 자들아, 나는 회복되었다(Out! All ye evil-doers, for I have been restored)."
(3) 그의 회복으로 인한 기쁨. 이 과정에서 그는 잠시 그의 과거의 비참함을 생각하지만, 곧 그것을 다시 잊는다.28)

쿠나우가 여기서 차용한 코랄의 선율은 하쓸러(Hans Leo Hassler, 1564-1612)가 작곡한 것—후에 수난 코랄인 "오 거룩하신 주여, 그 상하신 머리"의 선율—이며, 쿠나우가 인용한 가사는 슈네가쓰(Cyriakus Schneegass, 1546-1597)가 1597년에 시편 6편을 바꿔 쓴(paraphrased) "아아 주여, 이 불쌍한 죄인을"(Ach Herr mich armen Sünder)이다.29)

---

28) Kuhnau, *Six Biblical Sonatas for Keyboard*, 39. Brackets are Stone's.

29) "이 놀라운 선율은 충분히 그러한 관심을 끌만하다. 그것은 1601년에 Hans Leo Hassler의 세속적인 사랑의 노래인 *Mein G'müt ist mir verwirret von einer Jungfrau zart* (My spirit is distracted all through a maiden fair)로서 처음 알려졌다. … 1613년에 이미 Christoph Knoll이 사랑의 노래에서 '*Herzlich thut mich verlangen nach einem seel'gen End* ('My longing is most hearty toward a blessed end')로 시작하는 가사의 찬송가로 만들었다. 1620년에 Schneegass라고 불리는 시인이 그 가사를 '*Ach Herr, wir armen Sünder*' ('O Lord, all we poor sinners')로 바꾸었고, 1656년에 … Paul Gerhardt가 이 노래를 현재 루터 코랄집과 마태 수난곡에 실려 있는 가사로 수난절 코랄로 확고히 굳혔다." **Sigmund Sapaeth, "The Private Life of Johann**

성경과 관련된 피아노 작품들   197

다음의 2절과 5절이 각각 히스기야 왕의 애가와 확신의 노래로 쓰였다.

(2)
Heal me, dear Lord, 사랑하는 주님, 나를 고치소서
for I am sick and weak, 내가 아프고 연약하며
my heart, seriously wounded, 나의 마음 심하게 상처입고
suffers great trouble, 극심한 곤란으로 고통당하며
my bones are vexed, 나의 뼈는 어그러지고
I feel anxious and afraid, 나는 근심과 두려움을 느끼며
my soul is also vexed. 나의 영혼 역시 시달리나이다.
Ah Lord, why do you take so long!
아아 주님, 어찌하여 당신은 이렇게 늦으시는지요!

(5)
Now give way, you evildoers, 이제 물러가라, 너 악을 행하는 자들이여,
help has now come to me. 도움이 이제 나에게 왔도다.
The Lord is my deliverer, 주님은 나의 구원자시며
he accepts my entreaty, 그는 나의 탄원을 받으시며
he hears the voice of my weeping, 그는 나의 울음소리를 들으시니
quickly there must fall away 그의 적들과 나의 적들 모두는
all those who are his enemies 속히 사라질 수밖에 없으며
and my enemies and meet a shameful end.30) 창피스런 최후를 마치리라.

힌슨은 1악장과 2악장의 형식을 "코랄 전주곡을 둘러싸고 자유롭게 작곡되어진 것"으로, 또 3악장은 2악절의 곡으로 설명한다.31) 만일 이 소나타 한 곡만 따로 떼어 생각하면, 이것은 동시에 첫 번째와 두 번

Sebastian Bach," in *Stories behind the World's Great Music* (New York: Garden City Publishing Co., 1940), 21. (Sapaeth의 Schneegass의 독일어 제목은 mich를 wir로 잘못 쓴 듯하다. 또한 Schneegass의 시는 이미 1597년에 써졌고, 그 시가 이 선율에 부쳐진 것은 그의 죽음 이후의 일이다. 가사와 선율이 합쳐진 시기에 관련된 기록이 다음의 Westermeyer의 글에는 다르게 적혀있다.)
"Hassler의 죽음 다음 해인 1613년에 장례 찬송가인 'Herzlich tut mich verlangen'이 이 선율에 합쳐졌으며 그렇게 불렸다. 이후 1625년에 그것은 다른 깊이 심각한 가사인 'Ach, Herr, mich armen Sünder'에 합쳐졌다. 이것은 참회하는 시편인 시편 6편에 기초한 것이다." Paul Westermeyer, *Let the People Sing: Hymn Tunes in Perspective* (Chicago: GIA Publications, 2005), 70.

30) English translation by Francis Browne, from Bach Cantatas Website [on-line]; accessed 11 March 2012; available from http://www.bach-cantatas.com/Texts/Chorale 069-Eng3.htm; Internet.

31) Maurice Hinson, ed. *Anthology of Baroque Keyboard Music* (Van Nuys, CA: Alfred Music Publishing, 1998), 18.

째 범주에 속한다. 쿠나우가 다른 가사와 분위기를 가진 같은 코랄로 두 악장을 대조시킨 것이 흥미롭다. 느리고 고통스런 1악장(Ex. 6)과 즐겁고 춤추는 듯한 2악장(Ex. 7)을 비교해 보라. 2악장의 춤은 파스피에(passepied)나 이탈리아 풍의 지그 같으며, 여기에서 작곡자의 고유의 선율과 차용된 코랄이 함께 어우러진다. 히크만은 이러한 대조를 논하면서 쿠나우가 이 소나타에서 구조주의(structuralism)를 사용하고 있다고 주장하며 구조적 기능의 긍정적 효과를 설명한다.

비록 감상자가 이 코랄을 잘 알지 못하고 또 곡목 해설을 읽지 않았다 할지라도, 첫 악장에서의 이 주제가 두 번째 악장에서 과격하게 변하는 것을 듣는 것은 사람의 사고방식에 있어서의 긍정적인 변화를 나타낼 수 있다. 이 일반적인 의미는 바로 음악의 구조에 존재한다.[32]

Example 6[33]

Kuhnau, *Biblical Sonata*, No. 4, 1st mov., mm. 1-14

---

32) Hickman, "Meaning in Piano Music with a Religious Theme," 60.

33) Kuhnau, *Six Biblical Sonatas for Keyboard*, 40. 참조.

Example 7[34]

Kuhnau, *Biblical Sonata*, No. 4, 2nd mov., mm. 1-10

5. "이스라엘의 구원자: 기드온 (The Savior of Israel: Gideon)"

이 이야기는 사사기 7장에 나와 있다.

(1) 하나님이 그에게 말씀하신 승리의 약속에 대한 기드온의 염려.
(2) 적의 엄청난 군대를 보고 불안.
(3) 적의 꿈과 그것의 해몽을 듣고 용기가 생김.
(4) 트롬본과 트럼펫을 붐, 또한 항아리들을 깨고, 그리고 함성.
(5) 적의 도망함과 이스라엘인의 추격.
(6) 놀라운 승리에 대한 이스라엘인의 기쁨.[35]

이 소나타의 4악장은 트롬본과 트럼펫을 불고, 항아리를 깨고, 함성을 지르는 것을 묘사한다. 트롬본과 트럼펫 소리의 모방은 <Ex. 8>에서 볼 수 있다. 115번의 빠르게 반복되는 음표는 전장에서 나는 소리들을 혹은 얼마나 많은 항아리들이 깨졌는지를 묘사하는 듯하다(Ex. 8, 11마디 이하).

---

34) Ibid., 41. 참조.

35) Ibid., 45.

Example 8[36]

Kuhnau, *Biblical Sonata*, No. 5, 4th mov., mm. 1-3 and mm. 11-12

6. "야곱의 죽음과 매장(Jacob's Death and Burial)"

이 이야기는 창세기 48:1-50:21에 실려 있다. 참고로 야곱의 다른 이름은 이스라엘이다.

(1) 사랑하는 아버지의 죽음의 침상에서 불안한 이스라엘의 자식들의 마음.
(2) 그의 죽음에 대한 그들의 탄식, 그리고 후에 일어날 일들에 대한 생각들.
(3) 이집트에서 가나안 땅을 향한 여행.
(4) 이스라엘의 매장과 그곳에서 일어난 사무치는 애도.
(5) 살아남은 자들의 위로받은 마음.[37]

이 소나타의 3악장에서 쿠나우는 여행을 65마디 동안, 즉, 이 악장 전체를 통해 왼손의 반복되는 8분음표로 묘사하는데, 그것은 도보로 하는 긴 여행을 묘사하는 것 같다. 4악장(Ex. 9)은 장례식 분위기인데, 거기에 힘겹게 숨을 쉬거나 우는 것을 모방한 일종의 "탄식 동기"(sighing motif)가 사용된다.

---

36) Ibid., 50. 참조.

37) Ibid., 53.

Example 9[38]

Kuhnau, *Biblical Sonata*, No. 6, 4th mov., mm. 13-18

Die Sieben letzten Worte unseres Erlösers am Kreuze
(*The Seven Last Words of Our Saviour on the Cross*,
우리 구주의 십자가상의 마지막 칠언) (1787)
by Joseph Haydn (1732-1809)

1. Introduction (서곡)
2. Sonata No. 1: "아버지여 저희를 사하여 주옵소서 자기의 하는 것을 알지 못함이니이다." (누가복음 23:34)
3. Sonata No. 2: "내가 진실로 네게 이르노니 오늘 네가 나와 함께 낙원에 있으리라." (누가복음 23:43)
4. Sonata No. 3: "여자여 보소서 아들이니이다." (요한복음 19:26)
5. Sonata No. 4: "나의 하나님 나의 하나님 어찌하여 나를 버리셨나이까?" (마가복음 15:34)
6. Sonata No. 5: "내가 목마르다." (요한복음 19:28)
7. Sonata No. 6: "다 이루었다." (요한복음 19:30)
8. Sonata No. 7: "아버지여 내 영혼을 아버지 손에 부탁하나이다." (누가복음 23:46)
9. The Earthquake (지진)

이 작품은 1796년에 작곡된 오라토리오로서 잘 알려져 있지만, 이것은 본래 1786년에 오케스트라를 위해 써졌고, 그 후 현악 4중주를 위해, 그리고 피아노를 위해 개작되어 1787년에 출판되었다. 이 곡이 원래 피아노곡은 아니지만, 고전주의 시대에 성경과 관련되어 피아노를 위해 써진 유일한 곡이란 점에서 의미가 있다. 다음의 이야기는 그것의 배경과 내용, 그리고 평가를 다루고 있다.

---

38) Ibid., 59. 참조.

또 다른 작품 의뢰는 카디즈(Cádiz)로부터 받은 매우 색다른 것이었는데, 그것은 일종의 수난곡으로 성주(Holy Week) 동안, 아마도 성금요일(Good Friday)에 어둡게 한 교회에서 연주하도록 되어있는 그리스도의 마지막 말들에 부쳐진 일련의 관현악곡이었다.

하이든은 포스터(Forster)에게 이 작품에 대해 "일곱 개의 소나타로 나눠진 순수한 기악음악으로 각 소나타는 7-8분이 걸리며, 서곡으로 시작하고 '지진(*Terremoto* or Earthquake)'으로 마침. 이 소나타들은 우리 구주가 십자가에서 말씀하신 말들에 근거하여 작곡되었고, 또 그 말들에 적당한 곡이다. … 각 소나타, 아니 그 본문의 작곡은 오직 기악음악으로 표현되지만, 결국 그런 식으로 하여 그것은 가장 숙련되지 않은 감상자들에게조차도 가장 심오한 인상을 창조한다"라고 설명한다.

그리징어(Griesinger)는 '하이든은 종종 이 작품이 그의 가장 성공적인 작품 중 하나라고 말했다'라고 논평한다. 이 작품은 널리 연주되며 호의적으로 받아들여졌는데, 이는 이 작품이 특히 음화(tone-painting)나 과도한 글자대로의 해석, 그리고 사소한 문제의 주된 위험들로 여겨졌던 것을 피한 것 덕분이었다. 하이든은 또한 마지막 칠언을 편곡으로도 팔았는데, 현악 사중주와 건반악기를 위한 것들이었다.39)

사중주곡이 하이든에 의해 써진 반면, 피아노곡은 누군지 알 수 없는 음악가에 의해 편곡되었다. 하지만 이 곡은 '편곡자 미상'이 아닌 하이든의 이름으로 수록되었다. 왜냐하면 하이든이 이 피아노 편곡을 보고 만족해했다는 기록이 있기 때문이다. 다음은 하이든이 1787년 6월 23일에 아르타리아(Artaria)에게 쓴 편지 중 해당 부분이다. "나는 이 피아노 악보에 기뻐합니다. 그것은 매우 훌륭하며 특별한 주의를 가지고 준비되어졌습니다. [Joseph Haydn, *Gesammelte Briefe und Aufzeichnungen*, ed. by Dénes Bartha, Kassel etc., 1965, p. 171]"40)

이 작품은 장엄하고 느린(*maestoso ed adagio*) 서곡(Ex. 10)으로 시작한다.

---

39) Grove Online, s.v. "Haydn" [on-line]; accessed 8 September 2011; available from http://www.oxfordmusiconline.com.ezproxy.sbts.edu/subscriber/article/grove/music/44593pg3?q=%22seven+last+words%22&search=quick&pos=4&_start=1#firsthit; Internet.

40) Joseph Haydn, *The Seven Last Words of Our Saviour on the Cross*, ed. Ullrich Scheideler (Munich: G. Henle Verlag, 2010), v.

성경과 관련된 피아노 작품들 203

Example 10[41]

Haydn, *The Seven Last Words*, Introduction, mm. 1-3

Used by permission of G. Henle Verlag.

하이든이 쓴 이 작품의 일곱 개의 주제는 라틴어로 번역된 예수의 십자가상의 마지막 말들을 모방하고 있다. 즉, 각 주제의 형태는 그 말들을 가사로 노래하도록 써진 것으로 보인다(Ex. 11-17). 또한 각 주제의 세기는 성경의 묘사에 따라 정해진 듯하다. 즉, 성경에서 "큰 소리로" 외치신 것처럼 하이든은 4번과 7번 소나타에서 *forte*를 선택한다. 또한 라틴어 성경구절이 관현악과 현악 사중주와 피아노 악보 모두에 노래 가사처럼 음표 위에 적혀 있다.

한편 히크만은 각 곡에 조 상징주의(key symbolism)의 가능성을 다음과 같이 이야기한다. "하이든의 다른 기악곡들 거의 모두 시작과 끝이 같은 조이다. 그런데 이 작품은 시작과 끝이 같은 조가 아닌데, 이것은 하이든이 이 이야기의 특별한 감정들이나 사건들을 표현하기 위해 특별한 조를 원했기 때문일 것으로 추측할 수 있다."[42]

마지막 악장(Ex. 18)은 마태복음 28:51에 나오는 지진을 묘사한다. 앞의 여덟 개의 악장들이 느린 템포(*largo, grave, adagio, lento* 등)인 것인 반면, 이 마지막 악장의 템포는 *presto*이다. 히크만은 이 악장에 대해 "하이든이 엄청난 힘과 황폐, 그리고 이 자연 재해의 흔들림을 음악으로 묘사하기 위해 많은 고안들을 사용했다"고 말한다.[43]

---

41) Ibid., 1.
42) Hickman, "Meaning in Piano Music with a Religious Theme," 82-84.
43) Ibid., 81.

Example 11[44]

Haydn, *The Seven Last Words*, Sonata No. 1, mm. 1-10

"Father, forgive them, for they do not know what they are doing." (Luke 23:34)

Example 12[45]

Haydn, *The Seven Last Words*, Sonata No. 2, mm. 1-9

"I tell you the truth, today you will be with me in paradise." (Luke 23:43)

---

44) Haydn, *The Seven Last Words*, 4.

45) Ibid., 8.

성경과 관련된 피아노 작품들 205

Example 13[46]

Haydn, *The Seven Last Words*, Sonata No. 3, mm. 1-11
"Dear woman, here is your son." (John 19:26)

Example 14[47]

Haydn, *The Seven Last Words*, Sonata No. 4, mm. 1-10
"My God, my God, why have you forsaken me?" (Mark 15:34)

---

46) Ibid., 12.

47) Ibid., 16.

Example 15[48]

Haydn, *The Seven Last Words*, Sonata No. 5, mm. 1-7
"I am thirsty." (John 19:28)

Example 16[49]

Haydn, *The Seven Last Words*, Sonata No. 6, mm. 1-8

"It is finished." (John 19:30)

---

48) Ibid., 20.
49) Ibid., 26.

성경과 관련된 피아노 작품들   207

Example 17[50]

Haydn, *The Seven Last Words*, Sonata No. 7, mm. 1-7
"Father, into your hands I commit my spirit." (Luke 23:46)

Example 18[51]

Haydn, *The Seven Last Words*, "The Earthquake," mm. 1-8

---

50) Ibid., 30.

51) Ibid., 34.

"Les jeux d'eaux à la villa d'Este"
(The Fountains of the Villa d'Este, 에스테장의 분수)
from *Années de pèlerinage III*
(*Years of Pilgrimage III, 순례연보 III*)
by Franz Liszt (1811-1886)

순례연보 3집은 일곱 개의 작품으로 구성되어있다. 여기에 "천사"(Angelus), "에스테장의 분수," 그리고 "너의 마음을 들라"(Sursum corda) 등이 포함되며, 1867년에서 1877년 사이에 써진 작품들로 리스트 사후에 출판되었다. 베이커(James M. Baker)는 이 3집을 "예술에의 도취를 통한 이 땅의 열정으로부터 죽음의 기대와 이제 장차 올 삶의 영광들로의 리스트의 삶의 여행"52)으로 묘사한다. 또한 힌슨은 처음 1, 2집과 3집의 차이를 다음과 같이 설명한다. "3집은 내용과 양식 면에서 1집이나 2집과 다른데, 이것은 3집의 작품들이 더 이상 여행의 인상을 포함하지 않고 종교적인 순례를 표현하는 수단으로서 섬기고 있기 때문이다."53)

그러므로 3집의 대표작품인 "에스테장의 분수"는 '별장에 있는 분수의 묘사'보다는 '하나님의 치유하는 은혜의 상징'으로 간주된다.

> 그의 작곡이 단순한 거품이 이는 물 효과의 묘사가 아니란 것은 리스트가 이 작품의 144마디 중간에 요한복음 4:14를 인용한 것을 볼 때 명확하다. 그는 별장에 있는 분수에서 하나님의 치유하는 은혜의 상징을 발견했다. '내가 주는 물을 먹는 자는 영원히 목마르지 아니하리니 나의 주는 물은 그 속에서 영생하도록 솟아나는 샘물이 되리라.'54)

분수를 묘사하면서, 리스트는 "영생하도록 솟아나는 샘물"이라는 성경의 메시지를 전달한다. 비록 제목은 어떤 성경 구절도 인용하고 있지 않지만, 작곡자의 명백한 의도가 원본에 보이기 때문에, 이 작품을 성경과 관련된 작품들의 범주에 포함시켰다.

---

52) James M. Baker, "Liszt's Late Piano Works: Larger Forms," in *The Cambridge Companion to Liszt*, ed. Kenneth Hamilton (Cambridge: Cambridge University Press: 2005).

53) Hinson, *Guide to the Pianist's Repertoire*, 486-87.

54) Baker, "Liszt's Late Piano Works: Larger Forms," 140.

성경과 관련된 피아노 작품들   209

이 곡의 형식은 일반적인 리스트의 형식들과 매우 다르다.

　이 작품은 보통 그의 작곡들에서 발견되는 조 영역의 날카로운 대조가 없는 일련의 변주곡들로 이루어져 있다. 화음은 풍부하지만 희미하며, 조성적 중심에서 떠난 강한 전조감 없이 계속적으로 바뀐다. 이 곡은 F-sharp 장조로 되어있는데, 이것은 이 곡 자체에 물의 분출을 통한 가벼운 거품이 일며 반짝이는 효과를 부여하며, 영적인 관점에서 이 곡은 리스트 음악 안에서 천상의 영역과 관련된다.55)

　한편 질레스피는 "에스테장의 분수는 … 라벨(Maurice Ravel)의 물의 희롱(*Jeux d'eau*, 1901)의 중요한 전신으로 알려져 있고, 그리하여 이것은 인상주의 학파의 선도자적인 작품이다"라고 말한다.56) 이 곡 전체를 통하여 분수의 다양한 모양들이 인상주의적인 방법으로 묘사되고 있다(Ex. 19).

Example 19⁵⁷⁾

Liszt, "The Fountains," mm. 1-3 and mm. 41-47

---

　55) Ibid.

　56) John Gillespie, *Five Centuries of Keyboard Music* (New York: Dover Publications, 1965), 242.

　57) F. Liszt, *Liszt Klavier Werke*, vol. 2 (Tokyo: Shunjūsha Edition, 1974), 180, 182. 참조.

Via Crucis (1878-1879)
(*The Way of Cross: 14 Stations of the Way of Cross,*
십자가의 길: 십자가의 길의 14 장면들)
by Franz Liszt (1811-1886)

Vexilla Regis (왕의 깃발들)
Station I: Jésus est condamné à mort
   (예수가 사형 선고를 받다 - 요한복음 19:16)
Station II: Jésus est chargé de sa croix
   (예수가 십자가를 지다 - 요한복음 19:17)
Station III: Jésus tombe pour la première fois
   (예수가 첫 번째로 쓰러지다)
Station IV: Jésus rencontre sa très sainte mère
   (예수가 그의 어머니를 만나다 - 요한복음 19:25)
Station V: Simon le Cyrénéen aide Jésus à porter sa croix
   (구레네 시몬이 예수가 십자가 지는 것을 도와주다 - 누가복음 23:26)
Station VI: Sancta Veronica
   (성 베로니카)
Station VII: Jésus tombe pour la seconde fois
   (예수가 두 번째로 쓰러지다)
Station VIII: Les femmes de Jérusalem
   (예루살렘의 여인들 - 누가복음 23:27-28)
Station IX: Jésus tombe une troisième fois
   (예수가 세 번째로 쓰러지다)
Station X: Jésus ist dépouillé de ses vêtements
   (예수의 옷이 벗겨지다)
Station XI: Jésus est attaché à la croix
   (예수가 십자가에 못박히다 - 누가복음 23:33)
Station XII: Jésus meurt sur la croix
   (예수가 십자가에서 돌아가시다 - 누가복음23:46)
Station XIII: Jésus est déposé de la croix
   (예수가 십자가에서 내려지다 - 누가복음 23: 53)
Station XIV: Jésus est mis dans le sépulcre
   (예수가 무덤에 놓이다 - 요한복음 19:41-42)

몇몇 차이점에도 불구하고 이 작품은 리스트가 본래 독창들과, 혼성 합창, 그리고 오르간(하모니움)이나 피아노를 위해 작곡한 *Via Crucis*의 피아노 판이다. 베이커는 이 곡을 "교회나 화랑의 벽에 걸린 일련의 (행렬의, processional) 그림에 대한 관람자의 반응을 묘사하고 있다"는 점에서 무소르그스키의 *전람회의 그림*(*Pictures at an Exhibition*, 1874)

과 비교한다.58)

시작하는 찬송인 'Vexilla Regis'는 "화려한 행사의 분위기를 만든다. '왕의 깃발들은 앞으로 간다, 십자가는 신비론 불빛으로 멀리 빛난다.'"59) 첫 번째 장면은 예수님의 죽음을 '부딪치는 단7도 화음'(Ex. 20, m. 3) 과 B-F 전삼음(tritone, 소위 '음악 안의 악마')과 더불어 묘사한다.60) 비록 이것은 피아노 작품이지만, 리스트는 필요할 때에 성악 선율을 별도의 오선에 넣는다(Ex. 21). 예를 들어, 예수님의 쓰러짐(순환 구조로서의)을 알리고 "십자가에 못 박아라"라고 외치는 세 번의 남자의 노래가 나타난다. 즉, 이것은 성악이 효과적으로 곁들여진 피아노 작품이다. 그러므로 이 곡에서는 피아노가 성악의 반주가 아니라, 성악이 피아노 음악을 위해 설명 역할을 한다. 종종 나오는 반음계적 하행 선율과 낮은 음들은 예수님의 쓰러짐과 고뇌와 고통을 표현한다(Ex. 22). 예수님의 죽음 다음에 나오는 코랄은 애가이다.

Example 20[61])

Liszt, *Via Crucis*, "Station I," mm. 1-6

---

58) Baker, "Liszt's Late Piano Works: Larger Forms," 121.

59) Ibid., 122.

60) Ibid.

61) Franz Liszt, *Franz Liszt Various Cyclical Works*, vol. 2, ed. Imre Sulyok (Budapest: Editio Musica Budapest, 1980), 127. 참조.

또한 베이커는 이 곡이 리스트의 기독교적 신앙을 증명한다고 주장한다.

이 이상하고 심오한 작품은 리스트의 종교적 믿음의 진실성에 대해 의심을 하는 사람들을 잠잠하게 만들 것이다. 이것은 예수님의 고난에 대한 깊고 고뇌에 찬 묵상의 산물이며, 그 과정에서 사람들은 리스트가 고난당하는 그리스도와 강하게 동질감을 느끼게 되는 것을 잘 상상할 수 있을 것이다. *Via Crucis*는 예수님이 십자가에 못 박힌 것의 무서움과 고통뿐만 아니라 하나님의 인류를 향한 구속적 사랑의 경이로움을 전달한다.62)

Example 21[63)]

Liszt, *Via Crucis*, "Station III," mm. 1-7

Example 22[64)]

Liszt, *Via Crucis*, "Station X," mm. 1-3

---

62) Baker, "Liszt's Late Piano Works: Larger Forms," 126.

63) Franz Liszt, *Franz Liszt Various Cyclical Works*, vol. 2, ed. Imre Sulyok (Budapest: Editio Musica Budapest, 1980), 130. 참조.

64) Ibid., 139. 참조.

In festo transfigurationis Domini nostri Jesu Christi
(*For the Festival of the Transfiguration of Our Lord Jesus Christ,
우리 주 예수 그리스도의 변형 축일을 위하여*) (1880)
by Franz Liszt (1811-1886)

이 작품은 리스트의 수작에 들지는 못하지만, 마태복음 17:1-13(마가복음 9:2-13, 누가복음 9:28-36)의 성경 장면을 묘사하고 있는 좋은 예이다. 1880년 8월 6일 현성용 축일(the feast of the transfiguration)에 써졌다. 베이커는 이 곡이 단독 작품이라기보다는 순례연보 III의 첫 번째 Cypress 곡처럼 큰 곡 중의 한 에피소드 같이 보인다고 말한다.65)
곡의 구성은 AA′BC(혹은 Coda)이다. "A" 부분이 C장조(Ex. 23)와 D-flat 장조인 반면, "A′" 부분은 E장조와 F단조이다. "B" 부분의 화성들은 3음 관계인데, 그것은 "변형"의 신비스런 분위기를 만들어내는 것을 돕는다. "C" 부분은 부드러운 아르페지오와 더불어 F-sharp장조로 써졌으며, *ppp* 로 마쳐진다. 그러한 점진적인 음역의 이동, 즉, 깊은 곳에서 마지막 천상의 높이까지의 상승, 그것은 우주에까지 떠오르는 느낌을 만들어낸다.66) 그러므로 이 작은 작품은 신비로운 장면을 묘사하는 데에 인상주의적으로 영감을 받은 것으로 분류되어진다.

Example 23[67])

Liszt, *For the Festival of the Transfiguration*, mm. 1-7

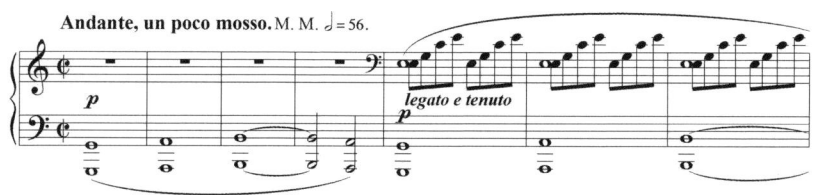

---

65) James M. Baker, "Liszt's Late Piano Works: A Survey," in *The Cambridge Companion to Liszt*, ed. Kenneth Hamilton (Cambridge: Cambridge University Press: 2005), 111.

66) Ibid.

67) Liszt, *For the Festival of the Transfiguration* (Leipzig: Breitkopf & Härtel, 1927), (161) 1. 참조.

Out of the Depths: Psalm 130
(깊은 데서: 시편 130편), Op. 130 (1932)
by Amy Cheney Beach (1867-1944)

비치(Amy Beach)의 *태양의 찬가*(*The Canticle of the Sun*) 최근 판 서문에 그녀의 기독교적 신앙이 논해지고 있다.

이 두 사람에게 있어서 또 다른 공통점은 강한 기독교 신앙이었다. 에이미 비치와 그녀의 남편은 두 가지 다른 종교적 세상의 배경을 지녔다. 그녀는 칼빈주의적 신학을 가진 회중교회에서 자라났고, 비치 박사는 보스톤의 강림 성공회(Episcopal Church of the Advent) 교구의 한 사람이었다. 그들이 결혼한 후, 에이미는 성공회 공동체에 귀의했다. 그녀는 1891년에 성공회 교회를 위해 음악을 썼다.
비치의 신학과 철학에 대한 깊은 관심은 그녀의 일기들과 서신들에 적혀 있듯이 그녀가 읽은 책을 볼 때 분명하다. … 비치가 그녀의 첫 번째 주된 작품으로 합창 성가곡을 선택했다는 것은 의미가 있다.68)

Example 24⁶⁹⁾

Beach, *Out of the Depths*, mm. 1-5

---

68) Amy Beach, *The Canticle of the Sun*, ed. Betty Buchanan (Middletown, WI: A-R Editions, 2006), viii-ix.

69) Amy Beach, *Out of the Depths* (The Arthur P Schmidt Co., 1932), 3. 참조.

성경과 관련된 피아노 작품들   215

깊은 *데서*는 외치는 듯한 강한 반음계적 하행 스케일과 깊은 곳을 묘사하는 것 같은 낮은 음역의 화성들로 시작한다(Ex. 24). 그리곤 이 외침이 *ff*에서 *pp*로 작아지며, 이것은 같은 선율의 *ppp*의 부드러운 부분으로 연결되는데, 이것은 마치 주님을 기다리며 고요해진 영혼의 모습을 묘사하는 것 같다. 비록 이 곡은 3페이지의 짧은 곡이지만, 시편의 영혼의 장면을 묘사하는 것을 시도함에 가치가 있는 곡이다.

By the Still Waters (*잔잔한 물가에서*), Op. 114
by Amy Cheney Beach (1867-1944)

여기에 시편 같은 비치의 다른 곡 하나를 소개한다. 그것은 시편 23편을 떠올리게 하는 1925년에 작곡된 *잔잔한 물가에서* 이다(Ex. 25). 비록 작곡자가 곡목 해설에서 이 곡이 성경의 맥락에서 써졌다는 인상을 주지 않기 위해 제목을 시편에 쓰인 단어 그대로 "Beside the Still Waters"라고 하지 않고 "By the Still Waters"라고 썼다고 하는데,[70] 왠지 그 말이 역설적으로 들린다. 이 곡은 충분히 시편 23편의 장면을 떠올리게 한다. 5음 음계의 사용이 있으며, 긴 페달 표시는 물이 흔들리는 듯한 분위기를 만들어낸다. 이것은 2페이지의 곡이며, 위의 *깊은 데서*와 한 세트로 연주되어지면 효과가 좋을 것 같다.

Example 25[71]

Beach, *By the Still Waters*, mm. 1-5

---

70) Amy Beach, *By the Still Waters* (St. Louis: Art Publication Society, 1925), n. p.
71) Ibid.,1. 참조.

Eight Bible Vignettes for the Piano
(*피아노를 위한 여덟 개의 성경 소곡*) (1943)
by Robert Nathaniel Dett (1882-1943)

1. Father Abraham (1941)
2. Desert Interlude (1942)
3. As His Own Soul (1942)
4. Barcarolle of Tears (1943)
5. I Am the True Vine (1943)
6. Martha Complained (1942)
7. Other Sheep (1943)
8. Madrigal Divine (1943)

데트(Robert Nathaniel Dett)는 "흑인 카나다/미국 출신의 피아니스트, 작곡가, 편곡가, 그리고 성가대 지휘자"이다.[72] 심슨(Anne Key Simpson)은 데트를 기독교인이라고 밝힌다. "비록 몇몇 서류에서 데트는 장로교를 그의 선호하는 종교로 나타냈지만, 소년이었을 때 그와 그의 가족은 온타리오의 나이아가라 폭포에 위치한 영국 감리교회(the British Methodist Episcopal Church)에 출석했다."[73]

그의 죽음 조금 전에 데트는 그의 믿음을 피아노 음악, 즉, *피아노를 위한 여덟 개의 성경 소곡* 모음집을 통해 표현했다. 맥브라이어(Vivian Flagg McBrier)는 그의 작품을 다음과 같이 묘사한다.

"이 여덟 개의 독립된 곡들에서 그는 구조적인 변화들, 화성적 고안들, 그리고 철학적 생각들로 실험을 한다. 늘 그렇듯이 그의 선율은 특별하다. … 데트는 연이어서 4도, 7도, 증화음, 감화음, 그리고 변성 7화음과 기초 저음(ground bass) 등을 사용한다."[74]

구드(Edwin M. Good)는 데트를 성경적 표제와 더불어 피아노 음악을 쓴 "대서양 이쪽"의 유일한 작곡가로 여기면서, 데트가 요한 쿠나우

---

[72] Anne Key Simpson, *Follow Me: The Life and Music of R. Nathaniel Dett* (Metuchen, NJ: The Scarecrow Press, 1993), 1.

[73] Ibid., 4.

[74] Vivian Flagg McBrier, "The Piano Music," in *The Collected Piano Works of R. Nathaniel Dett* (Evanston, IL: Wummy-Birchard Company, 1973), x.

(1660-1722)의 성경적 소나타들에 대해 알았을 것으로 추측한다.75) 구드는 *여덟 개의 성경 소곡*의 특징을 다음과 같이 설명한다.

> 대부분의 악장들에 있어 데트는 줄거리(written program)를 제공한다. … 비록 나는 데트가 먼저 이 작품들을 잠재적인 성악곡으로 생각했었는지 아무런 증거를 알지 못하지만, 몇몇 악장들에선 주 선율들이 명백하게 특정한 성경 구절을 가사로 한 성악곡으로 받아들여진다. … 그러나 4번 "눈물의 뱃노래"와 8번 "거룩한 마드리갈"에선 우리는 음악적 개념의 아무런 성경적 출처에 대해 단서를 발견하지 못한다. 전체로서의 작품의 우수성은 고르지 못하지만, 이것을 피아노 프로그램에 포함시키는 것은 가치가 있다. 특별히 초기 그리고 현재의 흑인 작곡가들의 작품들을 신중하게 연주하는 것이 가치가 있다면 말이다(나의 의견에 이것은 가치가 있다).76)

전체적인 구조를 볼 때에 마치 첫 번째 네 곡은 구약성경을, 그리고 마지막 네 곡은 신약성경을 바탕으로 한 것처럼 보인다. 비록 네 번째와 마지막 곡에 대해 어떤 설명도 없지만, 필자 개인적으로는 네 번째 곡은 요나단이나 다윗의 눈물, 혹은 메시야를 기다리는 유대인들의 눈물로 여겨지며, 마지막 곡은 구원 받은 자들이 부르는 영원한 찬양처럼 느껴진다.

1. "아버지 아브라함 (Father Abraham)"

이 첫 번째 곡에서 데트는 창세기 23:16-18을 인용하며, 두 개의 선율을 선택하여 차용하는데, 하나는 14세기 히브리 선율이고, 다른 하나는 흑인 영가이다. 같은 곡에서 이 두 다른 선율을 사용하는 이유에 대해 데트는 다음과 같이 설명한다. "그것들의 분위기와 선율의 유사성 때문에, 그 연합이 논리적이고 자연스럽게 일어나기를 소망한다."77) 데트는 히브리 선율의 처음 네 마디와 흑인 영가의 여덟 마디(Ex. 26)를 차용하는데, 그것들은 몇몇 부분으로 나눠지고 리듬이 변형된다.

---

75) Edwin M. Good, "The Bible and American Music," in *The Bible and American Arts and Letters*, ed. Giles Gunn (Philadelphia: Fortress Press, 1983), 151.

76) Ibid., 152.

77) Robert Nathaniel Dett, *The Collected Piano Works of R. Nathaniel Dett* (Evanston, IL: Summy-Bitchard Company: 1973), 150.

Example 26[78]

Dett, Two themes in "Father Abraham"

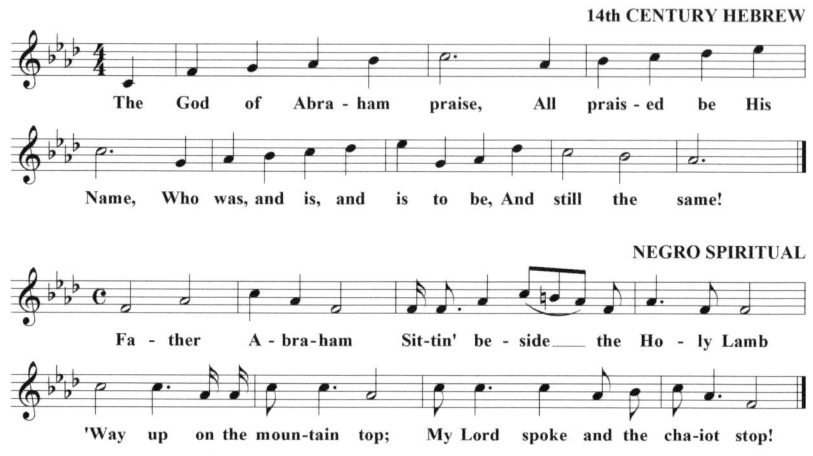

　"아버지 아브라함"은 아치 형식(arch form)이나 성경에서 종종 쓰이는 카이아스틱 배열(chiastic arrangement)[79]로 이해되어질 수 있는 'ABCB′A′ - Coda' 구조이다. "A" 부분에서 흑인 영가의 파편들이 특정한 순서 없이 웅장한 분위기로 나타나는 반면(Ex. 27), "B" 부분에선 히브리 선율과 유사한 선율이 부드러운 대위법적인 방법으로 써진 원선율로 인도한다. "C" 부분에선 이 두 개의 선율이 서로 얽히며 카이아스틱 배열에서처럼 절정을 만들어낸다. "B′"와 "A′" 부분의 짧은 반복 이후 화려한 11마디의 코다가 뒤따른다.

---

78) Ibid. 참조.

79) "카이아스틱 구조는 문학적인 구조로, 제사장들이 썼다고 여겨지는 토라에서 가장 현저하게 쓰인다. 구조는 개념들과 생각들로 이루어지며 ABC … CBA의 순서로 되어 있어서 첫 번째 개념이 또한 마지막 개념이 되며, 두 번째 개념이 끝에서 두 번째 개념이 되는 식이다." Websters-Online-Dictionary, s.v. "chiastic" [on-line]; accessed 10 October 2010; available from http://www.websters-online-dictionary.org/definitions/chiastic; Internet.

성경과 관련된 피아노 작품들 219

Example 27[80]

Dett, "Father Abraham," mm. 1-3

이 곡은 비슷한 본문을 가진 두 선율을 사용한 퀴들리벳(quodlibet)[81] 기법을 쓰고 있다는 데에서 독특하다. 또한 이 퀴들리벳 부분은 연주에 상당한 기교를 요구한다. 이 곡에는 5음 음계와 전음 음계, 또 3음 관계 등이 사용된다. 이 작품은 두 개의 찬송가 선율이 주제를 이루게 되므로 첫 번째 범주에 속하지만, 동시에 성경을 주제로 하는 전체 작품의 한 부분이므로 두 번째 범주에 포함되었다.

2. "사막 간주곡 (Desert Interlude)"

이 곡은 하갈이 브엘세바의 광야를 방황하는 창세기 21:14의 장면을 묘사한다. "그녀는 어찌 해야 할까? 무슨 희망이 있을까? 하나님, 그리

---

80) Dett, *The Collected Piano Works of R. Nathaniel Dett*, 151. 참조.

81) "(라틴어: '네가 좋아하는 것'). 잘 알려진 선율들과 본문들이 연속적으로 혹은 동시에 나타나 어우러지는 작곡형태. 일반적으로 퀴들리벳은 해학이나 기교 이상의 것을 목적으로 하지 않으며, 그래서 먼저 나왔던 요소(pre-existing material)가 건설적이거나 상징적인 기능을 하는 좀 더 심각한 작품들과 구별된다." Grove Online, s.v. "quodlibet" [on-line]; accessed 10 October 2010; available from http://www.oxfordmusiconline.com.ezproxy.sbts.edu/subscriber/article/grove/music/22748?q=quodlibet&search=quick &pos=1&_start=1#firsthit; Internet.

고 아브라함까지 그녀를 버린 것일까?"라는 데트의 질문은 모든 이를 향한 하나님의 은혜를 강조한다. 이 곡의 선율의 흐름과 장7도 화음과 기대치 않은 종지를 사용하는 화성은 매우 애처롭고 감동적이다(Ex. 28). 이 곡은 영화 음악 같고, 무언가(songs without words)의 범주에 속할 수도 있겠다. 심슨은 다음의 말로 이 곡을 칭찬한다. "그것의 프랑스적 맛은 라벨(Ravel)이나 뿔랑(Poulenc)의 덜 잘난 체하는 작품들을 생각나게 하며, 데트의 사랑스런 이 곡은 그의 이전의 표제음악으로부터의 이별처럼 보인다."82)

Example 28 83)

Dett, "Desert Interlude," mm. 1-4

3. "자기 생명처럼 (As His Own Soul)"

이 제목은 다윗과 요나단의 영원한 우정을 다루고 있는 사무엘상 18:1에서 인용되었다. "요나단의 마음이 다윗의 마음과 연락되어 요나단이 그를 자기 생명같이 사랑하니라." 이 곡은 G-flat 장조의 무언 연가(a love song without words)라 할 수 있겠다. 시작은 마치 다윗과 요나단의 이중창 같다(Ex. 29). 곡의 구조는 'A (1–17) - B (18–33) - A' (34–46) - Coda (47–55)'이다. 심슨은 "B" 부분을 라흐마니노프의 전주곡들 중 몇 곡에 비교한다.

그것은 두 개의 주제가 각각 변주되어 나타남으로 흥미를 돋운다. 특별히 B 부분에서 그것의 주제는 16분음표로 움직이는 왼손의 단편적인 반음계의 반

---

82) Simpson, *Follow Me*, 398-99.

83) Dett, *The Collected Piano Works of R. Nathaniel Dett*, 158. 참조.

주로 장식되어지는데, 이것은 라흐마니노프가 그의 몇몇 전주곡에서 사용하였던 방식과 다르지 않다.84)

Example 29 85)

Dett, "As His Own Soul," mm. 1-3

4. "눈물의 뱃노래 (Barcarolle of Tears)"

이 곡의 성경적 배경은 알 수 없으며, 'A (1-35) - B (36-50) - A' (51-73)'의 구조이다. "A (A′)" 부분이 뱃노래의 리듬을 사용하며 6/4박자의 *cantabile* 인 것에 비해(Ex. 30), "B" 부분은 대조적인 4/4 *con decisione e devozione* (결연하게 그리고 헌신적으로)이다.

Example 30 86)

Dett, "Barcarolle of Tears," mm. 5-8

---

84) Simpson, *Follow Me*, 399.

85) Dett, *The Collected Piano Works of R. Nathaniel Dett*, 162. 참조.

86) Ibid., 166. 참조.

5. "나는 참 포도나무요 (I Am the True Vine)"

이것은 3성 푸가이다. 데트는 주제에 요한복음 15:1과 15:5를 가사로 붙였다(Ex. 31). 데트는 3성 푸가 형식을 선택한 이유에 대해 다음과 같이 설명한다. "하나님의 삼위의 개념 때문에 이 푸가는 3성으로 정하게 되었다."[87] 주제와 응답의 세 번의 전통적인 제시 후에 주제들은 명백한 에피소드 없이 여러 가지 형태와 여러 가지 조로 뒤따른다.

Example 31[88]

Dett, The text on the theme and "I Am the True Vine," mm. 1-7

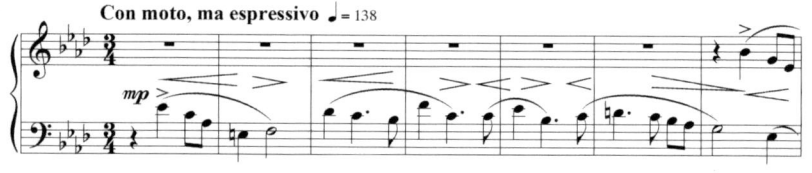

6. "마르다가 불평했다 (Martha Complained)"

이 곡은 누가복음 10:38-42의 장면을 그리고 있다. 데트는 ground bass(C: mm. 1-14, F: mm. 15-20, C: mm. 40-43)는 단조롭고 고된 일을, 또 높은 음역의 선율은 그것에 대한 마르다의 불만을 표현한다고 설명한다(Ex. 32). 44마디의 아르페지오로 된 불협화 화음은 더 이상 견딜 수 없는 한계임을 드러낸다. 이 화음 다음에 일련의 레치타티보가 있는데, 이것은 예수와 마르다 사이의 대화를 나타낸다. 이 부분(mm. 44-78)은 오페라의 피아노 판이라고 여겨지는데, 이것이 가수들과 함께 연주되어질 수 있기 때문이다. 데트는 선율에 가사를 붙임으

---

87) Ibid., 170.

88) Ibid. 170, 171. 참조.

로 이야기를 설명했다. 데트가 그의 상상력으로 이야기를 행복하게 마친 것이 흥미롭다. 즉, 마르다의 감정이 바뀌어서 음악은 단조(mm. 79-87)에서 장조(mm. 88-98)로 바뀐다. 이 곡을 통하여 데트는 감정의 대조와 대화를 기악음악으로 묘사하는 것을 시도했다.

Example 32[89]

The example of recitatives with texts and "Martha Complained," mm. 1-3

7. "다른 양 (Other Sheep)"

이 곡은 여덟 곡 중 제일 긴 것이다. 이것은 레치타티보 같은 서곡으로 시작한다. 데트는 레치타티보에 가사를 썼는데(Ex. 33), 그것은 요한복음 10:16이다. 그는 이 곡의 구조를 "한 세트의 변주곡으로 된 첫 부분과 코다가 있는 소나타 알레그로 형식의 둘째 부분으로 된 커다란 이중 구조"[90](AB - Coda)로서 설명한다. "A" 부분에서 데트는 분산 10도 화음, 2:3의 리듬, 반복되는 옥타브, 증화음 등을 사용하고, "B"

---

89) Ibid., 174, 175. 참조.

90) Ibid., 180.

부분에서는 분위기에서 완전한 대조를 이루며 2/4 박자가 되는데, 이것은 춤곡을 연상케 한다.91) 데트는 이 변주곡의 주제를 그의 아프리카인 학생, 시망고(Dahklama Simango)의 작품에서 빌려왔는데, 이에 대해 "다른 양"의 상징으로서 차용했다고 설명한다.92)

Example 33[93)]

Dett, "Other Sheep," mm. 1-19

8. "거룩한 마드리갈 (Madrigal Divine)"

이 곡에는 아무런 성경적 해설이 없다. 데트는 마지막 곡에 마드리갈

---

91) Simpson, *Follow Me*, 403.

92) Dett, *The Collected Piano Works of R. Nathaniel Dett*, 180.

93) Ibid., 181. 참조.

장르를 선택했는데, 사실상 마드리갈은 전형적인 세속 음악으로 알려져 있다. 그래서 그는 "거룩한"이란 단어를 제목에 붙인 것 같다. 구조는 'A (1-14) - B (15-27) - 경과부(transition, 28-37) - A' (38-56)' 이다. 이 곡은 호모포니(homophony) 부분("A" 부분, Ex. 34)과 폴리포니(polyphony) 부분("B" 부분)의 부드러운 조합의 짜임을 가진 마드리갈을 생각나게 한다.

Example 34[94]

Dett, "Madrigal Divine," mm. 1-4

Evangélion: *The Story of Jesus,*
Narrated to the Children in 28 Little Piano Pieces
(복음: 28개의 피아노 소품으로 아이들에게 들려주는 예수의 이야기),
Op. 141 (com. 1949, pub. 1959)
by Mario Castelnuovo-Tedesco (1895-1968)

Part I. The Infancy (유년 시절)
  1. The Annunciation (수태고지)
  2. The Nativity (탄생)
  3. The Three Kings (세 왕들)
  4. The Massacre of the Innocents (무고한 어린이의 대학살)
  5. The Flight into Egypt (이집트로의 도망)
  6. Child Jesus and the Doctors (아이 예수와 박사들)

94) Ibid., 193. 참조.

Part II. The Life (생애)
  7. The Baptism on the Jordan (요단강에서의 침례)
  8. The Dance of Salome (살로메의 춤)
  9. By the Sea of Galilee (갈릴리 바다에서)
  10. Jesus Walking on the Waves (파도 위를 걸으시는 예수)
  11. The Woman of Samaria at the Well (우물가의 사마리아 여인)
  12. The Resurrection of Lazarus (나사로의 부활)
  13. Mary Magdalene (마리아 막달레나)
  14. Jesus and the Money-Changers (예수와 환전상들)

Part III. The Words (말씀들)
  15. The Sermon on the Mount (산상수훈)
  16. Pater Noster (Our Father Who Art in Heaven, 하늘에 계신 우리 아버지여)
  17. Jesus and the Little Children (예수와 어린 아이들)
  18. Invective (Woe unto You, Scribes and Pharisees, Hypocrites!
    비난 - 화 있을진저, 너 외식하는 서기관들과 바리새인들이여!)
  19. The Wise Virgins and the Foolish Virgins
    (A Parable, 현명한 처녀들과 어리석은 처녀들 - 비유)
  20. The Lost Sheep (A Parable, 잃어버린 양 - 비유)
  21. The Return of the Prodigal Son (A Parable, 돌아온 탕자 - 비유)

Part IV. The Passion (수난)
  22. Hosanna (The Entrance into Jerusalem, 호산나 - 예루살렘 입성)
  23. The Last Supper (마지막 만찬)
  24. Gethsemane (The Prayer in the Garden, 겟세마네 - 동산의 기도)
  25. Crucify! (Before Pontius Pilate,
    십자가에 못 박으라! - 본디오 빌라도 앞에서)
  26. Golgotha (On the Way to the Calvary, 골고다 - 갈보리로 가는 길에)
  27. The Last Words (마지막 말들)
  28. The Resurrection (부활)

이탈리아 유대인 작곡가 카스텔누오보-테데스코(Mario Castelnuovo-Tedesco)에게 "음악은 무엇보다도 표현의 수단이었는데, 모든 것은 음악 언어로 번역되어질 수 있다고까지 주장했다." 그리고 그의 세 개의 중심 주제는 "그의 출생지(Florence와 Tuscany), 성경, 그리고 셰익스피어"였다.[95] "카스텔누오보의 유대교 유산은 1925년의 *다윗 왕의*

---

  95) Grove Online, s.v. "Mario Castelnuovo-Tedesco" [on-line]; accessed 30 September 2011; available from http://www.oxfordmusiconline.com.ezproxy.sbts.edu/subscriber/article/grove/music/05128?q=Mario+Castelnuovo-Tedesco&search=quick&pos=1&_start=1#firsthit; Internet.

춤(*Le danse del re David*), 그리고 그 다음 해의 *유대 선율에 의한 세 개의 코랄*(*Tre corali su melodie ebraiche*)과 같은 작품에서 명백하게 나타나는"96) 반면, 그의 1949년의 *에반겔리온*은 신약 성경을 다루고 있다. 키르비는 그의 음악이 프랑스 육인조(French The Six)의 영향 하에 있는데, 현대적 갈란트(galant) 미학이 두드러지며, 또한 인상주의와 신고전주의의 요소와 함께 한다고 설명한다.97)

*에반겔리온*은 28개의 특색 있는 소품들(character pieces)로 이루어져 있으며, 또한 이 곡들은 네 개의 그룹으로 나눠진다. 각 곡은 성경 구절 들을 인용하고 있다. 작곡자는 관련된 성경 구절을 읽은 다음 각 곡이 연주되어지는 것을 마음에 둔 것 같다. 몇몇 레치타티보에는 가사가 붙여져 있는데, 그것은 연주자의 이해를 위해 써진 것 같다. 쉐딘저는 그의 독주회 프로그램 해설에서 카스텔누오보-테데스코가 종종 '말하는 리듬'으로 리듬의 동기를 사용했다고 설명하며, "만일에 누가 이 음악을 아이들에게 들려준 그리스도의 생애 이야기라는 점에서 생각한다면, 명백한 상징주의와 생생한 음화(tone painting)가 쉽게 이해되어진다"고 주장한다.98)

"수태고지"는 누가복음 1:26-38의 이야기에 관한 것인데, 여기에서 천사장 가브리엘의 알림과 마리아의 반응이 말하는 것과 같은 구절들(Ex. 35)과 반복되는 8분음표로 그려진다. "예수와 환전상들"(Ex. 36)은 예수의 분노(마태복음 21:12-13)를 묘사하는데, 여기에 작곡자는 '스타카토'와 '*subito piano*, 액센트, 그리고 *sforzando* 같은 셈여림의 극단적인 대조'를 사용한다. 누가복음 15:11-32의 "돌아온 탕자의 비유"에서는 아버지의 기쁨을 표현하기 위해 춤곡의 리듬이 사용된다(Ex. 37). "부활"의 시작에서는 부활의 신비스런 장면이 템포의 변화, 리듬, 또 상행과 하행의 시퀀스의 모양들로 표현 된다(Ex. 38). 이 곡에선 많은 트릴과 높은 음역들과 *pppp* 까지 여린 세기가 사용된다.

---

96) Karin Maria DiBella, "Piano Music in Italy during the Fascist Era" (D.M.A. thesis, University of British Columbia, 2002), 215.

97) Kirby, *Music for Piano*, 337.

98) Shadinger, "The Sacred Element in Piano Literature," 164-65.

Example 35[99]

Tedesco, *Evangélion*, "The Annunciation," mm. 1-9

Copyright © 1959 owned by the Publishing Music A. FORLIVESI & Co.
Used by gracious permission.

Example 36[100]

Tedesco, *Evangélion*, "Jesus and the Money-Changers," mm. 1-6

---

99) Mario Castelnuovo Tedesco, *Evangélion: The Story of Jesus, Narrated to the Children,* (Florence: A Forlivesi & C., 1959), Part I, 1.

100) Ibid., Part II, 22.

Example 37[101]

Tedesco, *Evangélion*, "The Return of the Prodigal Son," mm. 1-10

Example 38[102]

Tedesco, *Evangélion*, "The Resurrection," mm. 1-7

---

101) Ibid., Part III, 17.
102) Ibid., Part IV, 17.

Die Passion in 9 Inventionen aus den biblischen Szenen
(*The Passion in 9 Inventions from the Biblical Scenes,*
성경 장면을 그린 9개의 인벤션으로 된 수난곡*), Op. 25 (1927)
by Hermann Reutter (1900-1985)

1. Abendmahl (The Lord's Supper, 주의 성찬)
2. Christus in Gethsemane (Christ in Gethsemane, 겟세마네의 그리스도)
3. Die Gefangennahme (The Arrest, 체포)
4. Die Geisselung (The Flagellation, 채찍질)
5. Die Dornenkrönung (The Crown of Thorns, 가시 면류관)
6. Gang nach Golgatha (To Golgotha, 골고다로 가는 길)
7. Die Kreuzigung (The Crucifixion, 십자가에 못 박힘)
8. Die Grablegung (The Entombment, 매장)
9. Am Oster Morgen (Easter Morning, 부활절 아침)

예수의 수난 장면들을 묘사한 이 짧은 곡들은 독일 작곡가 로이터 (Hermann Reutter)에 의해 작곡되었다. 곡 중에 성경 구절에 대한 언급이 없지만, 이 작품은 사복음서에 있는 예수 그리스도의 수난 과정의 순서에 따라 써졌다. 로이터는 주의 성찬에서부터 부활의 아침 장면까지를 그리고 있다. 힌슨은 "조표가 없지만 모든 곡은 조성적이다. 해석적 민감함이 요구된다"라고 말한다.103) 쉐딘저는 "인벤션"이란 용어가 화성적 혹은 형식적 요소의 실험 때문에 사용되었다고 설명한다.104)

제1곡의 구조는 'ABA' - Coda'인데, 그것은 예수와 제자들 사이의 대화를 모방한 것 같다. 제2곡(Ex. 39)은 외롭고 고통스런 장면을 장7도와 다양한 9도 화음들로 표현한다. 제3곡에서 심하게 불협화적인 화음들의 반복은 극도의 긴장된 환경을 묘사하는데, 그것은 빠른 셋잇단음표의 증가로 심화된다. 제4곡은 특별한 순서 없이 나타나는 세 개의 다른 동기들로 구성되는데, 이것이 긴장과 공포를 더욱 증강한다.

---

103) Hinson, *Guide to the Pianist's Repertoire*, 642.

104) Shadinger, "The Sacred Element in Piano Literature," 137.

성경과 관련된 피아노 작품들 231

Example 39[105]

Reutter, *Die Passion*, "Christ in Gethsemane," mm. 1-7

ⓒ SCHOTT MUSIC, Mainz - Germany
Used by generous permission

제4곡에서 불협화와 점음표를 통해 긴장들이 표현된 반면, 제5곡인 "가시 면류관"은 코랄 전주곡 같다. 변형된 코랄 선율을 지닌 첫째 부분 후에 둘째 부분은 "오 거룩하신 주님, 그 상하신 머리"의 코랄 선율을 차용하고 있다. 제6곡과 제7곡은 연결되어있다 (Ex. 40).

Example 40[106]

Reutter, *Die Passion* "To Golgotha" and "The Crucifixion," mm. 1-4 and mm. 12-17

12

---

[105] Hermann Reutter, *Die Passion in 9 Inventionen aus den biblischen Szenen* (Mainz: B. Schott's Söhne, 1930), 4.

[106] Ibid., 8.

여기에 십자가와 고난에 대한 순환동기(leitmotif) 같은 기능을 하는 몇몇 악구가 있다. "십자가에 못 박음"은 순환기법(cycling technique)을 사용하면서 두 가지 요소로 되어있다. 즉, 제2곡에서 따온 선율적 부분과 순환동기 부분이다. 그리하여 감상자로 하여금 겟세마네 동산의 예수의 기도와 골고다에서의 고난을 동시에 생각나게 하는 결과를 만들어낸다. 제8곡에선 제1곡에서 나온 선율들이 나타나는데, 그것은 순환기법을 사용하면서 마지막 만찬에서의 예수의 약속의 성취를 상징하는 듯하다. 또한 이 곡에서의 열린 5도(open fifth)는 무덤이 비어있는 것을 묘사하는 것 같다. 로이터는 부활절 아침을 묘사하는 데에 전 곡의 아주 낮은 음역과 대조를 이루는 높은 음역을 선택했다. 이 마지막 곡은 센토니제이션(centonization)의 좋은 예가 된다. 즉, 이 곡은 다섯 개의 동기가 대위법적으로 엮어진다. 로이터가 이 전체 곡에서 사용한 가장 중요한 기법은 바로 순환기법과 대위법적으로 엮어진 센토니제이션이다. 위에 보여준 세 개의 악보 예들(Ex. 39, 40, mm. 1-4와 mm. 12-17)은 그의 순환기법을 보여준다. 또한 아래의 표(도해 13)는 센토니제이션 기법을 사용하고 있는 마지막 곡의 구조를 설명하는데, 도해의 각 사각형의 길이는 해당 동기의 대강의 길이를 나타낸다.

Right hand:

a	c	b	d	e	a	c	a + coda

Left hand:

-	b	d	a	c	e	a	b	a + coda

도해 13. "부활절 아침"을 이루고 있는
센토니제이션의 대위법적 구조

"The First Prophecy" and "The Second Prophecy"
("첫 번째 예언"과 "두 번째 예언")
from *Tangents* (1950)
by William Bergsma (1921-1994)

버그스마(William Bergsma)는 탄젠츠(*Tangents*)107)에서 두 개의 대조되는 예언을 성경구절과 함께 묘사하고 있다. "첫 번째 예언"(Ex. 41)은 스바냐 1:10-13의 하나님의 저주를 묘사한다.

나 여호와가 말하노라 그날에 어문에서는 곡성이, 제이 구역에서는 부르짖는 소리가, 작은 산들에서는 무너지는 소리가 일어나리라 … 그들의 재물이 노략되며 그들의 집이 황무할 것이라 그들이 집을 건축하나 거기 거하지 못하며 포도원을 심으나 그 포도주를 마시지 못하리라 …108)

버그스마가 사용하고 있는 반복되는 단2도의 날카로운 불협화는 다가오는 심판을 암시한다. 이 곡의 구조는 'A (1-9) - B (10-43) - A' (44-53)'이다. 느린 두 번째 부분도 여전히 불협화의 음정으로 저주의 분위기를 유지하고 있다.

"두 번째 예언"(Ex. 42)은 미가 4:3b-4a의 성경구절을 인용하며 하나님의 축복을 묘사한다.

무리가 그 칼을 쳐서 보습을 만들고 창을 쳐서 낫을 만들 것이며 이 나라와 저 나라가 다시는 칼을 들고 서로 치지 아니하며 다시는 전쟁을 연습하지 아니하고 각 사람이 자기 포도나무 아래와 자기 무화과나무 아래 앉을 것이라 그들을 두렵게 할 자 없으리니109)

시작 부분의 장3도, 단6도, 그리고 완전5도 같은 분명한 화성적 음정들은 하나님의 축복을 묘사한다. 비록 부드러운 불협화가 있고 조성의 중심이 빨리 변하지만, 이 곡은 조성 음악의 따뜻함을 지니고 있다.

---

107) "탄젠츠는 옛날식의 보드빌 쇼(vaudeville show) 같은 것이다, … 작품은 전체로 혹은 그룹으로 혹은 각각의 분리된 곡으로 연주되어질 수 있다." 이 곡은 6개의 곡을 한 세트로 두 권, 즉 12개의 곡들로 이루어져 있으며, 다음과 같은 제목들이 붙여졌다. Fanfare; Prophecies; The Animal World; Masques; Pieces for Nickie; Fanfare. William Bergsma, *Tangents* (Boston: Carl Fischer, 1956), the title page.

108) Bergsma, *Tangents*, 4.

109) Ibid., 9.

Example 41[110)

Bergsma, "The First Prophecy," mm. 1-2

Tangents By William Bergsma
Copyright © 1956 by Carl Fischer, Inc.
All rights assigned to Carl Fischer, LLC
All rights reserved. Used with permission.

Example 42[111)

Bergsma, "The Second Prophecy," mm. 1-2

---

110) Ibid., 4.
111) Ibid., 9.

Triptych (세 폭짜리 그림) (1969)
by Louis Weingarden (1943-1989)

　웨인가든(Louis Weingarden)은 그의 음악을 통해 성경의 세 장면을 묘사한다. 각 곡에서 그는 성경의 이야기를 성경 구절들을 인용하며 그의 글과 상상력을 가지고 설명한다. 힌슨은 이 곡을 "커다란 스케일의 기교적인 작품, 자유스런 무조, 광대한 낭만적 구조들, 의도적 심각함 (serious in intent), 인상적인 크기(imposing dimensions). 성숙한 피아니스트들에게 탐구해 볼만한 가치가 있음" 등으로 설명한다.[112]

　제1곡(Ex. 43)은 아브라함이 하나님으로부터 끔찍한 명령을 들었을 때 그가 느꼈을 감정을 그리고 있다. "네 아들 네 사랑하는 독자 이삭을 데리고 [모리아 땅으로] 가서 내가 네게 지시하는 한 산 거기서 그를 번제로 드리라"(창세기 22:2).

Example 43[113]

Weingarden, *Triptych*, I, mm. 1-9

Triptych by Louis Weingarden
© Copyright 1974 by Boosey & Hawkes, Inc.
Reprinted by permission.

---

112) Hinson, *Guide to the Pianist's Repertoire*, 809.

113) Louis Weingarden, *Triptych* (New York: Boosey & Hawkes, 1974), 1.

제2곡(Ex. 44)은 다윗이 하프로 연주한 영혼의 연습곡(spiritual etude)이다. "주님이 나의 목자시면, 나는 부족함이 없습니다"(시편 23:1).

Example 44[114]

Weingarden, *Triptych*, II, mm. 1-5 and mm. 96-100

제3곡(Ex.45)은 예수의 부활 때에 천사의 노래를 들은 세 여인의 이야기를 묘사한다. "그는 여기에 없다, 그는 올라가셨다"(마태복음 28:6). 웨인가든은 천사가 말한 것을 천사의 노래로 해석한다. 이 전체 작품은 1969년 뉴욕에서 개릭 올슨(Garrik Ohlsson)에 의해 연주되었다.[115]

---

114) Ibid., 12, 15.

115) 뉴욕 타임즈는 개릭 올슨이 이 작품을 연주한 것에 대해 다음과 같이 보고한다. 1970년 쇼팽 콩쿨에서 수상하기 바로 전에 메트로폴리탄 박물관에서 그가 뉴욕 데뷔를 했을 때, 그는 그의 매니저와 선생님의 충고를 거역하며 그의 프로그램을 루이스 웨인가든의 "*Triptych*"로 시작했다. 올슨은 "나는 'Nonsense'라고 말하고 이 어려운 20분짜리 곡을 연주했어요." 라고 말했다. "아무도 내가 누군지 모르고 아무도 그걸 듣길 원치 않았죠. 그런데 그 곡은 객석에 폭탄을 놓은 셈이 된 것입니다." Allan Kozin, "Specializing in Spreading His Wings," *New York Times* [on-line]; accessed 7 March 2012; available from http://www.nytimes.com/2012/01/15/arts/music/garrik-ohlsson-chopin-expert-sets-his-sights-on-liszt;html? pagewanted=all; Internet.

Example 45[116)

Weingarden, *Triptych*, III, mm. 1-7

Magnificat alla campana
(종소리 풍의 마그니피캇), Op. 26 (1999-2000)
by Myung Whan Kim (김명환) (1959-)

1. Prelude/I Am the Lord's Handmaid (서곡/이 몸은 주님의 여종입니다)
2. My Soul Praises the Lord (내 영혼이 주님을 찬양하며)
3. My Spirit Rejoices in God My Savior (내 구세주를 생각하는 기쁨)
4. For He Has Been Mindful of the Humble State of His Servant
   (주께서 여종의 비천함을 돌보셨습니다)
5. From Now on All Generations Will Call Me Blessed
   (이제부터는 모든 세대가 나를 복되다 하리니)
6. For the Mighty One Has Done Great Things for Me
   (이는 전능하신 분께서 내게 큰일을 행하셨음이라)
7. Holy Is His Name (그 이름이 거룩하시며)
8. His Mercy Extends to Those Who Fear Him, from Generation to Generation
   (주님을 두려워하는 자에게 대대로 베푸시는 자비로움)
9. He Has Performed Mighty Deeds with His Arm;
   He Has Scattered Those Who Are Proud in Their Inmost Thoughts
   (그의 팔로 놀라운 일을 행하사 마음이 교만한 자들을 흩으셨고)
10. He Has Filled the Hungry with Good Things but Has Sent the Rich Away Empty
    (주린 자를 배불리시고 부자를 빈손으로 보내셨도다)
11. He Has Helped His Servant Israel, Remembering to Be Merciful
    (약속하신 자비를 기억하사 그 종 이스라엘을 도우시는 주님)
12. Forever, Even As He Said to Our Fathers
    (우리 조상에게 말씀하신 것과 같이 영원히)

---

116) Weingarden, *Triptych*, 21.

김명환(Johann Kim)의 가장 어려운 곡들 중의 하나로서, 이 작품은 2000년에 피아니스트 고중원에 의해 위촉되었고 초연되었다. 그의 *12개의 거룩한 종소리*가 기본적인 종소리 화성 기법을 사용하여 믿음의 여러 장면들을 보여준 반면, *종소리 풍의 마그니피캇*은 보다 발전되고 자유로워진 종소리 화성 기법으로 누가복음에 있는 마리아의 찬양의 장면을 12개의 내용으로 묘사하고 있다. 김명환은 각 성경 구절을 다양한 음악적 스타일로 해석하며, 순환동기, 회화적 기법, 춤곡 리듬, 푸가, 한국 전통 예술의 '가곡' 스타일 등을 사용하고 있다.

대 칸티클 중 하나인 마그니피캇을 설명하면서, 그는 악보 마지막에 각 곡에 대해 분석하고 있다. 제1곡의 누가복음 1:38의 본문은 전통적인 마그니피캇, 즉, 누가복음 1:46-55에 속하지 않기 때문에 "서곡"이라는 제목을 붙였다고 그는 말한다. "서곡"에서 "순차 하행진행 단선율은 마리아의 주님을 향한 매일 드리는 겸손한 절(경배)"을 샤콘느(chaconne)의 형태로 묘사하고 있으며(Ex. 46), 종소리 화성에 내재하는 조성적 가능성이 본래 종소리 화성보다 더 강조되었다.117)

Example 46118)

Kim, *Magnificat*, "Prelude," mm. 1-11

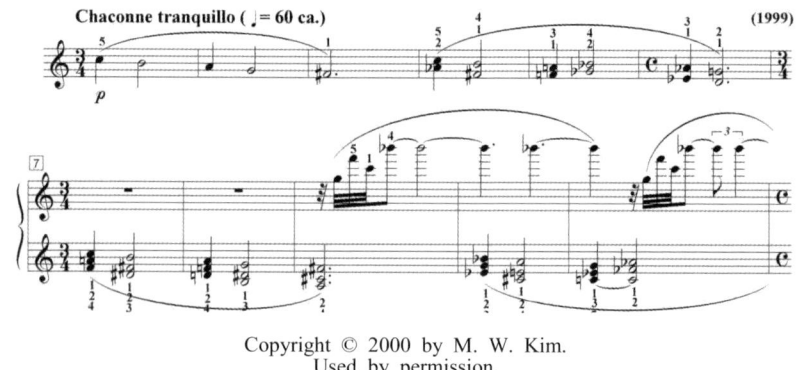

Copyright © 2000 by M. W. Kim.
Used by permission.

---

117) Myung Whan Kim, *Magnificat alla campana for piano* (Seoul: NPSE, 2000), 63-77.

118) Ibid., 4.

제2곡은 보다 자유롭게 사용된 종소리 화성과 더불어 마리아의 찬양, 즉, 개인적인 찬양을 묘사한다. 제5곡에서 그는 마리아의 큰 기쁨의 상징으로 쇼팽 스타일의 왈츠 기법을 이용한다. 제6곡에서 F장조(혹은 단조)와 B장조119)가 "영광의 주제" 안에서 순차적으로 나열되는데, 이것은 삼위일체의 상징으로 세 번 반복된다. 제7곡은 종소리 화성의 음들을 빠른 속도로 좁은 음역에 위치함으로 하나님의 거룩함을 묘사하고 있는데, 여기엔 정확한 선율이나 화성의 드러나는 진행이 발견되지 않는다(Ex. 47). 이것은 하나님의 거룩하심이 인간의 이해를 초월한다는 데에서 나온 시도이다.

Example 47120)

Kim, *Magnificat*, "Holy Is His Name," mm. 1-8

"두려움의 동기"는 제9곡의 시작에 나타나는데, 그것은 종소리 화성의 감5도(증4도)의 음정에 걸쳐있는 3개의 음으로 이루어진다. 시각적으로 흩어지는 모양이 38마디부터 반복적으로 나타난다(Ex. 48). 제11곡에서 김명환은 그레고리안 성가를 닮은 주제와 더불어 푸가의 형식을 채택하는데, 이것은 제목에 있는 "기억"을 상징하는 것이다. 마지막

---

119) F와 B 사이의 음정인 증4도는 종소리 화성을 이루는 위의 코드(즉, B장조)와 아래의 코드(즉, F단조) 사이의 기본적인 관계이다.

120) Kim, *Magnificat alla campana*, 34.

곡에서 작곡자는 한국 전통 음악과 종소리 화성을 결합함으로 그 제목의 "조상"과 "영원히"의 의미를 묘사한다(Ex. 49, mm. 1-6). 종의 주제(motive of servant)의 마지막 등장(Ex. 49, mm. 48-50)은 열두 개의 곡을 하나로 끌어안게 만든다.

Example 48[121]

Kim, *Magnificat*, "He Has Performed Mighty Deeds," mm. 42-45

Example 49[122]

Kim, *Magnificat*, "Forever," mm. 1-6 and mm. 47-53

---

121) Ibid., 45.

122) Ibid., 58, 62.

Example 49—계속

즉, 이 작품에서 순환 동기인 "종의 동기"(Ex. 46, mm. 1-3)는 제1곡, 제4곡, 제6곡, 그리고 제12곡에 여러 가지 모양으로 나타난다. 12개의 곡 모두 한 번에 마그니피캇으로 연주되어지도록 작곡되었지만, 어떤 하나의 곡이든 몇 개의 묶음이든 자유롭게 연주될 수 있다.

Comfort, Comfort My People: Chorale Fantasy for Piano
(코랄 환타지: 내 백성을 위로하라) (2007-2008)
by Shinuh Lee (이신우) (1969-)

Sinfonia: Isaiah 61:1-2 (신포니아: 이사야 61:1-2)
I. Sin: Romans 1:21-25 (죄: 로마서 1:21-25)
II. Chorale: 'Lord Have Mercy' (코랄: '주여 긍휼히 여기소서')
III. Sin: Romans 1:26-31 (죄: 로마서 1:26-31)
IV. Sin: Romans 3:10-18 (죄: 로마서 3:10-18)
V. Chorale: 'Lord Have Mercy' (코랄: '주여 긍휼히 여기소서')
VI. The Cross of Christ: John 1:29 (그리스도의 십자가: 요한복음 1:29)
VII. Chorale: 'Christ Have Mercy' (코랄: '주여 긍휼히 여기소서')
    from J. S. Bach chorale 'Christ lag in Todesbanden'
    (J. S. 바흐의 코랄, '그리스도는 무덤에 계셨으나'에서)
VIII. Comfort, Comfort My People: Isaiah 40:1-9
    (내 백성을 위로하라: 이사야 40:1-9)

이신우는 음악에 대한 그녀의 중심적인 생각을 그녀의 믿음과 관련해서 설명한다. "제 음악은 단순히 크리스천 클래식이라고 경계를 짓기보다 일반 모든 클래식 음악과 현대음악에서 실험할 수 있는 음악의 표현력을 바탕으로 성경의 정신을 음악에 담는 것을 목적으로 합니다."123) 'composer's note' 서두에 이신우는 성경적인 곡을 작곡하는 그녀의 마음을 예레미야 20:9을 인용하여 표현한다. "내가 다시는 여호와를 선포하지 아니하며 그의 이름으로 말하지 아니하리라 하면 나의 마음이 불붙는 것 같아서 골수에 사무치니 답답하여 견딜 수 없나이다."124) 그녀의 고백처럼 이 작품의 구성은 그녀의 음악적 설교 같다. 즉, 복음 전도의 과정을 표현하는데, 그것은 다름 아닌 구원과 회복의 메시지이다. 그러므로 이 곡이 그녀가 새로 작곡한 코랄 선율과 바흐의 코랄을 바탕으로 써진 코랄 환타지이지만, 이 곡은 또한 음악적 주해(musical exegesis)의 좋은 예가 된다. 작곡자는 제7곡을 제외한 각 곡에 성경 구절을 적었다.

작곡자에 따르자면, "신포니아"는 이사야서에 선포된 회복의 메시지를 담고 있다. 이 곡은 바흐의 코랄에서 유래된 것 같은 위로하는 분위기로 시작한다. 그 다음 A-flat의 페달 포인트 위에 그녀 고유의 밝고 깊은 코랄의 선율이 소개되는데(Ex. 50, 35마디부터), 이것은 바흐 코랄과 더불어 이 곡 전체의 주제가 된다. 이신우는 제1-5곡에서 리스트의 음악에서 자주 묘사되는 악마성을 현대적 어법으로 확대 발전시켜 인류의 죄를 묘사한다고 말한다.125) 제1곡의 끝 부분에 나타나는 최저음 음역의 화성들(Ex. 51)은 화성적인 구조보다는 악마적 음색을 위해 쓰인 것으로 보인다.

세 개의 짧은 코랄 곡들("II. Lord Have Mercy," "V. Lord Have Mercy," "VII. Christ Have Mercy")은 의전적인 미사의 세 부분으로 된 키리에의 형식("Kyrie eleison, Christe eleison, Kyrie eleison")을 암시한다. 제2곡의 반복되는 하행 반음계 화성 진행(Ex. 52)은 회화적

---

123) Shinuh Lee, e-mail message to author, on September 29, 2011.

124) Shinuh Lee, *Comfort, Comfort My People* (Seoul: 음악춘추사, 2008), composer's note.

125) Ibid.

특징을 띠는데, 마치 죄인들의 진지하고 겸손한 기도를 묘사하는 듯하다. 제2곡과 제5곡은 같은 동기를 공유하며, 그것은 "신포니아"의 시작 부분의 위로하는 악구와 흡사하다.

Example 50[126)]

Lee, *Comfort*, "Sinfonia," mm. 1-4 and mm. 33-42

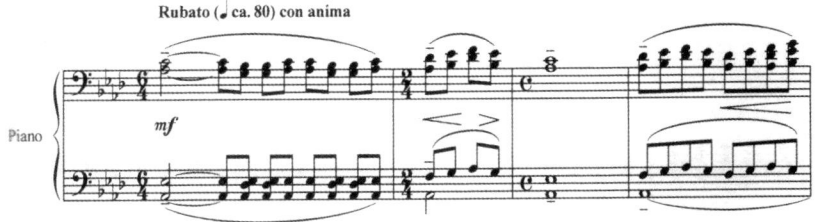

Copyright © 2008 by Shinuh Lee.
Used by permission.

---

126) Ibid., 1, 3.

Example 51[127]

Lee, *Comfort*, "I. Sin," mm. 120-26

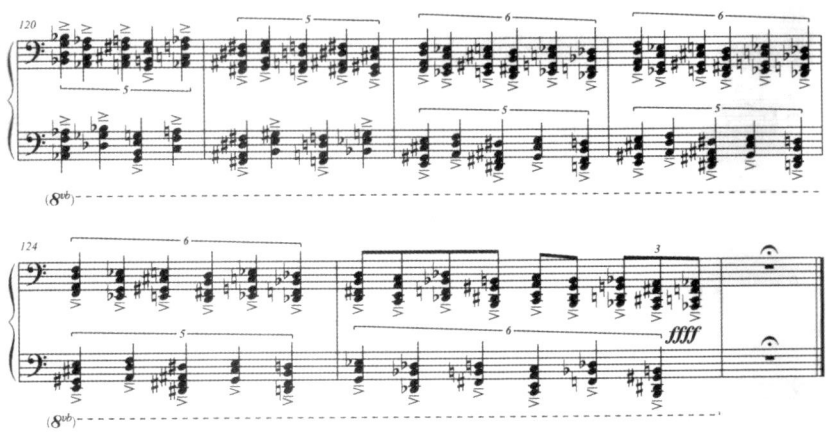

Example 52[128]

Lee, *Comfort*, "II. Chorale," mm. 1-4

---

127) Ibid., 15.

128) Ibid., 16.

제6곡에 나오는 날카로운 불협화음들과 최저음 음역들은 그리스도의 고난과 죽음을 생생하게 표현하는 듯하며(Ex. 53), 그것은 제7곡의 단선율 코랄 선율인 "Christ lag in Todesbanden (그리스도는 무덤에 계셨으나)"129)로 이어진다(Ex. 54). 작곡자는 *pp* 의 E단조의 단선율 코랄 선율(mm. 1-4)은 "어두운 불협화를 뚫고 나오는 아주 미세한 한줄기 빛과 희망, 죄에 대한 탄식"의 상징으로 쓰였으며, 알토 파트는 "그리스도의 죽음의 슬픔을 보다 구체적인 하모니"로 표현하며 첨가되며 *mf* 로 반복되고(19 마디부터), 마지막 *f* 의 "힘찬 E major 종지"로 끝맺는다고 설명한다.130) 이런 음악적인 방법으로 이신우는 그리스도의 죽음과 부활을 차용된 코랄 위에 표현하는 것을 시도했다.

Example 53 131)

Lee, *Comfort*, "VI. The Cross of Christ," mm. 69-75

---

129) English translation: "Christ lay in death's bonds handed over for our sins, he is risen again and has brought us life. For this we should be joyful, praise God and be thankful to him and sing alleluia, Alleluia" [on-line]; accessed 29 September 2011; available from http://www.bach-cantatas.com/Texts/Chorale012-Eng3.htm; Internet.

130) Shinuh Lee, e-mail message to author, on September 29, 2011.

131) Lee, *Comfort*, 45.

Example 54[132)]

Lee, *Comfort*, "VII. Chorale," mm. 1-8 and mm. 33-36

  마지막 곡에서 그녀 고유의 코랄이 여러 가지 모양으로 나타난다. C장조로 시작하여 "천상의 영역," 혹은 "십자가"(독일어 Kreuz는 십자가와 sharp의 두 가지 뜻)를 상징하는 F-sharp 장조로 끝내는 것을 주목할 만하다.
  이 작품은 또한 2009년에 설치 미술가 배정완과의 공동 작품으로서 10개의 곡으로 된 스크루테이프의 편지(*The Screwtape Letters*)로 편곡되기도 했다. 각각의 제목은 C. S. 루이스(Lewis)의 『스크루테이프의 편지』와 성경에서 인용되었다. 서정은은 이 작품에 대해 "인간의 정신과 영혼의 깊숙한 고뇌와 구원, 절망과 생명이라는 주제를 언어가 아닌 음악과 빛과 영상을 통해 섬세하게 접근해가는 시도를 보여준다"라고 설명한다.[133)]

---

132) Ibid., 46, 47.

133) 서정은, "'숭고'의 또 다른 해석, <스크루테이프의 편지>에 대하여," from program note of "Music in Light: The Screwtape Letters" on September 9-30, 2009, at Seoul National University in Seoul, Korea.

이후 2013년 이 작품은 조금 수정되어 "코랄 환타지 1번"이란 제목으로 출판되었는데, 작곡자는 마지막에 추가된 피날레에 대하여 "피아노 버전으로 통일하면서 신포니아 부분을 좀 양식적으로 변주해서 피날레를 추가했다"고 설명한다.134) 또한 악장 설명 중 "죄"에 대한 작곡자의 구체적인 묘사135)를 덧붙임으로 "죄"와 씨름하는 인간의 모습을 성경 구절과 더불어 통렬하게 보여 주고 있다. 이 곡에 이어 "코랄 환타지 2번"136)과 "코랄 환타지 3번"137)이 함께 악보에 실려 있다.

Triptych after the Gospel
(*복음서에 따른 세 폭짜리 그림*) (2002)
by Nikita Mndoyants (1989-)

  1. Christ's Apparition to the People (그리스도의 사람들 앞에 나타남)
  2. The Parable of the Unwise Rich Man (어리석은 부자의 비유)
  3. The Last Supper (최후의 만찬)

므느도얀츠(Nikita Mndoyants)는 젊은 러시아 피아니스트이자 작곡가이다. 6페이지의 *Triptych after the Gospel*은 그의 나이 13세에 써졌으며 2005년에 그의 변주곡과 소나타와 함께 출판되었다. 므느도얀츠는 구체적인 성경 구절을 언급하지 않았지만, 제목들은 신약 성경의 이야기에서 인용된 것이다. 그는 아르메니안 교회의 배경을 가진 기독교인이다.

다음 므느도얀츠의 간략한 작품해설은 제목과 곡만 볼 때 알 수 없는 작품의 배경과 작곡자의 의도를 보여준다.

---

134) Shinuh Lee, e-mail message to author, on November 18, 2013.

135) "I. 죄: 그 길고도 어둑한 몽상의 미로," "III. 죄: 갑옷처럼 인간의 온몸을 둘러싼," "IV. 죄: 절망 과 공포와 당혹감이 넘치는 술잔." Shinuh Lee, *Chorale Fantasies No. 1-3 for Piano* (Seoul: Umakchunchusa, 2013), composer's note.

136) Chorale Fantasy for Piano No. 2 'The Collar.' Based on the poem 'The Collar' by George Herbert. 15 minutes. This piece will be recorded by the pianist Hyo Jung Huh in August 2013, and the CD will be released in 2014. World Premier on 30 Oct. 2013 at the Recital Hall, Seoul Arts Centre. [on-line]; accessed 29 September 2014; available from http://shinuhlee.net/xe/WorksBoard/743; Internet.

137) "2010-2013 서울 국제 음악 콩쿠르 준결선 과제곡[Alleluia]이었고 2013년에 개작해서 3번으로 추가" Shinuh Lee, e-mail message to author, on November 18, 2013.

이 곡들의 배경은 그리 복잡하지 않습니다. 대부분 그것들은 이 세 가지 주제에 대한 사색적인 스케치입니다. "그리스도의 사람들 앞에 나타남"은 또한 러시아 화가인 이바노브(A. Ivanov)의 유명한 그림에 기초하고 있습니다. 물론 이 곡들은 주제에 대한 단순한 묘사일 뿐만 아니라 내적인 반향이기도 합니다. 첫 번째와 두 번째 곡은 또한 약간 바로크 스타일의 수사학적인 특색138)을 띠며, 또한 복음적인 영역에도 연관이 있습니다.139)

"그리스도의 사람들 앞에 나타남"(Ex. 55)이 러시아의 유명한 화가 이바노브(Alexander Andreyevich Ivanov, 1806-58)의 같은 제목의 대작140)에 기초한다는 사실은 이 곡이 예수님의 공생애 첫 부분을 묘사하는 다음 성경 구절에 관한 것이란 것을 알려준다. "이튿날 요한이 예수께서 자기에게 나아오심을 보고 가로되 보라 세상 죄를 지고 가는 하나님의 어린 양이로다 내가 전에 말하기를 내 뒤에 오는 사람이 있는데 나보다 앞선 것은 그가 나보다 먼저 계심이라 한 것이 이 사람을 가리킴이라"(요한복음 1:29-34) 혹은 "이때에 예수께서 갈릴리로서 요단강에 이르러 요한에게 침례를 받으려 하신대"(마태복음 3:13-17).

138) 참조: p. 186 바르텔의 글 인용문.

139) Nikita Mndoyants, e-mail message to author, on January 8, 2016.

140) 이바노브의 "그리스도의 사람들 앞에 나타남"은 완성하는 데에 20년이나 걸린 540 x 750 cm 크기의 대작이며 모스크바 State Tretyakov Gallery에 전시되어있다. The Appearance of Christ Before the People [on-line]; accessed 8 January 2016; available from https://en.wikipedia.org/wiki/The_Appearance_of_Christ_Before_the_People. (인용 그림 출처).

성경과 관련된 피아노 작품들 249

이 첫 번째 곡의 조성과 무조 사이의 불분명하고 어려운 화성 구조는 신비한 분위기를 창출하며, 높은 긴장감을 유발하는 음정들은 마치 율법과 복음과의 영적 갈등을 묘사하는 듯하다. 그러나 마지막에 장면이 바뀌는데(16마디부터) 이것은 그리스도가 가져다주는 평안함이 사람들에게 전달되는 것으로 느껴진다.

Example 55[141)

Mndoyants, *Triptych*, "Christ's Apparition," mm. 1-4

Copyright ⓒ 2005 by Nikita Mndoyants.
Used by permission.

두 번째 곡, "어리석은 부자의 비유"(Ex. 56)는 누가복음 12:16-21이나 부자와 나사로의 이야기(누가복음 16:19-31)에서 비롯된 것이다. 이 곡 역시 그 리듬 유형으로 인해 두 부분으로 나뉘지는데, 그것은 부자의 어리석음(mm. 1-24)과 하나님의 말씀(mm. 25-28)의 대조를 보여주는 듯하다.

세 번째 곡, "최후의 만찬"(Ex. 57)은 비교적 조성적으로 써졌다. 주제적 동기는 F-sharp 장조로 세 번 나타나며(m. 3, m. 22, m. 63), 마

---

141) Nikita Mndoyants, *Variations, Triptych after the Gospel, Sonata for Piano* (Moscow: Muzyka, 2005), 14.

250 은총 음악 그리고 피아노

지막의 화음 역시 6도가 첨부된 F-sharp 장조이다. 이 곡은 최후의 만 찬에서 예수께서 말씀하시는 것을 묘사하는 듯하다. "... 받아먹으라 이것 이 내 몸이니라 ... 너희가 다 이것을 마시라 이것은 죄 사함을 얻게 하 려고 많은 사람을 위하여 흘리는바 나의 피 곧 언약의 피니라"(마태복음 26:26-28).

Example 56[142]

Mndoyants, *Triptych*, "The Parable of the Unwise," mm. 1-4

Example 57[143]

Mndoyants, *Triptych*, "The Last Supper," mm. 1-5

---

142) Ibid., 15.
143) Ibid., 17.

7

기독교 신앙을 상징적으로 표현한 피아노 작품들

> 항상 우리를 그리스도 안에서 이기게 하시고
> 우리로 말미암아 각처에서 그리스도를 아는 냄새를 나타내시는
> 하나님께 감사하노라
> (고린도후서 2:14)

하나님은 성경에서 그분 자신을 종종 이야기나 비유를 통해 상징적으로 설명하시거나 나타내신다. 예수님은 떡을 '내 몸'이라 하시고 포도주를 '죄 사함을 얻게 하려고 많은 사람을 위하여 흘리는바 나의 피 곧 언약의 피'라 비유하시며, 이것들을 먹고 마시며 그분을 기념하라고 명하셨다. 또한 성경의 저자들도 마찬가지로 하나님이나 그의 진리를 비유적으로 또 상징적으로 묘사한다. 다시 말해, 하나님의 특별은총은 많은 경우에 그분의 일반은총을 통하여(비유삼아) 인간에게 보다 직접적인 방법으로 전달된다 할 수 있겠다.

한편 작곡가들은 음악적 비유를 통하여 다양한 것들을 표현하는데, 특별은총의 주제들 또한 다루게 된다. 두 번째 범주의 작품들이 성경말씀 그 자체를 표현한 것이라면, 세 번째 범주의 작품들은 보다 개인적인 믿음에 대한 것이다. 작곡가들은 피아노 작품들에 종종 기독교와 관련된 제목들을 붙임으로써, 즉, "기원(invocation)," "기도(prayer)," "시편," "코랄," "찬송가" 등의 단어들이나 고백적인 제목들을 씀으로써, 기독교 신앙을 표현하거나 묘사한다. 이러한 작품들은 객관적으로 드러나는 "그리스도를 아는 냄새(the sweet aroma of the knowledge of God)"의 예가 될 수 있다. 이 범주에서 "코랄"이나 "찬송가"라는 단어는 '단순한 리듬과 화성법적 구조로 특징져지는 음악적 형태'를 일컫는데, 실제 찬송가를 떠올리게 하는 비유가 된다. 성경 말씀이라기보다는 성경의 문학적인 해석과 관련된 작품들은 이 범주에 포함시켰다.

음악적 상징주의(musical symbolism)

비록 "상징주의"란 말이 자주 19세기 후반과 20세기 초반의 문학 운동과 연상되어지지만, 스미스(Richard Langham Smith)는 음악적 상징주의는 중세시대 이래로 사용되어져 온 음악 외적 표현과 관련된다고 말한다.1) 그러므로 작곡가들이 음악을 통해 그들의 신앙을 묘사하려고 창작한 모든 작품들을 포함한 모든 표제음악(program music)은 넓은 의미에서 "시대적 정체성이나 범주적 집단이나 개인적 스타일"2)과 상관없이 음악적 상징주의의 개념에 영향을 받는다.

스미스에 따르자면, 좁은 의미의 음악적 상징주의의 대표적인 예들에는 바로크 시대 이전의 "눈 음악(eye music)"3)과 "단어 회화(word-painting),"4) 바로크 시대의 "수 상징주의(number symbolism)"5)와 "조

---

1) Grove Online, s.v. "Symbolism" [on-line]; accessed 9 September 2011; available from http:// www.oxfordmusiconline.com.ezproxy.sbts.edu/subscriber/article/opr/t114/e6586?q=symbolism&search=quick&pos=2&_start=1#firsthit; Internet. Grove Online is a subscriber-only service.

2) *Die Musik in Geschichte und Gegenwart*, s.v. "Symbolismus."

3) "귀가 아니라 눈에 명백하게 상징적 의미를 부여하는 기보법. … 대부분의 음표 모양들은 두 형태, 즉, 검은색과 흰색으로 존재했으며, 흰색의 상징의 길이는 보통 검은색의 그것과 구분되었다. 그러므로 음표의 검고 흰 것은 주로 음악적 의미를 부여했지만, 그것은 또한 검은 음표에 'black', 'shade', 'death', 'blind', 'color', 'night', 'darkness'와 같은 말들이 연상되어지고, 흰 음표에 'white', 'day', 'light', 'pale', 'open'과 같은 말들이 연상되어질 때에 상징적인 의미를 가지게 되었다." Grove Online, s.v. "Eye music" [on-line]; accessed 11 September 2011; available from http://www.oxfordmusiconline.com.ezproxy.sbts.edu/subscrib er/article/grove/music/09152?q=eye+music&search=quick&pos=1&_start=1#firsthit; Internet.

4) 단어 회화와 눈 음악 사이에 자세한 경계선을 만들기는 어렵지만, 전자는 보통 볼 수 있을 뿐 아니라 들을 수 있다 (다음과 같은 단어들의 음악적인 묘사를 할 때 나타난다. 'rise', 'fall', 'step', 'pace', 'crooked', 'slope', 'scatter', 'wave', 'hover' and so on). Ibid. "단어 회화는 종종 분위기 회화(mood-painting)나 음화(tone-painting, Tonmalerei)와 구별되는데, 그것은 비록 그 범주들이 항상 분명한 것은 아니지만, 작품의 보다 넓은 감정적인 혹은 다른 세계들을 음악적으로 표현하는 것과 관련이 있다." Ibid., s.v. "Word-painting" [on-line]; accessed 11 September 2011; available from http://www.oxfordmusiconline.com.ezproxy.sbts.edu/subscriber/article/grove/music/30568?q=word+painting&search=quick&pos=1&_start=1#firsthit; Internet.

5) "여러 가지 숫자들에게 특별한 의미를 부여하는 것은 고대로부터 계승되어졌고 순수 미술과 문학, 그리고 음악에서도 중요한 역할을 해왔다. … 바흐는 어떤 숫자들을 성경과 연결하여 활용했다. '3'은 삼위일체, '6'은 천지창조의 일한 날들, '7'은 일반적으로

연상(key association),"6) 그리고 19세기의 "장면 회화(scene-painting)"7) "순환 동기(leitmotif)"8) 등이 있다. 비록 스미스가 시대에 따라 몇 가지 음악적 상징주의를 분류하고 있지만, 중세시대 이래 발전된 거의 모든 종류의 음악적 상징주의가 오늘날에도 여전히 사용되고 있다. 오늘날 눈 음악과 조 연상은 거의 쓰이지 않는 반면, 단어 회화, 수 상징주의, 장면 회화, 그리고 순환동기 등은 표제음악을 창작하는 데에 여전히 유용하게 쓰이고 있다.

음악적 상징주의의 이러한 예들 중 몇 가지는 이미 전 장에서 논해졌다. 이 논문의 두 번째와 세 번째 범주의 곡목 분류는 음악적 상징주의 같은 음악적 기법에 의해서가 아니라 그 내용에 의해 이루어졌다. 또한 네 번째 범주에서도 수 상징주의 같은 음악적 상징주의를 발견할 수 있다. 다음 곡목들은 음악을 통해 기독교 신앙을 나타내는 여러 가지 예들을 보여줄 것이다.

창조주와 천지창조, 그리고 또한 성령, … '10'은 십계명, 그리고 '12'는 교회, 사도들, 그리고 회중." Erwin Bodsky, *The Interpretation of Bach's Keyboard Works* (Cambridge, MA: Harvard University Press, 1960), 255.

6) 어떤 조가 어떤 표현적인 특성을 지닌다는 생각. "각각의 조가 실제적으로 그것들의 고유의 표현적인 특성을 가지는지 아닌지에 대한 질문은 여러 세기 동안 논의되어왔다. … 그것들의 가장 자세한 묘사는 마테슨(Matteson)의 최초의 주된 출판물인 Das Neueröffnete Orchester에서 발견되어진다." Ibid., 226-27.

7) "19세기 후반의 표제음악은 자연 세계를 표현하기 위해 관현악의 악기들을 사용한다. 예를 들어, Mendelssohn의 서곡은 *Fingal's Cave*의 바다를 떠올려주고, Wagner는 *Das Rheingold*의 시작 부분에서 흐르는 라인 강을 그리고 있다. 여기에 구상주의(representationalism)는 음악적 인상주의(musical Impressionism)와 경계를 이루고 있다." Grove Online, s.v. "Symbolism" [on-line]; accessed 12 September 2011.

8) "그것의 일차적인 의미는, 어떤 '주제'나 '일관된 음악적 발상'으로 매우 분명한 특징으로 인하여 뒤에 다시 나타날 때 변형되어도 분명히 알아차릴 수 있다. 그것의 목표는 사람, 사물, 장소, 생각, 마음의 상태, 초자연적인 힘, 혹은 드라마틱한 작품에서의 어떤 다른 요소 등을 표현하거나 상징하는 것이다." Ibid., s.v. "Leitmotif" [on-line]; accessed 11 September 2011; available from http://www.oxfordmusiconline.com.ezproxy.sbts.edu/subscriber/article/grove/music/16360?q=leitmotiv&search=quick&pos=2&_start=1#firsthit; Internet.

선택된 곡목들

Sonata No. 28, *"The Invocation"*
(*"기원"* 소나타) (1812)
by Jan Ladislav Dussek (1760-1812)

Allegro moderato ma energico
Tempo di minuetto con moto
Adagio non troppo ma solemne
Rondo

체코 작곡가 뒤섹(Jan Ladislav Dussek)에 대해 크로(Howard Allen Craw)는 "뒤섹은 불공평하게 무시되어진 작곡가이다. … 오늘날에 연주되고 즐기기에 충분한 음악적 가치가 있는 많은 수의 피아노 소나타와 피아노 콘체르토와 실내악 작품들이 있다"라고 말한다.9) 그의 작품 77은 "기원"이라는 부제가 있는데, 그것은 뒤섹 자신의 죽음의 예감을 나타냈다고 말해진다.10) 이 소나타의 성격은 다음과 같이 묘사된다. "과장되었지만(melodramatic) 아주 효과적인 작곡을 보여준다,"11) "화려한 고별 작품이며 중후하고 고결하다,"12) "극적이며 구상 면에서 널찍하며 놀라운 방법으로 작곡자의 심오하고 감격적인 메시지를 전달한다."13) 뒤섹이 그의 마지막 기원을 일반적으로 형식면에서 엄격한 절대음악의 본보기인 소나타 형식을 빌려 표현한 것은 주목할 만하다. 쉐딘저는 이 소나타의 제목이 리스트의 "기원"("Invocation" in *Harmonies*

---

9) Ibid., s.v. "Jan Ladislav Dussek" [on-line]; accessed 9 September 2011; available from http://www.oxfordmusiconline.com.ezproxy.sbts.edu/subscriber/article/grove/music/44229pg2?q=Jan+Ladislav+Dussek&search=quick&pos=1&_start=1#firsthit; Internet.

10) David Yeomans, *Piano Music of the Czech Romantics: A Performer's Guide* (Bloomington: Indiana University Press, 2006), 28.

11) Maurice Hinson, *Guide to the Pianist's Repertoire*, 3rd ed. (Bloomington: Indiana University Press, 2000), 277.

12) Chris Woodstra, *All Music Guide to Classical Music: The Definitive Guide to Classical Music* (San Francisco: Backbeat Books, 2005), 395.

13) Yeomans, *Piano Music of the Czech Romantics*, 28.

poétiques et réligieuses)에 영향을 주었다고 주장한다.14)

<Ex. 1>은 이 소나타 1악장의 힘찬 시작을 보여준다. 아름다운 3악장(*Adagio*)의 구조는 'ABA' - Coda'이다. "A" 부분은 장조로 써졌고 오르간과 관련하여 생각되어질 수 있다(Ex. 2, mm. 1-6). 반면, "B" 부분은 단조이고 보다 피아노에 어울린다(Ex. 2, mm. 33-36). 3악장의 오르간의 영향은 특별한 관심을 끌어왔다.

뒤섹이 교회 오르간 연주자로서 베르그-옵-줌(Berg-op-Zoom)에서 마지막 고용되었다는 것은 주목할 만한 가치가 있다. 그리고 동시에 … 그가 오르간을 일찍 알게 된 것[15)]은 그의 최고의 소나타들의 적지 않은 느린 악장의 특유한 스타일과 많은 관계가 있다—그중 특별히 그의 피아노를 위한 마지막 대작인 '기원'(작품 77)의 아다지오 악장을 예로 들 수 있다.16)

예만스(David Yeomans)는 이 곡에 대해 다음과 같이 해석한다.

1) 3악장의 시작은 프랑스 서곡 스타일이다.
2) 뒤섹이 보헤미안 음악 유산을 좋아했는데, 이것은 선율을 병행시킬 때에 3도와 6도 음정을 썼다는 데에서 현저하게 나타난다.
3) 중간 부분은 이탈리아 아리아의 스타일이다.
4) 장식음과 콜로라투라 효과는 쇼팽의 시적인 윤색(embroidery)과 연관된다.17)

---

14) Richard Cole Shadinger, "The Sacred Element in Piano Literature: A Historical Background and an Annotated Listing" (D.M.A. diss., The Southern Baptist Theological Seminary, 1974), 26.

15) "십대였을 때, [뒤섹은] 보헤미아와 그 외 지역의 오르가니스트였던 그의 아버지를 대신하는 사람[오르가니스트]이었다." Yeomans, *Piano Music of the Czech Romantics*, 27.

16) James W. Davison, "Dussek" in *A Dictionary of Music and Musicians (AD 1450-1889)*, ed. George Grove (London: Macmillan and Co., 1880), 473.

17) Yeomans, *Piano Music of the Czech Romantics*, 29.

Example 1[18)]

Dussek, *Invocation*, 1st mov., mm. 1-3

Example 2[19)]

Dussek, *Invocation*, 3rd mov., mm. 1-6 and mm. 33-36

---

18) Jan Ladislav Dussek, *Musica Antiqua Bohemia*, vol. 4 (Praha: Edition Supraphon, 1963), 117. 참조.

19) Ibid., 132, 133. 참조.

Hymne pour l'élévation (1844)
(*Hymn for the Elevation*, 거양을 위한 찬미)
by Hector Berlioz (1803-1869)

이 작품은 베를리오즈의 최고를 대표하지는 않는다. 이것은 가톨릭 미사 중 거양(elevation)[20])을 위해 하모니움이 연주하도록 써진 것이다. 힌슨(Maurice Hinson)은 이 곡을 다음과 같이 설명한다. "그것의 흐르는 선적인 주제는 아주 효과적인 대위법적 방법으로 효과를 창출한다."[21]) 이 곡은 4성 푸가이며(Ex. 3), 구조는 '제1제시부(1-29) - 에피소드(29-34) - 제2제시부에 대한 서주부(34-38) - 제2제시부(39-65) - 에피소드(65-70) - 제3제시부에 대한 서주부(70-74) - 딸림조의 제3제시부(75-84) - 코다(84-98)'이다.

Example 3[22])

Berlioz, *Hymn for the Elevation*, mm. 13-24

---

20) "거양(Elevation): 로마의 미사에서 성체를 거양(거룩하게 된 빵과 포도주를 들어 올리는 것)하는 중 연주되는 음악." Grove Online, s.v. "elevation" [on-line]; accessed 9 September 2011; available from http:// www.oxfordmusiconline.com.ezproxy.sbts.edu/subscriber/article/opr/t114/e2230?q=elevation&search=quick&pos=2&_start=1#firsth it; Internet.

21) Hinson, *Guide to the Pianist's Repertoire*, 113-14.

22) Hector Berlioz, *Hymne*, in *Piano Works of Hector Berlioz*, ed. Maurice Hinson (Chapel Hill, NC: Hinshaw Music, 1984), 7. 참조.

『철학 아카데미 사전』(Academic Dictionary of Philosophy)은 베를리오즈의 신앙에 대해 이렇게 말한다. "비록 그가 가톨릭교회 음악을 작곡하긴 했지만 … 베를리오즈는 그의 편지에서 그가 무신론자란 것을 종종 인정한다. 불트(G.K.Boult)가 쓴 『베를리오즈의 생애』(Life of Berlioz)에 그가 죽기 바로 전에 쓴 편지가 있는데, 거기에서 베를리오즈는 이렇게 말한다. '나는 아무 것도 안 믿는다.'"23) 비록 아무도 이 작품과 그의 믿음과의 관계에 대해 알 수 없지만, 이것은 확실히 주님의 성찬을 위해 작곡되었다. 하나님은 때로는 비신자의 재능(그분이 부여한)으로 인해 영광 받으실 수 있다. 이 곡은 주님의 성찬을 기념하는 곡의 예로서 선택되었다.

"Prayer: 'My Thoughts Are Heavy'" (1847)
from A Greeting to My Native Land
("기도: '나의 생각들이 무겁도다'" *나의 조국에게 하는 인사 중*)
by Mikhail Ivanovich Glinka (1804-1857)

러시아 클래식 음악의 아버지로 널리 알려져 있는 글링카(Mikhail Ivanovich Glinka)는 피아노를 위한 *나의 조국에게 하는 인사*(A Greeting to My Native Land)를 작곡했는데, 이것은 다음 네 개의 곡으로 구성되어 있다. "Souvenir d'une mazurka," "Barcarolle," "Prayer ('My Thoughts Are Heavy')," and "Variations on a Scottish Theme." "기도"는 부드러운 표제적이고 감정적인 작품이며, 이것은 또한 1855년 레르몬토브(Mikhail Lermontov)의 시를 가사로 하여 독창과 혼성합창과 관현악을 위해 편곡되었다.24) 페오파노브(Dmitry Feofanov)는 "글링카가 이 작품에 특별한 정신적 애착을 가지고 있다"고 말하면서 글링카가 그의 친구에게 보낸 편지를 인용한다. "이 기도는 1847년 스모렌스크(Smolensk)

---

23) Ramesh Chopra ed., *Academic Dictionary of Philosophy* (New Delhi: Isha Books, 2005), 46-47.

24) Grove Online, s.v. "Mikhail Lermontov" [on-line]; accessed 29 September 2011; available from http://www.oxfordmusiconline.com.ezproxy.sbts.edu/subscriber/article/grove/music/16458?q=Mikhail+Lermontov&search=quick&pos=1&_start=1#firsthit; Internet.

기독교 신앙을 상징적으로 표현한 피아노 작품들 259

에서 겪었던 극심한 신경성 고통에서 비롯된 비명과 더불어 시작되었다."25) 글링카는 러시아 정교회의 전례와 러시아 민속음악 전통에 영향을 받은 러시아 작곡가의 본보기이다.26)

이 곡의 구성은 '서주부(*Allegro moderato ma risoluto assai*) - A (*Andante con molto espressione. Con abbandone*) - B (*Maestoso ma l'istesso movimento*) - A₁ B₁ A₂'로서, 짧은 론도 형식이라고 불릴 수 있겠다. 서주부에서 저음부의 전음계적 하행 스케일과 오른손의 트릴과 트레몰로는 무거운 마음을 묘사하고 있다(Ex. 4, mm. 1-2). "A" 부분(Ex. 4, 11마디부터)은 서정적 노래 같으며, "B" 부분은 코랄과 흡사하다.

Example 4²⁷⁾

Glinka, *A Greeting*, "Prayer," mm. 1-2 and mm. 9-14

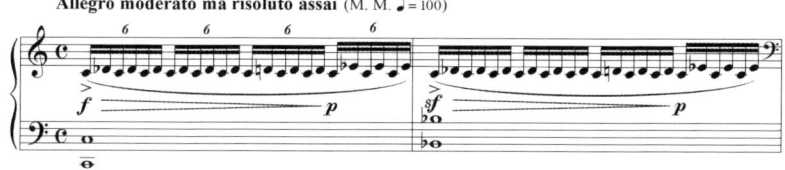

---

25) Dmitry Feofanov, ed., *Rare Masterpieces of Russian Piano Music: Eleven Pieces by Glinka, Balakirev, Glazunov and Others* (Mineola, NY: Dover Publication, 1984), viii.

26) Harlow Robinson, "Music," in *The Cambridge Companion to Modern Russian Culture*, ed. Nicholas Rzhevsky (Cambridge: Cambridge University Press, 1988), 236.

27) Feofanov, ed., *Rare Masterpieces of Russian Piano Music*, 24, 25. 참조.

"März" (3월) and "Dezember" (12월)
from *Das Jahr* (*The Year*, 그 해) (1841)
by Fanny Hensel-Mendelssohn (1805-1847)

펠릭스 멘델스존의 누이인 패니 헨젤은 기독교인이었다. 힌슨은 그 해(*The Year*)를 "그 해의 매달을 위해 써진 열두 개의 캐릭터 피스(character piece, 즉 일종의 후주를 가진 12개의 조곡)"로 묘사한다.28) *The Year* 중 세 곡―"3월," "12월," 그리고 "후주"―이 다음 코랄 선율을 각각 사용한다. "Christus ist erstanden" (Christ Is Risen), "Vom Himmel hoch" (From Heaven Above), 그리고 "Das alte Jahr vergangen ist" (The Old Year Now Hath Passed Away). 이 세 곡만 볼 때 이들은 첫 번째 범주인 코랄 선율을 사용하는 작품들에 속하지만, 전체적으로 볼 때 이 선율들은 한 해의 매달을 묘사하는 큰 테두리 안에서 부활절(3월), 성탄절(12월), 그리고 송년(혹은 새해)의 상징으로 쓰인 것이라서 세 번째 범주로 분류되었다. *The Year* 는 1841년에 그녀가 이탈리아 여행을 한 감동으로 써졌다고 간주되지만, 킴버(Marian Wilson Kimber)는 "그것은 사실상 이탈리아 여행의 산물이 아니다"라고 말한다. 차라리 킴버는 이 곡들 중 쓰이는 헨젤의 코랄 선율들의 사용을 그녀의 기독교적 배경과 연관시킨다.

> 패니가 코랄 선율들을 포함시킨 것은 … 토우즈(Toews)를 포함한 몇몇 작가들에게 독일적이고 개신교적이며 바흐에 뿌리를 둔 작곡가의 정체성이 로마 가톨릭교와 교황의 음악을 만난 것을 통해 그녀에게 명백하게 그녀의 문화적 뿌리들을 재확인시켜 주었다는 것을 시사했다.29)

"3월"(Ex. 5)은 다음과 같은 방법들로 그리스도의 부활을 묘사한다. 곡의 세 부분의 조성과 템포는 죽음에서 생명으로의 전환을 모방하는 극적인 변화를 보여준다. 즉, '단조에서 장조로'와 '느린 템포에서 빠른 템포로'의 전환이다.

---

28) Hinson, *Guide to the Pianist's Repertoire*, 397.

29) Marian Wilson Kimber, "Fanny in Italy: The Female Composer as Travel Writer," in *Musical Biography towards New Paradigms*, ed. Jolanta T. Pekacz (Burlington, VT: Ashgate Publishing Company, 2006), 131.

단조의 어두운 시작 부분, *Agitato*
C-sharp 단조의 사성부 코랄과 제1변주, *Andante*
C-sharp 장조의 제2변주와 자유로운 코다, *Allegro moderato ma non fuoco*

중간 부분의 코랄은 "Christus ist erstanden (Christ Is Risen) from Passau 1090"30)의 "오래된 코랄 선율"이다. 헨젤이 코랄 선율에 가사를 적었다는 것을 주목할 만하다. 그렇게 함으로써 이 코랄 선율과 가사를 모르는 사람들에게까지 그녀의 의도를 알리려고 했다고 여겨진다. 코랄의 가사는 다음과 같다. "모든 순교자의 고통으로부터 그리스도는 부활하셨네; 우리 모두 이것을 기뻐해야 하네, 그리스도는 우리의 위로가 될 것이니."31)

Example 5 32)

Hensel, *The Year*, "March," mm. 1-3 and mm. 29-32

---

30) Fanny Hensel-Mendelssohn, *Das Jahr,* ed. by Liana Gavrila Serbescu and Barbara Heller (Kassel: Furore Edition, 1989), preface. Here "old chorale melody (alten Choralmelodie)" must be understood as chant melody because of its unreasonably early date (1090).

31) Ibid. Partially translated by the author of this dissertation.

32) Ibid., 12, 14. 참조.

"12월"(Ex. 7)의 구조는 'A₁ A₂ A₃ - Transition - B₁ B₂ - Coda'이다. "A" 부분에서 헨젤은 쇼팽 에튜드 두 곡(Op. 25/6과 Op. 10/4: 1832-34년 작곡)의 주제 단편을 차용하여 이 곡의 주제를 만든 듯하다(Ex. 6). "B" 부분에서는 "Vom Himmel hoch"의 코랄이 in soft tones와 *più mosso* 의 대조적인 형태로 두 번 나온다. 이 곡은 서곡과 코랄의 형태로 간주되어질 수 있다. "Vom Himmel hoch"의 선율과 시는 1535년 마틴 루터가 쓴 것이다.

Vom Himmel hoch da komm' ich her
bring' euch gute neue Mär;
der guten Mär bring' ich so viel
davon ich sing'n und sagen will.

From heaven above to earth I come
To bear good news to every home;
Glad tidings of great joy I bring,
Whereof I now will say and sing:[33]

Example 6[34]

Chopin, Étude Op. 25-6, m. 1 and Étude Op. 10-4, m. 2

---

[33] Translated by: Catherine Winkworth, 1855, alt. Lutheran Hymnal [on-line]; accessed 4 November 2011; available from http://www.lutheran-hymnal.com/lyrics/tlh085.htm; Internet.

[34] F. Chopin, *Studies for Piano*, vol. 2 of *Fryderyk Chopin Complete Works* (Warsaw: Instytut Fryderyka Chopina, 1949), 87, 21. 참조.

Example 7[35]

Hensel, *The Year*, "December," mm. 1-2 and mm. 71-79

Prelude and Fugue No. 1 (1837), Op. 35
by Felix Mendelssohn (1809-1847)

펠릭스 멘델스존은 기독교 신앙으로 양육되었다. 멘델스존의 신실한 믿음에 대하여 브라운(Clive Brown)은 멘델스존이 나이 16세에 쓴 그의 긴 "고백 확인서"를 참조하게 하는데, 그것은 1825년 9월에 그의 종교 강사였던 윌름센(Wilmsen) 목사에게 제출한 것이었다. 거기에서 멘델스존은 복음과 구원에 대해서 뿐만 아니라 기독교인의 미덕, 침례의 의미, 그리고 성찬식 등에 대해서도 다루었다.[36] 비록 그가 다양한

---

35) Hensel-Mendelssohn, *Das Jahr*, 90, 94. 참조.

36) Clive Brown, *A Portrait of Mendelssohn* (New Haven, CT: Yale University

교단의 예배에 참석했지만, 그가 성숙해졌을 때, 멘델스존은 J. S. 바흐의 음악에 대한 사랑으로 루터교회에 등록했다.37)

1837년에 멘델스존은 여섯 개의 전주곡과 푸가를 출판했는데, 이 중 첫 번째 것이 가장 자주 연주된다. 그것의 푸가는 "내 주는 강한 성이요"의 코랄의 차용으로 마무리 짓는다.38) 이 곡은 멘델스존의 가장 효과적인 곡들 중 한 곡으로 간주된다.39) 이 첫 곡만이 코랄을 포함하고 있다.

전주곡(Ex. 8)은 계속 흐르는 아르페지오 반주에 선율이 있는 무언가로 불릴 수 있으며, 구조는 'A (1-12) - Transition (12-15) - A_1 (15-24) - Transition (24-25) - A_2 (25-33) - Coda (33-45)'이다.

Example 8[40)]

Mendelssohn, *Prelude and Fugue* No. 1, Prelude, mm. 1-3

Press, 2003), 92.

37) Patrick Kavanaugh, *Spiritual Lives of the Great Composers* (Grand Rapids: Zondervan Publishing House, 1992), 76-77.

38) Hinson, *Guide to the Pianist's Repertoire*, 531-32.

39) Stewart Gordon, *A History of Keyboard Literature: Music for the Piano and Its Forerunners* (New York: Schirmer Books, 1996), 243.

40) Felix Mendelssohn, *Mendelssohn Klavier Werke*, vol. 1, ed. Motonari Iguchi (Tokyo: Shunjūsha Edition, 1962), 102. 참조.

멘델스존의 사성부 푸가는 그의 바흐에 대한 존경심을 표한다. 그 주제는 바흐의 바이올린 소나타 3번(BWV 1005)에 있는 푸가의 주제와 매우 흡사하다. 푸가는 두 번째 응답까지는 주제와 응답 사이의 전통적인 관계로 진행된다. 이후 여러 가지 조에서의 주제의 반복은 이 푸가가 전통적인 바로크 푸가와 다르다는 것을 보여준다. 세 번째 제시부에서 멘델스존은 위에서 언급한 바흐의 푸가에서처럼 자리바꿈(inversion)을 사용한다. 네 번째 제시부에는 본래의 주제와 도치된 주제 모두가 등장하는데, 그것이 절정으로 다다르며 코랄 부분으로 이어진다(Ex. 9).

Example 9[41]

Mendelssohn, Chorale part in the Fugue, mm. 111-24

코랄 부분에서 멘델스존은 루터 코랄 선율의 마지막 4마디만을 정확히 인용한다. 그는 다른 코랄 선율에서 시작하여 루터의 코랄이 나오기

---

41) Ibid., 113. 참조.

전 8마디 동안 루터 코랄과 비슷한 분위기의 선율과 리듬을 끌어냄으로 자연스럽게 루터 코랄로 이어지는 위대한 효과를 창조한다. 비록 친근한 코랄 선율이 이 곡의 마지막 순간에 나타나지만, 전주곡과 푸가에 있는 모든 주제들은 이 마지막 코랄이 울려퍼지는 순간에까지 오기 위해 존재하는 것처럼 보인다. 고르돈(Stewart Gordon)은 이 순간을 이렇게 묘사한다. "작품의 절정에서 흐르는 옥타브의 반주와 더불어 영광스런 코랄이 폭발한다."42) 푸가의 마지막 자리에서 이렇게 코랄을 사용한 것은 기독교인의 삶의 과정, 즉, 이 땅의 고단한 삶 뒤의 영원한 영광을 묘사하는 것으로도 이해되어질 수 있다. 고요하게 끝나는 코랄 뒤에 짧은 푸가의 인용이 코다로서 나온다. 이 곡은 같은 선율의 코랄로 끝나는 그의 종교개혁 심포니(Reformation Symphony)를 생각나게 한다.

"Bénédiction de Dieu dans la solitude"
("Blessing of God in Solitude," "고독 중의 하나님의 축복")
from *Harmonies poétiques et religieuses*
by Franz Liszt (1811-1886)

1834년에 리스트는 *Harmonies poétiques et religieuses* (*시적이고 종교적인 화음들*)를 라마틴(Alphonse de Lamartine, 1790-1869)의 한 권의 시에 영감을 얻어 작곡했다. 1840-48년 동안 라마틴의 작품에 기초한 일련의 곡들이 *Harmonies poétiques et religieuses* 첫판으로서 작곡되었다. 둘째 판은 1852년에 써졌고, 1853년에 출판되었다. "몇몇 해설가들은 리스트가 *Harmonies poétiques* 첫판의 실험적인 급진주의를 길들이는 것이 지나치긴 하지만, 둘째 판은 참으로 감정적으로 더 풍요롭고 잘 균형 잡혔다고 느꼈다."43)

"고독 중 하나님의 축복"(Bénédiction de Dieu dans la solitude)은

---

42) Gordon, *A History of Keyboard Literature*, 243.

43) Kenneth Hamilton, "Liszt's Early and Weimar Piano Works," in Kenneth Hamilton, ed. *The Cambridge Companion to Liszt* (Cambridge: Cambridge University Press: 2005), 71.

보통 *Harmonies poétiques*의 열 개의 곡 중 최고의 것으로 간주되며, 리스트가 이것을 심하게 좋아해서 바이마르에서 방문객들을 위해 연주했다고 한다.44) 이 곡의 악보 시작에 라마틴의 "고독 중 하나님의 축복"의 첫 연이 적혀있다.

> D' où me vient, ô mon Dieu! cette paix qui m'inonde?
> 오 나의 하나님, 나에게 넘치는 이 평화는 어디로부터 내게 오나이까?
> D' où me vient cette foi dont mon cœur surabonde?
> 나의 마음에 넘치는 이 믿음은 어디로부터 내게 오나이까?
> À moi qui tout à l'heure incertain, agité,
> 조금 전에도 동요되고 불안해하던 나에게
> Et sur les flots du doute à tout vent ballotté,
> 이리저리 불어치는 바람에 밀려 떠다니는 의심의 물결 위에서
> Cherchais le bien, le vrai, dans les rêves des sages,
> 현자의 꿈속에서 선과 진실을
> Et la paix dans des cœurs retenitssants d'orages.
> 그리고 폭풍이 메아리치는 마음 속에서 평안을 찾고 있었네
> À peine sur mon front quelques jours ont glissé,
> 내 앞에서 겨우 몇 날이 흘러간 것 같은데
> Il me semble qu'un siècle et qu'un monde ont passé;
> 내게는 한 세기가, 한 세상이 지나간 듯;
> Et que, séparé d'eux par un abîme immense,
> 거대한 심연에 의해 그것들과 나뉘어져
> Un nouvel homme en moi renaîet recommence.
> 내 안에서 다시 태어난 새 사람이 시작하는도다45)

구조는 'A (aba₁cd) - B (ef, mm. 179-252) - A₁ (a₂c₁d₁) - Coda (mm. 330-62)'이다. 코다는 일종의 "B" 부분의 재현부인데, 새로운 선율적 발상 (mm. 340-48)을 포함하고 있다. 주된 조는 F-sharp 장조이다. 패리 (Tim Parry)는 코다의 효과를 리스트의 B 단조 소나타의 마지막 부분과 비교한다.

이 작품은 코다가 첨부된 복잡하지 않은 삼부 구조를 보여주는데, 코다의 숭고한 단순성과 압도적인 힘은 우리로 리스트 B 단조 소나타의 마지막 부분

---

44) Ibid.
45) 김성환 번역.

을 생각나게 한다. 여기서 리스트는 베토벤처럼 그가 가장 위대한 표현의 단순성으로 최고로 고양된 효과를 얻을 수 있다는 것을 보여준다. 대중적이고 지극히 따분한 고정관념을 당혹하게 만들면서, 이 작품은 리스트의 가장 은밀한 비밀을 드러낸다. 교황은 이 작곡가에게 '가서 너의 죄를 피아노에게 고하라'라고 외친 적이 있다. 그리고 우리는 리스트의 영혼이 그렇게 너그럽고 감동적으로 고백적인 사실에 끊임없이 감사한다.46)

Ex. 10은 "A"와 "B" 부분의 시작을 보여준다. 고르돈은 이 작품을 리스트의 독특한 작품으로 여긴다. "'고독 중의 하나님의 축복'의 사색적이고 고양하는 분위기는 이 작품 전반에 지속되어지고 있는데, 이것은 작품에 리스트의 어떤 다른 건반악기 작품에서 찾기 힘든 초월적인 강렬함을 주고 있다."47)

Example 10[48)]

Liszt, *Harmonies poétiques*, "Bénédiction," mm. 1-4 and mm. 179-86

---

46) Tim Parry, Copyright, 2004, Hyperion Records [on-line]; accessed 28 October 2011; available from http://www.hyperion-records.co.uk/al.asp?al= CDA67445; Internet.

47) Gordon, *A History of Keyboard Literature*, 315.

48) Franz Liszt, *Franz Liszt Various Cyclical Works*, vol. 1, ed. Imre Sulyok (Budapest: Editio Musica Budapest, 1981), 43, 49. 참조.

"Sursum corda" ("Lift up Your Hearts," "마음을 올려라")
by Franz Liszt (1811-1886)

이것은 순례연보 3집의 마지막 곡이다. 베이커는 "마음을 올려라"의 순례연보에서의 역할을 다음과 같이 묘사한다.

> 비가(threnody)인 'Sunt lacrymae'와 'Marche funèbre'은 더 암울하고 고통스럽다. 하지만 아마도 이 두 곡은 '마음을 올려라'의 영광을 기대하면서 영웅적으로 끝난다. 이 연작(cycle)은 인생의 고난을 겪기 전의 영혼의 순진무구함을 투영하는 작품과 함께 시작한다. '에스테장의 분수'는 청각적이고 영적인 신선함을 공급하고, '마음을 올려라'는 믿음의 승화적 확인과 함께 이 여행을 마무리한다.[49]

Example 11[50]

Liszt, *Années*, "Sursum corda," mm. 1-15

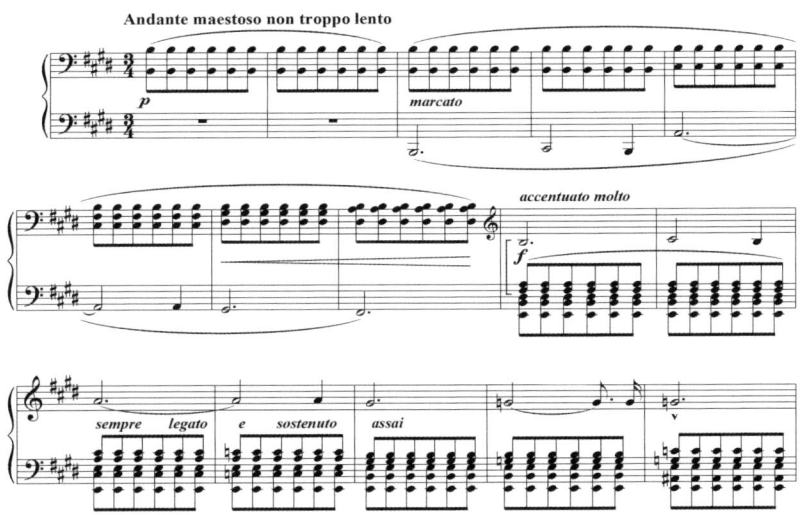

---

49) James M. Baker, "Liszt's Late Piano Works: Larger Forms," in *The Cambridge Companion to Liszt*, ed. Kenneth Hamilton (Cambridge: Cambridge University Press: 2005), 150.

50) Franz Liszt, *Franz Liszt: Musikalische Werke Serie no. 2*, vol. 6 (Leipzig: Breitkopf & Härtel, 1916), 192. 참조.

리스트는 "올려라"라는 행동을 단7도를 사용하는 구별되는 주제를 통해 묘사하는데, 그것은 바로크 시대의 회화적 기교로서의 상행 혹은 하행 스케일과 흡사하다(Ex. 11).

이 곡의 구조는 'A (1-36) - B (37-70) - A' (71-92) - Coda (93-104)'이다. "A" 부분에서 주제는 같은 조로 세 번 반복되고, "B" 부분에서 주제의 음정이 바뀌는데, 거기에 네 마디의 전음계적 스케일이 나온다. "A'" 부분은 극단적으로 넓은 음역에 걸쳐 있다. 전체 세기의 과정은 p - f - ff - fff 이다. 서주부와 전음계적 스케일 부분을 제외하곤 전체 곡은 "E" 지속 저음(pedal point)에 기초하고 있다. 힌슨은 이 계속되는 지속 저음의 울림이 이 곡을 힘찬 클라이맥스로 가져다주는 엄청난 울려 퍼짐을 지탱하고 있다고 설명한다.51)

Preludium, Choral und Fuge (1884) by César Franck (1822-1890)

프랑크는 종종 바흐에 비교된다. 질레스피(John Gillespie)는 그들의 공통점을 이렇게 설명한다. "그 둘 모두 그들의 삶을 보다 낮은 지위에서 보냈으며, 둘 다 대위법적 형식을 선호했고, 또 둘 다 음악을 목적에 대한 수단으로, 즉, 하나님의 영광의 수단으로 받아들였다."52) 카바노(Patrick Kavanaugh)는 그의 음악에 스며든 프랑크의 믿음과 관련된 몇몇 진술들을 논한다.

> 당디(D'Indy)는 프랑크의 "지치지 않는 힘과 무궁무진한 친절이 프랑크가 진정한 신자였기에 그의 믿음의 샘으로부터 비롯되었고, 그와 더불어 … 그의 예술에 있는 믿음은 모든 예술의 근원이신 하나님에 대한 믿음과 혼합되었다"는 것을 알아챘다. … 프랑크를 잘 알고 있었던 다른 음악가는 샤를 보르드(Charles Bordes)였다. … "프랑크는 정말로 크리스천 예술가였지만, 진정한 가톨릭이라기보다는 보다 복음주의적이었다. … 그리고 음악학자인 알프레드 아인슈타인(Alfred Einstein)은 그의 작품이 믿음에 안주하지 않으며 그것들은 '믿음으로

---

51) Hinson, *Guide to the Pianist's Repertoire*, 487.

52) John Gillespie, *Five Centuries of Keyboard Music* (New York: Dover Publications, 1965), 298.

의 구원(deliverance into faith)'의 결과를 가져온다"고 말하였다.53)

프랑크는 교회 오르간 연주자로서 오르간을 위한 작품들을 많이 작곡한 반면, 피아노 독주를 위해서는 오직 두 개의 거작을 썼다. 그중 하나가 이 큰 스케일의 작품인 *Preludium, Choral und Fuge* (전주곡, 코랄, 그리고 푸가)이다. 이 작품에서 그의 건축적인 특성과 헌신적인 신앙을 엿볼 수 있다. 이 작품의 가장 뛰어난 특징은 대위법적 기법을 통한 순환적 구조로부터 오는 통일감이다.

B 단조의 전주곡은 두 개의 다른 성격으로 구성되어 있는데, 그것은 흐르는 듯한 분산화음 부분(Ex. 12)과 *rubato* and *molto espressivo capriccioso* 부분이며, 구조는 $ABA_1B_1A_2$이다. 전주곡의 시작 부분의 주제인 '쉼이 없이 질문하는 듯한 분위기'가 작품 전체를 통해 흐르며 *capriccioso* 부분은 푸가의 주제의 씨가 들어있다.54) 비록 전주곡을 생각나게 하는 일련의 흐르는 아르페지오가 있긴 하지만,55) 푸가에 전주곡의 주된 주제는 돌아오지 않는다.56)

Example 12⁵⁷⁾

Franck, *Prelude, Chorale and Fugue*, Prelude, mm. 1

---

53) Kavanaugh, *Spiritual Lives of the Great Composers*, 124-25.

54) Gillespie, *Five Centuries of Keyboard Music*, 299.

55) Ibid., 300.

56) 그러므로 고르돈의 이 곡의 순환적 단일성에 대한 다음 진술은 조금 정확하지 않다. "제목에 명시하는 세 부분은 모두 주제적인 소재와 연결이 되어있으며, 푸가의 클라이맥스에서의 전주곡과 코랄 모두의 주된 주제의 극적인 귀환은 이 작품에 강력한 순환적 단일성을 부여한다." Gordon, *A History of Keyboard Literature*, 351.

57) César Franck, *Franck: Praeludium, Choral und Fuge*, ed. Emil von Sauer (Frankfurt, London, New York: C. F. Peters, n.d.), 2. 참조.

코랄(Ex. 13)에도 두 가지 분위기인 코랄 부분과 아르페지오 부분이 있는데, 그것들은 이 땅에서의 기도나 찬양과 하늘로부터 온 응답이나 축복으로 해석되어질 수 있으리라. 구조는 $ABA_1B_1A_2B_2$인데, 이것은 또한 일종의 응답송가(antiphon)를 암시한다. 질레스피는 이 전체 코랄을 "질문들과 대답들의 사슬"이란 어구로 묘사한다.[58] 하프 같은 아르페지오의 선율은 154마디의 푸가에 다시 나타나며 마지막까지 계속 반복된다. 그러므로 이 작품 전체의 가장 강력한 메시지는 이 코랄 선율, 즉 '하늘로부터 온 응답들'인 것 같다.

Example 13[59]

Franck, *Prelude, Chorale and Fugue*, Chorale, mm. 1-4 and mm. 24-29

코랄 이후에 '푸가의 서주부' 혹은 전환부에 해당하는 악절이 있는데, 푸가의 주제의 조각을 포함하고 있으며, 이것의 조성감은 여러 가지 종지로 인해 희미하다. 푸가의 주제는 바흐의 칸타타 *Weinen, Klagen, Sorgen, Zagen*, BWV 12의 울음의 동기(weeping motif)와 흡사하며,

---

58) Gillespie, *Five Centuries of Keyboard Music*, 300.

59) Franck, *Praeludium, Choral und Fuge*, 8. 참조.

주제의 자리바꿈(m. 60)을 포함해서 세 번의 제시부가 있다. 이 푸가의 뚜렷한 순환적 특성은 *Come una cadenza* section (m. 129)과 더불어 시작하는데, 거기에 반음계적 베이스 라인이 전주곡의 분위기를 띤 주제의 성격을 내포한다. 154마디부터 코랄의 선율이 전주곡의 처음 주제와 비슷한 모양으로 등장한다. 절정 부분(mm. 174-88)에서 코랄의 주제가 오른손과 왼손에서 카논처럼 들려지며, 푸가의 주제(178마디 픽업부터)가 내성 파트에 나타난다(Ex. 14). 푸가 주제의 다양한 변화 후에 코랄의 주제가 코다에서 *fff* 로 들려진다(mm. 212-22). 질레스피는 "이 작품은 명종곡 같은 기쁨의 터뜨림(a carillon-like burst of jubilation)으로 끝을 맺는다"60)라고 묘사한다.

Example 14[61]

Franck, *Prelude, Chorale and Fugue*, Fugue, mm. 175-78

---

60) Gillespie, *Five Centuries of Keyboard Music*, 300.

61) Franck, *Praeludium, Choral und Fuge*, 20. 참조.

The Last Hope: Religious Meditation
(마지막 소망: 종교적 명상곡),
Op. 16 (1854)
by Louis Moreau Gottschalk (1829-1869)

질레스피가 고트샬크의 작품 16을 달콤한 살롱 음악으로 가볍게 취급하는 반면,62) 크로포드(Richard Crawford)는 이 작품의 분석에 세 페이지나 할애한다. 이 음악의 배경을 설명하면서,63) 크로포드는 "*마지막 소망*은 분명히 그것의 곡목 해설이 있을 때가 없을 때보다 더 효과적인 곡이 된다"고 말한다.64) 그는 16마디의 선율이 "영적인 위로를 위한 길"이 되는 반면, 높은 음역의 소리들은 "영성이 천상의 수준을 방문하는 것"을 상징한다고 묘사한다.65)

이 곡의 구조(Ex. 15)는 '서주부 - 선율(mm. 47-62) - 연결부 - 반복된 선율(mm. 68-83) - 후주부(서주부의 잔재)'이다. 그러므로 이 곡은 16마디의 선율을 중심으로 하여 구성되어 있다.

한편, 안수 받은 회중 교회의 사역자인 파커(Edwin Pond Parker, 1836-1925)는 이 선율이 너무나 감동적이어서 1854년에 이것을 찬송가, "자비(MERCY)"의 선율로 만들었다.66) 가사, "성령이여, 거룩한 빛과 함께"는 리드(Andrew Reed, 1787-1862)가 쓴 것이며, 이것을 린치(Thomas T. Lynch)가 현대적으로 다시 썼다.

---

62) Gillespie, *Five Centuries of Keyboard Music*, 312.

63) 마지막 소망은 Gustave Chouquet에 의해 일화가 첨부되어 출판되었다. 그는 이 작품이 병에 걸린 아름다운 노부인의 요청에 의해 작곡되었다고 이야기하면서, 왜 고트샬크가 이 곡을 그의 "저녁 기도"라고 불렀는지 설명한다. "'나의 친애하는 모로여, 불쌍히 여겨, 나의 마지막 소망인 한 작은 선율을!' 그리고 고트샬크는 한 구슬프면서도 기분 좋은 아리아 ―바로 최근에 천국에서 내려왔다가 달콤하게 천국으로 올라가는 영혼의 호흡들 중 하나인― 를 즉석에서 작곡하기 시작했다." Louis Moreau Gottschalk, *The Last Hope: Religious Meditation* (Boston: Oliver Ditson & Co, n.d.), 2.

64) Richard Crawford, *America's Musical Life: A History* (New York: Norton Company, 2001), 341.

65) Ibid.

66) Kenneth W. Osbeck, *101 More Hymn Stories: Inspiring True Stories behind 101 Favorite Hymns* (Grand Rapids: Kregel Publications, 1985), 124.

기독교 신앙을 상징적으로 표현한 피아노 작품들 275

Holy Spirit, dwell with me; I myself would holy be;
Separate from sin, I would
Choose and cherish all things good;
And whatever I can be, Give to Him who gave me Thee![67]

그러므로 사람들이 이 찬송가를 잘 알 경우, 이 곡은 서주부와 후주부를 가진 코랄 전주곡으로 들려질 수 있다.

Example 15[68]

Gottschalk, *The Last Hope*, mm. 1-6 and mm. 46-51

---

67) Ibid., 126.

68) Louis Moreau Gottschalk, *The Last Hope: Religious Meditation* (New York: William & Son, n.d.), 3, 5. 참조.

Intermezzo Op. 118, No. 6 (1893)
by Johannes Brahms (1833-1897)

　이 애절한 간주곡의 주제는 종종 유명한 "진노의 날"(Dies irae, 라틴 진혼 미사를 위한 시퀀스)의 시작 부분을 다르게 표현한 것(paraphrase)으로 여겨지지만, 플로로스(Constantin Floros)는 그것은 아직까지 알려지지 않은 채로 남아있다고 말한다.69) 그러므로 이 작품은 첫 번째가 아닌 세 번째 범주에 속하는 것으로 생각되어질 수 있다. 브람스가 이 숨겨진 선율을 통해 기독교적 진리를 포함하고자 의도했었는가와 상관없이, 이것은 연주자나 감상자의 수용에 따라 크리스천 음악으로 간주되어질 수 있다. 사실상, 브람스가 진정 한 기독교인이었는지에 대한 확증이 부족하다. 독일 진혼곡(*A German Requiem*)에 대한 라인탈러(Reinthaler)의 진술을 인용하면서, 스와포드(Jan Swafford)는 브람스의 기독교적 신앙을 의심한다. "비록 가사들은 성경에서 비롯되었지만, 이것은 세속적이고 회의적인 현대인으로서의 *그의* 죽음에 대한 반응이었다."70) 벨러-맥케나(Daniel Beller-McKenna)는 브람스와 독일의 당대 사람들의 문화적 배경에 대해 논한다.

> 결과적으로, 브람스와 그의 독일 당대인들은 기독교의 특별한 교리들을 가지지 않고 광의적인, 비교리적인 의미로 "종교적"일 수 있었던 그러한 문화를 전해주었다. 독일 예술인들과 지성인들에게 루터교는 신앙의 체계였던 것만큼 문화적 전통이 되었다. 어떤 신에 대해 믿음을 가졌는가와 상관없이 브람스는 이러한 세속화되고 문화적이 된 유형의 루터교와 강하게 동일시된다.71)

　브람스의 중기와 후기—이 작품은 여기에 속함—피아노 음악의 시적인 내용을 고려하면서, 플로로스는 브람스가 과연 "절대음악가"(absolute

---

69) Constantin Floros, *Johannes Brahms, Free but Alone: A Life for a Poetic Music*, trans. Ernest Bernhardt-Kabisch (Frankfurt am Main: Peter Lang GmBH, Internationaler Verlag der Wissenschaften, 2010), 121.

70) Jan Swafford, *Johannes Brahms: A Biography* (New York: Vintage Books, 1999), 317.

71) Daniel Beller-McKenna, *Brahms and the German Spirit* (Cambridge, MA: Harvard University Press, 2004), 32.

기독교 신앙을 상징적으로 표현한 피아노 작품들   277

musician)의 원형이 될 수 있는가에 의문을 제기한다.72) 이 작품은 네 부분으로 되어있다. A(1-20) - A₁(21-40) - B(41-62) - A₂(63-86). 힘찬 "B" 부분은 우수적인 "A" 부분과 강한 대조를 이룬다(Ex. 16).

Example 16[73]

Brahms, Intermezzo Op. 118, No. 6, mm. 1-6

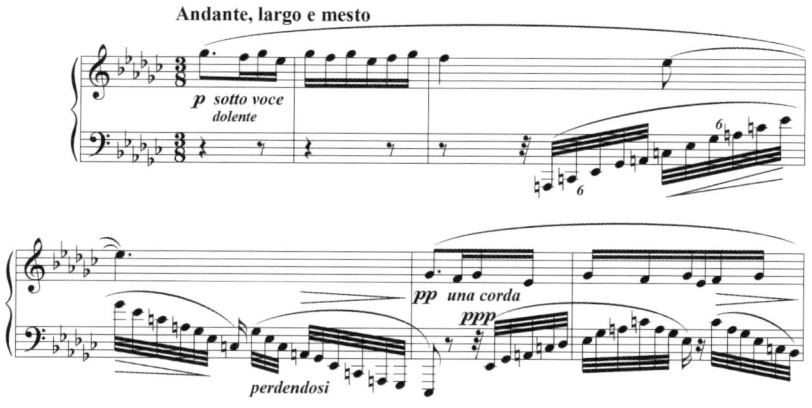

브람스의 선율과 "Dies irae"의 본래 선율을 비교해 보라 (Ex. 17).

Example 17[74]

The beginning of "Dies irae"

---

72) Floros, *Johannes Brahms, Free but Alone*, 124.

73) Johannes Brahms, *Klavierwerke*, vol. 2, ed. Emil von Sauer (Leipzig: Edition Peters, n.d.), 100. 참조.

74) Craig Wright and Bryan Simms, *Music in Western Civilization* (Boston: Schirmer, 2006), 37. 참조.

"Dies Irae"의 영어 첫 절의 가사는 다음과 같다.

> Day of wrath, that day
> Will dissolve the earth in ashes
> As David and the Sibyl bear witness.
> What dread there will be
> When the Judge shall come
> To strictly judge all things.75)

"On the Holy Mountain"
from *Poetic Tone Pictures*, Op. 85 (1889)
("거룩한 산에서" *시적 음화들* 중)
by Antonín Dvořák (1841-1904)

    체코 작곡가인 드보르작은 믿음의 사람으로 알려져 있는데, 그의 원고들은 자주 "하나님과 함께"(with God)라는 표시로 시작하고, "하나님께 감사를"(God be thanked)이란 믿음의 말로 마친다.76) 그는 13곡으로 된 모음곡집, *시적 음화들*에서 슈만과 같은 스타일로 자신이 음악적 시인임을 증명했다. 그것들의 회화적 특징은 음악적 표현양식들과 전형적인 분위기 설정(mood-setting)을 통하여 표현된다. 티베츠(John C. Tibbetts)는 이러한 내용을 다음과 같이 묘사한다. "그 작품들은 분위기와 음색에 집중한다. 음색은 매우 중요하다. 그 작품들은 인상주의와의 경계선상에 있다."77) 작곡가의 기독교 신앙을 고려할 때, 마지막 곡인 "거룩한 산에서"는 시편 48:1이나 베드로후서 1:18과 연관이 있는 것처럼 보인다. 위의 성경구절들은 각각 '찬송과 거룩함' 그리고 '예수님의 변형'에 대해 묘사한다.
    곡의 구조는 AB 형식이다. "A" 부분은 두 가지의 특징적인 부분들로 이뤄지는데, 하나는 코랄 스타일로 산을 그리듯 오르고 내려오는 부분

---

75) Ibid.

76) Patrick Kavanaugh and Babara Kavanaugh, *Devotions from the World of Music* (Colorado Springs, CO: Cook Communications, 2000), n.p. (April 22).

77) John C. Tibbetts, "Dvořák's Piano Works," in *Dvořák in America*, ed. John C. Tibbetts, (Portland, OR: Amadeus Press, 1993), 276.

이고, 다른 하나는 위에서부터 내려오는 거룩함을 묘사하는듯 점점 여려지며 하강하는 분산화음 부분이다(Ex.18). 이 두 특징들은 번갈아 가며 나타난다. "B" 부분은 조용히 16분 음표의 속화음이 반복된다.

Example 18[78]

Dvořák, *Poetic*, "On the Holy Mountain," mm. 1-4

Fantasia contrappuntistica, K.256 (1910)
by Ferruccio Busoni (1866-1924)

이탈리아계 독일 작곡가 부조니(Ferruccio Busoni)는 바흐의 오르간 음악을 피아노 작품으로 개작한 작곡가로서 잘 알려져 있다. 그의 콘트라푼티스카 환상곡(*Fantasia contrappuntistica*) 역시 J. S. 바흐의 음악 중 하나의 코랄과 *푸가의 예술*(*The Art of Fugue*), 특히 그중 미완성의 "Contrapunctus XIX"에 기초하고 있다. 질레스피는 "부조니가 *Fantasia contrappuntistica*를 그의 피아노 작품들 중 가장 중요하게 생각했다"고 말하며,[79] 이 작품의 가치를 그것의 아름다움보단 대위법적 기교들

---

78) Antonín Dvořák, *Poetische Stimmungsbilder* (Berlin: N. Simrock, 1889), 21. 참조.

79) Gillespie, *Five Centuries of Keyboard Music*, 347.

의 무거운 집합에 둔다. 한편 그것의 가치는 또한 거대한 건축적 구조와 곡 전체를 에워싸고 있는 코랄에 있다. 그러므로 이러한 점에서 이 작품은 코랄의 선율을 사용한 작품, 즉, 첫 번째 범주에 속한다. 그러나 전체 곡의 비중이 바흐의 푸가에 보다 치중되어 있는 점을 생각하여 세 번째 범주에 포함시켰다.

시츠키(Larry Sitsky)는 이 환상곡에 있는 바흐의 세 가지 요소를 다음과 같이 정리한다.

(1) 코랄 전주곡 *Allein Gott in der Höh' sei Ehr'* 의 선율
(2) *Contrapunctus I* of *The Art of Fugue* (BWV 1080)의 주 주제
(3) 미완성된 *Contrapunctus XIX* (BWV 1080/19)의 푸가의 연장 부분[80]

또한 이 환상곡과 관련되어 출판된 부조니의 5개의 작품이 있는데, 그것의 연대별 나열은 이 작품이 만들어진 진행과정을 보여준다.

(1) "Meine Seele Bangt und Hofft zu Dir" Choralvorspiel No. 3 of *Elegien* (1907)
→ Chorale-prelude (The melody is same as "Ehre sei Gott in der Höhe")
(2) Grosse Fuge Kontrapunktische Fantasie über J. S. Bach's Letztes unvollenetes Werk für Klavier ausgeführt (1910)
→ Fugue I, II, III, Intermezzo, Variation I, II, III, Cadenza, Fugue IV, Coda
(3) Fantasia Contrappuntistica Preludio al Corale "Gloria al Signore nei cieli" e Fuga a quattro obbligati sopra un frammento di Bach compilata per il pianoforte (1910)
→ (1) + (2) but shortened Fugue IV, as Coda, Chorale and Stretta
(4) Choral-vorspiel und Fuge über ein Bachsches Fragment (der "Fantasia contrappuntistica" kleine Ausgabe) (1912)
→ mini version
(5) Fantasia Contrappuntistica Choral-variationen über "Ehre sei Gott in der Höhe" gefolgt von einer Quadruple-fuge über ein Bachsches Fragment für zwei Klaviere (1922)
→ for two pianos version[81]

이 환상곡의 구조를 이해하기 위해선 바흐의 *The Art of Fugue* 에 대한 약간의 지식이 필요하다. 그것은 바흐의 마지막 작품이자 미완성

---

80) Larry Sitsky, *Busoni and the Piano: The Works, the Writings, and the Recordings* (Westport, CT: Greenwood Press, Inc., 1986), 141.

81) Ibid., 142-52.

작품인데, 19개의 푸가를 포함하고 있으며, 마지막 푸가인 "Fugue on three subjects"—B. A. C. H. 는 이것의 세 번째 주제이다—는 미완성이다. 부조니는 마지막 푸가의 세 개의 주제들과 *The Art of Fugue*의 주 주제를 차용하고 있다. 그러므로 완성된 *Fantasia contrappuntistica*는 다음의 구조와 내용을 가지게 된다.

1. Chorale-Variations (Introduction, Chorale and Variations, Transition)[82]
2. Fuga I: a transcription from Bach's first theme of Contrapunctus XIX with some changes
3. Fuga II: from Bach's second theme of Contrapunctus XIX with chorale theme
4. Fuga III: from Bach's third theme (B. A. C. H. theme) of Contrapun-ctus XIX, only 47 bars from Bach, the most difficult part, and Busoni's own counterpoint
5. Intermezzo: based on the B. A. C. H. theme
6. Variatio I: all three themes in three fugues, but the first theme predominantly used
7. Variatio II: mostly on the B. A. C. H. theme
8. Variatio III: mostly on the second theme
9. Cadenza: the main theme of *The Art of Fugue* against the B. A. C. H. theme
10. Fuga IV: combining the three fugue subjects with *The Art of Fugue* theme[83] (Busoni cuts 42 bars and inserts them into an addendum.)
11. Chorale: a memorable return of chorale, an 'elevating excitement of the soul'[84]
12. Stretta: pianistic amplication[85]

Ex. 19는 "코랄 변주곡"의 서주부와 코랄 부분을 보여준다.

---

82) Gillespie, *Five Centuries of Keyboard Music*, 347.

83) B. A. C. H. 의 주제가 Contrapunctus XIX의 세 주제 중 하나이며 이미 그 전의 부분에서 쓰였으므로, 다음의 키르비의 푸가 IV에 대한 설명은 약간 부정확하다. "and a concluding section in which Busoni brings together all the themes used in the work and combines them with the B-A-C-H theme—all in all an ambitious composition." Kirby, *Music for Piano: A Short History*, 336.

84) Sitsky, *Busoni and the Piano*, 148.

85) Summarized from Sitsky, *Busoni and the Piano*, 142-50.

Example 19[86)]

Busoni, *Fantasia,* m. 1 (intro) and mm. 23-27 (chorale)

 부조니는 이 작품의 축소판에 "*Chorale-Prelude and Fugue on a Bach's Fragment*"(Ex. 20)라는 제목을 붙였다. 그는 이 곡이 코랄 전주곡 하나만으로 독립되어 연주될 수도 있고, 이어지는 푸가와 더불어 연주될 수도 있도록 했다. 그리고 코랄 전주곡만 연주할 경우를 위해 전주곡 마지막 부분에 코다를 삽입했다. *Fantasia contrappuntistica* 가 종종 그것의 길이와 복잡함 때문에 연주되어지지 않고 또 듣기도 힘들다고 여겨지곤 하는 반면, 이 축소판은 보다 편안하게 연주되어질 수 있다. 이 작품은 네 개의 푸가와 *stretta* 와 더불어 새롭게 작곡된 코랄 변주곡이다. 푸가 I과 II는 본래 바흐의 푸가이고, 푸가 III은 분명히 부조니와 바흐의 푸가를 분리시키며, 푸가 IV는 *Fantasia contrappuntistica* 의 본래 푸가 IV보다 그 음의 두께가 훨씬 얇다.[87)]

---

86) Ferruccio Busoni, *Fantasia contrappuntistica* (Wiesbaden: Breitkopf and Härtel, 1983), 2, 4. 참조.

87) Sitsky, *Busoni and the Piano*, 158-59.

Example 20[88]

Busoni, *Chorale-Prelude and Fugue on a Bach's Fragment*, mm. 1-7

덴트(Edward J. Dent)는 부조니의 신앙에 대해 언급하는데, 그의 성장 과정과 그의 편지를 인용하여 그가 더 이상 신자가 아님을 밝힌다.

부조니는 가톨릭의 경건함의 분위기에서 자라났다. 그러나 그는 벌써 그가 젊은이였을 때 교회의 교리에 대해 반대하였고, 비록 그가 가톨릭교의 회화적(picturesque) 성향에 대한 어떤 애정을 모두 잃어버리진 않았지만, 그는 다시는 기독교 신앙으로 돌아오지 않았다. 스위스 시인인 라인하르트(Hans Reinhart)—바그너의 열정적인 팬인—에게 1917년에 편지하면서 그는 다음과 같이 말하였다.

'바그너주의와 기독교 모두 나에게는 아무 것도 아니다. 그리고 나의 느낌에 이제 이 두 신앙을 모두 쓸어버려야 할, 또는 적어도 그것들을 평화한 중에 내버려두어야 할, 그리고 그것들 안에서 더 이상 무엇을 찾으려고 뒤지지 않아야 할 때인 것 같다.'[89]

따라서 부조니가 1907년부터 1922년까지 약 15년에 걸쳐 같은 코랄 선율을 포함시키며 피아노곡들을 쓴 것이 그의 믿음과 그다지 관련이 없었던 것처럼 보인다. 하지만 "Ehre sei Gott in der Höhe"(지극히 높은 곳에서는 하나님께 영광이요)의 찬양은 그것과 상관없이 그의 곡 가운데 울려 퍼진다.

---

88) Ferruccio Busoni, *Chorale-Prelude and Fugue on a Bach's Fragment* (Leipzig: Breitkopf & Härtel, 1912), 3. 참조.

89) Edward J. Dent, *Ferruccio Busoni: A Biography* (London: Oxford University Press, 1933), 310.

"1ᵉʳ Prélude du Nazaréen" (첫 번째 나사렛 사람 전주곡),
"2ᵉ Prélude du Nazaréen" (두 번째 나사렛 사람 전주곡)
(1892) from *4 Préludes*
by Erik Satie (1866-1925)

에릭 사티는 1866년 혼플뢰르(Honfleur)에 있는 성공회 교회에서 세례를 받았고, 또한 1872년에 가톨릭교회에서 다시 세례 받았다.90) 드비쉬(Claude Debussy)는 사티를 "이 세기에 길을 잃은 온화한 중세 음악가"라고 묘사했다.91) 비록 그의 생애가 좀 별스러워 보기긴 해도, 사티는 하나님 안에서 진지한 삶을 추구했던 것 같아 보인다. 그러한 노력은 '장미 십자단'(Rose+Croix)에 참여했던 것,92) "*L'Eglise Métropolitaine d'Art de Jésus Conducteur*"라는 교회를 세운 것,93) "교회 문제에 사로잡혀 있었던 것,"94) 그리고 평성가(plain song)를 좋아했던 것95) 등에서 발견될 수 있다. 그러므로 몇몇 그의 작품들은 믿음과 관련 있어 보인다.

"나사렛 사람 전주곡"들은 1929년에 출판된 *4개의 전주곡*에 실려 있는데, "사티의 초기 중요작품인 1886년도의 네 개의 마디 없는 Ogives와 같은 중세 평성가의 정신으로 써졌고"96) '장미 십자단' 작품에 속한다. 오를레쥐(Robert Orledge)는 영웅적 하늘 문 전주곡(*Prélude de la porte héroïque du ciel*, 1894)97)을 포함한 장미 십자단 작품들

---

90) Rollo H. Myers, *Erik Satie* (London: Dennis Dobson Limited, 1948), 14.

91) Grove Online, s.v. "Erik Satie" [on-line]; accessed 20 January 2011; available from http://www.oxfordmusiconline.com.ezproxy.sbts.edu/subscriber/article/grove/music/40105?q=Erik+Satie&search=quick&pos=1&_start=1#firsthit; Internet.

92) 이 운동(장미 십자회의 신비 사상, 'Rosicrucianism')은 독일에서 17세기에 로마 가톨릭의 편견에 반대하여 도덕적이고 종교적인 개혁자들에 의해 생겨난 것 같으며, 신비주의의 맛을 가르치고 어떤 신비스런 것들의 인상을 만들어냈다. 사티는 펠라당(Joseph Péladan)을 그의 몽마르트 기간 동안 만남으로 인해 장미 십자단의 공식적인 작곡가가 되었다. Summarized from Myers, *Erik Satie*, 21-22.

93) "이 단체의 목적은 '확신도 믿음도 없는 사람들, 영혼에 생각도 없고 마음에 원칙도 없는 사람들을 대항해서 싸우는 것이었다.'" Myers, *Erik Satie*, 25.

94) Ibid., 28.

95) Ibid., 22.

96) Grove Online, s.v. "Erik Satie."

에 대해 다음과 같이 논한다.

    1890년대에 사티의 실험들은 대부분 화음과 형식에 대한 것이었다. … 사티는 Patrick Gowers가 '구두점 형식'(punctuation form, 1965-6, 18)이라 이름붙인 것을 발명했다. 사티는 모티브들의 조립에 질서를 가져오는 문제를 해결하기 위해 문학으로 그 발걸음을 돌리는 기발한 조치를 취했다.[98]

Example 21[99]

Satie, The beginning of the "First Nazarene Prelude"

"첫 번째 나사렛 사람 전주곡"(Ex. 21)의 구조를 네 부분과 짧은 코다로 분석하면서, 오를레쥐는 다음과 같이 묘사한다.

    결과가 첫 번째 나사렛 사람 전주곡에 보일 수 있는데, 거기에 음악적 '산문'이 네 개의 모티브들로부터 만들어진다. 그리고 그 모티브들은 세 번의 다른 음높이의 독특한 '구두점' 관용구로써 불규칙한 음정에서 또렷이 연주된다. 그 관용구와 그것의 두 번의 조옮김이 쉼표같이 엄격하게 차례로 네 번 반복되며, 곡을 마치기 위해 구두점 악구가 (일종의 완전 정지로서) 두 번 반복된다.[100]

---

97) 이 작품에서 "그는 병행 코드들과 내세를 나타내는 것 같은 평성가 분위기의 소리를 사용한다." Shadinger, "The Sacred Element in Piano Literature," 138.

98) Robert Orledge, *Satie the Composer* (Cambridge: Cambridge University Press, 1990), 146.

99) Erik Satie, *4 Préludes* (Paris: Éditions Salabert, 1929), 5. 참조.

단선율의 나타남에 따라 이 곡은 또한 세 부분으로 구분되어질 수 있다(ABA' 형식). 구두점 악구는 딸린 9화음이며 선율은 도리안 선법을 암시한다.

Example 22[101]

Satie, The end of "The Second Nazarene Prelude"

"두 번째 나사렛 사람 전주곡"(Ex. 22)을 사티의 장미 십자단 시기의 가장 특별하고 불가사의한 작품으로 간주하면서, 오를레쥐는 그것을 다음과 같이 묘사한다. "네 번의 엄격하게 순환하는 세 개의 구두점 관용구들을 사용하면서, 구두점 관용구들은 둘러싸고 있는 음악적 산문으로부터 구별되는데, 그것은 그것들의 종지적 성격과 세잇단음 리듬과 5성부 화음들, 예를 들면, 딸린 9화음 등에 의한 것이다."[102] 이 곡이 시편 136편과 같은 일종의 응창 성가(responsory)로 간주된다면, 후렴구로서의 12번의 마침표 악구들이 있다. 비록 그것들이 정확한 반복은 아니지만, 그것들은 같은 리듬의 형태를 가지고 있다. 이 곡은 마지막에 프리지안 종지를 사용한다. 끝으로 여기에 '나사렛 사람'은 다름 아닌 '예수 그리스도'임을 생각하며, 작곡자의 의도를 헤아려본다.

---

100) Orledge, *Satie the Composer*, 146.

101) Satie, *4 Préludes*, 9.

102) Orledge, *Satie the Composer*, 150.

Douze petits chorals (1906-1909)
by Erik Satie (1866-1925)

이것은 사티의 12개의 작은 코랄들의 모음집인데, "Caby가 사티의 공책들로부터 편집하고 Salabert가 1968년에 출판한 일련의 스크랩들로" 구성되어있으며, … "코랄 중 어느 것도 낯선 성부로의 인도나, 특별한 종지, 혹은 이상한 전조들을 안 지닌 게 없다."[103] 오를레쥐는 "12번째 코랄은 1908-09년에 작곡된 Petite Sonate의 서주이다. 다른 것들은 스콜라 칸토룸(Schola Catorum)[104]으로부터의 연습들이다"라고 말한다.[105] 이 작은 열두 개의 곡들을 대조적인 셈여림으로 이어서 치면 아름다운 코랄 조각보 같은 한 개의 곡이 된다.

Example 23[106]

Satie, *Douze petits chorals*, No. 1, mm. 1-8 and No. 11, mm. 1

No. 1

---

103) Alan M. Gillmor, *Erik Satie* (Boston: Twayne Publishers, 1988), 140.

104) "스콜라 칸토룸(The Schola Cantorum [Lat. School of singers]): (1) 그레고리 교황 때에 로마에 교황청에 세워진 노래하는 사람들의 단체로 14세기에 해체되어 교황청 예배 안으로 편입되었다. (2) 그레고리안 찬트를 부르는 합창단 (3) 1894년 파리에서 당디(Vincent d'Indy) 등에 의해 세워진 교회 음악 안에서의 교육기관, 특별히 그레고리안 찬트에 전념하는 기관이었는데, 점차 일반적으로 고음악과 대위법을 철저하게 훈련하는 일까지 하게 되었다. summarized from *Harvard Dictionary*, s.v. "Schola Cantorum." 여기서는 (3)의 뜻.

105) Orledge, *Satie the Composer*, 334.

106) Eric Satie, *Douze Petits Chorals pour Piano* (Paris: Éditions Salabert, 1968), 2, 7. 참조.

Example 23—계속

No. 11

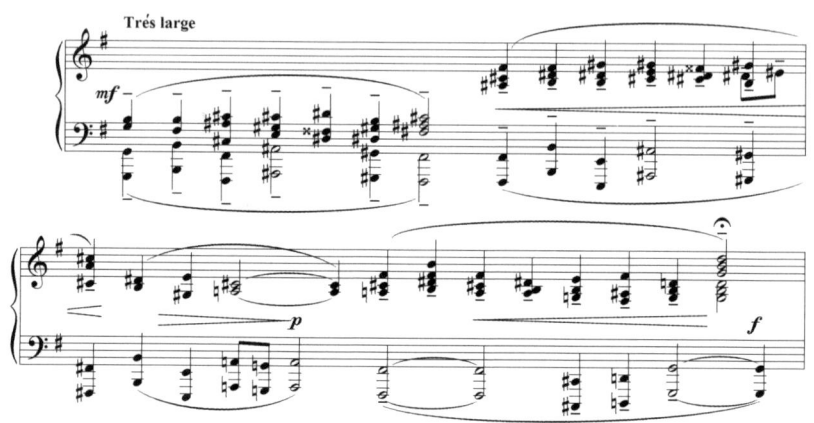

First Piano Sonata (1901-1915)
by Charles E. Ives (1874-1954)

　찬송가 선율의 독특한 사용이 아이브스의 몇몇 작품들에서 보인다. 그런데 이러한 찬송가 선율의 인용들이 과연 어떤 생각이나 의도에서 써졌는가에 대해 의견이 분분하다. 발란틴(Christopher Ballantine)은 아이브스의 찬송가 선율 사용에서 "일반화된 미국인의 경험" 혹은 "미국인의 사회적 무의식" 등을 본다.107) 또한 크로포드(Richard Crawford)는 아이브스 작품 안의 찬송가 선율들을 "대중적 혹은 전통적 영역에서의 음악"으로 간주한다.108) 한편 부르크홀더(J. Peter Burkholder)는 아이브스의 착상을 신념이나 전통으로 이해되어질 수 있는 초월주의(Transcendentalism)109)와 흡사하다고 생각한다. 그는 "대부분의 최근

---

　　107) Christopher Ballantine, "Charles Ives and the Meaning of Quotation in Music," in *Music and its social Meanings* (New York: Gordon and Breach Science Publishers, 1984), 83.

　　108) Crawford, *America's Musical Life*, 513.

　　109) "초월주의는 19세기 초반에서 중반에 뉴잉글랜드에서 나타난 문학, 종교, 문화, 그리고 철학분야의 일군의 새로운 생각들이다. … 초월주의는 그 당시 문화와 사회의

의 학문은 이러한 견해, 즉 대부분 혹은 모든 아이브스의 음악을 초월주의의 맥락 안에 놓으려는 경향을 수용한다"라고 말한다.110) 아이브스의 절친한 친구인 벨라만(Henry Bellamann)과 카터(Elliot Carter)가 쓴 아이브스와 초월주의에 관한 두 기사를 참조하며, 부르크홀더는 아이브스 역시 그의 음악을 이런 식으로 해석하는 것에 대해 이의를 제기하지 않았다고 주장한다. 이제까지 말들을 종합해보면, 아이브스 작품의 찬송가의 사용은 그의 기독교 신앙과 직접 상관이 없는 것처럼 보인다.

그러나 카바노(Patrick Kavanaugh)는 아이브스의 신앙과 그의 음악 사이의 긴밀한 관계에 대해 키르크패트릭(John Kirkpatrick)의 글을 인용하면서 다음과 같이 주장한다.

> 아이브스의 믿음과 그의 음악적 천재는 뗄 수 없는 관계이다. … 그는 음악에 수없는 시편을 붙였으며, 그는 광범위하게 복음적 찬송가 선율로부터 차용했으며, 종종 그것들을 가장 일상적이지 않은 음악적 환경에서 강조했다. … 그의 전체 작품들은 많은 종교적인 제목들과 설명을 포함한다.111)

> 오늘날의 많은 아이브스 음악의 애호가들은 그의 삶과 작품에 존재하는 초월적인 영향에 대해 강조하는 경향이 있다. … 그러나 그의 주된 전기 작가이며 아이브스에 대해 오늘날 살고 있는 그 누구보다 잘 알고 있었던 키르크패트릭은 이렇게 썼다. "그의 교회로 가는 자아는 근본주의라고 할 수 있을 정도로 보수적이었다."112)

그러면 아이브스 자신은 그의 음악에 대해 정말 어떻게 생각했을까? 그의 『소나타 이전 에세이들』(*Essays before a Sonata*)의 서문에 작곡

일반적인 상태, 특별히 하바드 대학에서의 지성주의와 하바드 신학교에서 가르쳤던 유니테리안 교회(Unitarian Church)의 교리에 저항함으로 시작되었다. 초월주의자들의 중심 신념들 중에는 기존의 종교들의 교리들을 통해서가 아니라 신체적이고 경험적인 것을 '초월하며' 오직 개인의 본능에 의해서만 감지되어지는 이상적인 영적인 상태가 있었다." Webster's-Online-Dictionary, s.v. "Transcendentalism" [on-line]; accessed 10 October 2010; available from http://www.websters-online-dictionary.org/definitions/transcendentalism; Internet.

110) J. Peter Burkholder, *Charles Ives: The Idea behind the Music* (New Haven, CT: Yale University Press, 1985), 20.

111) Kavanaugh, *Spiritual Lives of the Great Composers*, 181.

112) Ibid., 183.

가가 경험하는 세 가지 종류의 영감에 대해 진술했는데, 거기에서 아이브스는 어떤 장면을 객관적으로 묘사하는데 있어 믿음의 잠재의식적 영향의 가능성에 대해 논했다. "작곡가가 아름다운 장면을 인식하는 것에 갑자기 나타나는 영감이 있는데, 이것은 어떤 생각들이나 느낌들의 희미한 기억, 아마도 깊이 박힌 종교적 영적 본성의 희미한 기억에 의한 것이다."113) 이런 식으로 아이브스가 기독교인으로서 작곡할 때면 종종 찬송가 선율을 사용하곤 했던 것이 당연한 것 같다. 이것은 마치 찬송가가 기독교인의 삶 깊숙이 늘 함께 하는 것과 마찬가지 예이다.

그의 약 40개의 피아노 곡 중 첫 번째 피아노 소나타가 가장 많이 찬송가 선율들을 사용한다. 다음의 인용문은 첫 번째 피아노 소나타의 다섯 장면들 혹은 다섯 이야기들의 배경에 대한 작곡자의 설명이다.

"그것은 모두 무엇에 관한 것인가?—댄(Dan S.)은 묻는다. 대부분 1880년대와 1890년대의 커넥티컷(Conn.) 마을들의 옥외 생활에 관한 것들—커넥티컷 농지의 농부들에 대한 인상들, 기억들, 그리고 회상들.

"14쪽 뒤에, 프레드(Fred)의 아빠는 매우 흥분을 해서 소리를 쳤다. 프레드가 홈런을 치고 그 학교가 야구 경기에서 이기게 되었기 때문이다. 하지만 프레드와 존이 브리쥐포트(Bridgeport)에 일하러 간 뒤에, 새라 아줌마는 항상 *Where Is My Wandering Boy*를 흥얼거린다. 보통은 슬픔이 있다—하지만 대부분 겨울밤에 있는 지그 춤(jigs), 발로 점프하기, 릴 춤(reels) 등이 있는 헛간 댄스(Barn Dances)에서는 그렇지 않다.

"여름에는, 바깥에서 찬송가 부르는 소리가 들린다. 사람들은 (Old Black Joe처럼) 노래하고—베델 악단과 함께(빠른 스텝의 거리 행진)—사람들은 말하고 싶은 것을 말하길 좋아하고, 그리고 그들이 원하던 것을 그들 고유의 방식으로 하기를 좋아하고—그리고 아주 옛날엔 … 감정들, 영적인 열심의 감정들이 있었다."114)

해리슨(Lou Harrison)은 이 첫 번째 소나타의 다섯 개의 악장을 "두

---

113) Charles Ives, *Essays before a Sonata: The Majority, and Other Writings by Charles Ives*, ed. Howard Boatwright (New York: W. W. Norton & Company, 1961, 1962), 5.

114) Charles E. Ives, *Memos*, ed. John Kirkpatrick (New York: W. W. Norton & Company, 1972), 75. Brackets are Kirkpatrick's. (이것은 Miss Florence Martin이 타자 친 첫 세트에 적혀있는 것으로, 아이브스가 말한 것을 먼저 속기로 받아 적고 후에 타자로 친 것이다.)

기독교 신앙을 상징적으로 표현한 피아노 작품들 291

개의 스케르초(또한 그것들을 ragtimes이라 함은 매우 적절하다), 느리고 매우 낭만적인 광시곡적 부분, 풍부한 피아노 양식의(in full pianistic manner) 화려한 찬송가 선율 부분, 그리고 영웅적 특성의 피날레" 등으로 묘사한다.115) 이 작품에 분명하게 인용된 찬송가들은 다음과 같다.

I: "양떼를 떠나서"와 "여러 해 동안 주 떠나"
IIa, IIb: "새벽부터 우리"와 "주의 말씀 받은 그 날,"
         그리고 마지막에 "내 주의 보혈은" (Ex. 24)
III: "죄 짐 맡은 우리 구주"가 주제 (Ex. 25)
IVb: "새벽부터 우리,"
         그리고 마지막 쿼드리벳으로 "내 주의 보혈은"과 "새벽부터 우리"

Example 24116)

Ives, Sonata No. 1, IIb mov., mm. 122-28

---

115) Charles E. Ives, *Charles E. Ives Sonata No. 1 for Piano*, ed. Lou Harrison, (New York: Peer International Corporation, 1954), ii.

116) Ives, *Sonata No. 1 for Piano*, (New York: Peer International Corporation, 1954), 19.

Example 25[117)

Ives, Sonata No. 1, III mov., mm. 1a and 2b

ⓒ Copyright 1954 by Peer International Corporation
International Copyright Secured. Reprinted by Permission

이런 방법으로 아이브스는 기독교인의 일상생활의 장면들을 묘사했는데, 그것은 "영적인 위엄과 의미가 스며든" 평범한 삶을 묘사하고 있는 몇몇 "종교개혁에 영감을 받은 예술 작품"에 비교되어지기도 한다.118) 그런데 만일에 아이브스가 이 곡에서 그의 믿음을 표현할 의도가 없었고 찬송가 선율을 사용해서 "완전히 예상 밖의 음악적 풍경"119)을 만들었다 할지라도, 연주자나 감상자는 그의 음악에 배어있는 찬송가 선율의 조각들을 통해 찬양의 자리로 나아갈 수 있다.

---

117) Ibid., 20.

118) Nancy Pearcey, *Saving Leonardo: A Call to Resist the Secular Assault on Mind, Morals, & Meaning* (Nashville: B&H Publishing Group, 2010), 83.

119) Robert P. Morgan, "Ives and Mahler: Mutual Responses at the End of an Era," in *Charles Ives and the Classical Tradition*, ed. Geoffrey Block and J. Peter Burkholder (New Haven, CT: Yale University Press, 1996), 80.

고르돈은 이 작품의 음악적 특성에서 다형리듬(poly-rhythms)과 다형조성 화음(poly-tonal harmonies)의 사용을 본다. "첫 번째 피아노 소나타의 다섯 개 악장은 대칭적인 구조를 보여주는데, 랙타임(ragtime)은 물론 어려운 다형리듬과 다형조성 화음, 또 찬송가와 노래들의 인용으로 채워져 있다."120) 부르크홀더는 차용의 개념의 관점에서 볼 때 아이브스의 첫 번째와 두 번째 피아노 소나타는 아이브스의 작품들에 사용되는 14가지의 차용 기교 중에서 "누적되는 곡조 붙이기"(cumulative setting) 기법이 사용된다고 말한다.121)

Visions and Prophecies (환상들과 예언들) (1936) by Ernest Bloch (1880-1959)

"블로흐가 유대인이라는 점이 항상 다소 과장되어져 왔다"고 말하면서, 시몬즈(Walter Simmons)는 블로흐가 얼마나 참된 기독교인이었는지를 보고한다. 그가 간직한 실물 크기의 십자가 성상에 대한 블로호의 진술은 유대인으로서 지니고 있는 그의 크리스천 믿음을 보여준다.

> 네, 내가 유대인인 것은 사실입니다. 그러나 나는 나 자신을 기독교인—진정한 기독교인—이라고 부르는 것을 동일하게 자랑스러워함이 틀림없습니다. 왜냐하면 그것[십자가 성상]은 나에게는 유대인과 이방인 모두가 성취하길 애써야 하는 기독교의 상징일 뿐이기 때문입니다. 누가 감히 그 자신을 진정한 기독교인이라고 부를 수 있을까요?122)

블로흐는 1936년에 작곡된 관현악과 첼로 오블리가토를 위한 *광야의 소리*(*Voice in the Wilderness*) 중 다섯 에피소드를 *환상들과 예언들* 이라는 제목의 피아노곡으로 편곡했다. 피아노 개작에 첼로의 오블리가토는 생략되었다.123) *광야의 소리*가 구약 성경, 이사야 40:3으로부터

---

120) Gordon, *A History of Keyboard Literature*, 504.

121) J. Peter Burkholder, "The Uses of Existing Music: Musical Borrowing as a Field," *Notes* 50 (1994), 855.

122) Walter Simmons, "Ernest Bloch," in *Voices in the Wilderness: Six American Neo-romantic Composers* (Lanham, MD: Scarecrow Press, 2004), 38.

123) Ibid., 82.

온 제목인 반면, *환상들과 예언들*은 어떤 구체적인 성경구절과 관련시키지는 않지만 하나님의 특별은총의 분위기를 묘사한다. 시몬즈는 이 개작의 결과를 이렇게 묘사한다. "일련의 축약되고 효과적인 매우 향기로운 분위기의 작품들, 약간 공격적이고 사색적인 것이 번갈아 나타나는, 블로흐의 개인적인 인상주의적 고안을 그 자신의 신낭만주의(Neo-Romanticism)의 구별된 유형으로 적용한 전형적인 예가 된다."124) 고르돈이 "그의 유대적 스타일을 매우 분명히 표현하며 일련의 작품에 *환상들과 예언들*이라는 제목이 붙여진다"고125) 말한 반면, 버지(David Burge)는 "즉흥적인 서정적 선율(cantilena), 동양적 어조, 그리고 표제적인 것 같은 화음들과 수사적인 모양들의 끝없는 반복들이 있는, 이런 종류의 음악의 광상적이고 극심한 비애"를 거론한다(Ex. 26-30).126)

Example 26[127)

Bloch, *Visions and Prophecies*, I, mm. 1-8

---

124) Ibid.

125) Gordon, *A History of Keyboard Literature*, 465.

126) David Burge, *Twentieth-century Piano Music* (Oxford: Scarecrow, 2004), 114.

127) Ernest Bloch, *Visions and Prophecies for the Piano* (New York/London: G. Schirmer, 1936), 3.

Example 27[128)

Bloch, *Visions and Prophecies*, II, mm. 1-3

Example 28[129)

Bloch, *Visions and Prophecies*, III, mm. 1-4

Example 29[130)

Bloch, *Visions and Prophecies*, IV, mm. 1-4

---

128) Ibid., 4.
129) Ibid., 6.
130) Ibid., 8.

Example 30[131]

Bloch, *Visions and Prophecies*, V, mm. 1-6

Visions and prophecies for piano
By Ernest Bloch
Copyright ©1936 (renewed) by G. Schirmer, Inc.
International copyright secured. All rights reserved.
Reprinted by permission.

"블로흐는 작곡하는 것을 믿음의 행동, 인간을 더 인간답게 만드는 수단으로 여겼다"고 스트라스버그(Robert Strassburg)는 주장하는데, 그는 블로흐의 "영원한 하나님에 대한 흔들리지 않는 믿음"과 "인류의 문제들에 대한 인간적 염려들," 즉 본질적인 하나님과 이웃에 대한 사랑을 언급하면서, 블로흐의 음악을 윤리와 영성의 음악으로 묘사하였다.[132]

마지막으로 연주자들에게 도움이 될까 하여 이 곡에 대한 필자의 지극히 개인적인 인상을 덧붙인다. 각 악장은 하나님의 말씀이 들려짐, 환상, 하나님의 명령, 하나님께 드리는 죄의 고백과 사랑, 그리고 하나님의 약속을 각각 묘사하는 것처럼 보인다. 다음의 <도표 6>은 필자의 표제적 해석의 예이다.

---

131) Ibid. 11.

132) Robert Strassburg, *Ernest Bloch: Voice in the Wilderness* (Los Angeles: California State University, 1977), 98.

도표 6. 블로흐의 *환상들과 예언들* 1악장의 표제적 해석

마디	성경구절	말씀
1-2a	예레미야 1:4	여호와의 말씀이 내게 이르니 이르시되
2b-6	예레미야 1:5	"너를 열방의 선지자로 세웠노라"
7-9a	예레미야 1:6	"슬프도소이다 주 여호와여 보소서 나는 아이라 말할 줄을 알지 못하나이다"
9b-16	예레미야 1:7-10	"... 내가 너와 함께 하여 ... 보라 내가 내 말을 네 입에 두었노라"

2악장은 예레미야 1:11 이하("예레미야야 네가 무엇을 보느냐" ... "내가 살구나무 가지를 보나이다")에 적혀있는 것 같은 환상을 보는 신비스런 장면처럼 보인다. 이 악장은 4음이 첨가된 반복되는 단-장 7화음으로 시작하며 해결되지 않은 계류음(suspension)을 가진 감7화음(혹은 감-장 7화음)으로 끝나는데, 이것은 무언가 풀리지 않거나 끔찍한 예측, 혹은 어떤 초월적인 것을 암시한다. 3악장의 부점 리듬은 하나님의 명령을 나타내는 것 같으며, 4악장은 그 전 악장의 대답인 것 같다. 그것은 사랑의 분위기(*piacevole* and *dolce espressivo*)로 하나님과 죄인들 사이의 화해를 그리는 듯하다. 마지막 악장의 시작은 1악장과 유사한데, 그것은 감상자들로 하나님의 말씀과 그의 약속의 도래를 상기시킨다. 그리고 명상적인 후주부는 그들로 하나님의 임재 가운데로 인도한다.

Hymne de Glorification (영광의 찬가)
(1954), Op. 331
by Darius Milhaud (1892-1974)

미요는 1920년대 아방가르드와 관련된 프랑스 작곡가이다. "비록 그가 엄격한 정통 유대교는 아니었지만, 그는 항상 종교적 믿음을 깊이 유지했다."[133] *영광의 찬가*는 그의 신앙의 표현의 한 예다. 키르비는

---

133) Grove Online, s.v. "Milhaud" [on-line]; accessed 6 November 2011; available from http://www.oxfordmusiconline.com.ezproxy.sbts.edu/subscriber/

그의 피아노 음악의 일반적 스타일에 대해 논한다.

어쨌든 여기에 인상주의적인 것은 거의 없다. 형식들은 대부분 작고, 날카롭고, 명백하다. 그리고 구조는 단순하며, 선율들은 분명하게 표현되고, 화성들은 극단적으로 불협화적이고 종종 다조적이며, 리듬적 요소가 강하다. 간단히 말해, 미요의 스타일은 18세기 갈란트 스타일에 대한 20세기의 대응으로서 간주되어질 수 있다.134)

영광의 찬가(Ex. 31)에 대하여 쉐딘저는 이렇게 말한다. "미요는 승리적 찬가의 스타일로 뽐내는 곡을 썼다. 한결같은 리듬과 밝은 다조적 스타일은 이 음악을 특징짓는다."135)

Example 31136)

Milhaud, *Hymn of Glorification*, mm. 1-5

Sent the request of permission, but could not receive reply.
If there is any fee, it will be paid.

---

article/grove/music/18674?q=Milhaud&search=quick&pos=1&_start=1#firsthit; Internet.

134) Kirby, *Music for Piano*, 291.

135) Shadinger, "The Sacred Element in Piano Literature," 126.

136) Aurius Milhaud, *Hymne de Glorification* (Paris: Editions Max Eschig, 1954), 1.

구조에 있어서 이 곡에는 어떤 분명한 형식적 경계가 보이지 않는다. 그러므로 이 곡은 환상곡이나 발전부가 딸린 자유스런 변주곡이라 부를 수 있겠다. 17마디에서 처음 동기가 다시 나타나는데, 이것은 일종의 변주라고 간주되어질 수 있겠다. 85마디부터 시작 동기와 유사한 반복되는 동기들이 있는데, 이것은 재현부라기보다는 일종의 회상으로 보인다. 키르비가 묘사했듯이, 이 곡을 하나로 만드는 몇몇 강한 리듬적인 요소들이 있다. 그리고 시작과 끝의 화음은 부가음을 가진 E장조의 화음에 기초하고 있다. 하지만 조성적이며 무조성적인 화음들의 혼합이나 기대되지 않았던 화음들 때문에 이 곡은 조성감이 희석된다. 결국 구조적인 특징이나 화성들이 분명하게 분석되어지지 않는 것이 하나님의 영광을 묘사하려는 시도에 따른 신비스런 곡이란 평가를 가져오게 된다.

La Création du monde: Sept danses (1944)
(*The Creation of the World: Seven Dances*, 천지창조: 일곱 개의 춤) by Georges Dandelot (1895-1975)

1. Le chaos (The Chaos, 혼돈)
2. La Création (The Creation, 천지창조)
3. La lumière (The Light, 빛)
4. La nuit (The Night, 밤)
5. La terre (The Earth, 땅)
6. L'homme (The Man, 사람)
7. Psaume (Psalm, 시편)

프랑스 작곡가 당들로(Dandelot)는 바르타(Guillaume de Salluste Du Bartas)의 1578년도의 시, *첫째 주(First Week)* 혹은 *세상의 창조(The Creation of the World)*에 기초한 일곱 개의 춤곡을 썼다. 이 시는 서사시로서 밀턴(John Milton)의 *실낙원(Paradise Lost)*에 영감을 주었으며 창세기의 창조 이야기를 다룬다.[137] 참커튼(Jacques Tchamkerten)

---

137) Dora E. Polachek, "Du Bartas, Guillaume De Salluste, Seigneur," in *Renaissance and Reformation 1500-1620: A Biographical Dictionary*, ed. Jo Eldridge Carney (Westport, CT: Greenwood Press, 2001), 117-18.

은 그의 음악에 대해 "당들로의 음악적 언어는 형식과 짜임의 명료성에 우선을 둔다. 조성에 충실하면서도 그는 다조적인 요소도 종종 사용했다"고 설명한다.138)

"밤"은 ABA′ 형식의 일종의 야상곡(nocturne)이다. "A" 부분(Ex. 32, mm. 1-7)이 왼손의 똑같은 아르페지오로 반주되는 조성적 음악인 반면, "B" 부분(mm. 24-26)은 스케르초 스타일의 몇몇 불협화음을 포함한다.

Example 32139)

Dandelot, *La Création*, "The Night," mm. 1-7 and mm. 24-27

Sent the request of permission, but could not receive reply.
If there is any fee, it will be paid.

138) Grove Online, s.v. "Georges Dandelot" [on-line]; accessed 30 January 2012; available from http://www.oxfordmusiconline.com.ezproxy.sbts.edu/subscriber/article/grove/music/48877?q=Georges+Dandelot&search=quick&pos=1&_start=1#firsthit; Internet.

139) Georges Dandelot, *La Création du monde: Sept danses* (Paris: Editions Costallat, 1948), 1, 2.

"Wayfaring Stranger" ("길 가는 나그네")
from *American Ballads* (1942)
by Roy Harris (1898-1979)

　이 두 페이지의 짧은 곡은 초기 미국 흑인 영가 선율인 "Wayfaring Stranger"에 기초한다. 이것은 첫 번째 범주에 속하겠지만, *아메리칸 발라드*의 한 부분으로서 차용된 선율 역시 미국의 정신을 나타낸다. 그리피스(Paul Griffiths)에 따르면, "해리스의 스타일은 찬송가와 민요의 미국 선율로 가득 채워진 강하고 확신에 찬 것으로 평가되어진다."140) 아메리칸 발라드의 특징을 설명하면서, 키르비는 해리스의 작품을 바르톡(Béla Bartók)의 것과 비교한다.

　　보다 작은 형식은 *Little Suite* (1939)과 매우 특이한 세트인 *아메리칸 발라드* (5, 1942)가 대표하는데, 그것들은 바르톡의 민요 편곡들에 상당하는 미국의 민요 편곡이다. 해리스는 선법 음계와 그것들의 관계 화음들, 선적 짜임새(linear texture), 계속 박자가 바뀌는 가운데 길고 계속하여 흐르는 선율들, 그리고 종종 4도인 불협화 화음들 등을 강조했다. 동시에 신고전주의자처럼 그는 19세기 형식들을 거부했다.141)

아메리칸 발라드의 제2곡인 "길 가는 나그네"(Ex. 33)에 대해 쉐딘저는 다음과 같이 말한다. "임의적인 반주와 더불어 즉흥적으로 다루어지는 선율이 영가(spiritual)의 수수한(sober) 분위기에 잘 어울린다. 효과적인 곡."142) 차용된 영가의 가사의 일부는 다음과 같다.

> I'm just a poor wayfaring stranger / Traveling through, this world of woe.
> There's no sickness, toil nor danger / That bright land, to which I go.
> (Chorus): I'm going there to see my father (mother, sister, brother etc.).
> ... I'm only going over home. ... I'm going there to meet my Savior
> To sing His praises forevermore / I'm only going over Jordan
> I'm only going over home.143)

---

140) Grove Online, s.v. "Roy Harris" [on-line]; accessed 15 January 2011; available from http:// www.oxfordmusiconline.com.ezproxy.sbts.edu/subscriber/article/opr/t114/e3152?q=Roy+Harris&search=quick&pos=4&_start=1#firsthit; Internet.

141) Kirby, *Music for Piano*, 354.

142) Shadinger, "The Sacred Element in Piano Literature," 103.

143) Richard Matteson, Jr. ed. *Bluegrass Picker's Tune Book* (Pacific, MO:

Example 33[144]

Harris, *American Ballads*, "Wayfaring Stranger," mm. 8-15

American Ballads by Roy Harris.
Copyright © 1947 by Carl Fischer, Inc.
All rights assigned to Carl Fischer, LLC.
All rights reserved. Used with permission.

"Hymne" ("찬미") from *Trois Pièces* (1928)
by Francis Poulenc (1899-1963)

"음악을 통해 믿음을 표현한다"는 점에서 뿔랑을 메시앙과 비교하며, 니콜스(Roger Nichols)는 "프랑스 종교 음악 분야에서 그는 메시앙과 우위를 놓고 다툰다"라고 말한다.[145] 슈미트(Carl B. Schmidt)는 뿔랑이 1936년 그의 친구의 죽음을 통해서 믿음을 재발견했다고 말한다.

Mel Bay Publications, 2006), 185.

144) Roy Harris, *American Ballads for Piano* (New York: Carl Fischer, 1947), 6.

145) Grove Online, s.v. "Francis Poulenc" [on-line]; accessed 19 September 2011; available from http://www.oxfordmusiconline.com.ezproxy.sbts.edu/subscriber/article/grove/music/22202?q=Francis+Poulenc&search=quick&pos=1&_start=1#firsthit; Internet.

기독교 신앙을 상징적으로 표현한 피아노 작품들 303

1936년에 [그가 Claud Rostand에게 말하였다], 이것은 나의 생애와 나의 경력에 중요한 날인데 … 나는 바로 며칠 전에 나의 친구, 페루드(Pierre-Octave Ferroud)의 비극적 죽음[8월 17일]에 대해 알게 되었다. 그렇게 원기가 넘치던 이 음악가의 비극적인 느닷없는 죽음은 나를 깜짝 놀라게 했다. 인간의 연약한 상태를 생각하면서, 나는 다시 한 번 영적인 삶에 이끌리게 되었다. 로카마두르(Rocamadour)가 나를 나의 젊은 날의 믿음으로 돌아가도록 섬겨주었다.146)

Example 34147)

Poulenc, *Trois Pièces*, "Hymne," mm. 1-8

Sent the request of permission, but could not receive reply.
If there is any fee, it will be paid.

세 곡들(*Trois Pièces*, 1928)은 "목가곡(Pastorale)," "토카타(Toccata)," 그리고 "찬미(Hymne)"로 구성되어 있는데, 1953년 개정판의 순서는 "Pastorale," "Hymne," 그리고 "Toccata"이다. 슈미트는 "찬미"(Ex. 34)는 1928년에 새롭게 작곡되었고 1953년판에서 수정되어지지 않았다고 말하며, "찬미"가 *Concert champêtre* (1927-28년의 하프시코드와

---

146) Carl B. Schmidt, *Entrancing Muse: A Documented Biography of Francis Poulenc* (Hillsdale, NY: Pendragon Press, 2001), 231. Brackets are Schmidt's.

147) Francis Poulenc, *Trois Pièces pour Piano* (Paris: Heugel Editeur, 1931), 2.

오케스트라를 위한 목가적 콘체르토148))와 매우 비슷한 스타일이라는 뿔랑의 이야기를 전한다.149)

뿔랑의 음악을 특징짓는 것은 그의 독특한 선율 작곡이며, 그의 조언자로서 사티(Erik Satie)가 강한 영향을 주었다.150) 힌슨은 이 "찬미"에 대해 "화성적, 강력한, 내면적, 장식적인 선율, 조용한 끝마침" 등으로 묘사한다.151)

Sonata No. 4 (Christmastime, 1945) by Ross Lee Finney (1906-1997)

피니(Ross Lee Finney)의 피아노 독주 음악은 세 가지의 작곡 스타일, 즉, 초기 조성(tonal) 작품들(1933-47), 음열/십이음기법(serial) 작품들(1952-77), 그리고 아이들을 위한 작품들로 분류된다.152) 이 작품은 그의 선법성(modality)의 사용에도 불구하고 조성적이다. 피니는 소나타에 "1945년 성탄절"이라는 부제를 붙이고, 처음과 끝에 성탄절을 위해 그가 만든 선율의 찬송가를 두었다. 악장들의 제목은 "찬송가," "인벤션," "녹턴," "토카타," 그리고 "찬송가"이다. 첫 번째 찬송가(Ex. 35)가 오직 한 가지 속도로 써진 반면, 마지막 찬송에서 피니는 점점 느려지는 속도들을 썼다. 힌슨은 "이 압축된 작품에 여러 가지 피아노 연주에 적합한 작곡기법, 즉, 코랄을 닮은 작곡, 모방, 이중음 구절(double-note passage), 옥타브 연주가 있다"라고 이 곡에 대해 말한다.153) 애플-몬슨(Linda Apple-Monson)은 그녀의 논문에서 이 소나타의 각 악장을 분석하면서, 이것을 피니의 개인적 증언으로 묘사한다.

---

148) Michael Thomas Roeder, *A History of Concerto* (Portland, OR: Amadeus Press, 1994), 362.

149) Schmidt, *Entrancing* Muse, 47.

150) Hinson, *Guide to the Pianist's Repertoire*, 608.

151) Ibid.

152) Linda Apple-Monson, "The Solo Piano Music of Ross Lee Finney" (D.M.A. diss., The Peabody Conservatory of Music, 1986).

153) Hinson, *Guide to the Pianist's Repertoire*, 305.

피니의 피아노 소나타 4번 E장조는 세계 제2차 대전의 군대복무 후 돌아온 작곡가의 진심어린 감정들의 증언이다. 찬송가는 소나타에 묵상적인 기본 구조를 제공하며, 힘이 넘치는 인벤션과 토카타는 다소 신비로운 특징의 녹턴과의 대조를 제공한다. 아치 형식 원칙은 이 소나타에 단일성과 계속성을 부여하며, 그것은 "1945년 성탄절" 동안 작곡가의 감정을 집약적으로 보여준다.154)

피니 그 자신은 이 작품에 있는 성탄절의 특징을 이렇게 묘사했다. "스케치한 것을 돌아보면서, 나는 성탄절의 모든 소리, 즉, 인벤션에 있는 낮은 종소리 같은 소리들과 녹턴의 별처럼 빛나는 신비스런 음색이 그 안에 있다는 것을 발견했다."155)

Example 35156)

Finney, Sonata No. 4, 1st mov., mm. 1-4

Sonata No. 4 by Ross Lee Finney.
Copyright © 1947 by Mercury Music Corp.
Theodore Presser Company sole representative.
All rights reserved. Used with permission.

---

154) Apple-Monson, "The Solo Piano Music of Ross Lee Finney," 85.

155) Ibid., 65.

156) Ross Lee Finney, *Piano Sonata No. 4* (New York: Mercury Music Corporation, 1947), 1.

Alleluia in Form of Toccata
(*토카타 형식의 알렐루야*) (1945)
by Louise Talma (1906-1996)

탈마는 개신교 가정에서 태어났지만, 그녀는 파리에서 나디아 불랑제(Nadia Boulanger)와 공부하기 전까진 무신론자였다. 불랑제는 그녀의 믿음에 영향을 주었고, 3년간의 종교에 관련된 집중적인 독서 후에 탈마는 마침내 그녀 나이 스물여덟 살에 가톨릭교로 개종하게 되었다.157) Grove Online은 "그녀의 강한 종교적 신앙은 그녀의 많은 성경 본문들에 붙인 곡들에 반영 된다"라고 보고한다.158) *토카타 형식의 알렐루야*는 탈마의 믿음을 표현하는 대표적인 피아노 작품이다.

그녀의 첫 번째 출판된 피아노 작품인 *알렐루야*는 고전적 구조에 기초하며159) 그녀의 초기 신고전주의 작품들에 속한다.160) 그녀의 토카타의 가장 현저한 특징들에 대하여 타이허(Susan Teicher)는 두 가지 중요한 요소들, 즉, "제한된 서정주의와 결부된 추진력 있고 끊임없는 동작"을 주목한다.161) 힌슨은 다음 몇 가지 다른 특성을 가리킨다. "길고, 기분 좋고, 유연한 박자들, 스타카토 스타일, 신선한 선율들. 단단한 리듬의 조절 능력과 민첩함과 힘을 요구한다."162) 한편, 리스트와 알칸(Charles Henri Valentin Alkan, 1813-1888)도 피아노를 위한 *알렐루야*를 작곡했는데, 그들의 작품은 대체적으로 단순한 리듬, 꽉 찬 옥타브 화음, 그리고 주로 *f, ff, fff* 의 세기 등으로 이루어진다. 이에

---

157) Susan Teicher, "Louise Talma: Essentials of Her Style as Seen through the Piano Works," in *The Musical Woman: An International Perspective 1983*, ed. Judith Lang Zaimont (Westport, CT: Green wood Press, 1984), 130-31.

158) Grove Online, s.v. "Louise Talma" [on-line]; accessed 20 September 2011; available from http://www.oxfordmusiconline.com.ezproxy.sbts.edu/subscriber/article/grove/music/27425?q=Louise+Talma&search=quick&pos=1&_start=1#firsthit; Internet.

159) Eunice Wonderly Stackhouse, "A Survey of the Solo Piano Compositions of Louise Talma, Composed from 1943 to 1984" (D.M.A. diss., The University of Kansas, 1995), 11.

160) Teicher, "Louise Talma," 133.

161) Ibid., 136.

162) Hinson, *Guide to the Pianist's Repertoire*, 769.

비해 탈마의 *알렐루야*는 보다 다채로운 내용을 포함한다.

이 곡의 구조는 'Intro - A (12-66) - B (67-103) - C (104-90) - A' (191-253)'이다. 발전부("C")와 재현부("A'")는 명백하게 조표가 바뀜으로 윤곽이 그려진다. 웅변가투의 서주(Ex. 36)의 차임벨 소리 같은 분위기에 대해, 타이허는 반복되는 음들(D, F, G, A, C)은 5음 음계나 온음 음계처럼 들려질 수 있지만, 시작 부분은 단순히 연장된 가온음 영역(mediant area)이라고 논한다.163) 한편 스택하우스(Stackhouse)는 5음 음계와 완전4도로 이루어진 화음 안에서 "구간 동기 (block motive)"를 발견한다.164) "A" 부분의 동기는 "알렐루야"라는 단어를 생각나게 하는데,165) 이것은 *allegro vivace* with *molto staccato* (Ex. 36)이다. 한편, "B" 부분은 동양의 맛으로 칠해진 8분음표의 리드믹한 흐름과 함께 새로운 선율을 사용하는데, 그것은 5음 음계로부터 온 4음 동기이다(Ex. 36, 67마디 이하). "C" 부분은 일종의 발전부의 기능을 하는데, "A"와 "B" 부분들로부터 온 주제들의 변형된 단조 형태를 포함한다.

Example 36166)

Talma, *Alleluia*, mm. 1-4, mm. 12-15, and mm. 67-71

---

163) Teicher, "Louise Talma," 136.

164) Stackhouse, "A Survey of the Solo Piano Compositions of Louise Talma," 11-12.

165) Ibid., 11.

166) Louise Talma, *Alleluia in Form of Toccata* (New York: Carl Fischer, 1947), 2, 5.

Alleluia by Louise Talma,
Copyright © 1952 by Carl Fischer, Inc.
All rights assigned to Carl Fischer, LLC
All rights reserved. Used with permission.

Vingt regards sur l'Enfant—Jésus
(*Twenty Looks at the Christ Child,*
아기 예수를 향한 스무 개의 시선) (1944)
by Olivier Messiaen (1908-1992)

메시앙은 그의 음악에 대한 생각을 그의 저서 『나의 음악적 언어의 기술』의 서문에서 다음과 같이 논한다.

 "*진실한* 음악, 다시 말해, 영적인 음악, 믿음의 행위인 음악, 하나님을 언급하는 것을 멈추지 않으면서 모든 주제를 언급 하는 음악, 간단히 말해, 그것의 언어가 가능성은 적지만, 어떤 멀리 있는 별들을 끌어내릴 수도 있는 독창적인 음악"을 요구한 후에, 나는 "평성가(plainchant) 자체가 다 말하지 않은 여지가 아직 있다"고 말하였다. 그리고 나는 다음 결론을 맺었다. "성령과 더불어 투쟁하는 우리의 어두움을 지속적인 능력으로 표현하기 위해, 우리 육체의 감옥 문들을 산 위로 일으키기 위해, 우리의 세기에 목마른 자를 위한 샘물을 주기 위해, 위대한 장인이자 위대한 크리스천인 예술가가 필요하다."167)

이러한 논의는 로마 가톨릭 크리스천으로서의 그의 음악적 가치관을 보여준다. 그에게 아름다운 음악은 절대음악이 아니라 독창성과 음악성을 지닌 크리스천 음악이다. 사무엘(Claude Samuel)과의 대화에서 메시앙은 그의 음악에서의 신앙의 중요성을 역시 강조한다.

> 내가 표현하기 원하는 첫 번째 가장 중요한 생각은 가톨릭 신앙의 진리가 존재하는 것이다. … 그러면 나의 음악은 가톨릭 신앙, 트리스탄과 이졸데의 신화(인간의 사랑), 그리고 새들의 노래의 고도로 발달된 사용을 나란히 놓는다. … 마지막으로 나의 음악 언어의 가장 중요한 특징인 음색에 대한 나의 연구가 있다.168)

메시앙의 작곡에 대한 주된 태도는 J. S. 바흐처럼 "하나님의 영광을 위하여"임이 틀림없다. 그러나 바흐가 그의 거룩한 작품들을 주로 교회에서의 연주를 위하여 작곡한 반면, 메시앙은 "나는 신앙의 진리를 연주회장에 도입하지만, 그것은 전례적 의미로이다"라고 달리 생각하였다.169) 그의 신념의 결과, *아기 예수를 향한 스무 개의 시선*(*Vingt regards sur l'Enfant-Jésus*)은 꾸준히 연주회장에서 연주되는 크리스천 피아노 예술 음악의 대표적인 예가 되었다. 스무 개의 시선 의 작곡자의 주석 (*Note de l' auteur*)에서 메시앙은 이렇게 말한다. "나의 어떤 다른 작품들보다 나는 이 작품에서 신비스런 사랑의 언어를 더 많이 발견했다. 다양한 시간들에서, 강력하고, 부드럽고, 때로는 사납고, 다채로운 성격들에서."170) 이 작품의 각 제목들은 예수님의 탄생을 시적으로, 즉, 스무 개의 다른 인격들을 통해, 다루고 있는 것을 보여준다.

---

167) Olivier Messiaen, *The Technique of My Musical Language*, trans. John Saterfield (Paris: Alphonse Leduc, 1956), 8.

168) Olivier Messiaen and Claude Samuel, *Olivier Messiaen: Music and Color: Conversations with Claude Samuel*, trans. E. Thomas Glasow (Portland, OR: Amadeus, 1994), 21.

169) Ibid., 22.

170) Olivier Messiaen, *Vingt regards sur l'Enfant Jésus* (Paris: Durand, 1944), I.

1. Regard[171] du Père (아버지의 시선)
2. Regard de l'étoile (별의 시선)
3. L'échange (교환/교감)
4. Regard de la Vierge (동정녀의 시선)
5. Regard du Fils sur le Fils (아들 위에 머문 아들의 시선)
6. Par Lui tout a été fait (그를 통해 모든 것이 만들어졌다)
7. Regard de la Croix (십자가의 시선)
8. Regard des hauteurs (높은 곳의 시선)
9. Regard du Temps (시간의 시선)
10. Regard de l'Esprit de joie (기쁨의 영혼의 시선)
11. Première communion de la Vierge (동정녀의 첫 영성체)
12. La parole toute puissante (전능한 말씀)
13. Noël (성탄절)
14. Regard des Anges (천사들의 시선)
15. Le baiser de l'Enfant-Jésus (아기 예수의 입맞춤)
16. Regard des prophètes, des bergers et des Mages (예언자들, 목동들, 동방박사의 시선)
17. Regard du silence (침묵의 시선)
18. Regard de l'Onction terrible (위대한 기름부음의 시선)
19. Je dors, mais mon coeur veille (나는 자나 나의 마음은 깨어있다)
20. Regard de l'Eglise d'amour (사랑의 교회의 시선)

메시앙의 음악적 언어나 음악적 상징주의는 그 자신과 많은 음악 학자에 의해 논해진다. 메시앙은 온음과 반음의 몇 가지 법칙으로 만들어진 그 자신의 선법을 만들어냈는데, 그것들은 "제한된 전조의 선법들"(Modes of Limited Transposition)이라 불리며 그의 음악을 독특하게 만든다. 이 작품의 음악적 상징주의의 몇 개의 예들은 순환동기(*leitmotifs*), 즉, 세 가지 순환 주제(하나님의 주제, 별과 십자가의 주제, 그리고 화음들의 주제, Ex. 37), 올라가고 내려가는 모양 등 회화적 모양들(pictorial figures), 한숨 동기(sighing motif), 새소리나 종소리의 모방, 특별한 조(F-sharp 장조)나 음들(E와 A-sharp)[172]의 사용, 수 상징주의(number symbolism) 등으로 볼 수 있다.

---

171) 불어 단어인 "regard"는 시선, 응시, 명상 등으로 해석되어질 수 있다.

172) Siglind Bruhn, "The Spiritual Layout in Messiaen's Contemplations of the Manger," in *Messiaen's Language of Mystical Love*, ed. Siglind Bruhn (New York and London: Garland, 1998), 249.

Example 37[173]

Messiaen, *Vingt regards*, Three cyclical themes

Sent the request of permission, but could not receive reply.
If there is any fee, it will be paid.

하나님의 주제(Thème de Dieu)는 첫 번째 악장에 나타나며, 다른 악장들에서 순환동기(leitmotif)로서 적어도 일곱 번 나타난다. 그것은 다섯 개의 화음으로 되어있는데, 그중 세 개가 F-sharp 장삼화음이다. 브룬(Siglind Bruhn)은 이 특징을 메시앙의 상징들 중 하나로 포함시켰다.[174] 리스트도 이 F-sharp 장조를 그의 피아노 작품에서 거룩함과 연관시켜 사용했는데, 베이커는 그것을 "천상의 영역"(heavenly realms)을 연상하게 한다고 말한다.[175]

그레고리안 성가 같은 별과 십자가의 주제(Thème de l'étoil et la Croix)는 오직 두 악장, "별의 시선"과 "십자가의 시선"에서 나타나는데, 놀라운 의미가 있다. 메시앙은 그의 주석에서 그것들이 같은 주제를 공유하는 이유를 다음과 같이 설명한다. "별과 십자가는 같은 주제를 갖는다. 왜냐하면 예수의 지상에서의 기간을 하나는 열고 하나는 닫기 때문이다."[176] 비록 이 두 악장은 전체 스무 개의 악장들 중에 가

---

173) Messiaen, *Vingt regards sur l'Enfant Jésus*, I.

174) Bruhn, "The Spiritual Layout in Messiaen's Contemplations of the Manger," 249.

175) James M. Baker, "Liszt's Late Piano Works: Larger Forms," 140.

176) Messiaen, *Vingt regards sur l'Enfant Jésus*, I.

장 짧은 것들 중에 속하지만, 그것들은 신학적으로 중심 악장임이 틀림 없다. 작곡자의 주석에서 메시앙은 이 악장들을 이런 식으로 묘사한다.

2. 별의 시선. 별과 십자가의 주제. 은혜의 충격… 별은 우직하게 비추이며, 십자가를 받치고 있다…
7. 십자가의 시선. 별과 십자가의 주제. 십자가는 그에게 말한다. 당신은 나의 팔 안에서 제사장이 될 것입니다…177)

앤더슨(Shane Dewayne Anderson)은 주제 그 자체가 피아노 건반에서 회화적으로 십자가의 모양으로 보일 수 있다고 주장한다(도해 14).178) "가까운 건반인 A-flat과 A를 연결하는 선이 G와 B-flat을 연결하는 선과 직각으로 만나는데, 이것이 십자가의 모양을 만들고 있다"라고 그는 말한다.179)

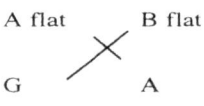 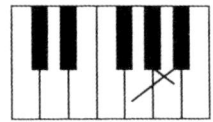

도해 14. 건반 위의 십자가

화음의 주제(Thème d'accords)는 다른 부분들 사이에서 작은 다리 역할을 하는 일련의 화성으로서 쓰인다. 주제는 상징적인 의미보다는 기능적인 의미를 지닌다.

각곡에 대해서는 많은 연구가 있으므로 이 책에서는 십자가의 주제가 나오는 다음 두 곡에서 발견되는 믿음의 상징들만을 대표적으로 적어본다. "별의 시선"(Ex. 38)의 시작에 모방된 종소리들이 "은혜의 충격"(shock of grace)—별이 순식간에 올라가는 것(the flash-like ascent of the

---

177) Ibid., I-II.

178) Shane Dewayne Anderson, "Vingt regards sur l'Enfant-Jesus by Olivier Messiaen: An Analysis of Its Content, Spiritual Significance, and Performance Practice" (D.M.A. diss., University of Texas, 1999), 42.

179) Ibid., 41.

star)—의 뒤를 잇는다. 성경에 종소리는 생명의 상징이다(출애굽기 28:35). 죄인이 오직 하나님의 은혜로만 살 수 있다는 사실을 생각할 때, 이 곡 시작에 메시앙이 종소리를 사용한 것이 하나님의 은혜로서의 예수의 탄생의 의미를 내포하고 있다고 여겨진다. 또한 이 곡은 수 상징주의의 면에서 해석되어질 수 있다. 즉, 세 번의 별이 순식간에 올라가는 것(3, 삼위일체), 12 마디의 *Modéré un peu lent* 긴 주제(12, 완전 수), 그리고 마지막 세 개의 *ppp* 의 화음들이 그 예가 될 수 있겠다.

Example 38[180)

Messiaen, *Vingt regards*, "Look of the Star," mm. 1-9

"십자가의 시선"(Ex. 39)은 그리스도의 고난을 쉽게 연상할 수 있게 해준다. 왜냐하면 느린 템포의 4분음표의 "걸음"과 그것을 반주하고 있는 내성에 계속되는 반음계적 16분음표의 숨쉬기 힘들어 하는 한숨 혹은 울음 모티브가 연주자와 감상자를 예수님의 골고다로 향하는 발걸음과 그의 고난을 보는 듯 느끼게 하기 때문이다. 한편, 한 연주 녹음에서 메시앙은 그의 숫자 상징주의에 대해 설명한다. "십자가의 시선은 VII번(완전한 수, 7)이 되었는데, 그것은 그리스도의 십자가상의 고통이 죄에 의해 망가진 질서를 재정립했기 때문이다."[181)

---

180) Messiaen, *Vingt regards sur l'Enfant Jésus*, 6.

Example 39[182]

Messiaen, *Vingt regards*, "Look of the Cross," mm. 1-3

벡비(Jeremy Begbie)는 메시앙을 신학적 음악가로 간주하며 그의 음악을 다음과 같이 묘사했다. "모든 그의 작품은 분명한 기독교인의 의도나 언급의 어떤 형태를 포함한다. … 감상자는 그 작품 안에서 혹은 작품을 통해 하나님의 임재와 같은 무엇을 느끼게 된다."[183]

Prelude and Chorale (1946)
by Richard Yardumian (1917-1985)

아르메니아 출신 미국 작곡가 "야두미안(Richard Yardumian)은 그의 작품 활동 내내 그 자신의 개인적인 작곡 언어를 만들어내는 것을 노력했는데, 그것은 애팔레치안 발라드(Appalachian ballads), 울려퍼짐(sonorities),

---

181) Olivier Messiaen, "Vingt regards sur l'Enfant Jésus," *Vingt regards sur l'Enfant Jésus,* Michel Beroff, EMI CMS 7691612, 1987.

182) Messiaen, *Vingt regards sur l'Enfant Jésus,* 46.

183) Jeremy S. Begbie, *Resounding Truth: Christian Wisdom in the World of Music* (Grand Rapids: Baker Academic, 2007), 164.

기독교 신앙을 상징적으로 표현한 피아노 작품들 315

드뷔시의 기법, 그리고 미국 음악에 영향 받았다"고 로이셀(Mary Kinder Loiselle)은 설명한다. 또한 그의 영감에 대해선 "그의 종교심은 그의 작품들에 가장 중요한 영향을 끼친 것 중 하나"라고 말한다.184) 힌슨은 이 곡에 대해 다음과 같이 짧게 요약한다. "전주곡: 선율의 선이 16분음표의 반주 안에 숨어있다. 코랄: 화성적, 길고 지속되는 울려 퍼짐."185) 이 세 페이지 길이의 곡의 구조는 'A (1-24) - A' (25-44) - B (45-54)'이다. 세기의 범위는 *pppp* 에서 *mp* 이다. 속도는 아주 느리며, "B" 부분의 코랄에는 가사가 적혀있다. "Glory be to God Peace on the earth Good will to men."

Example 40186)

Yardumian, *Prelude and Chorale*, mm. 1-6 and mm. 42-45

Prelude and Chorale by Richard Yardumian.
Copyright © 1959 by Elkan-Vogel Co. Theodore Presser Company sole representative.
All rights reserved. Used with permission.

---

184) Grove Online, s.v. "Richard Yardumian" [on-line]; accessed 3 October 2011; available from http://www.oxfordmusiconline.com.ezproxy.sbts.edu/subscriber/article/grove/music/30684?q=Richard+Yardumian&search=quick&pos=1&_start=1#firsthit; Internet.

185) Hinson, *Guide to the Pianist's Repertoire*, 823.

186) Richard Yardumian, *Prelude and Chorale* (Philadelphia: Elkan-Vogel Co., 1949), 3, 5.

Example 40—계속

Genesis (창세기) (1953)
by David Barlow (1927-1975)

악보의 시작에 발로우(David Barlow)는 밀턴의 실낙원 I권, 19-22행을 인용했다.

' ... Thou from the first
Wast present, and with mighty wings outspread,
Dove-like sat'st brooding on the vast Abyss,
And mad'st it pregnant. ... '

힌슨은 이 작품을 "네 개의 상행 음표로 만들어진 기본적인 동기 위에 지어진 네 개의 대조되는 부분[*Lento, non troppo*; *poco più mosso*; *poco a poco accel. e cresc.*; Tempo I] 안에서 펼쳐지는 짧은 환상곡. 수수한 대위법적 작곡. 신낭만주의적 스타일"이라고 설명한다.187) 비록 발로우의 신앙에 대해선 잘 알려진 것이 없지만, 교회 오페라인 *David and Bathsheba*와 오라토리오인 *Judas* 등 그의 다른 작품들을 볼 때에, 그가 성경과 관련된 주제에 관심이 있었음은 분명하다. 이 곡의 시작은 확실한 F 단조로 시작했다가 E-flat 장조 화음을 거쳐 곧 G 단조로 가버리는 조성적인 변동을 보여주는데, 이것은 천지창조 시작의 땅이 혼돈한 상태(창세기 1:2)를 묘사하는 듯하다(Ex. 41).

---

187) Hinson, *Guide to the Pianist's Repertoire*, 71.

기독교 신앙을 상징적으로 표현한 피아노 작품들 317

Example 41[188]

Barlow, *Genesis*, mm. 1-4

© Copyright Novello & Company Limited.
All Rights Reserved. International Copyright Secured. Reprinted by Permission.

"Gospel Shout" ("복음 외침")
from *Four Occasional Pieces* (1978)
by John Harris Harbison (1938-)

하비슨의 작품에는 다수의 교회음악 작품이 있는데, 그것은 그와 보스톤에 위치한 임마누엘 교회와의 오랜 관계의 결과이다.[189] "Gospel Shout(복음 외침)"은 30세에 죽은 작곡가, 보로스(John Boros)를 추모하면서 써진 것이다.[190] 힌슨은 이 곡을 "재즈에 영감을 받은 자유스런 조성. 큰 손이 요구되어짐"이라고 묘사한다.[191] 이 곡은 같은 코드로 시작하고 끝나는데(Ex. 42), 그 화음은 "어쿠스틱(acoustic) 스케일"(배음열의 윗부분 음들인 C, D, E, F-sharp, G, A, B-flat)의 음들

---

188) David Barlow, *Genesis* (London: Novello & Company Limited, 1957), 1.

189) Ann McCutchan, *The Muse That Sings* (New York & Oxford: Oxford University Press, 1999), 43.

190) Barbara Bonous-Smit, "John Harbison: His Life and Works with Piano," (Ph.D. diss., New York University, 1996), 93.

191) Hinson, *Guide to the Pianist's Repertoire*, 375.

로 되어있다. 하비슨은 이 곡의 의도를 "나의 곡, '복음 외침'은 나의 마음을 끈 음악 장르로서의 복음음악(gospel music)에 대한 반응이며 교회음악 분야에 속하는 나의 다른 작품들과는 관계가 없다"고 설명한다.192) 만일에 감상자가 "복음 외침(gospel shout)" 음악193)의 성격에 대해 안다면 이 곡을 더 잘 이해할 수 있다. 맥렐란(Joseph McLellan)이 묘사한 하비슨의 음악은 그의 음악 세계의 어떤 양상을 보여준다.

> 높고 영원한 기준들에 대해 자신을 시험하지 않을 수 없는 소수의 사람들이 정말로 있다. 그들은 그들의 눈이 영원하고 초월적인 것에 고정되어 있음으로 인해 박탈과 좌절을 받아들인다. 그들은 보통 그들 자신을 부요하게 하지는 않지만, 그들은 우리 모두를 부요하게 한다.
> 존 하비슨은 그런 사람들 중의 한 사람이다. 그의 음악은 이 도시에서 꽤 자주 들려지며, 이 도시는 그것을 경험하기에 더없이 좋은 장소이다. 나는 이러한 사실을 인식하는 것이 그가 하고 있는 것에 대한 약간의 보상이기를 바란다. 왜냐하면 아무도 그에게 그것―그것과 그가 옳고 영원하게 가치 있는 어떤 것을 했을 때 그 자신의 만족감―보다 더 많은 것을 약속할 수 없기 때문이다.194)

Example 42[195)]

Harbison, "Gospel Shout," mm. 1-4

© Copyright Associated Music Publishers, Inc.
All Rights Reserved. International Copyright Secured. Reprinted by Permission.

---

192) John Harbison, the e-mail message to author, January 25, 2011.

193) 재즈에서 "shout"의 의미는 stride pianist (오른손이 멜로디를 연주하는 동안 왼손이 낮은 베이스음과 한 옥타브 이상 높은 화음을 교대로 반복하는 음악을 연주하는 피아니스트)가 연주하는 매우 신나는 음악. Grove Online, s.v. "Shout" [on-line]; accessed 14 Sep. 2011; available from http://www.oxfordmusiconline.com.ezproxy.sbts.edu/subscriber/article/grove/music/J408400?q=shout&search=quick&pos=1&_start=1#firsthit: Internet.

194) Bonous-Smit, "John Harbison: His Life and Works with Piano," 79.

195) John Harbison, "Gospel Shout," in *American Contemporary Masters: Collections of Works for Piano* (New York: G. Schirmer, Inc., 1995), 89.

The Garden of Eden: Four Rags for Piano
(에덴 동산: 피아노를 위한 네 개의 래그) (1969)
by William Bolcom (1938-)

    Old Adam (옛 아담)
    The Eternal Feminine (영원한 여성)
    The Serpent's Kiss (뱀의 키스)
    Through Eden's Gates (에덴의 문을 통해)

볼콤은 창세기에 기초한 네 개의 래그(rags)를 작곡했다.[196] 볼콤은 각 악장의 리듬을 각각 "Harlem stride," "Scott Joplin style," "straight sixteenth, 아마 Langorous section에서는 제외," 그리고 "pure classic rag"로 묘사한다. 또한 클래식 연주자들을 위해 거쉰(George Gershwin)의 말을 인용하여 이 곡이 어떻게 연주되어져야 하는지 설명한다.

    클래식 음악으로 훈련되어진 대부분의 피아니스트들은 애석하게도 래그타임이나 재즈를 연주할 때 실패한다. 왜냐하면 그들은 핸디(Handy)의 블루스를 해석할 때 쇼팽의 페달링을 사용하기 때문이다. … 미국 대중음악의 리듬들은 다소 불안정하며, 그것들은 끊어지고 때론 탁탁 소리를 내어야 한다. 음악이 더 날카롭게 연주되어질수록 그것은 더 효과적으로 울린다.[197]

각 악장(Ex. 43-46)의 여러 가지 래그의 형식을 분석하면서,[198] 앤드루스(Jane Silvey Andrews)는 이 작품의 표제적 성격을 템포와 각 악장에 주어지는 특징적 표시, 음높이가 없는 소음들(구두 굽의 쿵쿵거림)과 휘파람을 통해 논한다.

    "옛 아담"은 "용감하게" 연주되어야 하며, "영원한 여성"은 느린 행진곡 템포로 단순하게 연주되어야 하고, "뱀의 키스"는 빠르고 "악마적"이어야 한다. … 주제의 짧은 파편은 코데타 전에 휘파람으로 불어지게 된다. … 듣는 사람에게 이것은 뱀의 의기양양하고 자기만족적인 태도를 가리키는 것 같다.[199]

---

196) Hinson, *Guide to the Pianist's Repertoire*, 129.

197) William Bolcom, *The Garden of Eden: Four Rags for Piano* (New York: Edward B. Marks Music Co., 1974), preface.

198) "첫째 래그: AABABCC'DD; 둘째 래그: AABBA Transition C Transition B Codetta; 세째 래그: a rag fantasy; 넷째 래그: Intro ABACD Transition A." Jane Silvey Andrews, "The Religious Element in Selected Piano Literature" (D.M.A. diss., Southwestern Baptist Theological Seminary, 1986), 81-85.

Example 43[200]

Bolcom, *The Garden*, "Old Adam," mm. 1-3

Copyright (c) 1974 by Edward B. Marks Music Company.
International Copyright Secured. All Rights Reserved. Used By Permission.

Example 44[201]

Bolcom, *The Garden*, "Eternal Feminine," mm. 1-4

Example 45[202]

Bolcom, *The Garden*, "The Serpent's Kiss," mm. 1-4 and mm. 205-10

---

199) Ibid., 92-94.

200) Bolcom, *The Garden of Eden*, 2.

201) Ibid., 6.

202) Ibid., 10, 17.

Example 45—계속

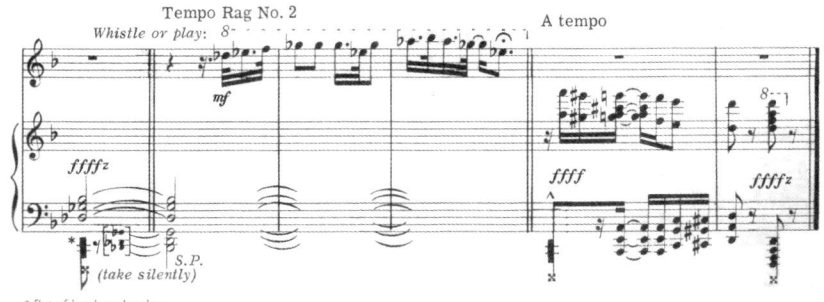

Example 46[203)]

Bolcom, *The Garden*, "Through Eden's Gate," mm. 1-5

볼콤은 어떻게 성경의 주제가 작곡가의 신앙과 상관없이 작품의 소재가 될 수 있는지 그의 생각을 말한다.

> 나는 나의 신앙이나 혹은 그것의 부족함이 에덴동산 조곡과 어떤 상관이 있다고 느끼지 않습니다. 나는 단지 그 이야기를 사용하는 데에 매력을 느꼈는데, 그것이 전부입니다. 몇 년 전에 나는 (예를 들어 메두사에 대한 순환 같은) 그리스 신화가 포함된 작품을 썼는데, 이것이 내가 그 고대의 신들을 믿고 있다는 것을 의미하지 않습니다. 그것은 내가 이 이야기들이 말하는 인간의 이야기에 흥미를 느낀다는 것을 의미합니다. 성경에 나오는 아담과 하와의 전설도 이와 같은 경우입니다.[204)]

---

203) Ibid., 18.

204) William Bolcom, e-mail message to author, January 24, 2011.

Psalms (시편들) (1985)
by Richard Danielpour (1956-)

다니엘푸어(Richard Danielpour)는 특정한 성경의 시편과 관련 없이 *시편*들이란 제목으로 아침과 오후와 저녁에 드리는 세 편의 피아노를 위한 시편을 작곡했다. 힌슨은 각 시편을 다음과 같이 설명한다.

1. 아침: 서정적이고, 자유스런 박자(rubato)가 있으며, 표정이 있고, 무조이다. 격렬한 절정이 되고나서, 부드럽게 서서히 사라져 마지막 A음을 *pp*의 staccatissimo 화음들로 맺는다.
2. 오후: 강한 리듬, 강조된 음(marcato), 시작 악장보다 더 조성적, 극적인 끝맺음.
3. 저녁: 신비스러움, Agitato의 중간 부분과 대조되는 큰 뺨(large span), 배음, 지속음 페달이 표시됨, 큰 뺨이 요구됨.205)

"아침"(Ex. 47)은 바빗(Milton Babbitt)에게 헌정되었는데, 바빗은 12음 기법을 사용한 작곡가이다. 이 작품은 이와 유사한 기법을 보여준다. 39마디부터 코랄 분위기가 오르가눔 같은 병행 5도로 나타난다. "오후"는 가장 긴 곡이며 슈만(William Schumann)에게 헌정되었다. "저녁"(Ex. 48)은 코랄 같은 악구로 시작하는데, 그것은 "아침"의 마지막 부분에서 따온 것이다. 그것은 점차 빠른 리듬(mm. 22-32)으로 대조되는 부분에 녹아 들어간다. 코랄 같은 악구는 배음 효과(harmonics effect)의 경과부(mm. 33-38) 후에 돌아온다. 이 곡은 퍼시체티(Vincent Persichetti)에게 헌정되었다.

아침에 주의 인자로 우리를 만족케 하사
우리 평생에 즐겁고 기쁘게 하소서 (시편 90:14)

저녁과 아침과 정오에 탄식하리니
여호와께서 내 소리를 들으시리로다 (시편 55:17)

주의 의로운 규례를 인하여
밤중에 일어나 주께 감사하리이다 (시편 119:62)

---

205) Hinson, *Guide to the Pianist's Repertoire*, 241.

기독교 신앙을 상징적으로 표현한 피아노 작품들   323

Example 47[206)

Danielpour, *Psalms*, I, mm. 1-5

Published by C. F. Peters Corporation. All rights reserved.
Used by kind permission. This permission is granted gratis.

Example 48[207)

Danielpour, *Psalms*, III, mm. 1-4

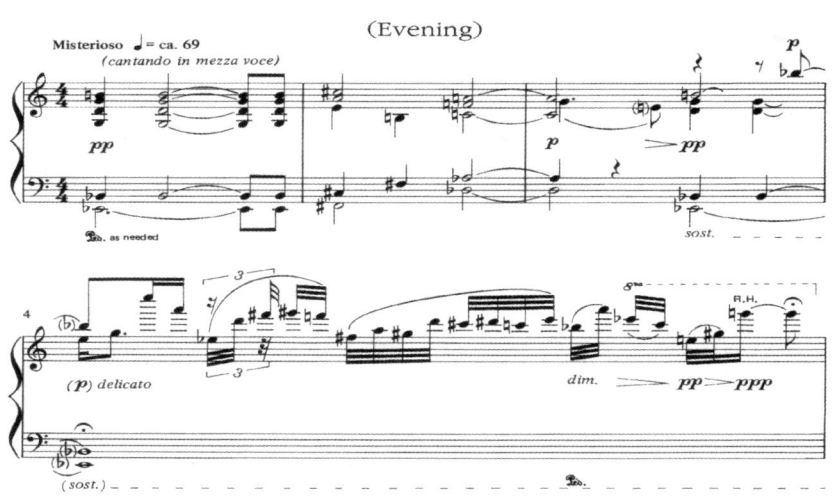

---

206) Richard Danielpour, *Psalms* (New York: C. F. Peters, 1989), 1.

207) Ibid., 12.

12 Holy Bellsounds for Piano
(*12개의 거룩한 종소리*) (1999)
by Myung Whan Kim (1959-)

1. In the Beginning (태초에)
2. Meeting (만남)
3. Transformation (변형)
4. Blessing (축복)
5. Joy (기쁨)
6. Temptation (시험)
7. Peace of the Lord (주의 평화)
8. Love (사랑)
9. Beauty (아름다움)
10. Bellsound in the Silent Night (고요한 밤의 종소리)
11. Dies irae (최후의 심판)
12. Heart and Mouth and Deed and Life (마음과 입과 행함과 삶)

교회음악 작곡가인 김명환(Johann Kim)은 이 작품이 종소리 화성 체계208)(Ex. 53)에 기초하였으며 믿음의 여러 장면들을 보여준다고 말한다.209) 그의 곡목해설에 따르자면, 제1곡(Ex. 49)은 "12음 화음" (창세기 1:1의 혼돈, 혹은 모든 것의 상징으로서 요한복음 1:1의 삼위일체 하나님의 원형)으로부터 "3개의 다른 종소리들"(삼위일체 하나님)이 탄생하는 것을 통하여 "태초"를 표현한다.210) 제3곡 "변형"(Ex. 50) ─최근에 "Transformation"을 마태복음 17에 나오는 "Transfiguration" 으로 개명했다─은 종소리 화음을 3성 푸가로 수평적(선율적)으로 사용하는데, 이것은 수직적인 종소리 화성을 "변형"시키는 과정을 묘사하고 있다.

---

208) 비록 많은 작곡가들이 그들의 작품에 종소리를 모방했지만, 종소리 화성을 물리적으로 연구한 사람은 비인 음악대학의 교수였던 후에버(Kurt Anton Hueber, 1928-2008)였다. 물리학자와 작곡가로서 후에버는 여러 가지 종들의 배음을 찾아내었다. 그의 학생들 중 하나였던 김명환은 종소리 화성의 법칙을 더 발전시켜 그의 작품들에 적용했다. 2001년에 그는 종소리 화성의 최초의 이론서를 출판하였다. **Summarized from Myung Whan Kim, *Bell Harmony* (Seoul: NPSE, 2001), 9-13.**

209) Myung Whan Kim, *12 Holy Bellsounds for Piano* (Seoul: NPSE, 1999), 50ff.

210) 이 곡은 그의 피아노협주곡 1번 *Concerto alla Campana*의 시작부분에서 왔다.

Example 49[211)]

Kim, *12 Holy Bellsounds*, "In the Beginning," mm. 1-5

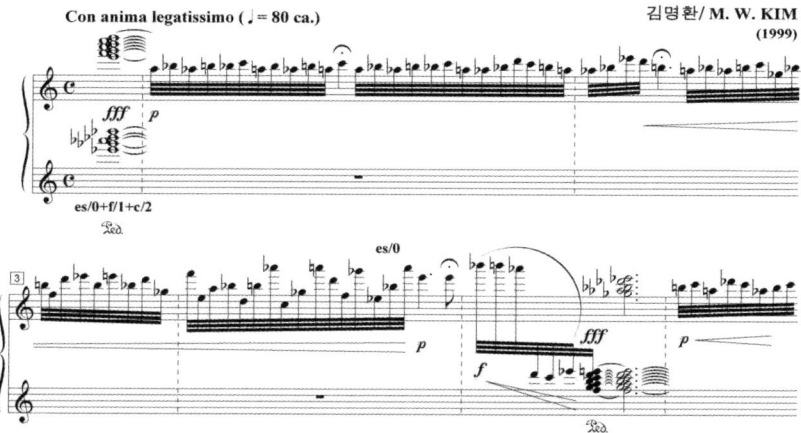

Copyright © 1999 by M. W. Kim. Used by Permission.

Example 50[212)]

Kim, *12 Holy Bellsounds*, "Transformation," mm. 1-11

---

211) Ibid., 2.

212) Ibid., 8.

제5곡은 기쁨을 왈츠의 리듬으로 표현하고 있다(Ex. 51). 제7곡(Ex. 52)은 초월적으로 울리는 종소리와 부드러운 조성적 듀엣이 혼합된다.

Example 51[213]

Kim, *12 Holy Bellsounds*, "Joy," mm. 1-14

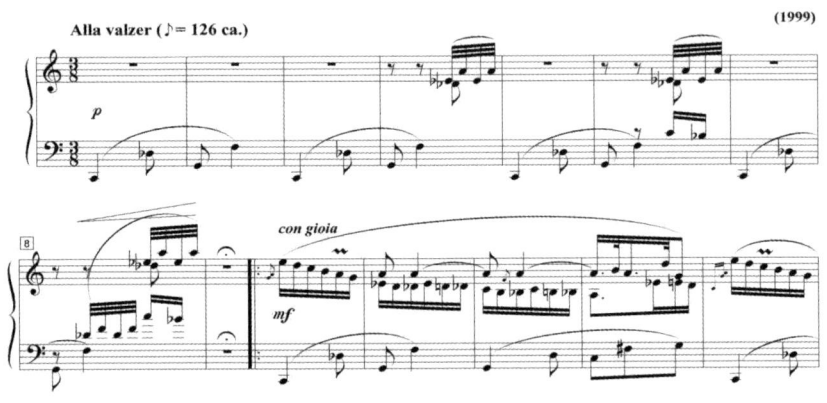

Example 52[214]

Kim, *12 Holy Bellsounds*, "Peace of the Lord," mm. 1-7

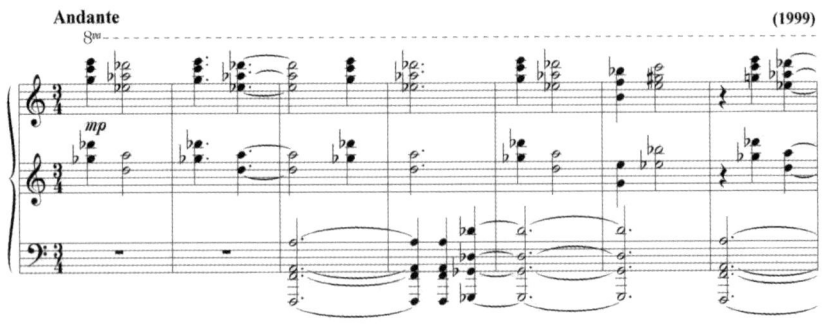

---

213) Ibid., 14.
214) Ibid., 22.

기독교 신앙을 상징적으로 표현한 피아노 작품들 327

마지막 세 곡은 그뤼버(F. X. Grüber)의 "고요한 밤, 거룩한 밤," 첼라노(Thomas of Celano)의 "최후의 심판"(Dies irae)과 바흐 칸타타 147번의 "마음과 입과 행위와 삶"(Heart and Mouth and Deed and Life)을 각각 차용하고 있다.

마지막으로 종소리 화성 체계의 특징을 조금 설명한다. 종소리 화성은 종의 배음열에서 나온 것인데, 그것은 보통 알고 있는 현의 배음과 다르다. 다음의 악보는 이 작품에서 쓰이는 세 가지 주된 종소리 화성과 그것들의 변형을 보여준다(Ex. 53). 종소리 화성의 구조는 전삼음(tritone) 음정을 간격으로 둔 두 개의 삼화음(triads)의 조합으로 이해되어질 수 있다. 즉, 낮은 삼화음은 단6화음의 어떤 형태이고 위의 삼화음은 장화음이나 증화음이나 혹은 계류화음이 될 수 있다. 이 화음들이 화성적 혹은 선율적으로 변형되어질 수 있는데, 진짜 종소리의 울림은 피아노에서 상대적으로 높은 음역에서 더 쉽게 들려질 수 있다.

Example 53[215]

Three main bell chords and their variants in *12 Holy Bellsounds*

---

215) Ibid., n.p.

Via Crucis / Via Lucis (1999)
(*The Way of Cross / The Way to Light,*
십자가의 길 / 빛으로의 길)
by Atsuhiko Gondai (1965-)

　　Schott Music은 일본 작곡가인 곤다이(Gondai)에 대해 다음과 같이 적고 있다. "곤다이는 가톨릭의 종교적인 신앙에 기초한 의식으로서 음악적 공간을 연구했다. 최근에 그는 쇼모(Shomo)를 읊는 불교의 스님[216)]과 공동 작업을 해오고 있으며, 불교 음악과의 교류를 통해 신기원을 이루고 있다. ... 현재 그는 가톨릭교회의 오르가니스트이다."217) 이렇듯 그의 음악은 종교를 오가며 어떤 영원성을 추구하고 있는 듯하다.

　　따라서 곤다이의 피아노를 위한 작품들은 그의 종교적 경향을 보여 준다. *7 Meditations for an Imaginary Mass* 와 *Via Crucis / Via Lucis* 가 가톨릭교회와 관련이 있는 반면, 곤다이는 *Transient Bell* (2010년 출판)의 종소리가 부처의 목소리라고 말한다.218) 이 작품(*Via Crucis / Via Lucis*)에 작곡자의 혼합된 동기들이 있을 수 있겠지만, 이것은 그 제목이 기독교의 진리를 말하고 있어서 크리스천 피아노 예술 음악의 목록에 포함시켰다.

　　*Via Crucis / Via Lucis*는 나카지마(Kaori Nakajima)에 의해 위촉되었으며, 1999년 동경에서 그녀에 의해 초연되었다. 이 곡의 소제목은 다음과 같다. Via Lucis I (Ex. 54) - Via Crucis I - Via Lucis II - Via Crucis II (Ex. 55) - Via Lucis III - Via Crucis III - Via Lucis IV - Via Crucis IV - Via Lucis V - Via Crucis V - Via Lucis VI - Via Crucis VI - Via Lucis VII - Coda. 이 구조는 빛이 처음부터 끝까지 십자가의 길을 감싸고 있는 것을 암시하는 듯하다.

---

　　216) "그러면 스님들은 쇼모를 읊기 시작하는데, 쇼모는 특별한 종류의 노래처럼 읊는 것이다 (a special kind of songlike chanting)." Stephen G. Covell, *Japanese Temple Buddhism: Worldliness in a Religion of Renunciation* (Honolulu: University of Hawaii Press, 2005), 56.

　　217) Schott Music [on-line]; accessed 25 September, 2015; available from http://www.schottjapan.com/composer/gondai/bio.html#bio_english; Internet.

　　218) Google Books [on-line]; accessed 6 February 2012; available from http://books.google.com/books?id=N9jORwAACAAJ&dq=gondai&hl=ko; Internet.

Example 54[219)

Gondai, *Via Crucis/Via Lucis*, "Via Lucis I," mm. 1-8

Copyright © 2002 owned by Schott Japan Company.
Used by generous permission.

곤다이의 음악적 언어는 다양하다. 이 곡에서 리듬의 구조는 매우 복잡한 반면, 그것의 화성적 구조는 비록 비기능적 방법으로 쓰이긴 했지만 전통적인 삼화음들에 강하게 의존하고 있다. 또 어떤 화음들은 종소리의 울림을 닮았다. 일반적으로 이 곡엔 반음계적인 선들이 스며들어 있는데, 이것이 가끔 화성적인 진행을 하기도 한다. 이 작품은 시작과 끝을 피아노에서 제일 높은 C음을 사용하는 등 넓은 음역을 사용하고 있다. 연주 시간은 17분이다.

---

219) Atsuhiko Gondai, *Via Crucis/Via Lucis* (Tokyo: Schott Japan Company, 2002), 5.

Example 55[220)

Gondai, *Via Crucis/Via Lucis*, "Via Crucis II," mm. 1-2

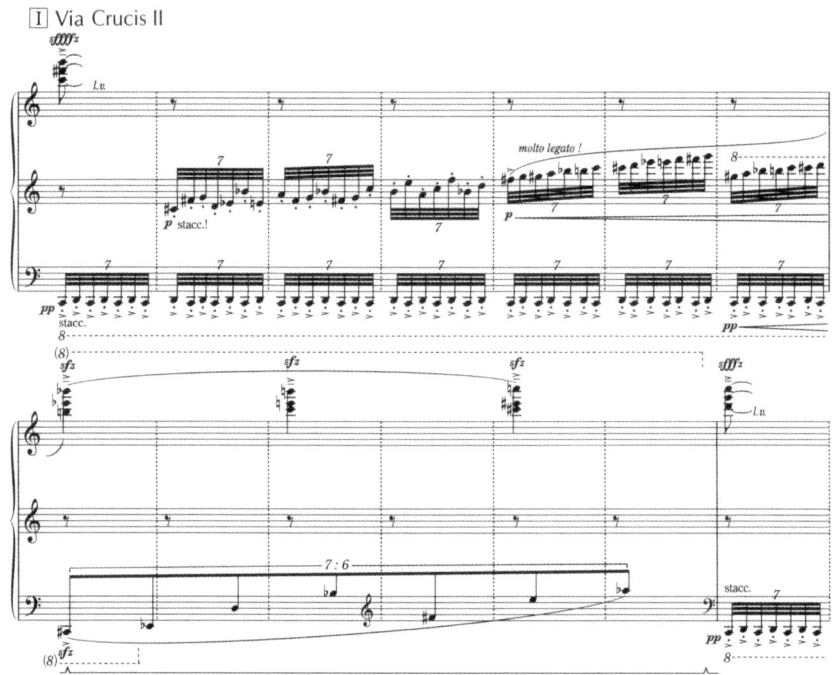

믿음의 주요
또 온전케 하시는 이인
예수를 바라보자
저는 그 앞에 있는 즐거움을 위하여
십자가를 참으사
부끄러움을 개의치 아니하시더니
하나님 보좌 우편에 앉으셨느니라

(히브리서 12:2)

---

220) Ibid., 14.

8

하나님께 헌정된 절대음악 피아노 작품들

너희 몸은 너희가 하나님께로부터 받은 바
너희 가운데 계신 성령의 전인 줄을 알지 못하느냐
너희는 너희의 것이 아니라 값으로 산 것이 되었으니
그런즉 너희 몸으로 하나님께 영광을 돌리라
(고린도전서 6:19-20)

    진지한 기독교인들은 그들의 몸으로, 즉, 그들의 삶을 통해 하나님께 영광 돌리기 위하여 어떻게 살아야할지 고민한다. 크리스천 작곡가들도 이러한 문제에 있어서 예외가 아니다. 물론 눈에 보이는 무슨 일을 함으로써만이 아니라 하나님을 신뢰하고 무슨 일을 하든지 그리스도를 닮아감으로 궁극적으로 하나님께 영광 돌려야겠지만, 주신 재능으로 하나님을 영화롭게 하는 작곡가의 작품 활동 또한 하나님 보시기에 귀한 일임이 틀림없다. 이제 작품 활동의 몇 가지 유형을 진지한 기독교인의 삶의 스타일과 관련지어본다. '일을 통하여 하나님께 영광 돌리는 삶의 스타일'은 주로 다음 세 가지로 생각해볼 수 있는데, 이 세 가지 모두 한 사람의 삶과 작품 활동에 동시에 나타날 수 있다.
    첫째, 기독교인들은 그들이 전임사역자이든 아니든 그들의 일(작품)이나 삶의 현장에서 하나님을 찬양하거나 사람들에게 복음을 전파함으로 하나님께 영광을 돌릴 수 있다. 여러 가지 방법으로 그들의 작품을 통하여 기독교의 진리를 나타내는 크리스천 작곡가들은 여기에 해당한다. 이 논문의 처음 세 범주에 속하는 크리스천 작곡가들의 작품들은 그러한 작곡가들의 노력의 산물이다.
    둘째, 기독교인들은 비록 복음을 말로 전파하지 않더라도, 그들의 성실하고 탁월한 작품이나 삶을 통해서 하나님께 영광을 돌릴 수 있다. 크리스천 작곡가들은 하나님의 질서와 아름다움 그리고 하나님이 그들에게 주신 재능을 통해, 즉, 음악 자체를 통해 하나님께 영광을 돌릴 수 있다. 이러한 견해는 개신교의 직업의 교리에 기초한 것일 것이다. "개신교의 직업의 교리는 모든 정직한 일은 하나님의 부르심, 즉, 명령 (땅을 경작하라는 창세기의 명령)을 성취하는 길이 될 수 있다고 주장했다."1) 그러므로 어떤 크리스천 작곡가들은 작곡 그 자체가 하나님 안에서 의미가 있으며, 모든 정직한 작품 활동을 통해서 하나님을 영화롭게 할 수 있다고 믿는다.

셋째, 기독교인들은 그들의 일이나 작품을 구체적인 말이나 글로써 하나님께 헌정하거나 그 동기가 하나님을 영화롭게 하기 위함이라는 것을 나타냄으로써 하나님께 영광 돌릴 수 있다. 이러한 유형의 작곡가들은 각종 크리스천 음악을 쓰는 기독교인들이 될 수 있겠는데, 그중 특별히 네 번째 범주인 "하나님께 헌정된 절대음악"과 같은 작품을 쓰는 작곡가들이 여기에 포함된다.

사실 크리스천 작곡가들에 의한 모든 크리스천 음악은 궁극적으로 하나님께 헌정되었으리라 생각되는데, 이 네 번째 범주의 음악은 일종의 절대음악으로서 음악만 볼 때에는 기독교의 진리를 드러내지 않고 있으나, 악보에 적힌 작곡자의 의도가 믿음의 고백이나 헌정 등을 보여주고 있다는 점에서 크리스천 음악에 포함된다. 그러므로 이 네 번째 범주는 다음과 같이 정의된다. 다른 세 범주들—기존 찬송 선율을 사용하는 작품들, 성경과 관련된 작품들, 그리고 기독교적 신앙을 상징적으로 나타내는 작품들—이 작곡가의 기독교적 신앙의 유무와 상관없이 '기독교적 표제음악'에 속하는 반면, 이 네 번째 범주는 크리스천 작곡가에 의해 써진 '음악을 위한 음악'이 아닌 '하나님을 위한 음악'으로서의 절대음악, 즉, '기독교적 절대음악'에 속한다 할 수 있겠다. 다시 말해, 다른 범주의 작품들이 작품 그 자체로서 기독교의 진리를 나타내는 반면, 이 범주의 작품들은 작곡가의 의도로서 하나님께 영광을 돌린다. 이번 장에서는 이런 식으로 하나님께 영광을 돌리는 작곡가들의 작품들을 소개한다.

---

1) Nancy Pearcey, *Saving Leonardo: A Call to Resist the Secular Assault on Mind, Morals, & Meaning* (Nashville: B&H Publishing Group, 2010), 85.

Soli Deo Gloria

여호와여 영광을 우리에게 돌리지 마옵소서
우리에게 돌리지 마옵소서
오직 주의 인자하심과 진실하심을 인하여
주의 이름에 돌리소서
(시편 115:1)

죠나단 에드워즈는 솔리 데오 글로리아(S. D. G.)[2]에 대한 이유를 하나님이 창조의 목적을 그분 자신이라고 한 점에서 발견한다.

어떻게 하나님이 이러한 것들을 그의 마지막 목적으로 삼고 있는지는 그가 그 자신을 그의 마지막 목적으로 삼고 있다거나 그의 행동과 작품들에서 그 자신에게 궁극적인 경의를 표한다는 것과 일관된다. 왜냐하면 그가 행하는 모든 일의 과정에서 그 자신을 가장 높은 자리에 놓아야 한다는 것이 내가 이성의 명령에 동의할 수 있는 것으로 관찰한 것이기 때문이다.[3]

앞서 말한 것은 모든 것들이 그것들의 첫 번째 이유와 원천인 하나님으로부터 오는 것처럼 모든 것들이 그를 향하고 그들의 과정 안에서 모든 영원을 통하여 그에게 더욱 가까이 나아간다는 것을 보여준다. 그리고 그것은 그들의 첫 번째 이유인 그가 그들의 마지막 목적이라는 것을 논증한다.[4]

다시 말해, "창조물 그 자체가 그것의 창조주에 완전히 절대적인 의존을 하고 있는 상태에 있기 때문에,"[5] 오직 *Soli Deo Gloria* 만이 인간을 포함한 모든 창조물에게 합법적임이 틀림없다. 부이어(Louis Bouyer)는 *Soli Deo Gloria*의 정신이 칼빈의 신학과 세계관을 뒷받침한다고 말한다.

---

2) Soli Deo Gloria는 "오직 하나님께 영광을" 혹은 "하나님 한분만의 영광을 위하여" 등으로 번역된다.

3) Jonathan Edwards, "Concerning the End for which God Created the World," in *Jonathan Edwards: Ethical Writings*, vol. 8, ed. Paul Ramsey (New York and London: Yale University Press, 1989), 436.

4) Ibid., 444.

5) Louis Bouyer, *The Spirit and Forms of Protestantism*, trans. A. V. Littledale (London: The Harvill Press, 1956), 73.

Soli Deo Gloria 가, 칼빈 그 자신에 있어, 개신교의 기본을 설교하기 위한 기초를 공급하는 숭고한 이론일 뿐만 아니라, 기독교인의 전체 삶에 영감을 주어야 하는 위엄 있고 종교적인, 신비롭기조차 한 비전이라는 것은 더할 나위 없이 명백한 것이었다.6)

같은 정신이 가톨릭교에서 *Ad majorem Deo gloriam* (하나님의 더 위대한 영광을 위하여)라는 이름으로 있다고 말하면서, 부이어는 이러한 *Soli Deo Gloria* 의 개념을 가톨릭교와 기독교를 하나로 하는 원리로 간주한다.

> 가톨릭교과 개신교의 깊은 곳에 존재하는, 그들이 거의 적대적인 것처럼 보이는 그 때와 장소에서조차 존재하는 일치에 대한 더 감명 깊은 주제의 반영을 발견하는 것은 힘들 것이다. 헛되이 적으로 돌아선 친구들이 서로의 맞은편에 짓기를 힘쓰는 두 개의 '하나님의 도성들'은 공통의 목표를 공유했을 뿐 아니라, 궁극적으로 그것에 도달하기 위해 같은 수단을 이용했다.7)

"인류는 하나님의 형상에 따라 지어졌기에[인간도 창조성을 가지고 있기에], 그들은 한 종류의 또는 다른 종류의 문화를 창조할 것이다"라고 설명하면서, 콜슨(Charles Colson)과 피어시(Nancy Pearcy)는 "타락한 문화 혹은 경건한 문화"에 대해 이야기한다.8) 여기에 *Soli Deo Gloria* 는 경건한 문화의 본질을 보여주는데, 경건한 문화는 특별은총과 일반은총 두 영역을 모두 포함한다. 경건한 문화에서, *Soli Deo Gloria* 는 특별은총의 성취로서의 일반은총의 개념을 내포한다. 크리스천 음악가는 이러한 *Soli Deo Gloria* 의 자세를 작곡, 연주, 그리고 감상 등의 음악 활동에 적용할 수 있다.

---

6) Ibid., 72.

7) Ibid., 95-96.

8) Charles Colson and Nancy Pearcey, *The Christian in Today's Culture* (Wheaton, IL: Tyndale House Publishers, 1999), 260.

J. S. 바흐의 *Soli Deo Gloria*

음악 활동 영역에서 *Soli Deo Gloria* 의 가장 대표적인 인물은 J. S. 바흐이다. 그는 자주 이 용어를 그의 작품들 말미에 덧붙였다. 비록 바흐가 "특별은총"과 "일반은총"이라는 단어들을 사용하진 않았지만, 그는 특별은총의 성취로서의 일반은총의 개념과 삶으로서의 찬양의 넓은 뜻을 이해한 것처럼 보인다. 슈틸러(Günther Stiller)에 따르자면, 바흐는 "하나님과 세상의 하나 됨[Gott-Welt-Einheit]"9)을 하나님의 영광 아래서 나타낸다. 바흐는 기독교인의 전체 삶과 활동이 예배의 행위가 될 수 있다10)는 마틴 루터와 같은 생각을 가졌었던 것 같다. 그러므로 어떤 의미로는 바흐에 있어서 거룩한 교회 음악과 세속적인 연주회장 음악 사이에 아무런 경계선이 없었다. 다음의 진술11)은 그가 이웃 사랑을 포함한 하나님의 영광의 관점에서 음악에 대해 어떻게 생각했는지를 보여준다.

> 통주저음은 음악의 가장 완전한 기초이다. 그것은 양손으로 연주되는데, 오른손이 협화음과 불협화음들을 추가하는 반면 왼손은 지시된 음을 연주해서 아름답게 울리는 화음(a well sounding harmony)으로 하나님의 영광과 영혼의 허락된 기쁨의 결과를 낳는다. 그래서 모든 음악 또한 통주저음의 궁극적 목적 혹은 마지막 목표는 다름 아닌 하나님을 찬양하는 것과 영혼의 기분전환이다.12)

부트(John Butt)는 음악에 대한 바흐의 생각이 그 당시의 전통적인 음악 이론에 기초했었다고 논한다. "하나님의 영광에 기본적인 헌정은 18세기 초까지 독일 음악 이론의 상투적인 말이었다. … 그러므로 아마

---

9) Günther Stiller, *Johann Sebastian Bach and Liturgical Life in Leipzig*, trans. Herbert J. A. Bouman and ed. Robin A. Leaver (St. Louis: Concordia Publishing House, 1984), 208.

10) Ibid., 206.

11) 이 진술은 "상대적으로 확실하게 바흐가 통주저음 입문서 짧은 사본의 제목 페이지에 1738년에 쓴 것으로 보인다." John Butt, "Bach's Metaphysics of Music," in *The Cambridge Companion to Bach*, ed. John Butt (Cambridge: Cambridge University Press, 1997), 52.

12) Ibid, 53.

도 바흐는 음악 그 자체가 성스런 가치의 것이라는 전통적 음악 이론의 견해를 주창한 것 같다."13)

부트는 또한 하나님의 영광과 영혼의 기쁨과의 관계 면에서 바흐의 생각을 논한다. 바흐의 작품들에서는 S. D. G. 와 같은 그의 수직적인 하나님을 향한 사랑(하나님을 찬양함)뿐만 아니라, 인간을 향한 수평적 사랑이 발견되어진다. 바흐의 인간을 향한 사랑은 그의 작품에 서술한 다음 작곡의 목적에서 발견된다.

> (1) 교육적인 목적 ('나의 이웃의 교육을 위하여,' *Orgelbüchlein* 서문에)
> (2) 고양의 목적 ('마음을 기쁘게 하기 위하여,' *Clavier-Übung* 1)

쿠나우가 그의 *Clavier-Übung* (1689, 1692)의 서문에 "이 파르티타들은 다른 공부로 피곤해진 영혼들에게 원기회복을 공급하게 될 것이다"14)라고 적었던 것처럼, 바흐 역시 여섯 개의 파르티타를 포함한 그의 *Clavier-Übung* 1 (Op. 1, 1731) 제목에 "*zur Gemüths Ergoetzung verfertiget*" (마음을 기쁘게 하기 위하여)라고 적고 있다. 바흐의 작곡의 수직적 그리고 수평적 목적들을 논하면서, 부트는 바흐의 작곡의 궁극적인 목표는 하나님의 영광이었다고 결론짓는다.

> 바흐는 하나님의 영광을 그의 모든 작곡 활동의 궁극적인 목표로 간직했다. 그러나 이것을 그의 음악을 듣는 대중들에게 알리기 위해 굳이 글로 쓸 필요는 없었다. 그는 그(작곡가)가 추구하는 '하나님의 영광'이 연주자와 감상자에게는 영혼의 허용 가능한 기쁨을 줄 것이라는 것을 추정했을 것이다, 마치 거룩한 작곡의 의도와 세속적인 지상의 결과 사이의 기계적인 연결이 있는 것 같이.15)

다시 말해, 바흐에게는 수평적인 목적이 수직적인 목적에 속했다. 따라서 S. D. G. 같은 글의 없다 해도, 그의 모든 건반악기 작품들은 하나님께 헌정되었다고 여겨질 수 있을 것이다. 가드너(John Eliot Gardiner)의 다음 글도 같은 의견을 이야기한다.

---

13) Ibid.

14) Alexander Silbiger, *Keyboard Music before 1700* (New York: Routledge, 2004), 214.

15) Butt, "Bach's Metaphysics of Music," 53.

하나님의 영광에 그의 예술을 헌정하는 것은 S[oli] D[eo] G[loria] 라는 두 문자어가 서명으로 붙여진 그의 교회 칸타타에만 한정되지 않았다. 그리고 그 모토는 그의 콘체르토와 파르티타와 기악 조곡 등에 동등한 힘으로 해당 된다.16)

그러면 어떻게 바흐의 절대음악이 하나님과 사람들에 의해 이해되어 질 수 있을까? 그것은 크리스천 음악가들이 그들의 믿음을 절대음악을 통해 표현할 수 있다는 가능성을 보여준다. 비록 절대음악이 하나님의 진리를 명백하게 전달할 수는 없지만, 하나님은 바흐의 절대음악을 찬양의 형태로 여겨주실 것 같다. 대부분 음악 수요자들은 '하나님께 바쳐진 절대음악'과 '예술을 위해 써진 절대음악' 사이의 차이를 느끼지 못할 것이다. 그러나 사람의 마음을 보시는 하나님은 그것들 사이의 영적인 차이를 아실 것이다. 그런데 피어시(Nancy Pearcy)가 소개하는 다음 흥미로운 이야기는 바흐의 기악음악이 어떻게 음악 수요자에게 영적인 영향력이 있었는지를 보여준다.

> 놀랍게도 그의 순수 기악음악조차도 영적인 영향을 지닐 수 있다. 한 가지 유명한 개종자는 마사시 마수다인데, 그는 불가지론자로서 시작했다. 그는 그의 영적인 여행의 시작을 글렌굴드가 연주한 아무런 성경 말씀이 없는 골드베르그 변주곡을 들은 날로 거슬러 올라간다. 마수다는 지금 동경에 있는 소피아 신학교에서 조직 신학을 가르치고 있다.
> 오르간 연주자인 유코 마루야마도 마찬가지로 그녀의 개종을 바흐의 음악 덕분이라고 한다. 한때 헌신된 불교신자였었던 마루야마는 "바흐는 나에게 하나님, 예수님, 그리고 기독교를 소개했다"라고 말한다. 또한 그녀는 "내가 푸가를 연주할 때, 나는 바흐가 하나님께 이야기하는 것을 들을 수 있다"라고 덧붙인다.17)

음악에 있는 영적인 능력은 영적 세계의 영역에 속했기 때문에, 아무도 그것을 확실하게 설명할 수 없다. 하지만 위의 증언들은 '하나님께 헌정된 절대음악이 하나님께만 아니라 소수의 음악 수요자들에게도 예술을 위한 절대음악과 영적으로 다를 수 있다'는 생각을 지지한다.

---

16) John Eliot Gardiner, *Bach: Music in the Castle of Heaven* (Knopf Doubleday Publishing Group: 2013, Kindle Edition), 3015-3017.

17) Pearcey, *Saving Leonardo*, 268.

선택된 곡목들

크리스천 작곡가들은 장르와 상관없이 그들의 작품을 하나님께—하나님을 영화롭게 하는 수직적 측면—와 그리스도 안에서의 사랑으로 사람들에게—하나님을 영화롭게 하는 수평적 측면—헌정할 수 있다. 하나님께 헌정된 피아노 혹은 하프시코드를 위한 절대음악의 범주의 대표적인 작곡가는 J. S. 바흐와 J. 하이든이다. 비록 오직 하나님만 작곡가들의 마음을 아시겠지만, 사람들은 "*Soli Deo Gloria*"나 "*Laus Deo*" (하나님을 찬양하라) 등의 말이 작품에 적혀있는 것을 볼 때 작곡가들의 의도에 대해 짐작하게 된다. 일반적으로 바흐와 하이든은 헌신이나 기도의 문구를 거의 모든 작품의 제목이나 악보 마지막에 썼다고 알려져 있다. 그러므로 그들의 모든 작품은 하나님께 바쳐진 것 같다. 그러나 이 글에선 필자에 의해 확인된 그러한 문구들이 적힌 다음 몇 작품들만이 소개된다.

'*S. D. G.*' 나 '*I. N. J.*' 가 적혀진 바흐의 건반악기 작품들

"거룩한"(sacred)과 "세속의"(secular)라는 단어들은 서양 음악 역사에서 "교회 예배를 위한 음악"과 "연주회를 위한 음악"이라는 뜻을 전하기 위하여 오늘날에도 여전히 쓰인다. 바흐 역시 *S. D. G.*를 쓸 때에, 비록 그가 모든 그의 작품들을 하나님의 영광을 위하여 작곡했지만, 그러한 구분을 고려했던 것 같아 보인다. 바흐가 *J. J.* (Jesu Juva—예수여 도우소서!)와 *S. D. G.*를 교회 음악 작품의 시작과 끝에 썼던 반면, 몇몇 예외가 있긴 하지만 그는 그런 것들을 세속 작품에 쓰지 않았다.18) 그 예외적 작품들 중 건반악기를 위한 곡들이 있는데, *빌헬름 프리데만 바흐를 위한 클라비어 소품집* (*Clavierbüchlein für Wilhelm Friedemann Bach*)과 *평균율 클라비어곡집* (*Das Wohltemperierte Klavier*) 제1권이 그것이다. <도해/사진 15>는 이 작품들에 써진 바흐의 필적을 보여준다.

---

18) Butt, "Bach's Metaphysics of Music," 52.

도해/사진 15. 바흐의 필적들19)

그의 쾨텐 시절(Cöthen period, 1717-1723)에 속한 1720년에, 바흐는 9살짜리 아들을 위해 *The Little Clavier Book for Wilhelm Friedemann Bach*를 쓰기 시작했는데, 맨 앞 페이지에 그는 "*I. N. J.*"20) (*In Nomine Jesu*, in the name of Jesus)라고 썼다. 이 건반악기 모음집은 두 개의 코랄, 평균율의 11개 전주곡의 초기 버전, 15개의 2성 인벤션(*Inventions*, Praeambulums), 14개의 3성 신포니아(*Sinfonias*) 등 62곡을 담고 있다.21)

바흐는 또한 "*S. D. G.*"를 평균율 클라비어곡집 제1권(1722)의 마지막에 적었다.22) 다음은 이 작품 본래 제목 페이지(영어 번역)인데, 바흐가 이 곡을 음악을 배우고자 열망하는 젊은이를 위해 썼음을 알 수 있다.

> "The Well-Tempered Clavier or Preludes and Fugues through all the tones and semitones, both as regards the 'tertia major' or 'Ut Re Mi,' and as concerns the 'tertia minor' or 'Re Mi Fa.' For the Use and Profit of the Musical Youth Desirous of Learning, drawn up and written by Johann Sebastian Bach, Capellmeister to His Serene Highness the Prince of Anhalt-Cöthen, etc. and Director of His Chamber Music. Anno 1722"23)

---

19) Timothy A. Smith, "Bach's Notation of *S. D. G.*, *I. N. J.*, and Other Christological Symbols in Sources Pertaining to the *Well-Tempered Clavier*" [on-line]; accessed 21 January 2011; available from http://www2.nau.edu/tas3/wtc/sdg.html; Internet.

20) *Little Clavier Book for Wilhelm Friedemann Bach* by Kalmus의 시작 페이지에 *I. N. J.* 대신 *I. N. I.* 가 적혀있는데, 그것은 "*In Nomine Iesu*" (in the name of Jesus)의 약어이다.

21) Hinson, *Guide to the Pianist's Repertoire*, 53.

22) Butt, "Bach's Metaphysics of Music," 52.

바흐의 분명한 헌정적인 글과 더불어, 바흐가 그의 믿음을 건반악기 작품들을 통해 상징적으로 보여주었다는 주장들이 있다. 보드키(Erwin Bodky)는 바흐의 건반악기 음악의 상행선과 하행선에서 나타나는 십자가 상징(cross symbol, 도해. 16[24])과 같은 상징주의 요소들을 언급하며, 그것들을 S. D. G. 나 J. J. 같은 상징적 헌정(symbolic offerings)으로 간주한다.[25]

Ex. 190a. Prelude in B minor, W.K. I, bars 42-43

Ex. 190b. Fugue in B minor, W.K. I, bars 1-2

도해 16. 바흐 평균율 악보에 보이는 십자가 상징

마샬(Robert Marshall)은 평균율 곡집 제2권의 "몇몇 주제들의, 특별히 G단조와 A단조의 웅변조의 수사"를 포함한 푸가들이 코랄의 영향을 받았다고 주장한다.[26] 앤드류스(Jane Silvey Andrews)는 니셴(Hans Nissen)이 쓴 "Der Sinn des 'Wohltemperierten Klavieres II. Teil"(평균율 클라비어곡집 제2권의 의미)라는 특이한 글을 소개하며, 바흐가 니셴이 이름 붙인 "기독교적 세상 드라마"(Christian World Drama)의 이야기를 창작해내었다고 말한다.

---

23) Hinson, *Guide to the Pianist's Repertoire*, 48.

24) Erwin Bodky, *The Interpretation of Bach's Keyboard Works*, (Cambridge, MA: Harvard University Press, 1960), 245.

25) Ibid., 246.

26) Robert Lewis Marshall, "Johann Sebastian Bach," in *Eighteenth Century Keyboard Music,* ed. R. L. Marshall (New York: Schirmer Books, 1994), 107.

바흐의 성숙한 시기에 써진 평균율 클라비어곡집의 제2권은 제1권의 연장이나 첨부로 여겨져서는 안 된다. 그것은 완전히 다른 어떤 것을 묘사하고 있다. 니센(Nissen)은 그것이 순환적 작품(cyclic work)이라고 믿는다. 음조의 언어와 구체적인 주제들을 주시하면서 그 작품을 연구한 뒤, 그는 바흐가 이 세상의 구원의 이야기, 즉 "기독교적 세상 드라마"를 묘사하는 것을 시도하고 있다는 결론에 다다랐다. 첫 번째 12곡들은 구약에, 나중의 12곡은 신약에 딱 맞아떨어지며, 각각의 전주곡과 푸가는 성경의 이야기에 꼭 맞는다.27)

이러한 모든 연구들은 바흐의 건반악기 작품들 안에 있는 그의 믿음의 발자취를 객관적으로 찾아보려는 시도에서 나온 것이라 할 수 있겠다.

덧붙여서, 바흐의 신앙은 종종 그의 일생의 특정한 기간 동안 그가 쓴 음악의 타입에 따라 논의되어 왔다. 예를 들어, 바이마르와 쾨텐 기간 중에 바흐는 주로 그의 대부분의 하프시코드 작품들 같은 비전례 작품들을 작곡했다고 알려져 있다. 바흐가 쾨텐 시절에 비전례 음악을 쓴 것에 대해 나우만(Martin J. Naumann)은 바흐가 그의 삶의 목적을 잃었었다고 추정한다.28) 그러나 펠리칸(Jaroslav Pelikan)은 "그런 바흐의 '성스러움과 세속적인(sacred and secular)'의 문제에 대한 한 면만 보는 해결은 극단적 경건주의와 주관주의로 빠져들어 간다"고 말하면서 나우만의 의견에 반대한다.29) 한편 키르비는 바흐의 새로운 작품 연대표에 대한 정보를 다음과 같이 전달한다.

> 교회와 예배 음악에 대한 바흐의 기본적인 헌신에 대해선 질문할 여지가 없는 반면, 그의 작품들의 새로운 연대표는 그의 세속 음악에 대한 참여가 시간이 지남에 따라, 특별히 1720년대 후반에, 점점 더 중요하게 증가했다는 것을 명백하게 보여준다. 그러므로 그가 세속 기악음악을 강조했던 그의 초기 작곡 시기의 기간들, 즉, 바이마르 시기(1708-1717)와 쾨텐 시기(1717-1723)는 이제 그전에 나타났던 것보다 덜 예외적인 것으로 그리고 라이프치히에서의 마지막 몇 년과 더 많은 공통점을 가진 것으로 나타난다.30)

---

27) Jane Silvey Andrews, "The Religious Element in Selected Piano Literature" (D.M.A. diss., Southwestern Baptist Theological Seminary, 1986), 11.

28) Jaroslav Pelikan, *Bach among the Theologians* (Philadelphia: Fortress Press, 1986), 134.

29) Ibid.

카바노(Patrick Kavanaugh)는 이런 문제에 대해 "그의 영적인 세계관으로 보면, 바흐는 종교 음악과 세속 음악 사이에 아무런 사실상의 구분을 짓지 않았다"고 간단하게 말한다.31) 그러므로 바흐의 세속 건반악기 음악은 "거룩한 세속 음악" 혹은 "세속의 거룩한 음악"이라고 불리워질 수 있겠다. 결과적으로 바흐의 건반악기 작품들, 특별히 위에 언급한 *S. D. G.*나 *I. N. J.*로 서명된 두 작품집들은 크리스천 피아노 예술음악에 속하며 다른 절대음악 작품과 구별되어져야 한다. 왜냐하면 그것들은 예수님의 이름으로 작곡되었고 하나님께 헌정되었기 때문이다.

"*Laus Deo*"가 적혀진 하이든의 작품

맥키니(Howard D. McKinney)는 하이든(Joseph Haydn, 1732-1809)의 개인적인 철학에서 하나님과 인간을 향한 특별한 사랑을 발견한다.

> 그는 그의 악보들로 하나님께 영광 돌리는 것과 그가 음악을 쓰는 이유가 "피곤하고 지친 사람들이나 일들로 짐 지워진 사람들이 위안과 상쾌함을 주는 어떤 것을 즐길 수 있도록 하는 것"이라고 말하는 것을 주저하지 않았다. 그의 음악을 색칠하고 그것의 대중성에 기여한 어떤 명민함과 성격적인 현실성, 또 잘 발달된 유머 감각 등은 하나님과 그의 이웃을 향한 이러한 차분한 철학적 태도와 결부되어 있다.32)

하이든의 *Andante con variazioni* (Hob. XVII: 6)는 하나님께 헌정된 것으로 보이는 작품의 좋은 예이다. 힌슨이 편집한 이 작품의 서문에서 그는 이와 같이 보고한다. "사본 2쪽은 하이든이 자필로 쓴 서명을 포함하고 있다: *In Nomine Domini di me Giuseppe Haydn mp. 793* (주님의 이름으로, 나 쥬세프 하이든, 1793)."33) 이 작품 마지막

---

30) F. E. Kirby, *Music for Piano: A Short History*, (Portland, OR: Amadeus Press, 1995), 36.

31) Patrick Kavanaugh, *Spiritual Lives of the Great Composers* (Grand Rapids: Zondervan, 1992), 20.

32) Howard D. McKinney and W. R. Anderson, *Music in History*, 2nd ed. (New York: American Book Company, 1957), 410.

33) Joseph Haydn, *Haydn: Andante con variazioni*, ed. Maurice Hinson

"Fine"(마치다) 다음에는 "*laus Deo*"(하나님을 찬양하라)라고 적혀있다. 브라운(A. Peter Brown)은 이 곡에 대해 다음과 같이 쓰고 있다. "두 번의 런던 여행 사이에 1793년 비엔나에서 한숨 돌리는 동안 하이든은 F단조 변주곡을 작곡했는데, 이것은 소우주적이지만 그의 마지막 건반악기 스타일의 완벽한 견해를 제시한다."34) 랜던(H. C. Robbins Landon)에 따르자면 "자필과 그의 런던 목록에" 하이든은 이 변주곡 (Ex. 1)을 소나타라고 불렀다. 랜던은 이 작품을 바흐의 골드베르그 변주곡과 베토벤의 디아벨리 변주곡과 비교한다. "확실히 바흐와 베토벤 사이에 가장 훌륭한 건반악기 변주곡이며, 골드베르그 변주곡이나 디아벨리 변주곡들의 더 큰 크기와 규모에도 불구하고, 결코 그것들 어느 것에도 압도당하지 않는다."35)

Example 1 36)

Haydn, *Andante con variazioni*, mm. 1-4

그런데 사람들에게 알려지지 않은 하나님께 헌정된 피아노를 위한 절대음악 작품들이 상당히 더 있을 것으로 생각된다. 더 많은 작품을 발견하지 못한 이유로 크리스천 작곡가들이 하나님께 드리는 찬양으로 절대음악 작품을 썼지만 악보에 그러한 내용을 적지 않은 경우를 생각해 볼 수 있다. 또한 잘 알려지지 않은 작곡가들이 쓴 그러한 곡들이

(Van Nuys, CA: Alfred Publishing, 2000), 3.

34) A. Peter Brown, *Joseph Haydn's Keyboard Music: Sources and Style* (Bloomington: Indiana University Press, 1986), 7.

35) H. C. Robbins Landon and David Wyn Jones, *Haydn: His Life and Music* (London and New York: Thanes and Hudson, 1988), 282.

36) Haydn, *Andante con variazioni*, 8. 참조.

쉽게 발견되지 않았을 가능성도 생각한다.

게다가 어떤 작품들은 분류하는 데에 약간의 혼돈이 있다. 예를 들어, 뒤섹(Dussek)의 마지막 소나타는 절대음악이라 할 수 있지만, 그것의 제목인 "기원" 때문에 세 번째 범주로 분류되었다. 한편, 헌정의 글이 없음에도 불구하고 리스트의 B단조 소나타는 종종 작곡자의 개인적인 기독교 신앙의 고백이라고 여겨지기에, 작곡자의 의도와 상관없이 그러한 해석들을 소개하기 위해 참고로 여기에 싣는다. 한편 리스트 학자인 해밀턴(Kenneth Hamilton)은 아무도 지금까지 이 곡에 숨겨진 프로그램을 제시하지 않았다고 말한다.37)

Sonata in B Minor (1852)
by Franz Liszt (1811-1886)

해밀턴은 리스트의 기념비적인 B단조 소나타의 예비 단계의 스케치는 피아노 경연대회를 위한 시험곡으로 파리 콘서바토리가 의뢰한 작품인 *Grand Concert Solo in E minor* (1849)일 것이라고 말하는데, 그것의 구조와 주제의 첫 번째 그룹이 이 소나타의 주제와 강한 유사성을 지니고 있기 때문이다.38) 힌슨(Maurice Hinson)은 이 곡을 다음과 같이 설명한다. "리스트는 그 전 작곡가들이 분리된 악장으로 제한해 왔던 음악적 부분들을 한 경간으로 에워쌌다. 그는 계속하여 변화하는 작은 수의 특색 있는 주제들에 집중하면서 이 거대한 구조를 하나로 만들었다."39) 질레스피(John Gillespie)는 이 소나타의 원칙은 리스트가 그의 교향시에서 사용했던 것, 즉, 꾸준하며 창의적인 "주제의 탈바꿈"(transformation of theme)이라고 말한다.40)

한편 히크만(Melinda Lee Hickmann)은 19세기 표제음악의 대표적

---

37) Kenneth Hamilton, "Liszt' Early and Weimar Piano Works," in Kenneth Hamilton, ed. *The Cambridge Companion to Liszt* (Cambridge: Cambridge University Press: 2005), 75.

38) Ibid.

39) Hinson, *Guide to the Pianist' Repertoire*, 490.

40) John Gillespie, *Five Centuries of Keyboard Music* (New York: Dover Publications, 1965), 242-243.

인 작곡가인 리스트가 왜 절대음악인 이 소나타를 작곡했는지, 그 이유를 다음과 같이 추측해 본다.

표제음악에 대한 리스트의 견해와 그 작품의 극적인 성격을 고려해 볼 때, 리스트가 그의 소나타 B단조에 어떤 계획을 구체화하지 않았다는 것은 기이한 일이다. 우리는 단지 이것에 대한 이유를 짐작할 수밖에 없다. 아마도 그것은 리스트가 존경했던 베토벤의 영향이었을 것이다. 베토벤의 후기 피아노 소나타에서 유래한 특성들이 리스트의 소나타에서 발견되어질 수 있다. 그는 문화적인 압력(E. T. A. Hoffmann, Hanslick과 다른 사람들의 글들로 증폭되어진)에 의해 "순수한" 기악음악을 쓰도록 영향을 받았을 것이다.41)

이 작품이 다섯 개의 주제에 기초하고 있다고 말하면서, 히크만은 리스트의 전기, 괴테의 파우스트, 에덴 정원, 구원의 성경적 계획 등에 따른 다섯 개의 표제적 성격의 해석의 예들을 보여준다(도표 7).42)

도표 7. Proposed programs of themes in Liszt's Sonata in B Minor

Theme	Proposed program	Name of proposer
A [mm. 1-3]	Faust's grief Creation The Fall in the Garden of Eden Temptation	Bertrand Ott Paul Merrick Tibor Szasz Hickmann
B [mm. 8-13]	Faust Man Lucifer Sin	Ott Merrick Szasz Hickmann
C [mm. 13-15]	Faust influenced by Mephistopheles Satan Evil or sin in Liszt's life Satan	Ott Merrick Autobiographical Szasz, Hickmann
D [mm. 105-08] (*Grandioso*)	Faust's youth God Liszt's religious side Christ	Ott Merrick Autobiographical Szasz, Hickmann
E [mm. 334-46] (*Andante sostenuto*)	Marguerite Christ Man's devotion to Christ Christ's resurrection	Ott Merrick Szasz Hickmann

---

41) Melinda Lee Hickman, "Meaning in Piano Music with a Religious Theme: A Philosophical and Historical Approach" (D.M.A. diss., University of Cincinnati, 2001), 110.

42) Ibid., 118.

위의 예들을 소개하면서, 히크만은 이 작품에 "선과 악의 갈등"과 "성경으로부터 온 중심 개념과 일치하는" 표제적인 요소가 존재한다고 주장한다.43) 비록 이 작품에 대한 리스트의 의도를 아무도 알 수 없지만, 이러한 해석들은 연주자들에게 도움이 될 수 있을 것이다.

사실상 이 네 번째 범주는 J. S. 바흐와 J. 하이든의 하나님께 헌정되었다고 인정되는 절대음악으로 분류되는 소수의 곡들을 위해 만들어졌다. 비록 아직 필자가 발견하진 못했지만, 만일에 하나님께 바쳐진 기독교적 요소를 표현하지 않는 "표제음악"이 있다면, 이 범주는 그것까지 포함할 것이며 그렇게 되면 이 범주의 제목은 "기독교적 색채를 띠지 않으나 하나님께 헌정된 피아노 작품들"로 바뀌어져야 할 것이다. 다시 말해 이러한 방식으로 크리스천 작곡가들은 절대음악이든 표제음악이든 겉으론 기독교적 색채를 띠지 않지만 시작이나 말미에 하나님께로 향한 그들의 마음을 글로 적음으로써 작품에 스며든 그들의 신앙심을 연주자와 감상자에게 전달할 수 있다.

---

43) Ibid., 135.

맺음말

모든 것이 가하나 모든 것이 유익한 것이 아니요
모든 것이 가하나 모든 것이 덕을 세우는 것이 아니니…
그런즉 너희가 먹든지 마시든지 무엇을 하든지
다 하나님의 영광을 위하여 하라…
나와 같이 모든 일에 모든 사람을 기쁘게 하여
나의 유익을 구치 아니하고 많은 사람의 유익을 구하여
저희로 구원을 얻게 하라
(고린도전서 10:23-33)

고린도전서 10:23-33에서 바울은 기독교인들이 그리스도 안에서의 자유를 하나님의 영광과 그들의 이웃의 유익을 위하여 사용하여야 함에 대하여 이야기한다. 이것은 기독교인들이 자유롭게 음악 활동을 할 수 있지만, 작곡하고 연주하고 감상할 때에 믿음으로 함으로써 하나님께 영광을 돌릴 뿐 아니라, 자신을 포함한 모든 사람들에게 진정한 기쁨과 유익을 줄 수 있음을 시사한다. 글을 마치면서, 이러한 크리스천 (피아노) 예술음악이 문화라는 환경에서 만들어내는 "크리스천 문화"란 과연 어떠한 것인지, 또 "크리스천 문화를 만드는 자들"로서 크리스천 음악인들의 적극적인 역할은 무엇인지 생각해본다.

크리스천 문화

크라프트(Charles H. Kraft)는 문화 밖에 있는 하나님이 문화 안에 있는 인간과 어떻게 문화 안에서 관계하시는지 이야기하면서, 기독교인들이 문화를 어떻게 받아들여야 하는지 또 어떻게 사용하여야 하는지 다음과 같이 설명한다.

> 우리는 문화를 하나님, 사탄, 그리고 인간이 사용하기 좋은 매개물로 본다. 우리는 소위 크리스천 형태나 문화적 형태 사이의 이분법을 보지 않는다. 하나님이 사용하시는 형태는 문화적 형태이며, 아무 것도 그것 자체로는 거룩하지 않다. 우리가 원하는 바는 문화적 형태를 기독교적 의미와 함께 사용할 수 있는 것이다.[1]

즉, 하나님이 일반은총으로 주신 문화 가운데 사는 특별은총을 입은 기독교인이 자신을 둘러싸고 있는 문화를 통해 빛을 발하는 것은 지극히 자연스런 일인데, 이렇게 해서 나타나는 다양한 결과들을 (포괄적 의미의) 크리스천 문화라고 부를 수 있겠다.

그런데 크리스천 문화를 부정하거나 반대하는 사람들이 의미하는 크리스천 문화라는 것은 그 의미가 매우 제한적이다. 우선 그것은 "기독교의 문화적 전통"이라는 의미로 쓰일 수 있는데, 이것은 실제 믿음의 행위와 거리가 있을 수 있다. 또한 문화를 하나님의 은총이라기보다 세속적인 것으로 바라보는 기독교인들은 창세기 3:15부터 시작한 대립(antithesis)의 측면에서 소위 니버(H. Richard Niebuhr)2)의 "문화에 대적하는 그리스도"의 입장처럼 오직 그들의 크리스천 문화만이 거룩한 것이라고 생각한다. 결과적으로 이런 식으로 나타난 (제한적 의미의) 크리스천 문화에 대해 거부하는 반응이 나타난다. 반드루넨(David VanDrunen)은 "기독교인들은 그들만의 문화적 구역으로 물러나라고 부르심을 받은 게 아니라" 하나님은 그들이 "바빌론의 거주민으로서 보통의 문화 활동에 참여하기를" 기대하신다고 주장한다.3) 한편 문화의 일반은총만을 강조하는 베스트(Harold Best)는 크리스천 문화나 크리스천 음악의 개념 자체를 아예 거부한다.4)

그러나 하나님께 영광을 돌리기 위해 나타난 크리스천 문화인 크리스천 음악의 존재와 중요성은 무시할 수도 없고, 무시되어져서도 안 된다. 크리스천 음악의 생산자나 수요자의 마음을 보시는 하나님께서 그

---

1) Charles H. Kraft, *Anthropology for Christian Witness*, (Maryknoll, NY: Orbis Books, 1996).

2) 니버는 그리스도와 문화 사이의 관계를 다섯 가지로 분류했다. "문화를 대적하는 그리스도(Christ against Culture)," "문화의 그리스도(The Christ of Culture)," "문화 위의 그리스도(Christ above Culture)," "역설적 관계의 그리스도와 문화(Christ and Culture in Paradox)," 그리고 "문화의 변혁자로서의 그리스도(Christ the Transformer of Culture)." H. Richard Niebuhr, *Christ and Culture* (New York: Harper & Row, 1951), vii-viii.

3) David VanDrunen, *Living in God's Two Kingdoms: A Biblical Vision for Christianity and Culture* (Wheaton, IL: Crossway Books, 2010), 69-70.

4) Harold M. Best, *Music through the Eyes of Faith* (San Francisco: Harper San Francisco, 1993), 51-52.

들의 찬양을 받으시기 때문이다. 그러므로 여기서 필자는 "크리스천 문화"를 "하나님을 기쁘시게 하는 문화"라고 정의한다. 결국 크리스천 문화는 소위 크리스천 스타일의 문화를 만들기 위해서가 아니라, 또는 세상 문화를 구속하기 위해서가 아니라, 하나님을 영화롭게 하기 위해서 존재한다. 결국 믿음으로 만들어진 크리스천 문화는 일반은총과 특별은총의 영역을 오가며 다양한 모습으로 나타날 수 있다.

크리스천 문화 만드는 자들

크라우치(Andy Crouch)는 크리스천 문화 만드는 자가 되는 데의 역설적인 현실을 지적한다.

> 그래서 우리는 역설을 직면한다. 문화ㅡ세상의 어떤 것을 만들고, 가능성과 불가능성의 수평을 움직이는ㅡ는 인류가 하고 있고 또 하도록 의도되어있는 것이다. 변화된 문화는 세상에서 이룰 수 있는 하나님께서 주신 임무의 진수이며, 그것은 구속함을 받은 하나님의 백성의 소명이다. 그러나 세상을 바꾸는 것은 우리가 할 수 없는 한 가지이다. 그것이 증명되는 바, 이 역설적인 현실을 완전히 끌어안는 것은 크리스천 문화 만드는 사람이 되는 것이 무엇인가 하는 것의 아주 밑바탕에 깔려있다.5)

그러므로 땅과 하늘의 두 문화 가운데 있는 자로서 기독교인들은 "주께 기쁘시게 할 것이 무엇인가"(에베소서 5:10)를 배우기에 힘써야 한다. 카슨(D. A. Carson)은 이러한 기독교인의 상황을 잘 묘사한다. "그날까지 우리는 긴장 가운데 있는 사람들이다. 한편으론 우린 우리 자신을 발견하는 넓은 문화에 속해져 있고, 또 한편으론 우리는 우리들 사이에 비추어지고 있는 완전한 하나님의 왕국의 문화에 속한다."6) 따라서 기독교인들은 이 세상의 모든 문화가 하나님의 주권적인 뜻과 그의 일반은총 아래 있다는 것을 인정해야 하는 한편, 그들은 그들의 문화를 하나님을 기쁘시게 하는 것으로 만드는 것에 집중해야 한다.

---

5) Andy Crouch, *Culture Making: Recovering Our Creative Calling* (Downers Grove, IL: InterVarsity Press, 2008), 189.

6) D. A. Carson, *Christ & Culture Revisited* (Grand Rapids: William B. Eerdmans Publishing Company, 2008), 64.

이제 크리스천 음악인들이 음악적인 활동을 하는 데에 하나님을 기쁘시게 하고 사람들에게 유익을 줄 수 있는 여러 방법이 있을 터인데, 그중 다음 실제적인 방법 세 가지를 생각해 본다.

(1) 음악을 통해 찬양함
(2) 음악을 통해 복음을 전함
(3) 음악을 통해 성화를 이루어감

음악적 찬양인으로서

비록 모든 기독교인들이 음악으로 찬양할 수 있지만, 크리스천 음악인들은 그들의 전문적인 음악적 활동을 통하여 하나님을 찬양할 수 있다. 이 예술적인 찬양은 삶의 일부인 직업을 통하여 하나님을 사랑하는 예가 될 수 있다(참조: 2장 p. 66). 이러한 방법으로 크리스천 음악인들은 첫 번째 계명—"네 마음을 다하고 목숨을 다하고 뜻을 다하고 힘을 다하여 주 너의 하나님을 사랑하라"(마가복음 12:30)—을 그들의 일상적인 삶뿐만 아니라 음악적인 삶을 통해서도 순종할 수 있다. 작곡가들은 여러 가지 음악적인 방법으로 믿음을 고백하며 온 마음을 다해 하나님을 찬양할 수 있으며, 연주자들 또한 연마한 기교와 더불어 아름답게 믿음으로 연주함으로써 하나님께 대한 그들의 사랑을 표현할 수 있다. 결국 음악적 찬양자로서의 크리스천 음악인들은 그들의 음악적 활동을 통해 하나님의 첫 번째 계명에 순종할 뿐만 아니라, 하나님의 창조의 목적(이사야 43:21)을 이 땅에서도 이루어가는 기쁨을 누리며 살 수 있게 된다.

음악적 복음 전도자로서

하나님의 두 번째 계명—"네 이웃을 네 몸과 같이 사랑하라"(마가복음 12:31)—또한 일상적인 삶을 통해서 뿐만 아니라 음악적인 활동을 통해서 순종할 수 있다. 작곡가들은 특별히 기독교를 드러내지 않는 작품들을 통해서도 하나님께 영광 돌릴 수 있지만, 여러 종류의 크리스천 음악 작품들을 통하여 사람들에게 복음을 전하고, 성경적 말씀으로 격려하고 교화할 수 있다. 이와 유사하게 연주자들도 그들의 아름다운 기교로써 하나님께 영광 돌릴 수도 있지만, 음악적 주해 등의 방법으로 써진 작품을 통해 기독교적 진리를 청중들에게 표현할 수 있다. 그러므로 연주회장에서 연주되는 크리스천 예술음악을 위한 프로그램에는 곡목 해설이 복음을 전하는 매우 중요한 역할을 하게 된다.

거의 모든 음악인들은 가르치는 일에 종사하게 되는데, 선생과 학생의 관계 안에서 직접 복음을 전할 수도 있지만, 음악을 통해서도 복음을 전할 수 있다. 특별히 크리스천 예술음악은 교육의 장에서 복음 전파의 수단으로 유용하게 쓰일 수 있다. 크리스천 선생님들은 학생들에게 그러한 작품들의 성경적 의미를 설명할 수 있으며, 이것은 학생들의 음악적인 표현의 성장뿐 아니라 영적인 성장을 도울 수 있다. 이러한 방법으로 고린도 전서 10:23-33의 말씀이 크리스천 음악인의 음악적 활동을 통해서 성취되어질 수 있다.

성화를 추구하는 자로서

"우리는 사람보다 하나님께 순종하여야 한다. 그것이 하나님 왕국의 문화를 진열해 보여주는 지도원리이다"[7)라고 에제(Everest Ezeh)는 말하면서, 크리스천 문화를 만드는 데에 연습, 즉, 성화의 한 과정으로서의 연습의 중요성을 강조한다.

> 인격 발달은 자동적인 것이 아니기 때문에, 크리스천 문화는 가르쳐지고 배워져야 한다. 다른 한편, 지식은 그것의 적용 없이는 소용없기 때문에, 신자들 사이에서 의식적이고 헌신된 크리스천 문화의 연습이 있어야 한다(여호수아 1:8).[8)

"하나님을 경외함"(fear of God)의 크리스천 문화의 연습은 음악적인 세계에서도 이루어져야 한다. 음악 활동을 함에 있어, 음악인들에게 가장 경계해야 할 것이 있다면, "사람을 두려워함"(fear of men)에서 기인된 긴장, 좌절, 교만, 혹은 완벽주의나 칭찬 등의 늪이다. 그러므로 크리스천 음악 문화는 음악을 만드는 자와 음악을 소비하는 자 모두의

---

7) Everest Ezeh, *Christian Culture: The Accent of God* (Maitland, FL: Xulon Press, 2011), 325.

8) Ibid., 377.

성화의 차원에서 새롭게 만들어져야 한다. 즉, 모든 창작과 연주와 연습의 과정에서 음악 생산자들은 사람의 관심이나 평가가 아닌, 하나님의 아름다움과 영광에 집중하여야 한다. 또한 음악 소비자들이 음악 만드는 자들의 기교나 음악성, 그리고 그 수고에 대해 칭찬할 수 있지만, 마침내 그 재능을 주신 하나님께 영광을 돌려드리는 훈련이 되어져야 한다. 이런 식으로 모두가 오직 하나님을 높여드리는 크리스천 문화가 음악의 영역에서도 연습되어져야 한다.

　또한 당연한 이야기지만, 크리스천 음악인들은 그들의 음악 생활에서 뿐만 아니라 그들의 일상적인 삶에서도 공법(justice)과 정의(righteousness)를 연습해야 하는데, 이것이 성화를 추구하는 자로서 마땅한 일이다. 그렇지 않으면, 아무리 그 음악이 귀에 아름다울지라도 하나님께는 "네 비파 소리도 내가 듣지 아니하리라"(God will not listen to the music, 아모스 5:23)고 하시는 하나님의 음성을 듣게 될 것이다. 그러므로 크리스천 음악인들은 음악인으로서의 소명과 그리스도의 제자로서의 소명을 모두 이루어가는 겸손한 연습을 추구해야 할 것이다.

소망

　이 부족한 책을 통해 모든 사람들이 크리스천 예술음악을 폭넓게 이해하기를 바란다. 특별히 크리스천 작곡가들과 피아니스트들이 여기에 실린 여러 가지 생각들과 곡들로 인해 영감과 격려를 받아 보다 다양하고 창의적인 음악 활동들로 아름다운 크리스천 문화 만드는 자들이 되기를 바라는 마음이다. 그리하여 "하나님께 드려지는 찬미의 제사" (히브리서 13:15)로서 "크리스천 (피아노) 예술음악"이 더 많이 작곡되고 연주되어서 하나님을 더욱 기쁘시게 해 드리기를 소망한다.

내가 노래로 하나님의 이름을 찬송하며
감사함으로 하나님을 광대하시다 하리니
이것이 소 곧 뿔과 굽이 있는 황소를 드림보다
여호와를 더욱 기쁘시게 함이 될 것이라
(시편 69:30-31)

Soli Deo Gloria!

에피소드

W. A. Mozart, 6 Variations on "Salve tu Domine" from *I filosofi immaginarii* by Giovanni Paisiello

2010년, 미국 켄터키

남침례신학교 박사과정 독주회 프로그램을 짜는 중 있었던 일화이다. 연주회 곡목을 논문의 주제에 맞추어 크리스천 피아노 예술음악에 해당하는 것들로 하되 시대 순으로 하기로 했다. 그런데 문제는 클래식 시대에는 적당한 곡들이 많지 않다는 점이었다. 고민하며 아쉬운 맘에 적지 않은 모차르트 변주곡 제목들을 다시 꼼꼼히 보고, 해설도 보고... 그러다가 앗! 이런 곡이 있었나? 악보 뒤의 한국어판 해설에 실린 처음 보는 한국어 제목!

조반니 파이지엘로의 오페라 『거짓 철학자』 중의 아리아
"주여, 구하소서"에 의한 6개의 변주곡 KV 416e(398)

뭔가 믿음과 관련된 아리아 가사겠구나 하며, 기쁜 맘으로 "주여, 구하소서" 하는 마음가짐으로 연습을 시작했다. 그런데 치면 칠수록 "주여, 구하소서"란 느낌이 하나도 안 든다. 도대체 이 아리아의 가사 내용이 뭘까? 인터넷의 힘을 빌려 오페라 줄거리를 알아냈다. 뭔가 이상하다. 이런 황당한 줄거리에 과연 어떻게 "주여, 구하소서"란 대목이 나올까 싶어 독일어 리브레토 스캔 본을 인터넷에서 찾아냈다. 수소문 끝에 라틴어를 잘한다는 학생을 소개 받아 라틴어 가사 부분을 해석해 달라 부탁을 했다. 그 결과 주제 아리아의 제목 번역은...

"주여, 구하소서"(Save us, Lord)가 아니라,
"안녕하세요, 주인님"(Hail, Lord).

너무나 그럴싸하게, 그러나 전혀 다르게 해석된 한국어 번역에 당황스럽다. 그 사이 시간이 흘러 곡목을 바꿀 시간이 없다. 이번 연주회는 크리스천 피아노 예술음악 작품들로만 하려 했는데... 사실 인터넷에 실린 기사까지 이 제목에 대한 믿음을 더해주었었다.

> 「xx국제음악콩쿠르」(xx그룹 협찬)가 ... 서울 예술의 전당 리사이틀홀에서 펼쳐진 1차 예선을 시작으로 열전 12일간의 대장정에 들어갔다. 이날 1차 예선은 ... xxxx가 모차르트의 「주여 구하소서」 주제에 의한 6개의 변주곡을 연주하면서 시작됐으며1)

한국어 오역 때문에 전혀 엉뚱한 코믹 오페라 곡이 연주곡목으로 끼어 들어왔다. 어이없긴 한데 재미있기도 하다. 이 기회에 연주자들과 음악 관련자들에게 한국어 오역을 고쳐주며 이 곡의 배경에 대해 알려주자 하며 자료들을 찾아보았다.

2015년, 캄보디아 프놈펜

2012년 논문을 한국어로 출판 준비 중 갑자기 캄보디아로 오게 되고... 모든 건 미뤄지고 잊혀졌다. 논문을 출판까지 해야 나의 책임이 끝난다 하며 강행군 번역을 했었는데, 이 더운 나라에 오니 당장 해야 되는 코앞의 일만 간신히 하며 이 핑계 저 핑계 하루하루 미루니, 번역본은 시간이 지날수록 부치지 않은 김빠진 편지처럼 되어 출판까지 갈 힘이 없다. 사실상 3년이나 지연된 출판은 자연스럽게 포기한 셈이 되었다. 그런데 얼마 전 남편의 설득으로 다시 출판을 준비하게 되었고, 다소 딱딱한 글을 읽는 독자들에게 감사하는 마음으로 논문과 관련된 재미있는 일화를 덤으로 들려주고 싶었다. 무슨 이야기 거리가 없나...

불현듯 예전에 미뤄놓았던 일, "Salve tu Domine" 오역을 바로 잡아 주려던 일이 생각나서 모아둔 자료를 찾느라 땀 흘리며 아직도 다 정리하지 못한 짐들을 뒤졌다. 어디선가 본 기억이 있는 것 같은데, 아무리 뒤져도 없다. 아마도 다 잊어버리고 캄보디아에서 하는 일에 집중하자 하며 그 자료들을 버린 것 같다.

예전에 찾아놓았던 자료를 잃어버린 것에 대한 안타까움도 잠시, 와

---
1) http://news.xxxxx.com/View?gid=7209505&date=19961121

아 오히려 다시 찾는 과정에서 시간의 흐름이 감사하다. 지나간 5년 동안 이 곡에 대해 사람들의 관심이 많아졌는지, 아리아 연주[2]도 오페라 악보[3]도 다 인터넷에 올라와 있다. 사실 악보를 구하려고 무진 애를 썼었다. 인터넷은 물론 미국 도서관 상호대차에서도 구할 수 없어, 그 옛날 비엔나에서 수차례 공연된 것이니 그곳에 악보가 있겠다 싶어 그곳에 사는 친구에게 도서관에서 악보를 구해 복사해달라고 부탁하기까지 했었다. 그렇게 애써도 구하지 못했었는데... 감사한 맘으로 악보를 찬찬히 훑으며 2막 6장에서 드디어 기다리던 아리아를 만났고, 아리아 가사를 손 안에 넣게 되었다. 그런데 잃어버린 라틴어 번역은? 마침 친구 아들이 그새 훌륭하게 자라나 라틴어에 능숙하다니 아무 걱정 없다. 사실상 5년 전 번역을 도와준 학생은 리브레토에 라틴어 오류가 있다며 자신 없어 했었다. 이번엔 보다 나은 번역이 될 것 같다.

작곡가, 오페라, 아리아

18세기 후반 중요한 작곡가 중에 파이지엘로(Giovanni Paisiello, 1740-1816)가 있다. 그는 주로 나폴리에서 일했는데, 1776년부터 8년간은 페테르부르크에서 머물면서 심각한 오페라 한 곡과 코믹 오페라 여섯 곡을 작곡했다. 그중 2막 코믹 오페라인 "거짓(가짜) 철학자들"(Gli astrologi immaginari, 후에 I filosofi immaginari로 개명)은 여왕 캐더린 2세[Catherine the Great]를 위해 써졌는데, 여왕은 이 오페라를 가장 좋아했다고 한다.[4] 이것의 리브레토는 베르타티(Giovanni Bertati)가 이탈리아어로 썼는데, 독일어(Die eingebildeten Philosophen)로 번역되어[5] 비엔나에서 1781년에서 1803년까지 37회나 공연될 정도로 큰 성공을 거두었다.[6]

---

[2] https://www.youtube.com/watch?v=mffZ-ZQFSZU

[3] http://imslp.org/wiki/Gli_astrologi_immaginari,_R.1.58_(Paisiello,_Giovanni)

[4] Donald Jay Grout and Hermine Weigel Williams, *A Short History of Opera* 4th ed. Columbia University Press (New York: 2003), 278-79.

[5] 독일어 리브레토 스캔 http://vd18.de/de-sbbpk-vd18/content/titleinfo/44031569

[6] Lisa Feurzeig and John Sienicki, ed., Quodlibets of the Viennese Theater, A-R Editions, Inc. (Middleton, Wisconsin: 2008), 292.

오페라의 줄거리: 학식 있는 체 신사인 체 하는 아버지가 두 딸을 최고의 지식인, 즉 철학가와 결혼시키고 싶어 하는데, 둘째 딸이 한 청년과 사랑에 빠지고 아버지의 반대에 부딪친다. 이 청년, 줄리안은 사랑하는 연인과 결혼하기 위해 노철학자 "아르가티폰티다스"의 제자, 즉 철학자로 변장해서 조금 아는 엉터리 라틴어로 연인의 아버지의 마음을 사서 결혼허락을 받아내고 만다. 결국 서로 속이고 속아 넘어가는 이야기에 인과응보의 통쾌함까지 관객에게 선사한다.

"Salve tu Domine" 아리아는 "완전히 사기 행위(fraudulence)에 헌정되었다"고 할 수 있다.7) 사랑하는 여인의 아버지에게 좋은 인상을 주어 결혼승낙을 얻고자 라틴어에 능숙한 철학자로 가장한 젊은 Giuliano [Julian/Lelio]는 라틴어 인사로 노래를 시작하는데, 두 가지 스타일로 번갈아 가며 노래한다. 즉, 라틴어로는 학식 있는 철학자처럼 점잖게 형식적으로 노래하고, 그 사이사이 관객을 향해 애인의 아버지가 알아채지 못하도록 작은 소리로 속사포처럼 본래의 모습으로 모국어(이탈리아어)로 노래한다. 라틴어 노래가 주를 이루지만, 결국 이 아리아는 일종의 쿼드리벳(Quodlibet)으로서 한 노래 속에 두 개의 성격이 다른 노래가 있는 셈이 된다.8) 모차르트는 당시에 너무나 유명했던 이 오페라의 가장 재미있는 아리아를 주제삼아 피아노로 황제 앞에서 즉흥연주를 했다.9) 이후 그것을 악보로 옮겨 쓴 것이 바로 이 변주곡이다.

이 아리아의 가사는 라틴어와 이탈리아어로 되어있는데, 이탈리어는 독일어와 불어 등으로 번역되었다. 그런데 문법과 상관없는 변칙적인 라틴어는 그가 사실 라틴어를 조금밖에 모른다는 것을 묘사한다. 이 아리아의 정확한 번역은 사실상 불가능한 것인데,10) 그래도 극중 상황을 전달하고자 번역자가 추측 의역해 보았다.

---

7) Ibid.

8) Ibid.

9) 모차르트는 그의 아버지에게 쓴 1783년 3월 29일 편지에 엿새 전에 비엔나에서 있었던 연주회에서 무엇을 연주했는지 보고했다. Hermann Abert, trans. Stewart Spencer, edit. Cliff Eisen, *W. A. Mozart*, Yale University Press (New Haven, CT: 2007), 712.

10) The original aria was apparently sung in incomprehensible Latin and confounded by an unbalanced phrase structure... http://www.examiner.com/article/mack-mccray-revisits-his-spring-conservatory-recital-at-noontime-concerts

Salve tu Domine, salve tu Domine
"안녕하세요, 주인님"11)

Argatifontidas Argatifontidas tibi salutem mittit per me
"아르가티폰티다스가 나를 통하여 당신께 안부 전하는 것을 허락해 주소서"12)

Ich glaube sein Wissen ist nicht zu scheuen,
Sonst dürft ich freilich den Schritt bereuen
"난 그의 지식이 그렇게 창피스러울 정도는 아니라고 믿어
그렇지 않다면 난 틀림없이 내 걸음을 후회하게 될 거야"

pro illo accedo nunc ego ad te
"그를 위해 이제 당신께 나아갑니다"13)

이 골칫덩어리 엉터리 문법 아리아 때문에 수수께끼를 풀듯 시간을 많이 허비했지만, 아직도 "주여, 구하소서" 변주곡으로 오해하고 이 곡을 연주하는 피아니스트들에게 곡의 배경을 웬만큼 설명한 것 같아 흘러간 시간들이 그리 아깝지만은 않다. 번역자와 인터넷 정보에 감사드린다. 출판사에만 알려서 제목만 고칠까도 생각해 보았지만, 여태까지 오해하고 있었을 적지 않은 연주자들을 위해 이 곡의 배경을 설명하는 것이 낫겠다 싶어 이 장황한 이야기를 늘어놓게 되었다.

결국, 다음의 간단한 조언을 하기 위해서 이 긴 글은 써진 셈이다. '모차르트의 변주곡 KV 416e(398)를 연주할 때에 연주자들이 코믹 오페라의 아리아 "안녕하세요, 주인님"처럼 대조되는 음악언어들을 때론 엄숙하게 때론 익살스럽게 연기하듯 연주하면 모차르트의 재미난

---

11) Salve: greetings, be well, be in good health, good morning! good day! /Tu: you /Domine: master of the house, lord, master → Greetings, (you) Lord.

12) Argatifontidas 이름의 추측 의미: spring of shrewdness/ Tibi: to you/ Salutem: greeting, health, salvation; "I should greet"/ Mittit: he/she/it sends, releases/ per me, "through, in the presence of me,"/ Mittitperme: possibly from *permittitmihi*, it is permitted for me (to do [verb]), "allow me to [verb]" → Allow me to greet you/Allow me to send greetings to you.

13) Pro: for, in front of/ Illo: him/ Accedo: I approach, come near, enter, undertake/ nunc: now/ Ego: I/ Ad: to, toward; possibly redundant because *accedo* is a compound verb that comes from *ad + cedo*/ Te: you → For him I approach now (to) you. 번역: 전상현. July 19, 2015.

작곡 의도에 보다 근접할 수 있을 것입니다.' 마지막으로 정정된 이 곡의 제목을 다시 한 번 적어본다.

조반니 파이지엘로의 오페라 『거짓 철학자들』 중의 아리아
"안녕하세요, 주인님"에 의한 6개의 변주곡 KV 416e(398)

에필로그

해 아래 새 것이 없나니

이미 있던 것이 후에 다시 있겠고
이미 한 일을 후에 다시 할지라
해 아래는 새 것이 없나니

무엇을 가리켜 이르기를
보라 이것이 새 것이라 할 것이 있으랴

우리 오래 전 세대에도 이미 있었느니라
이전 세대를 기억함이 없으니
장래 세대로 그 후 세대가 기억함이 없으리라

전도서 1:9-11

'이 세상이 무엇이고 나는 왜 살아야 하나'를 나의 작은 머리로 아무리 생각해도 알 수 없었던 어린 시절이 있었습니다. 하루하루가 캄캄했던 스무 살 늦가을, 문득 떠오른 고등학교 졸업식에서 교장선생님께서 읽어주신 성경 구절—"스스로 속이지 맙시다 하나님은 조롱 받으실 분이 아닙니다"(갈라디아서 6:7)—은 사실상 하나님이 계신지 안계신지 모르고 있으면서도 하나님은 없다고 결론내린 나 자신의 교만함과 초라함을 정직하게 바라보도록 해주었고, 결국 어린 시절 즐겨 불렀던 찬송 속의 하나님을 만나도록 인도해 주었습니다.

성경의 진리를 알게 되어 빛 가운데로 나온 기쁨으로 들떠 살았지만, 여전히 이 세상엔 이해할 수 없는 것들이 남아 있었습니다. 특별히 "진리 안에서 음악의 의미"는 꼭 알아야만 피아노를 계속할 수 있을 것 같아 다시금 새로운 방황이 시작되었습니다. 하지만 세월이 흐르며 나의 나태함으로 인해 그 문제를 피조물로서 이해할 수 없는 일들 중 하나로 여기며 애써 잊고 포기해 버렸습니다.

나이 오십이 다 되어 진학한 신학교에서 "수직적으로 수평적으로" 또한 "일반은총과 특별은총"으로 세상을 바라보는 것을 배우며, 그것은 세상을 이해하는 나의 철학이 되었고, 이어서 나의 젊은 날의 고민이 되살아나고 정리되기 시작했습니다. 결국 삼십여 년 묵은 나의 고민은 세월이 흘러 한 편의 논문이 되었고, 이제 책이 되었습니다. 그러니까 이 책은 2012년에 완성된 논문의 개정 번역본이라고 할 수 있습니다.

논문을 쓰기 시작했을 때에는 뭔가 이제까지 세상에 없었던 새로운 일을 하는 사람처럼 흥분되어 있었습니다. 그런데 이 책을 마무리하는 시점에선 이미 오래 전에 같은 고민을 했던 사람들의 흔적들이 모여 이 글이 완성되었다고 생각합니다. 이후에도 누군가 비슷한 고민을 할 수 있을 터인데, 그에게 이 책이 발견되지 않거나, 기억되지 않을 수도 있을 것입니다. 이런 일들이 해 아래서 계속 되겠지요.

이 책은 이전 많은 사람들의 생각과 작품들을 모아놓은 것이 주를 이루지만 여기에 나의 분석과 의견까지 더해졌습니다. 지금 주님 품에 계신 아버지께선 늘 딸들에게 자신의 목소리를 세상에 낼 줄 알아야 한다고 말씀하셨습니다. 비록 때로 틀릴 수도 있겠지만, 오래 전 세대의 목소리들이 틀리기도 맞기도 하는 것을 보면서, 이 책도 틀리기도 맞기도 하면서 후대에 어떤 식으로든 유익을 줄 수 있을 것이라고 여기며, 용기를 내어 이제 작은 목소리를 내어봅니다.

선뜻 출판을 맡아주는 출판사가 없어 전문가의 도움 없이 출판을 하려다보니 일이 더디어 많은 시간이 흘렀습니다. 너무나 안타까운 것은 이렇게 미뤄지는 사이에 누구보다 이 책의 출판을 기다리시던 정정하시던 힌슨 박사님이 얼마 전(2015년 11월) 소천하신 것입니다. 완벽하신 분은 오직 하나님 한 분뿐임을 기억하며 이제 서둘러 부족한 책을 세상에 내어놓습니다. 오직 주님을 닮아가며 하나님께 가까이 나아가는 하나님의 은총이 이 책과 더불어 독자들에게 임하시기를 소망합니다.

2015년 마지막 날, 캄보디아 프놈펜에서 최미야

도 표 목 록

Table	Page
1. 음악의 분류와 그 예들	16
2. 여러 가지 종류의 구속받은 음악	43
3. 인류 역사에 따른 은총의 이해	55
4. 기독교와 관련된 리스트의 피아노 작품들	144
5. 블로호의 *교회 창*들과 관련된 표제들	162
6. 블로호의 *환상들과 예언들* 1악장의 표제적 해석	297
7. 리스트 B단조 소나타의 주제들에 관련하여 제안된 표제들	345

도해 목록

Figure	Page
1. 이 책에 사용된 음악의 분류	16
2. 일반 기독교인들과 크리스천 음악가들의 삶에서 보이는 좁은 의미의 찬양과 넓은 의미의 찬양의 관계의 상이성	66
3. 어거스틴의 음악에 대한 생각으로부터 보이는 두 가지 종류의 음악의 힘	68
4. 일반은총과 특별은총에 비추어본 카이퍼의 문화의 분류	77
5. 작곡가의 의도에 따른 음악 작품의 분류	82
6. 일반은총과 특별은총의 관점에서 본 음악 작품의 분류	83
7. 힌슨의 수용	88
8. 존슨의 수용	89
9. 베스트의 수용	90
10. 베티의 수용	92
11. 길라의 수용	93
12. 비기독교인의 수용	94
13. "부활절 아침"을 이루고 있는 센토니제이션의 대위법적 구조	232
14. 건반 위의 십자가	312
15. 바흐의 필적들(사진)	339
16. 바흐 평균율 악보에 보이는 십자가 상징	340

악보 예 목록

| Example | Page |

5장

1. The original melody of *Auf meinen lieben Gott* 129
2. Buxtehude, *Auf meinen lieben Gott*, mm. 1-3 and mm. 27-34 130
3. Pachelbel, "Christus, der ist mein Leben," Partita 7, mm. 1-4 131
4. Pachelbel, "Herzlich tut mich verlangen," Partita 5, mm. 1-9 132
5. Bach, "Wer nur den lieben Gott," mm. 1-4 134
6. Krebs, Praeambulum supra "Wer nur den lieben Gott," mm. 1-6 136
7. Haydn, *Variations on "Gott erhalte,"* mm. 1-4 and mm. 21-23 139
8. Taylor, *Variations on Adeste Fideles*, mm. 1-12 140
9. Beethoven, *Variations on "God Save the King,"* mm. 1-7 and Var. I, mm. 1-5 142
10. Bach, Cantata BWV 12, mm. 1-8 146
11. Bach, Mass in B Minor, "Crucifixus," mm. 1-5 and mm. 13-19 147
12. Liszt, *Weinen, Klagen, Sorgen, Zagen Praeludium*, mm. 1-13 147
13. Liszt, *Variations on a Motif of J. S. Bach*, mm. 1-9 149
14. The original melody of "In dulci jubilo," mm. 1-8 151
15. Liszt, "The Shepherd at the Manger," mm. 1-9 151
16. Liszt, "Adeste Fideles," mm. 1-13 and mm. 48-60 152
17. Reinecke, *Christmas Sonatina*, 2nd mov., mm. 1-8 153
18. Burleigh, *On Bended Knees*, mm. 1-3 and mm. 14-17 155
19. Reger, Fantisie über "Stille Nacht, heilige Nacht," mm. 1-5 156
20. Bach, Duet from Cantata No. 128, mm. 1-6 157
21. Reger, *Variationen und Fuge über ein Thema von J. S. Bach*, mm. 1-7 ... 158
22. Coleridge-Taylor, "Deep River," mm. 1-3 159
23. Dohnányi, *Pastorale on the Hungarian Christmas Song*, mm. 1-11 ... 160

악보 예 목록   365

| Example | Page |

24. Respighi, Op. 131, No. 1, mm. 1-4 163

25. Respighi, Op. 131, No. 2, mm. 1-4 164

26. Respighi, Op. 131, No. 3, mm. 1-6 165

27. Reutter, *Fantasia apocalyptica*, mm, 1-8 166

28. Reutter, *Fantasia apocalyptica*, mm, 35-41 and mm. 80-87 167

29. Weismann, *Partita*, Var. III, mm. 1-8 168

30. Peeters, "O Haupt voll Blut und Wunden," mm. 1-6 170

31. Peeters, "Ein feste Burg ist unser Gott," mm. 1-8 170

32. Dello Joio, "Introduction and Chorale," mm. 10-18 172

33. Dello Joio, "Fantasy I," mm. 7-9 172

34. Dello Joio, "Fantasy IV," mm. 46-52 173

35. Goldberg, *Chorale Prelude "Now Thank We All Our God,"* mm. 1-12 174

36. Joo, "6 Variations on 'Psalm 23,'" Theme, mm. 1-4 176

37. Joo, "6 Variations on 'Psalm 23,'" Var. I, mm. 1-3 176

38. Hersch, *24 Variations on a Bach Chorale*, Var. 2, mm. 1-2 178

39. Hersch, *24 Variations on a Bach Chorale*, Var. 11, mm. 1-2 178

40. Hersch, *24 Variations on a Bach Chorale*, Var. 19, mm. 1-2 179

41. Kim, *O Come, O Come*, Courante, mm. 1-10 181

42. Kim, *O Come, O Come*, Sarabande, mm. 19-27 182

43. Kim, *O Come, O Come*, Gigue, mm. 1-7 and mm. 20-26 182

6장

1. Kuhnau, *Biblical Sonata*, No. 1, 2nd mov., mm. 1-9 191

2. Kuhnau, *Biblical Sonata*, No. 1, 4th mov., mm. 10-12 191

3. Kuhnau, *Biblical Sonata*, No. 2, 1st mov.,
   mm. 1-5, mm. 48-52, and mm. 112-18 193

4. Kuhnau, *Biblical Sonata*, No. 2, 2nd mov., mm. 1-21 194

Example   Page

5. Kuhnau, *Biblical Sonata*, No. 3, 6th mov., mm.1-8 195
6. Kuhnau, *Biblical Sonata*, No. 4, 1st mov., mm. 1-14 198
7. Kuhnau, *Biblical Sonata*, No. 4, 2nd mov., mm. 1-10 199
8. Kuhnau, *Biblical Sonata*, No. 5, 4th mov., mm.1-3 and mm. 11-12 200
9. Kuhnau, *Biblical Sonata*, No. 6, 4th mov., mm. 13-18 201
10. Haydn, *The Seven Last Words*, Introduction, mm. 1-6 203
11. Haydn, *The Seven Last Words*, Sonata No. 1, mm. 1-10 204
12. Haydn, *The Seven Last Words*, Sonata No. 2, mm. 1-9 204
13. Haydn, *The Seven Last Words*, Sonata No. 3, mm. 1-11 205
14. Haydn, *The Seven Last Words*, Sonata No. 4, mm. 1-10 205
15. Haydn, *The Seven Last Words*, Sonata No. 5, mm. 1-7 206
16. Haydn, *The Seven Last Words*, Sonata No. 6, mm. 1-8 206
17. Haydn, *The Seven Last Words*, Sonata No. 7, mm. 1-7 207
18. Haydn, *The Seven Last Words*, "The Earthquake," mm. 1-8 207
19. Liszt, "The Fountains," mm. 1-3 and mm. 41-47 209
20. Liszt, *Via Crucis*, "Station I," mm. 1-6 211
21. Liszt, *Via Crucis*, "Station III," mm. 1-7 212
22. Liszt, *Via Crucis*, "Station X," mm. 1-3 212
23. Liszt, *For the Festival of the Transfiguration*, mm. 1-7 213
24. Beach, *Out of the Depths*, mm. 1-5 214
25. Beach, *By the Still Waters*, mm. 1-5 215
26. Dett, Two themes in "Father Abraham" 218
27. Dett, "Father Abraham," mm. 1-3 219
28. Dett, "Desert Interlude," mm. 1-4 220
29. Dett, "As His Own Soul," mm. 1-3 221
30. Dett, "Barcarolle of Tears," mm. 5-8 221

악보 예 목록 367

Example	Page

31. Dett, The text on the theme and "I Am the True Vine," mm. 1-7 ... 222

32. The example of recitatives with texts and "Martha Complained," mm. 1-3 223

33. Dett, "Other Sheep," mm. 1-19 224

34. Dett, "Madrigal Divine," mm. 1-4 225

35. Tedesco, *Evangélion*, "The Annunciation," mm. 1-9 228

36. Tedesco, *Evangélion*, "Jesus and Money Changers," mm. 1-6 228

37. Tedesco, *Evangélion*, "The Return of the Prodigal Son," mm. 1-10 ... 229

38. Tedesco, *Evangélion*, "The Resurrection," mm. 1-7 229

39. Reutter, *Die Passion*, "Christ in Gethsemane," mm. 1-7 231

40. Reutter, *Die Passion*, "To Golgotha" and "The Crucifixion," mm. 1-4 and mm. 12-17 231

41. Bergsma, "The First Prophecy," mm. 1-2 234

42. Bergsma, "The Second Prophecy," mm. 1-2 234

43. Weingarden, *Triptych*, I, mm. 1-9 235

44. Weingarden, *Triptych*, II, mm. 1-5 and mm. 96-100 236

45. Weingarden, *Triptych*, III, mm. 1-7 237

46. Kim, *Magnificat*, "Prelude," mm. 1-11 238

47. Kim, *Magnificat*, "Holy Is His Name," mm. 1-8 239

48. Kim, *Magnificat*, "He Has Performed Mighty Deeds," mm. 42-45 240

49. Kim, *Magnificat*, "Forever," mm. 1-6 and mm. 47-53 240

50. Lee, *Comfort*, "Sinfonia," mm. 1-4 and mm. 33-42 243

51. Lee, *Comfort*, "I. Sin," mm. 120-26 244

52. Lee, *Comfort*, "II. Chorale," mm. 1-4 244

53. Lee, *Comfort*, "VI. The Cross of Christ," mm. 69-75 245

54. Lee, *Comfort*, "VII. Chorale," mm. 1-8 and mm. 33-36 246

55. Mndoyants, *Triptych*, "Christ's Apparition," mm. 1-4 248

368 은총 음악 그리고 피아노

Example	Page

56. Mndoyants, *Triptych*, "The Parable of the Unwise," mm. 1-4 249
57. Mndoyants, *Triptych*, "The Last Supper," mm. 1-5 249

7장

1. Dussek, *Invocation*, 1st mov., mm. 1-3 256
2. Dussek, *Invocation*, 3rd mov., mm. 1-6 and mm. 33-36 256
3. Berlioz, *Hymn for the Elevation*, mm. 13-24 257
4. Glinka, "Prayer," mm. 1-2 and mm. 9-14 259
5. Hensel, *The Year*, "March," mm. 1-3 and mm. 29-32 261
6. Chopin, Étude Op. 25-6, mm. 1 and Étude Op. 10-4, mm. 2 262
7. Hensel, *The Year*, "December," mm. 1-2 and mm. 71-79 263
8. Mendelssohn, *Prelude and Fugue* No. 1, Prelude, mm. 1-3 264
9. Mendelssohn, Chorale part in the Fugue, mm. 111-24 265
10. Liszt, "Bénédiction," mm. 1-4 and mm. 179-86 268
11. Liszt, "Sursum corda," mm. 1-15 269
12. Franck, *Prelude, Chorale and Fugue*, Prelude, mm. 1 271
13. Franck, *Prelude, Chorale and Fugue*, Chorale, mm. 1-4 and mm. 24-29 ... 272
14. Franck, *Prelude, Chorale and Fugue*, Fugue, mm. 175-78 273
15. Gottschalk, *The Last Hope*, mm. 1-6 and mm. 46-51 275
16. Brahms, Intermezzo Op. 118, No. 6, mm. 1-6 277
17. The beginning of "Dies irae" 277
18. Dvořák, "On the Holy Mountain," mm. 1-4 279
19. Busoni, *Fantasia*, mm. 1 (intro) and mm. 23-27 (chorale) 282
20. Busoni, *Chorale-Prelude and Fugue on a Bach's Fragment*, mm. 1-7 283
21. Satie, The beginning of the "First Nazarene Prelude" 285
22. Satie, The end of the "Second Nazarene Prelude" 286
23. Satie, *Douze petits chorals*, No. 1, mm. 1-8 and No. 11, mm. 1 287

Example	Page

24. Ives, Sonata No. 1, IIb mov., mm. 122-28 291

25. Ives, Sonata No. 1, III mov., mm. 1a and 2b 292

26. Bloch, *Visions and Prophecies*, I, mm. 1-8 294

27. Bloch, *Visions and Prophecies*, II, mm. 1-3 295

28. Bloch, *Visions and Prophecies*, III, mm. 1-4 295

29. Bloch, *Visions and Prophecies*, IV, mm. 1-4 295

30. Bloch, *Visions and Prophecies*, V, mm. 1-6 296

31. Milhaud, *Hymn of Glorification*, mm. 1-5 298

32. Dandelot, *La Création*, "The Night," mm. 1-7 and mm. 24-27 300

33. Harris, *American Ballads*, "Wayfaring Stranger," mm. 8-15 302

34. Poulenc, *Trois Pièces*, "Hymne," mm. 1-8 303

35. Finney, Sonata No. 4, 1st mov., mm. 1-4 305

36. Talma, *Alleluia*, mm. 1-4, mm. 12-15, and mm. 67-71 307

37. Messiaen, *Vingt regards*, Three cyclical themes 311

38. Messiaen, *Vingt regards*, "Look of the Star," mm. 1-9 313

39. Messiaen, *Vingt regards*, "Look of the Cross," mm. 1-3 314

40. Yardumian, *Prelude and Chorale*, mm. 1-6 and mm. 42-45 315

41. Barlow, *Genesis*, mm. 1-4 317

42. Harbison, "Gospel Shout," mm. 1-4 318

43. Bolcom, *The Garden*, "Old Adam," mm. 1-3 320

44. Bolcom, *The Garden*, "Eternal Feminine," mm. 1-4 320

45. Bolcom, *The Garden*, "The Serpent's Kiss,"
    mm. 1-4 and mm. 205-10 320

46. Bolcom, *The Garden*, "Through Eden's Gate," mm. 1-5 321

47. Danielpour, *Psalms*, I, mm. 1-5 323

48. Danielpour, *Psalms*, III, mm. 1-4 323

49. Kim, *12 Holy Bellsounds*, "In the Beginning," mm. 1-5 325

Example	Page
50. Kim, *12 Holy Bellsounds*, "Transformation," mm. 1-11	325
51. Kim, *12 Holy Bellsounds*, "Joy," mm. 1-14	326
52. Kim, *12 Holy Bellsounds*, "Peace of the Lord," mm. 1-7	326
53. Three main bell chords and their variants in *12 Holy Bellsounds*	327
54. Gondai, *Via Crucis/Via Lucis*, "Via Lucis I," mm. 1-8	329
55. Gondai, *Via Crucis/Via Lucis*, "Via Crucis II," mm. 1-2	330

8장

1. Haydn, *Andante con variazioni*, mm. 1-4	343

참고문헌

Books

Abert, Hermann. *W. A. Mozart*. Translated by Stewart Spencer and edited by Cliff Eisen. New Haven, CT: Yale University Press, 2007.

Apel, Willi. *Master of the Keyboard: A Brief Survey of Pianoforte Music*. Cambridge, MA: Harvard University Press, 1947.

Atlas, Allan W. *Renaissance Music: Music in Western Europe, 1400-1600*. New York: W. W. Norton & Company, 1998.

Augustine, Aurelius. *City of God*. New York: Image Book, 1958.

_____. *Confessions*. Translated by Henry Chadwick. New York: Oxford University Press, 1992.

_____. *Expositions of the Psalms*. Vol. III/15 of *The Works of Saint Augustine: A Translation for the 21st Century*. Translated by Maria Boulding. Hyde Park, NY: New City Press, 2000.

_____. *Expositions of the Psalms*. Vol. III/20 of *The Works of Saint Augustine: A Translation for the 21st Century*. Translated by Maria Boulding. Hyde Park, NY: New City Press, 2000.

_____. *St. Augustine's De Musica: A Synopsis*. Translated and edited by W. F. Jackson Knight. London: The Orthological Institute, 1949. Reprint, Westport, CT: Hyperion Press, 1979.

Bartel, Dietrich. *Musica Poetica: Musical-Rhetorical Figures in German Baroque Music*. Lincoln: University of Nebraska Press, 1997.

Barth, Karl. *Wolfgang Amadeus Mozart*. Translated by Clarence K. Pott. Eugene, OR: Wipf & Stock Publishers, 1986.

Begbie, Jeremy. *Music in God's Purpose*. Edinburgh: The Handsel Press, 1989.

_____. *Resounding Truth: Christian Wisdom in the World of Music*. Grand Rapids: Baker Academic, 2007.

Beller-McKenna, Daniel. *Brahms and the German Spirit*. Cambridge, MA: Harvard University Press, 2004.

Best, Harold. *Music through the Eyes of Faith*. San Francisco: Harper San Francisco, 1993.

Bianconi, Lorenzo. *Music in the Seventeenth Century*. Translated by David Bryant. Cambridge: Cambridge University Press, 1987.

Blackwell, Albert L. *The Sacred in Music*. Louisville: Westminster John Knox Press, 1999.

Bodsky, Erwin. *The Interpretation of Bach's Keyboard Works*. Cambridge, MA: Harvard University Press, 1960.

Bouyer, Louis. *The Spirit and Forms of Protestantism*. Translated by A. V. Littledale. London: The Harvill Press, 1956.

Brown, A. Peter. *Joseph Haydn's Keyboard Music: Sources and Style*. Bloomington: Indiana University Press, 1986.

Brown, Clive. *A Portrait of Mendelssohn*. New Haven, CT: Yale University Press, 2003.

Brown, F., S. Driver, and C. Briggs. *The Brown-Driver-Briggs Hebrew and English Lexicon*. Peabody, MA: Hendrickson Publishers, 2004.

Bullock, C. Hassell. *Encountering the Book of Psalms: A Literary and Theological Introduction*. Grand Rapids: Baker Academic, 2001.

Burge, David. *Twentieth-century Piano Music*. Oxford: Scarecrow, 2004.

Burkholder, J. Peter. *Charles Ives: The Idea behind the Music*. New Haven, CT: Yale University Press, 1985.

Carson, D. A. *Christ & Culture Revisited*. Grand Rapids: William B. Eerdmans Publishing Company, 2008.

Chopra, Ramesh, ed. *Academic Dictionary of Philosophy*. New Delhi: Isha Books, 2005.

Colson, Charles, and Nancy Pearcey. *Developing a Christian Worldview of the Christian in Today's Culture*. Wheaton, IL: Tyndale House Publishers, 2001.

Covell, Stephen G. *Japanese Temple Buddhism: Worldliness in a Religion of Renunciation*. Honolulu: University of Hawaii Press, 2005.

Crawford, Richard. *America's Musical Life: A History*. New York: Norton Company, 2001.

Crouch, Andy. *Culture Making: Recovering Our Creative Calling*. Downers Grove, IL: Inter Varsity Press, 2008.

Dent, Edward J. *Ferruccio Busoni: A Biography.* London: Oxford University Press, 1933.

Dohnányi, Ilona von. *Ernst von Dohnányi: A Song of Life.* Edited by James A. Grymes. Bloomington: Indiana University Press, 2002.

Edgar, William. *Taking Note of Music.* London: SPCK, 1986.

Edwards, Jonathan. *The Nature of True Virtue.* Ann Arbor: The University of Michigan Press, 1960.

Floros, Constantin. *Johannes Brahms, Free but Alone: A Life for a Poetic Music.* Translated by Ernest Bernhardt-Kabisch. Frankfurt am Main: Peter Lang GmBH, Internationaler Verlag der Wissenschaften, 2010.

Gardiner, John Eliot. *Bach: Music in the Castle of Heaven.* Kindle Edition: Knopf Doubleday Publishing Group: 2013.

Gillespie, John. *Five Centuries of Keyboard Music.* New York: Dover Publications, 1965.

Gillmor, Alan M. *Erik Satie.* Boston: Twayne Publishers, 1988.

Glanzer, Perry L., and Todd C. Ream. *Christianity and Moral Identity in Higher Education.* New York: Palgrave Macmillan, 2009.

González, Justo L. *The Reformation to the Present Day.* Vol. 2 of *The Story of Christianity.* New York: Harper San Francisco, 1985.

Gordon, Stewart. *A history of Keyboard Literature: Music for the Piano and Its Forerunners.* New York: Schirmer Books, 1996.

Grout, Donald Jay. *A History of Western Music.* Rev. ed. New York: Norton, 1973.

Grudem, Wayne. *Systematic Theology.* Grand Rapids: Zondervan, 2000.

Halter, Carl. *The Practice of Sacred Music.* St. Louis: Concordia Publishing House, 1955.

Herder, Ronald., ed. *500 Best-loved Song Lyrics.* Mineola, NY: Dover Publications, 1998.

Highfield, Ron. *Great Is the Lord: Theology for the Praise of God.* Grand Rapids: William B. Eerdmans Publishing Company, 2008.

Hinson, Maurice. *Guide to the Pianist's Repertoire.* 3rd ed. Bloomington: Indiana University Press, 2000.

Hitchcock, H. Wiley. *Music in the United States: A Historical Introduction*. 4th ed. Upper Saddle River, NJ: Prentice-Hall, 2000.

Hong, Jeongsu, and Heesuk Oh. 음악미학 (*Musikästhetik*). Seoul: Music World, 1999.

Hustad, Donald P. *Jubilate II: Church Music in Worship and Renewal*. Carol Stream, IL: Hope Publishing Company, 1993.

Ives, Charles. *Essays before a Sonata: The Majority, and Other Writings by Charles Ives*. Edited by Howard Boatwright. New York: W. W. Norton & Company, 1961, 1962.

_____. *Memos*. Edited by John Kirkpatrick. New York: W. W. Norton & Company, 1972.

Kauflin, Bob. *Worship Matters*. Wheaton, IL: Crossway Books, 2008.

Kavanaugh, Patrick. *Spiritual Lives of the Great Composers*. Grand Rapids: Zondervan Publishing House, 1992.

Kavanaugh, Patrick, and Babara Kavanaugh. *Devotions from the World of Music*. Colorado Springs, CO: Cook Communications, 2000.

Keller, Hermann. *Die Orgelwerke Bachs*. Leipzig: C. F. Peters, 1948.

Kidner, Derek. *Psalms 1-72: An Introduction & Commentary on Books I and II of the Psalms*. London: Inter-Varsity Press, 1973.

Kim, Myung Whan. 종소리 화성 (*Bell Harmony*). Seoul: NPSE, 2001.

_____. 찬양의 성전 (*Temple of Praise*). Seoul: NPSE, 1999.

Kirby, F. E. *Music for Piano: A Short History*. Portland, OR: Amadeus Press, 1995.

Kolyada, Yelena. *A Compendium of Musical Instruments and Instrumental Terminology in the Bible*. London: Equinox Publishing, 2009.

Kostka, Stefan, and Dorothy Payne. *Tonal Harmony with an Instruction to Twentieth-Century Music*. New York: McGraw-Hill, 2004.

Kraft, Charles H. *Anthropology for Christian Witness*. Maryknoll, NY: Orbis Books, 1996.

Kuyper, Abraham. *Gemeene Gratie* (*Common Grace*) *II*. Kampen, The Netherlands: J. H. Kok, 1907.

_____. *Lectures on Calvinism*. Peabody, MA: Hendrickson Publishers, 2008.

Lambert, James F. *Luther's Hymns*. Philadelphia: General Council Publication House, 1917.

Landon, Howard Chandler Robbin, and David Wyn Jones. *Haydn: His Life and Music*. London and New York: Thames and Hudson, 1988.

Lockyer, Herbert Jr. *All the Music of the Bible*. Peabody, MA: Hendrickson Publishers, 2004.

McKinnon, James. *Music in Early Christian Literature*. New York: Cambridge University Press, 1987.

McCutchan, Ann. *The Muse That Sings*. New York & Oxford: Oxford University Press, 1999.

McKinney, Howard D., and W. R. Anderson. *Music in History: The Evolution of an Art*. 2nd ed. New York: American Book Company, 1957.

Messiaen, Olivier. *The Technique of My Musical Language*. Translated by John Saterfield. Paris: Alphonse Leduc, 1956.

Messiaen, Olivier, and Claude Samuel. *Olivier Messiaen: Music and Color: Conversations with Claude Samuel*. Translated by E. Thomas Glasow. Portland, OR: Amadeus, 1994.

Michels, Ulrich. *dtv-Atlas zur Musik*. Vol. 2. Munich: Bärenreiter, 1985.

Mounce, William D. ed. *Mounce's Complete Expository Dictionary of Old & New Testament Words*. Grand Rapids: Zondervan, 2006.

Mouw, Richard J. *He Shines in All That's Fair: Culture and Common Grace*. Grand Rapids: William B Eerdmans Publishing, 2001.

Myers, Rollo H. *Erik Satie*. London: Dennis Dobson Limited, 1948.

Niebuhr, H. Richard. *Christ and Culture*. New York: Harper & Row, 1951.

Ochse, Orpha. *Organists and Organ Playing in Ninteeth-Century France and Belgium*. Bloomington: Indiana University Press, 2000.

Orledge, Robert. *Satie the Composer*. Cambridge: Cambridge University Press, 1990.

Osbeck, Kenneth W. *101 More Hymn Stories: Inspiring True Stories behind 101 Favorite Hymns*. Grand Rapids: Kregel Publications, 1985.

O'Toole, Christopher J. *The Philosophy of Creation in the Writings of St. Augustine.* Washington, DC: The Catholic University of America Press, 1944.

Pearcey, Nancy. *Saving Leonardo: A Call to Resist the Secular Assault on Mind, Morals, & Meaning.* Nashville: B&H Publishing Group, 2010.

Pelikan, Jaroslav. *Bach among the Theologians.* Philadelphia: Fortress Press, 1986.

Phillips, John. *Exploring Genesis: An Expository Commentary.* Grand Rapids: Kregel Publications, 2001.

Plantinga, Cornelius, Jr. *Engaging God's World: Christian Vision of Faith, Learning, and Living.* Grand Rapids: William B. Eerdmans Publishing Company, 2002.

Respighi, Elsa. *Fifty Years of a Life in Music: 1905-1955.* Translated by Giovanni Fontecchio and Roger Johnson. Lewiston, NY: Edwin Mellen Press, 1993.

Roeder, Michael Thomas. *A History of Concerto.* Portland, OR: Amadeus Press, 1994.

Routley, Erik. *An English-Speaking Hymnal Guide.* Edited and expanded by Peter W. Cutts. Chicago: GIA Publications, 2005.

Schalk, Carl F. *Luther on Music: Paradigms of Praise.* St. Louis: Concordia Publishing House, 1988.

Simpson, Anne Key. *Follow Me: The Life and Music of R. Nathaniel Dett.* Metuchen, NJ: The Scarecrow Press, 1993.

Sitsky, Larry. *Busoni and the Piano: The Works, the Writings, and the Recordings.* Westport, CT: Greenwood Press, 1986.

Schmidt, Carl B. *Entrancing Muse: A Documented Biography of Francis Poulenc.* Hillsdale, NY: Pendragon Press, 2001.

Smith, John Arthur. *Music in Ancient Judaism and Early Christianity.* Burlington, VT: Ashgate Publishing Company, 2011.

Snyder, Kerala J. *Dieterich Buxtehude: Organist in Lübeck.* New York: Schirmer Books, 1987.

Sooy, Mark S. *Essay on Martin Luther's Theology of Music.* LaVergne, TN: Blue Maroon, 2006.

Spencer, Jon Michael. *Theological Music: Introduction to Theomusicology.* Westport, CT: Greenwood Press, 1991.

Stern, Max. *Bible and Music: Influence of the Old Testament on Western Music.* Jersey City, NJ: KTAV Publishing House, 2011.

Stiller, Günther. *Johann Sebastian Bach and Liturgical Life in Leipzig.* St. Louis: Concordia Publishing House, 1984.

Strassburg, Robert. *Ernest Bloch: Voice in the Wilderness.* Los Angeles: California State University, 1977.

Swafford, Jan. *Johannes Brahms: A Biography.* New York: Vintage Books, 1999.

Van Til, Henry R. *The Calvinistic Concept of Culture.* Grand Rapid: Baker Academic, 2001.

VanDrunen, David. *Living in God's Two Kingdoms: A Biblical Vision for Christianity and Culture.* Wheaton, IL: Crossway Books, 2010.

Viladesau, Richard. *Theology and the Arts: Encountering God through Music, Art and Rhetoric.* Mahwah, NJ: Paulist Press, 2000.

Weil, Simone. *Waiting for God.* New York: G. P. Putnam's Son, 1951.

Westermeyer, Paul. *Let the People Sing: Hymn Tunes in Perspective.* Chicago: GIA Publications, 2005.

Wilson-Dickson, Andrew. *The Story of Christian Music.* Oxford: Lion Publishing, 1992.

Woodstra, Chris. *All Music Guide to Classical Music: The Definitive Guide to Classical Music.* San Francisco: Backbeat Books, 2005.

Wright, Craig, and Bryan Simms. *Music in Western Civilization.* Boston: Schirmer, 2006.

Yeomans, David. *Bartók for Piano.* Bloomington: Indiana University Press, 1988.

Yudkin, Jeremy. *Music in Medieval Europe.* Upper Saddle River, NJ: Prentice-Hall, 1989.

Articles

Baker, James M. "Liszt's Late Piano Works: A Survey." In *The Cambridge Companion to Liszt*, ed. Kenneth Hamilton, 86-119.

Cambridge: Cambridge University Press: 2005.

_____. "Liszt's Late Piano Works: Larger Forms." In *The Cambridge Companion to Liszt*, ed. Kenneth Hamilton, 120-51. Cambridge: Cambridge University Press: 2005.

Ballantine, Christopher. "Charles Ives and the Meaning of Quotation in Music." In *Music and Its Social Meanings*, 72-91. New York: Gordon and Bleach Science Publisher, 1984.

_____. "Music and Society: The Forgotten Relationship." In *Music and Its Social Meanings*, 1-29. New York: Gordon and Bleach Science Publisher, 1984.

Bruhn, Siglind, "The Spiritual Layout in Messiaen's Contemplations of the Manger." In *Messiaen's Language of Mystical Love*, ed. Siglind Bruhn, 247-68. New York and London: Garland, 1998.

Burkholder, J. Peter. "The Uses of Existing Music: Musical Borrowing as a Field." *Notes* 50 (1994): 851-70.

Butt, John. "Bach's Metaphysics of Music." In *The Cambridge Companion to Bach*, ed. John Butt, 46-59. Cambridge: Cambridge University Press, 1997.

_____. "Germany and the Netherlands." In *Keyboard Music before 1700*, ed. Alexander Silbiger, 147-234. New York: Schirmer Books, 1995.

Carson, D. A. "Worship under the Word." In *Worship by the Book*, ed. D. A. Carson, 11-63. Grand Rapids: Zondervan, 2002.

Davison, James W. "Dussek." In *A Dictionary of Music and Musicians (AD 1450-1889)*. Vol. 1, ed. George Grove, 473-77. London: Macmillan and Co., 1880.

Edwards, Jonathan. "Concerning the End for which God Created the World." In *Jonathan Edwards: Ethical Writings*, ed. Paul Ramsey. Vol. 8 of *The Works of Jonathan Edwards*, 403-536. New Haven and London: Yale University Press, 1989.

Ellsmere, P. K. "Augustine on Beauty, Art, and God." In *Augustine on Music: An Interdisciplinary Collection of Essays*, ed. Richard R. La Croix, 97-113. Lewiston, NY: The Edwin Mellen Press, 1988.

Good, Edwin M. "The Bible and American Music." In *The Bible and American Arts and Letters*, ed. Giles Gunn, 131-56. Philadelphia: Fortress Press, 1983.

Hamilton, Kenneth. "Liszt' Early and Weimar Piano Works." In *The Cambridge Companion to Liszt*, ed. Kenneth Hamilton, 57-85. Cambridge: Cambridge University Press: 2005.

Harrison, Carol. "Augustine and the Art of Music." In *Resonant Witness*, ed. Jeremy S. Begbie and Steven R. Guthrie, 27-45. Grand Rapids: William B. Eerdmans Publishing Company, 2011.

Joo, Sunghee. "Study of *Piano Variations on the Theme of Calvin's Genevan Psalter* by Sung-Hee Joo." *Korea Reformed Journal* 15 (2010): 265-328.

Magee, Noel Howard. "The Piano in Worship." *Reformed Worship* 2 (1987): 39-52.

Marshall, Robert L. "Johann Sebastian Bach." In *Eighteenth-Century Keyboard Music,* ed. Robert L. Marshall, 68-123. New York: Schirmer Books, 1994.

Morgan, Robert P. "Ives and Mahler: Mutual Responses at the End of an Era." In *Charles Ives and the Classical Tradition,* ed. Gerffrey Block and J. Peter Burkholder, 75-86. New Haven, CT: Yale University Press, 1996.

Obelkevich, James. "In Search of the Listener." *Journal of the Royal Musical Association* 114 (1989): 102-08.

Plantinga, Richard J. "The Integration of Music and Theology in J. S. Bach." In *Resonant Witness*, ed. Jeremy Begbie and Steven R. Guthrie, 215-39. Grand Rapids: William B. Eerdmans Publishing Company, 2011.

Polachek, Dora E. "Du Bartas, Guillaume De Salluste, Seigneur." In *Renaissance and Reformation 1500-1620: A Biographical Dictionary*, ed. Jo Eldridge Carney, 117-18. Westport, CT: Greenwood Press, 2001.

Robinson, Harlow, "Music." In *The Cambridge Companion to Modern Russian Culture*, ed. Nicholas Rzhevsky, 236-63. Cambridge: Cambridge University Press, 1988.

Sapaeth, Sigmund. "The Private Life of Johann Sebastian Bach." In *Stories behind the World's Great Music*, 15-27. New York: Garden City Publishing Co., 1940.

Schaeffer, Francis A. "Art and the Bible." In *A Christian View of the Bible as Truth*. Vol. 2 of *The Complete Works of Francis A. Schaeffer: A Christian Worldview*, 375-413. Westchester, IL: Crossway Books, 1982.

Simmons, Walter. "Ernest Bloch" In *Voices in the Wilderness: Six American Neo-romantic Composers*, 20-109. Lanham, MD: Scarecrow Press, 2004.

Stoker, Hendrik G. "Reconnoitering the Theory of Knowledge of Prof. Dr. Cornelius Van Til." In *Jerusalem and Athens: Critical Discussions on the Theology and Apologetics of Cornelius Van Til*, ed. E. R. Geehan, 25-73. Nutley, NJ: Presbyterian and Reformed Publishing Co., 1971.

Teicher, Susan. "Louise Talma: Essentials of Her Style as Seen through the Piano Works." In *The Musical Woman: An International Perspective 1983,* ed. Judith Lang Zaimont, 128-46. Westport, CT: Greenwood Press, 1984.

Tibbetts, John C. "Dvořák's Piano Works." In *Dvorak in America*, ed. John C. Tibbetts, 267-78. Portland, OR: Amadeus Press, 1993.

No Name, "The Passion Chorale." *The Musical Times* 46 (1905): 245-46.

Dissertations

Anderson, Shane Dewayne. "Vingt regards sur l'Enfant-Jesus by Olivier Messiaen: An Analysis of Its Content, Spiritual Significance, and Performance Practice." D.M.A. diss., University of Texas, 1999.

Andrews, Jane Silvey. "The Religious Element in Selected Piano Literature." D.M.A. diss., Southwestern Baptist Theological Seminary, 1986.

Apple-Monson, Linda. "The Solo Piano Music of Ross Lee Finney," D.M.A. diss., The Peabody Conservatory of Music, 1986.

Bonous-Smit, Barbara. "John Harbison: His Life and Works with Piano." Ph.D. diss., New York University, 1996.

DiBella, Karin Maria. "Piano Music in Italy during the Fascist Era." D.M.A. thesis, University of British Columbia, 2002.

Hess, Nathan Andrew. "Eclecticism in the Piano Works of Ottorino Respighi." D.M.A. diss., The University of Cincinnati, 2005.

Hickman, Melinda Lee. "Meaning in Piano Music with a Religious Theme: A Philosophical and Historical Approach." D.M.A. diss., University of Cincinnati, 2001.

Johnson, Earl Lee. "Style Characteristics of Selected American Hymn Arrangements for Piano, Published 1963-2003." D.M.A. diss., The Southern Baptist Theological Seminary, 2007.

Seel, Thomas Allen. "Toward a Theology of Music for Worship Derived from the Book of Revelation." D.M.A. diss., The Southern Baptist Theological Seminary, 1990.

Shadinger, Richard Cole. "The Sacred Element in Piano Literature: A Historical Background and an Annotated Listing." D.M.A. diss., The Southern Baptist Theological Seminary, 1974.

Stackhouse, Eunice Wonderly. "A Survey of the Solo Piano Compositions of Louise Talma, Composed from 1943 to 1984." D.M.A. diss., The University of Kansas, 1995.

Lectures and Papers

Bolton, Thomas. "Critical Condition: A Diagnosis of Church Music Ministry." Faculty address of The Southern Baptist Theological Seminary, Louisville, October 15, 2007.

Hinson, Maurice. "J. S. Bach." Classroom lecture notes, *57710—Baroque Keyboard Music*, Pt. *1*, Spring 2010. Photocopy.

Johnson, Eric. "Overview of Course." Classroom lecture, *87520—Biblical Counseling/Pastoral Theology Colloquium: Creation Grace*, Pt. *1*, 1 February 2011.

Scores

Bach, Johann Sebastian. *Organ Works*. Vol. 1. Kassel, Basel, London: Bärenreiter, n.d.

Barlow, David. *Genesis*. London: Novello & Company, 1957.

Beach, Amy. *By the Still Waters*. St. Louis: Art Publication Society, 1925.

_____. *Out of the Depths*. N.p.: The Arthur P Schmidt Co., 1932.

_____. *The Canticle of the Sun*. Edited by Betty Buchanan. Middletown, WI: A-R Editions, 2006.

Beethoven, Ludwig van. *Variationen für Klavier*. Vol. 2. Munich: Henle Verlag, 1961.

Bergsma, William. *Tangents*. Boston: Carl Fischer, 1956.

Berlioz, Hector. *Hymne*. In *Piano Works of Hector Berlioz*. Edited by Maurice Hinson. Chapel Hill, NC: Hinshaw Music, 1984.

Bloch, Ernest. *Visions and Prophecies for the Piano*. New York/ London: G. Schirmer, 1936.

Bolcom, William. *The Garden of Eden: Four Rags for Piano*. New York: Edward B. Marks Music Co., 1974.

Busoni, Ferruccio. *Chorale-Prelude and Fugue on a Bach's Fragment*. Leipzig: Breitkopf & Härtel, 1912.

_____. *Fantasia contrappuntistica*. Wiesbaden: Breitkopf and Härtel, 1983.

Castelnuovo Tedesco, Mario. *Evangélion: The Story of Jesus, Narrated to the Children*. Florence: A Forlivesi & C., 1959.

Chopin, Frédéric. *Studies for Piano*. Vol. 2 of *Fryderyk Chopin Complete Works*. Warsaw: Instytut Fryderyka Chopina, 1949.

Coleridge-Taylor, Samuel. "Deep River for the Piano." Edited by Maurice Hinson. Van Nuys, CA: Alfred Music Publishing, 1995.

Dandelot, Georges. *La Création du monde: Sept danses*. Paris: Editions Costallat, 1948.

Danielpour, Richard. *Psalms*. New York: C. F. Peters, 1989.

Dello Joio, Norman. *Introduction and Fantasies on Chorale Tune*. New York: Associated Music Publishers, 1986.

Dett, Robert Nathaniel. *The Collected Piano Works of R. Nathaniel Dett*. Evanston, IL: Summy-Birchard Company: 1973.

Dohnányi, Ernst von. *Pastorale: "Mennyből az angyal"—Ungarisches Weihnachtslied*. Budapest: Editio Musica, 1950.

Donizetti, Gaetano. *Great Offertory for Organ or Piano*. Rome: Boccaccini & Spada editoir s.r.l., 1994.

Dussek, Jan Ladislav. *Musica Antiqua Bohemia*. Vol. 4. Praha: Edition Supraphon, 1963.

Dvořák, Antonín. *Poetische Stimmungsbilder*. Berlin: N. Simrock, 1889.

Feofanov, Dmitry, ed. *Rare Masterpieces of Russian Piano Music: Eleven Pieces by Glinka, Balakirev, Glazunov and Others*.

Mineola, NY: Dover Publication, 1984.

Finney, Ross Lee. *Piano Sonata No. 4.* New York: Mercury Music Corporation, 1947.

Forbis, Wesley L., ed. *The Baptist Hymnal.* Nashville: Convention Press, 1991.

Franck, César. *Praeludium, Choral und Fuge.* Edited by Emil von Sauer. Frankfurt, London, New York: C. F. Peters, n.d.

Georgii, Walter, ed. *Keyboard Music of the Baroque and Rocco.* Cologne: Arno Volk Verlag, 1960.

Goldberg, William. *Chorale Prelude: Now Thank We All Our God.* Hallowell, ME: Chronos Music, 1989.

Gondai, Atsuhiko. *Via Crucis/Via Lucis.* Tokyo, Japan: Schott Japan Company, 2002.

Gottschalk, Louis Moreau. *The Last Hope: Religious Meditation.* Boston: Oliver Ditson & Co, n.d.

_____. *The Last Hope: Religious Meditation.* New York: William & Son, n.d.

Hennefield, Norman, ed. *Masterpieces of Organ Music: Selected Compositions of the Old Masters.* New York: Liturgical Music, 1947.

Harbison, John. "Gospel Shout." In *American Contemporary Masters: Collections of Works for Piano.* New York: G. Schirmer, 1995.

Harris, Roy. *American Ballads for Piano.* New York: Carl Fischer, 1947.

Haydn, Joseph. *Andante con variazioni.* Edited by Maurice Hinson. Van Nuys, CA: Alfred Publishing, 2000.

_____. *The Seven Last Words of Our Saviour on the Cross.* Edited by Ullich Scheideler. Munich: G. Henle Verlag, 2010.

_____. *Variationen über die Hymne "Gott erhalte."* Edited by Sonja Gerlach. Munich: Henle Verlag, 1997.

Hensel-Mendelssohn, Fanny. *Das Jahr.* Kassel: Furore Edition, 1989.

Hersch, Fred. *24 Variations on a Bach Chorale.* Glendale, NY: C. F. Peters Corporation, 2002.

Hinson, Maurice, ed. *Anthology of American Piano Music.* Van Nuys, CA: Alfred Music Publishing, 2010.

_____, ed. *Anthology of Baroque Keyboard Music.* Van Nuys, CA: Alfred Music Publishing, 1998.

_____, ed. *Classical Piano Music for the Christmas Season.* Van Nuys, CA: Alfred Publishing, 2005.

Ives, Charles E. *Charles E. Ives Sonata No. 1 for Piano.* Edited by Lou Harrison. New York: Peer International Corporation, 1954.

Joo, Sung-Hee. *Piano Variations on the Theme of Calvin's Genevan Psalter.* Seoul: Yesol, 2010.

Kim, Myung Whan. *12 Holy Bellsounds for Piano.* Seoul: NPSE, 1999.

_____. *Magnificat alla campana for Piano.* Seoul: NPSE, 2000.

_____. *O Come, O Come, Emmanuel Suite for Piano.* Yong In, Korea: NPSE, 2011.

Krebs, Johann Ludwig. *Klavierübung.* Frankfurt, London, New York: Peters, n.d.

Kuhnau, Johann. *Six Biblical Sonatas for Keyboard (1700): With the Original Preface and Introductions in German and English.* Translated by Kurt Stone. New York: Broude Brothers, 1953.

Lee, Shinuh. *Comfort, Comfort My People.* Seoul: Umakchunchusa, 2008.

Liszt, Franz. *For the Festival of the Transfiguration.* Leipzig: Breitkopf & Härtel, 1927.

_____. Franz Liszt: Musikalische Werke Serie, no. 2, vol. 6. Leipzig: Breitkopf & Härtel, 1916.

_____. Franz Liszt: Musikalische Werke Series, no. 2, vol. 9. Leipzig: Breitkopf & Härtel, 1927.

_____. *Franz Liszt Various Cyclical Works.* Vol. 1. Edited by Imre Sulyok. Budapest: Editio Musica Budapest, 1981.

_____. *Franz Liszt Various Cyclical Works.* Vol. 2. Edited by Imre Sulyok. Budapest: Editio Musica Budapest, 1980.

_____. *Liszt Klavier Werke.* Vol. 2. Tokyo: Shunjūsha Edition, 1974.

_____. Neue Liszt-Ausgabe Serie, no. 1, vol. 10. Budapest: Editio Musica/ Kassel: Bärenreiter, 1980.

_____. *Sonata in B Minor and Other Works for Piano*. Edited by José Vianna da Motta. Mineola, NY: Dover Publications, 1990.

Matteson, Richard Jr., ed. *Bluegrass Picker's Tune Book*. Pacific, MO: Mel Bay Publications, 2006.

Mendelsshon, Felix. *Mendelssohn Klavier Werke*. Vol. 1. Edited by Motonari Iguchi. Tokyo: Shunjūsha Edition, 1962.

Messiaen, Olivier. *Vingt regards sur l'Enfant Jésus*. Paris: Durand, 1944.

Mndoyants, Nikita. *Variations, Triptych after the Gospel, Sonata for Piano*. Moscow: Muzyka, 2005.

Pachelbel, Johann. *Musikalische Sterbensgedanken: Vier Choralpartiten für Orgel/ Cembalo/ Klavier*. Frankfurt: Peters, 1987.

Peeters, Flor. *12 Chorale Preludes*. New York: C. F. Peters, 1966.

Poulenc, Francis. *Trois Pièces pour Piano*. Paris: Heugel Editeur, 1931.

Reger, Max. *Weihnachtstraum aus opus 17 "Aus der Jugendzeit" (1902)*. Mainz: B. Schott's Söhne, 1910.

_____. *Werke für Klavier zu zwei Händen*. Vol. 2 of Sämtliche Werke, no. 10. Wiesbaden: Breikopf & Härtel, 1959.

Respighi, Otto. *Tre Preludi sopra melodie gregoriane*. Boca Raton, FL: Masters Music Publications, n.d.

Reutter, Hermann. *Fantasia apocalyptica*. Mainz: Schott's Söhne, 1926.

_____. *Die Passion in 9 Inventionen aus den biblischen Szenen*. Mainz: B. Schott's Söhne, 1930.

Satie, Erik. *Douze Petits Chorals pour Piano*. Paris: Éditions Salabert, 1968.

_____. *4 Préludes*. Paris: Éditions Salabert, 1929.

Talma, Louise. *Alleluia in Form of Toccata*. New York: Carl Fischer, 1947.

The President and Fellows of Harvard College. *The Harvard University Hymn Book*. Cambridge, MA: Harvard University Press, 1964.

Weingarden, Louis. *Triptych*. New York: Boosey & Hawkes, 1974.

Weismann, Wilhelm. *Partita über "Es ist ein Ros'en entsprungen."* Leipzig: C. F. Peters, 1951.

Yardumian, Richard. *Prelude and Chorale*. Philadelphia: Elkan-Vogel Co., 1949.

Yeomans, David, ed. *Piano Music of the Czech Romantics: A Performer's Guide*. Bloomington: Indiana University Press, 2006.

CD and CD ROM

Bach, J. S. *The Digital Bach Edition*, DVD-ROM. CD Sheet Music, LLC, 2005.

Messiaen, Olivier. *Vingt regards sur l'Enfant Jésus,* Michel Beroff, EMI CMS 7691612, 1987.

Internet Resources

Bach Cantatas Website [on-line]. Accessed from 26 September 2011 to 11 March 2012. Available from http://www.bach-cantatas.com/Texts/; Internet.

Connexions. "What Kind of Music Is That?" [on-line]. Accessed 11 July 2011. Available from http://cnx.org/content/m11421/latest/; Internet.

Emmanuel Music. "Bach Cantata BWV 161" [on-line]. Accessed 1 November 2011. Available from http://www.emmanuelmusic.org/notes_translations/translations_cantata/t_bwv161.htm; Internet.

Google Books [on-line]. Accessed 6 February 2012. Available from http://books.google.com/books?id=N9jORwAACAAJ&dq=gondai&hl=ko; Internet.

Grove Music Online [on-line]. Accessed from 10 October 2010 to 19 March 2012. Available from http://www.oxfordmusiconline.com.ezproxy.sbts.edu/subscriber/; Internet. Grove Online is a subscriber-only service.

Hyperion-records [on-line]. Accessed 28 October 2011. Available from http://www.hyperion-records.co.uk/al.asp?al=CDA67445; Internet.

Kim, Jinyoung. "Unyoung Na Composed Buddhist Hymns in

Pan-religious Dimension." *Christian Today* [on-line]. Accessed 3 April 2012. Available from http://www.christiantoday.co.kr/view.htm?id=134320; Internet.

Kozin, Allan. "Specializing in Spreading His Wings." *New York Times* [on-line]. Accessed 7 March 2012. Available from http://www.nytimes.com/2012/01/15/arts/music/garrik-ohlsson-chopin-expert-sets-his-sights-on-liszt;html?pagewanted=all; Internet.

Lutheran Hymnal [on-line]. Accessed 4 November 2011. Available from http://www.lutheran-hymnal.com/lyrics/tlh085.htm; Internet.

Sacred Winds [on-line]. Accessed 19 December 2011. Available from http://www.sacredwinds.org/mission-statement/

Schott Music [on-line]. Accessed 4 December 2010. Available from http://www.schott-music.com/shop/sheet_music/christmas_music/show,232314,n.html; Internet. Accessed 6 February 2012. Available from http://www.schott-music.com/shop/persons/featured/42684/index.html; Internet.

Smith, Timothy A. "Bach's Notation of *S.D.G.*, *I.N.J.*, and Other Christological Symbols in Sources Pertaining to the *Well-Tempered Clavier*" [on-line]. Accessed 21 January 2011. Available from http://www2.nau.edu/tas3/wtc/sdg.html; Internet.

지은이 **최미야**

서울예술고등학교와 서울대학교 음악대학 기악과를 졸업하고, 오스트리아 비엔나 국립대학에서 피아노 연주과를, 비엔나 시립 콘서바토리에서 오르간과를 졸업했다. 귀국 후 예술고등학교와 음악대학 등에서 피아노를 가르쳤으며, 2005년 도미하여 켄터키 루이빌 소재 남침례신학교(SBTS)에서 성경적 상담학 석사(M.M.B.C.)와 "크리스천 피아노 예술 음악의 신학적 의미와 유형별 작품 소개" 논문으로 음악 박사학위(D.M.A.)를 받았다. 현재 캄보디아 프놈펜에서 음악교육 선교사로서 후학을 양성하고 있다.

국립중앙도서관 출판예정도서목록(CIP)

은총 음악 그리고 피아노 / 지은이: 최미야. -- 안양 : 새찬
양후원회(NPSE), 2016
    p. ;   cm

참고문헌 수록
ISBN 978-89-88162-64-4 93670 : ₩23000

교회 음악[敎會音樂]

672.3-KDC6
781.71-DDC23   CIP2016000310

은총 음악 그리고 피아노

크리스천 피아노 예술음악의 신학적 의미와 유형별 작품 소개

Christian Piano Art Music
Its Theological Significance and Categorized Repertoire
by Miya Choi

2016년 2월 2일 초판 1쇄 발행

지은이 최미야
펴낸이 김명환
디자인 김한나
펴낸곳 새찬양후원회(NPSE)
  등록 2013. 8. 8. 제138-91-34763
  주소 경기도 안양시 동안구 동안로 271 (6-1103)
  전화 070 7552 8035
  홈페이지 http://newpraise.org
  이메일 kimpraise@gmail.com

ⓒ 최미야 2016

ISBN 978-89-88162-64-4 93670